上海新金融研究院
SHANGHAI FINANCE INSTITUTE

探索国际金融发展新趋势,求解国内金融发展新问题,支持上海国际金融中心建设。

碳中和与绿色金融创新

鲁政委
钱立华
方　琦
◎著

中信出版集团 | 北京

图书在版编目（CIP）数据

碳中和与绿色金融创新/鲁政委,钱立华,方琦著. -- 北京：中信出版社，2022.3（2023.3 重印）
ISBN 978-7-5217-4033-2

Ⅰ.①碳… Ⅱ.①鲁… ②钱… ③方… Ⅲ.①二氧化碳－排污交易－金融市场－研究－中国 Ⅳ.① F832.5

中国版本图书馆 CIP 数据核字（2022）第 035728 号

碳中和与绿色金融创新

著者： 鲁政委　钱立华　方琦
出版发行：中信出版集团股份有限公司
（北京市朝阳区东三环北路 27 号嘉铭中心　邮编　100020）
承印者：　宝蕾元仁浩（天津）印刷有限公司

开本：787mm×1092mm　1/16　　印张：29.25　　字数：380 千字
版次：2022 年 3 月第 1 版　　　　印次：2023 年 3 月第 2 次印刷
书号：ISBN 978-7-5217-4033-2
定价：78.00 元

版权所有·侵权必究
如有印刷、装订问题，本公司负责调换。
服务热线：400-600-8099
投稿邮箱：author@citicpub.com

中国的金融发展史就是一部"新金融"的历史，金融业的版图无时无刻不在演变、重塑。不断革新的金融工具、运行机制和参与主体塑造了不断变化的金融业态和格局。理念与技术的创新在推动金融结构演进、金融改革深化的同时，也为整个金融业的发展带来了机遇与挑战。

"新金融书系"是由上海新金融研究院（Shanghai Finance Institute, SFI）创设的书系，立足于创新的理念、前瞻的视角，追踪新金融发展足迹，探索金融发展新趋势，求解金融发展新问题，力图打造高端、权威、新锐的书系品牌，传递思想，启迪新知。

上海新金融研究院是一家非官方、非营利性的专业智库，致力于新金融领域和国际金融的政策研究。研究院成立于2011年7月14日，由中国金融四十人论坛（China Finance 40 Forum, CF40）举办，与上海市黄浦区人民政府战略合作。

上海新金融研究院努力提供一流的研究产品和高层次、有实效的研讨活动，包括举办闭门研讨会、上海新金融年会、外滩金融峰会，开展课题研究，出版《新金融评论》、"新金融书系"等。

中国金融四十人论坛是中国最具影响力的非营利性金融专业智库平台，专注于经济金融领域的政策研究与交流。论坛正式成员由40位40岁上下的金融精锐组成。CF40致力于以前瞻视野和探索精神，夯实中国金融学术基础，研究金融领域前沿课题，推动中国金融业改革与发展。

目 录

序 言　I

趋势篇

碳中和大趋势下的机遇与挑战

第一章　应对气候变化与碳中和：国际社会的理念发展与深入人心　003

　　一、国际潮流：从可持续发展到应对气候变化　003

　　二、碳中和与"绿色复苏"成为全球趋势　014

第二章　中国的绿色发展与碳中和　023

　　一、中国碳排放现状与应对气候变化　023

　　二、中国碳达峰、碳中和的路径　034

　　三、中国的换道赶超与后发优势　040

政策篇

绿色金融政策与标准

第一章　碳中和与绿色金融：相关概念与内涵　059

　　一、可持续金融相关概念　059

　　二、可持续投资与ESG概念　065

第二章　国际绿色金融政策与发展　076

一、《欧洲绿色协议》与可持续金融战略　076

二、《英国绿色金融战略》　103

三、美国拜登政府气候行动与计划　109

第三章　国际绿色金融重要规则与标准　128

一、赤道原则的发展与更新　128

二、负责任银行原则　148

三、国际绿色债券规则与标准　151

四、负责任投资原则　163

第四章　中国绿色金融标准体系的构建与发展　168

一、中国绿色金融标准框架与主要内容　168

二、中国绿色信贷政策与标准发展　173

三、中国绿色债券标准发展　183

实践篇

绿色金融市场助力碳中和

第一章　气候投融资　197

一、国际气候投融资的需求与进展　197

二、中国气候投融资的发展与建议　200

三、中国气候投融资产品与创新　208

目录

第二章 绿色信贷 215

一、国际绿色信贷市场概况 215

二、我国绿色信贷市场规模与结构 216

三、中国银行业绿色金融产品与创新 229

第三章 绿色债券 240

一、国际绿色债券市场概况 240

二、中国绿色债券市场概况 241

三、中国绿色金融债券市场 259

四、中国绿色企业债券与绿色公司债券 263

五、中国绿色债务融资工具 269

六、中国绿色资产支持证券 273

第四章 可持续投资与ESG 277

一、国际可持续投资概况 277

二、可持续投资的投资策略 282

三、中国可持续投资发展 285

第五章 绿色保险 299

一、环境与气候变化对保险业产生重大影响 299

二、资产端：绿色保险投资 301

三、负债端：加强我国环境气候相关风险管理能力 307

第六章 碳市场与碳金融 310

一、国际主要碳市场 310

二、中国碳市场 333

三、从碳市场到碳金融 368

第七章 碳中和时代的金融机构管理创新 384

一、气候与环境风险管理情景分析与压力测试 384

二、气候与环境信息披露制度 392

三、绿色金融激励约束机制 416

后 记 455

序　言

2020 年 9 月 22 日，习近平主席在第七十五届联合国大会一般性辩论上的讲话中宣布："中国将提高国家自主贡献力度，采取更加有力的政策和措施，二氧化碳排放力争于 2030 年前达到峰值，努力争取 2060 年前实现碳中和。"这是我国首次明确地提出碳中和目标，该目标一经提出，便成为各界热议的话题。

为什么我国要在当前阶段提出碳中和目标？梳理国际上环保潮流与可持续发展历程，可以清晰地看到，这的确是我国经济发展到目前阶段的必然选择。第二次世界大战之后，伴随着工业文明的发展，西方发达国家对自然资源的消耗以及对环境的破坏产生的负面效应逐步凸显，环境污染事件频发，引起人们对"人与自然"关系前所未有的反思，人们的环保意识开始觉醒，尤其是在 20 世纪六七十年代，《寂静的春天》《增长的极限》等著作陆续发表，掀起了一阵可持续发展思潮，也奠定了当前全球可持续发展的基础。如果以不变价格人均收入水平为标尺，则可以发现，中国在 2017 年的人均收入水平大致与美国在 1964 年的人均收入水平相当。恰在此时，党的十九大报告对我国社会的主要矛盾判断做出了一次重大调整，认为现阶段我国社会主要矛盾已经转化为人民日益增长的美好生活需要和不平衡不充分的发展之间的矛盾。同时，将生态文明建设上升为中华民族永续发展的千年大计。

到了2021年，随着我国生态文明建设的持续推进，习近平总书记再次做出了我国"生态文明建设从认识到实践都发生了历史性、转折性、全局性的变化"①的判断，并指出"十四五"时期，我国生态文明建设进入了以降碳为重点战略方向、推动减污降碳协同增效、促进经济社会发展全面绿色转型、实现生态环境质量改善由量变到质变的关键时期。②此时，碳中和目标的提出也正标志着我国的生态文明建设与绿色发展进入了"以降碳为重点战略方向"的新阶段。

与此同时，"当今世界正经历百年未有之大变局，新一轮科技革命和产业变革蓬勃兴起"③，实现碳中和目标的意义远不止于保护生态环境，"推动低碳发展是国际潮流所向、大势所趋，绿色经济已经成为全球产业竞争制高点"，"围绕生态环境问题的大国博弈十分激烈"④，为此，我们"要把实现减污降碳协同增效作为促进经济社会发展全面绿色转型的总抓手"⑤，广泛形成绿色生产生活方式。

要实现碳中和目标，离不开金融市场的支持。事实上，我国的绿色金融已历经多年发展，无论是制度建设还是市场发展都已取得初步成效。2016年8月，中国人民银行、财政部、环境保护部（现生态环境部）等七部委印发《关于构建绿色金融体系的指导意见》（银发〔2016〕228号），不断完善绿色金融制度体系的顶层设计，我国成为

---

① ② ④ ⑤ 习近平总书记主持中共十九届中央政治局第二十九次集体学习时的讲话，2021年4月30日。
③ 习近平总书记在企业家座谈会上的讲话，2020年7月21日。

全球首个建立了比较完整的绿色金融政策体系的经济体。绿色金融市场不断扩容，绿色信贷、绿色债券市场已初具规模，绿色基金、ESG投资（ESG指环境、社会、公司治理）、绿色保险等正快速发展，碳市场顺利推出，各类绿色金融创新产品与实践不断涌现。

碳中和目标提出后，我国绿色发展进入了"以降碳为重点战略方向"的新阶段，这也对未来我国绿色金融的发展提出了新要求。为实现我国"30·60"的"双碳"目标，能源、工业、交通和建筑等行业都会加速低碳转型，资金需求巨大。很多机构预测，要实现碳中和目标，未来30~40年的新增资金需求在100万亿~200万亿元。在如此巨大的资金需求下，绿色金融将成为我国应对气候变化、实现"双碳"目标的重要工具。而更为重要的是，实现碳达峰、碳中和是一场广泛而深刻的经济社会系统性变革，这意味着绿色金融的内涵将进一步扩展。

为此，我们有必要对过去的绿色金融政策与市场发展进行全面的回顾与总结，同时展望未来在碳中和目标的引领下，绿色金融市场发展将面临的新机遇、新挑战。

本书的主要内容分为三个篇章，分别是趋势篇、政策篇、实践篇。

第一篇为趋势篇，聚焦碳中和大趋势下的机遇与挑战。在此篇中，我们将从可持续发展国际潮流的起源与演变出发，回顾全球应对气候变化的历程与协定，并对近期全球的碳中和趋势与新冠肺炎疫情后的"绿色复苏"进行梳理，以捕捉全球碳中和大背景下的机遇与挑战。

第二篇为政策篇，聚焦国内外绿色金融的政策与标准。在此篇中，我们首先剖析了碳中和与绿色金融相关的概念与内涵，然后介绍了国际主要经济体制定的有关绿色金融的政策与战略，以及国际绿色金融的重要规则与标准，最后对中国绿色金融标准体系的构建与发展进行了全面梳理。

第三篇为实践篇，聚焦绿色金融市场助力碳中和的实践。此篇为本书的重点，分别针对气候投融资、绿色信贷、绿色债券、可持续投资与ESG、绿色保险、碳市场与碳金融等六大绿色金融市场细分领域的国内外实践进行了回顾与总结，并展现了碳中和目标下各领域的新发展趋势。最后从绿色金融市场转向金融机构实践，总结与展望碳中和时代金融机构的管理与机制创新。

作为中国绿色金融从无到有发展的亲历者与研究者，我们幸于生逢其时！可持续发展和绿色金融的内涵与外延一直在随着时代的发展而不断丰富。愿本书成为读者了解和学习绿色金融的一本参考书、工具书，或故事书。本书篇幅有限，难以面面俱到，未尽之处还请诸位读者见谅。

— 趋势篇 —
碳中和大趋势下的机遇与挑战

第一章

应对气候变化与碳中和：
国际社会的理念发展与深入人心

一、国际潮流：从可持续发展到应对气候变化

（一）可持续发展的国际起源与目标

可持续发展与工业文明的发展相伴而生，特别是二战后，发达国家污染事件频发。如伦敦毒雾事件（8 000 人死亡）、洛杉矶光化学烟雾事件、北美洲五大湖污染事件等，可见发达国家也是走的"先污染后治理"的道路，这些事件开始引起人类的反思和环保意识的觉醒。人类的反思和觉醒是从文学作品和专业研究开始的，《瓦尔登湖》传达了人与自然和谐共存的思想。1962 年，《寂静的春天》出版，该书第一次全方位地揭示了化学农药，尤其是 DDT（滴滴涕，化学名为双对氯苯基三氯乙烷）对环境和人体的危害性，该书描述了人类将可能面临一个没有鸟、蜜蜂和蝴蝶的世界，化学农药的危害性引起全球关注。后来罗马俱乐部发布报告《增长的极限》，首次提出"持续增长"和"均衡发展"口号，认为无节制的经济快速增长会导致地球资源枯竭，最终会导致经济崩溃。这些文学著作和研究成果就是可持续

发展思想的萌芽。

1972年，在NGO（非政府组织）和很多专家学者、部分国家的推动下，联合国召开了第一次人类环境会议，通过了三个决议：成立联合国环境署，建立环境基金，将每年的6月5日定为"世界环境日"。可持续发展的国际历程主要经过了三个阶段：一是提出可持续发展的概念；二是从可持续发展的概念到初步行动；三是从初步行动到明确可持续发展的目标。1987年，联合国提出可持续发展概念："既满足当代人的需求，又不对后代人满足其自身需求的能力构成危害的发展。"1992年，在联合国里约会议上，可持续发展的理念正式得到国际社会的普遍认同，其中的《联合国气候变化框架公约》，以及后来的《京都议定书》，都体现了国际社会对气候变化的关注。由此催生了全球碳排放市场，碳排放市场又催生了碳金融市场。2015年，世界各国领导人在一次具有历史意义的联合国峰会上通过了《变革我们的世界：2030年可持续发展议程》，该议程明确提出了SDGs（联合国可持续发展目标），涵盖了消除贫困和饥饿、保障健康生活和受教育权利、实现性别平等、促进就业、应对气候变化、确保可持续的清洁水源、建立可持续的能源系统、保护海洋和陆地生态系统、采用可持续的生产和消费方式、促进可持续的工业化、建设可持续的城市和社区等17个领域的169个具体目标，其中既有定性指标，也有定量指标，该议程指引着国际社会可持续发展的方向。

（二）应对气候变化：历程与协定

1. 全球气候变化现状

1896年，瑞典学者斯凡特·阿伦尼斯第一次提出人类工业活动排放的二氧化碳将会导致全球气候变暖，但由于19世纪末人类碳排放量非常有限，阿伦尼斯预测人类活动需要经历数千年才能显著地影响全球气候。但到了1938年，英国学者盖伊·斯图尔特·卡伦德发现，在之前的50年中，大气二氧化碳浓度的提高已经显著影响了地表温度。更有力的证据出现在1960年，美国学者查理斯·大卫·基林自1958年起对大气二氧化碳含量进行持续观测，通过观测得到的基林曲线证明：大气二氧化碳浓度提升的速度远高于原本的预期，且大气二氧化碳浓度增长的趋势与人类燃烧化石燃料排放的二氧化碳量的增长趋势相一致，人类活动排放的二氧化碳无法被自然系统完全吸收，人类正在增强大气温室效应。

根据IPCC（联合国政府间气候变化专门委员会）于2014年发布的第五次评估报告，有超过95%的可能性，自20世纪中期以来全球变暖的趋势是由人类活动造成的。这种全球气候变暖的速度是近千年来从未有过的。在20世纪中期，科学家证明了二氧化碳和其他气体的捕热性质，它们被统称为"温室气体"。随着基林曲线的不断延伸及气候观测数据的不断积累，"人类工业活动排放二氧化碳 → 大气二氧化碳浓度提高 → 地表温度上升"的因果关系链日益明晰。

目前，全球气候变化问题进一步恶化，主要表现为全球温室气体排放量不断上升且尚未得到有效控制，从而导致大气中温室气体的浓度持续增加，全球气温不断升高。

温室气体浓度持续增加。根据IPCC在2021年8月9日发布的第六次评估报告的第一工作组报告（IPCC，2021），大气中的温室气体浓度仍在持续增加，截至2019年，二氧化碳的年平均浓度已达到410 ppm（百万分比浓度），比1750年增加了47.3%，2005年以来，二氧化碳浓度平均每年增加2.2 ppm左右；甲烷的年平均浓度已达到1 866 ppb（浓度单位），比1750年增加了157.8%，近十年甲烷浓度更是增速加快，2010年以来年均增长7.6 ppb左右。

随着大气中温室气体浓度的增加，全球气温也在持续升高。WMO（世界气象组织）发布的2021年报告显示，2020年全球平均温度已比1850—1900年增加了1.2（±0.1）摄氏度，2020年也成为有记录以来最热的三个年份之一，而2016—2020年是有记录以来平均气温最高的5年，2011—2020年也是有记录以来平均气温最高的10年。IPCC于2018年发布的《IPCC全球升温1.5摄氏度特别报告》指出，目前全球气温较工业化前已经增加了1摄氏度，如果全球气候变暖以目前的速度继续下去，在2030—2052年的某个时刻全球升温可能达到1.5摄氏度，到21世纪末，全球将升温3摄氏度左右。IPCC已将1.5摄氏度的气温上升标准确定为一个关键的临界点，超过这个临界点，极端天气、干旱、洪水、海平面上升、海洋酸化等气候危害将急剧增加。地球平均温度突破气温上升临界点的可能性正在增加，气候风险正在加剧。

2. 气候变化对全球的影响

气候变化对人类和全球生态系统造成了巨大的影响，所带来的气候风险日益加剧，主要表现为海平面上升、生态系统破坏、城市脆弱性加剧，并对人类健康造成严重威胁。

全球气候变化造成了海平面上升、生态系统受到破坏。由于气候变化带来的温度提升，海洋吸收了大部分增加的热量，自1969年以来，海洋中700米深度的水温升高超过0.4华氏度[①]。升高的海洋温度造成了冰盖面积的缩减。格陵兰和南极冰盖的面积严重减少。来自

---

① 1摄氏度约合33.8华氏度。——编者注

NASA（美国国家航空航天局）的数据显示，格陵兰岛在1993—2016年每年平均损失2 860亿吨冰，而同期南极洲每年减少约1 270亿吨冰。同时，在过去10年中，南极洲冰质量减少的速度提高了两倍。冰盖和冰川的减少导致海平面不断上升。1901—2010年，由于气候变暖和海冰融化，全球海洋面积扩大，海平面平均上升了19厘米。1979年以后，北极的海冰面积以每10年减少107万平方千米的速度缩小。然而，过去20年，海平面上升的速度几乎是20世纪海平面上升速度的两倍，并且每年都在略微加速。以1986—2005年为参照期，到2065年，预计海平面平均上升24~30厘米；到2100年，预计海平面平均上升40~63厘米。即使停止排放温室气体，气候变化带来的大多数影响也会持续数个世纪之久。IPCC的报告警告：每一点额外的升温都会产生重大的影响，升温超过1.5摄氏度，将给全球带来巨大的灾难。如果升温1.5摄氏度，预计到2100年，海平面将上升26~77厘米；升温2摄氏度则海平面再上升10厘米，生活在沿海地区的数千万人将受到影响，升温2摄氏度可能会破坏全球陆地上约13%的生态系统，北极将每10年经历1~2次无冰的夏季，99%的珊瑚礁将消失，风暴、洪水和干旱将让人类损失惨重。

气候变化加剧了全球的脆弱性和城市的脆弱性。根据OECD（经济合作与发展组织）发布的《2018年全球脆弱性》报告，气候变化加剧了全球的脆弱性和城市的脆弱性：2017年气候变化导致的极端天气频发，包括飓风、洪水和热带风暴，影响了加勒比海、北美洲和南亚地区；干旱和荒漠化使成千上万人在萨赫勒和中东地区陷入极度饥饿。根据联合国网站的数据，气温每上升1摄氏度，粮食产量就下降约5%，气温上升会严重威胁粮食安全。受气候变化等因素的影响，沿海城市将面临巨大压力，而世界上超过2/3的城市都是沿海城市，全球15亿人口居住在地势较低的沿海地区，海平面的不断升高给很多沿海城市带来了巨大挑战。洪水、风暴潮、大风、海平面上升和极端天气事件的规模和强度都在增加，并影响着城市居民和城市基础设施。

气候变化对全球人类健康造成了严重威胁。气候变化可以通过与极端天气事件（如干旱、洪水）有关的发病率和死亡率、自然生态系统（如空气污染）和人类社会系统（传染病、精神健康、食品安全）等途径直接或间接地影响公众健康（McMichael，2015），然而地方公共卫生当局往往缺乏适应气候变化的能力（Austin等，2018）。

气候变化能导致人为灾害和自然灾害发生，如洪水、有毒气体排放、全球气候变暖、核爆炸、火灾、热浪、干旱、地震和热膨胀引起的海表温度上升，以及相关的人口转移和过度拥挤，而这些都可能导致疾病发生。研究表明，湿度、温度、辐射和风等气候参数的变化和与极端天气有关的疾病相关（Glaser等，2016；Matysiak等，2017）。约瑟等（2018）研究发现，未来温度变化对居民健康的影响比大气污染物浓度变化的影响更为重要。IPCC在第五次评估报告（2014）中提出，气候变化通过增加暴露度和脆弱性等多重压力，可对人类健康产生不利影响。研究结果确信，气候变化和粮食安全的相互作用会加剧营养不良问题，降低个体对一系列疾病的抵抗力（IPCC，2014；李莹等，2014）。

3. 国际应对气候变化的谈判

世界各国在减少温室气体排放、应对气候变化方面开展了广泛的交流与合作，制定了一系列与控制温室气体排放有关的国际协议。世界气候大会是目前国际气候谈判的主要平台，受到各国各界的高度重视。1992年通过的《联合国气候变化框架公约》（UNFCCC，以下简称《公约》）提出了到 21 世纪中叶世界温室气体排放降低 50% 的目标。作为国际社会第一个在控制温室气体排放、应对气候变化方面开展国际合作的基本框架和法律基础，《公约》的产生标志着气候变化问题真正从一个科学问题演变成为国际政治议题，开启了延续至今的激烈而漫长的政治博弈。

为了落实《公约》的目标，1997 年《公约》的第三次缔约方会议将其所制定的《京都议定书》作为具体的实施纲领，明确了 39 个工业化国家的强制减排责任和指标，采用法规的形式将全球温室效应的环境成本内部化。《京都议定书》对"共同但有区别的责任"做了最初也是最直接的解读，要求发达国家在 2012 年之前减排至比 1990 年低 5.2% 的水平，且为各国设定了量化的指标；而发展中国家不承担减排义务。同时，《京都议定书》设定了 IET（国际排放交易）、JI（联合履约）和 CDM（清洁发展机制）三种灵活履约机制，鼓励发达国家用资金和技术换取排放空间。2005 年 2 月 16 日，《京都议定书》开始生效。

2007 年 12 月，联合国气候变化会议着重讨论了《京都议定书》第一承诺期在 2012 年到期后应对气候变化的安排，并确立了关于新一轮气候变化国际谈判和缔约进程安排的《巴厘行动计划》。《巴厘行动计划》是国际气候谈判的一次重要转折，重新定义了"共同但有区别的责任"原则，即发达国家与发展中国家共同承担减排义务，但发达国家需在资金和技术等方面给予发展中国家更多的支持。2009 年 12 月，在《联合国气候变化框架公约》第 15 次缔约方会议上，发达国家就是否坚持"共同但有区别的责任"原则展开了辩论，会议最终协商通过了不具有法律效力的《哥本哈根协议》。该协议明确提出了一个可预期的资金援助数额，但没定下任何具体的减排目标。

由于在谁先减排、怎么减、减多少等问题上陷入泥沼，加之发达国家对《京都议定书》第一承诺期减排承诺执行不力，《京都议定书》框架下的谈判陷入停滞，发达国家和发展中国家各行其是。《巴厘行动计划》及两年后的《哥本哈根协定》均处于法律效力不明确的状态，这预示着气候谈判松散化趋势愈演愈烈。另外，《公约》框架下的长期合作机制谈判逐渐走上正轨，"适应基金"（2008年波兰波兹南气候大会）、"绿色气候基金"（2011年南非德班气候大会）先后被提上议事日程。2011年，世界气候大会上设立的"德班平台"将落实资金和技术安排提高到和续签《京都议定书》第二承诺期同样的高度，其后的多哈气候大会（2012年）和华沙气候大会（2013年）进一步强化了"德班平台"确定的"弱"减排目标与"强"资金技术安排的框架，尤其是2013年的华沙气候大会要求各缔约方准备各自的"国家自主贡献预案"（Intended National Determined Contribution，INDC）文件，开启了"自愿性"减排的大门，并为巴黎气候大会定下了基调。

表1.1 各国家/地区《京都议定书》减排目标及实际减排量

国家/地区	议定书目标 I	议定书目标 II	实际排放 1990—2008年	国家/地区	议定书目标 I	议定书目标 II	实际排放 1990—2008年
欧洲				北美			
欧盟	-8	-20	—	美国	7	—	7.4
奥地利	-13	-20	10.8	加拿大	-6	—	24.1
比利时	-7.5	-20	-7.1	亚太			
丹麦	-21	-20	-6.8	澳大利亚	8	-0.5	31.4
芬兰	0	-20	-0.2	日本	-6	—	1
法国	0	-20	-5.9	新西兰	0	—	22.7
德国	-21	-20	-21.4	转型经济体			
希腊	25	-20	23.1	保加利亚	-8	-20	-42.8
冰岛	10	-20	42.9	克罗地亚	-5	-20	-0.9
爱尔兰	13	-20	23.2	捷克	-8	-20	-27.5
意大利	-6.5	-20	4.7	爱沙尼亚	-8	-20	-50.9

续表

国家/地区	议定书目标 I	议定书目标 II	实际排放 1990—2008年	国家/地区	议定书目标 I	议定书目标 II	实际排放 1990—2008年
卢森堡	-28	-20	-4.8	匈牙利	-6	-20	-36.2
荷兰	-6	-20	-2.4	拉脱维亚	-8	-20	-55.6
挪威	1	-16	9.4	立陶宛	-8	-20	-51.8
葡萄牙	27	-20	32.2	波兰	-6	-20	-29.6
西班牙	15	-20	42.5	罗马尼亚	-8	-20	-45.9
瑞典	4	-20	-11.3	俄罗斯	0	—	-32.8
瑞士	-8	-15.8	0.4	斯洛伐克	-8	-20	-33.7
英国	-12.5	-19	-15.2	斯洛文尼亚	-8	-20	5.8
				乌克兰	0	-24	-53.9

注：议定书目标 I 表示 2008—2012 年目标，II 表示 2013—2020 年目标。灰色标出了没有完成《京都议定书》第一承诺期减排目标的国家。

资料来源：兴业经济研究咨询股份有限公司（以下简称"兴业研究"）整理。

为了降低气候变化所带来的风险，提升全球应对气候变化威胁的能力，2015 年在巴黎举行的第 21 届联合国气候变化大会上，全球 195 个缔约方通过了具有历史意义的全球气候变化协议《巴黎协定》，该协定提出，"2100 年将全球平均气温升幅与前工业化时期相比控制在 2 摄氏度以内，并将努力把温度升幅限定在 1.5 摄氏度以内"的目标和"全球温室气体排放尽快达峰，到本世纪下半叶实现全球净零排放"的目标。规定"发达国家缔约方应继续带头，努力实现全球经济绝对减排目标；发展中国家缔约方应当继续加强自身的减排努力，鼓励它们根据不同的国情，逐渐实现全球经济绝对减排目标"，区分了"共同但有区别的责任"。在资金支持方面，2020 年以后，发达国家每年向发展中国家至少提供 1 000 亿美元的资金支持，2025 年前将确定新的数额，并持续增加这一资金支持。而且，《巴黎协定》正式确立了自下而上的"国家自主贡献"模式，以更加灵活、不断递进的方式联合各国共同应对气候变化。该协定于2016年11月正式生效。

《巴黎协定》提出，要尽快实现全球温室气体排放达到峰值，最重要的就是到21世纪下半叶实现全球温室气体净零排放。《巴黎协定》提出，到2030年全球温室气体排放量要降到400亿吨，比2010年的全球温室气体排放量500亿吨还要低100亿吨，因此全球气候治理任务十分艰巨，全球气候治理行动迫在眉睫。但时任美国总统特朗普于2017年6月宣布美国退出《巴黎协定》，为全球气候治理行动蒙上了阴影。同年10月10日，特朗普正式宣布将废除奥巴马政府推出的气候政策"清洁电力计划"，美国的一系列"去气候化"行动给全球气候治理带来了消极影响。现有研究表明，美国退出《巴黎协定》将导致其在2025年和2030年的温室气体排放增加12亿~20亿吨二氧化碳当量，难以实现其提出的NDC（国家自主贡献）目标。但美国退出《巴黎协定》的影响并不仅限于对其自身排放的影响，还可能影响到其他国家落实NDC的承诺力度（苏鑫等，2019）。此外，有学者认为，美国退出《巴黎协定》虽然是全球气候治理的重大事件，在治理资金、领导力赤字、履约信心等方面产生了负面影响，但不会从根本上动摇全球气候治理体系（罗丽香等，2018）。2021年，拜登政府重返《巴黎协定》。

截至2018年4月，175个缔约方已经批准了该协定，并且有168个缔约方已经向《联合国气候变化框架公约》秘书处通报了其首批NDC。① 截至2018年4月，已经有十个发展中国家成功完成并首次

---

① 截至2021年8月，已有192个缔约方提交了首批NDC，且有11个缔约方提交了第二份NDC。

提交了国家适应计划，以应对气候变化。① 但 2018 年《IPCC 全球升温 1.5 摄氏度特别报告》显示，目前各国的减排承诺仍不足以实现《巴黎协定》将全球平均温升控制在 2 摄氏度以内的目标，更不用说 1.5 摄氏度了。如果全球升温 1.5 摄氏度的目标最快于 2030 年达到，则留给各国行动的时间只有 12 年。全球应在土地、能源、工业、建筑、交通、城市等方面进行快速而深远的转型，到 2030 年全球二氧化碳排放量应比 2010 年下降约 45%，到 2050 年达到净零排放。全球气候行动的紧迫性持续加强。

2018 年 12 月，《巴黎协定》实施细则在《联合国气候变化框架公约》第 24 次缔约方会议，即卡托维兹气候变化大会上正式通过，近 200 个缔约方一致同意使用一份一揽子协议（156 页的"实施手册"），标志着本届大会完成了制定《巴黎协定》具体实施规则的工作。这些实施规则主要涉及如何实施透明的报告和监督机制、2025 年以后的气候资金新目标、2023 年全球盘点机制，以及评估技术发展和转移的进度。② 该实施规则体现了公平、"共同但有区别的责任"、各自能力原则，为《巴黎协定》的实施奠定了制度和规则基础，提振了国际社会合作应对气候变化的信心，强化了各方推进全球气候治理的政治意愿。③ 国际气候谈判进程，如图 1.1 所示。

---

① 联合国可持续发展目标官网. 目标 13：采取紧急行动应对气候变化及其影响. 2019-09-30［2019-09-30］. https://www.un.org/sustainabledevelopment/zh/climate-change-2/.

② 中国气候变化信息网. 联合国气候大会顺利闭幕 开启《巴黎协定》新征程. 2018-12-18［2019-09-30］. https://www.ccchina.org.cn/Detail.aspx?newsId=71224&TId=251.

③ 生态环境部官网. 联合国气候变化卡托维兹大会顺利闭幕 全面开启巴黎协定实施新征程. 2018-12-16［2019-09-30］. http://www.mee.gov.cn/xxgk2018/xxgk/xxgk15/201812/t20181216_684911.html.

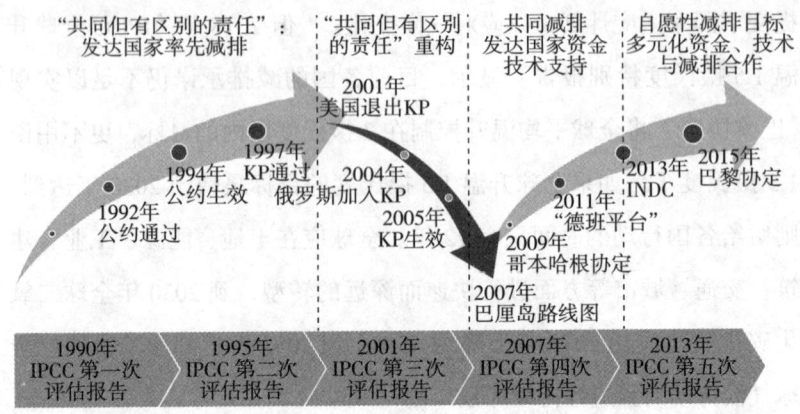

注：KP 为《京都议定书》。

图1.1 国际气候谈判进程

资料来源：兴业研究整理。

1990年至今，国际气候谈判经历了"由分到合"，再"由合到分"的过程，而巴黎气候大会之后，国际气候谈判的进程更趋松散化、自愿化，也更加依赖于双边、多边及区域性的安排，出现减排目标模糊化、合作手段多元化、执行主体微观化的特征。

二、碳中和与"绿色复苏"成为全球趋势

2020年初，新冠肺炎疫情的暴发为全球经济按下了"暂停键"，全球经济活动迅速减少，新冠肺炎疫情对全球经济的冲击甚至超过了2008年的全球金融危机。为了应对新冠肺炎疫情的冲击，全球各个国家和地区将焦点集中于经济复苏。与此同时，令人欣喜的是，各国仍然没有忽视应对气候变化这一重要的长期任务，多国陆续提出了碳中和目标，并且已有众多国家将"绿色"融入新冠肺炎疫情后的经济复苏计划中，纷纷出台"绿色复苏"方案。碳中和与"绿色复苏"已

成为全球趋势，而这也推动着全球绿色金融市场持续扩张。

（一）碳中和成为全球趋势

根据IPCC的定义，碳中和、气候中性与二氧化碳净零排放的含义一致，表示在特定时期内，全球人为二氧化碳排放量与二氧化碳移除量保持平衡的状态。2015年，《巴黎协定》提出了"2100年将全球平均气温升幅与工业化前时期相比控制在2摄氏度以内，并将努力把气温升幅限定在1.5摄氏度以内"的目标和"全球温室气体排放尽快达峰，到21世纪下半叶实现全球净零排放"的目标。2018年，IPCC发布的《全球升温1.5摄氏度特别报告》指出，目前各国的减排承诺仍不足以实现《巴黎协定》将全球温升幅度控制在2摄氏度以内的目标，全球应在土地、能源、工业、建筑、交通、城市等方面进行快速而深远的转型，到2030年全球二氧化碳排放量应比2010年下降约45%，到2050年达到二氧化碳净零排放。

2020年9月22日，习近平主席在第七十五届联合国大会一般性辩论讲话中宣布：中国将提高国家自主贡献力度，采取更加有力的政策和措施，二氧化碳排放力争于2030年前达到峰值，努力争取在2060年前实现碳中和。我国作为当前全球碳排放量最大的国家，此次明确地提出碳中和目标对于全球应对气候变化进程具有重要意义。在我国提出碳中和目标后，日本和韩国也陆续明确提出碳中和目标时间。2020年10月26日，日本首相菅义伟在众议院正式会议上发表了就职后的首次演说，他宣布日本将在2050年实现碳中和，首次明确提出实现碳中和的时间表，提高了日本的气候目标，此前在2019年，日本的承诺为"到2050年将排放量减少80%，并争取在21世纪后半叶尽早实现净零排放"。日本政府还表示，将尽快讨论实现2050年碳中和目标的路线图,在年底前制订出具体的实施计划。2020年10月28日,韩国总统文在寅在国会发表施政演讲时称:"将与国际社会一道积极应对气候变化,朝着2050年实现碳中和的目标进发。"

当前,全球已有部分国家和地区率先实现了碳中和,部分国家和地区已将碳中和目标写入法律或已在出台碳中和目标法规的立法进程中,同时也有越来越多的国家和地区开始陆续提出碳中和目标的时间表和路线图。据不完全统计,截至2020年末,全球有120个国家和地区正在努力实现到2050年温室气体净排放为零的目标,随着气候变化问题日益严峻,碳中和已成为全球趋势。根据ECIU(能源和气候信息小组)发布的全球净零排放跟踪表①,截至2021年8月,全球已实现碳中和的国家包括苏里南和不丹,这两个国家已实现负排放;已将碳中和目标写入法律的国家和地区包括德国、瑞典、欧盟、日本、英国、法国等,其中德国和瑞典实现碳中和的目标时间为2045年,其他国家和地区为2050年;已在法规中提出碳中和目标的国家和地区包括韩国、爱尔兰、智利、斐济等;芬兰、奥地利等37个国家和地区已在政策文件中提出碳中和目标;此外还有墨西哥、荷兰等近80个国家和地区的碳中和目标正在讨论中。

表1.2 全球提出碳中和目标的国家和地区

碳中和目标阶段	国家(目标年份)
已实现	苏里南、不丹
已立法	德国(2045年)、瑞典(2045年)、欧盟(2050年)、日本(2050年)、英国(2050年)、法国(2050年)、加拿大(2050年)、西班牙(2050年)、丹麦(2050年)、新西兰(2050年)、匈牙利(2050年)、卢森堡(2050年)

① Energy & Climate Intelligence Unit.Net Zero Scorecard.2020-11-30 [2020-11-30] . https://eciu.net/netzerotracker.

续表

碳中和目标阶段	国家（目标年份）
已在法规中提出	韩国（2050年）、爱尔兰（2050年）、智利（2050年）、斐济（2050年）
已在政策文件中宣布	芬兰（2035年）、奥地利（2040年）、冰岛（2040年）、美国（2050年）、南非（2050年）、意大利（2050年）、巴西（2050年）、瑞士（2050年）、阿根廷（2050年）、挪威（2050年）、哥伦比亚（2050年）、葡萄牙（2050年）、斯洛伐克（2050年）、多米尼加（2050年）、巴拿马（2050年）、哥斯达黎加（2050年）、乌拉圭（2050年）、斯洛文尼亚（2050年）、拉脱维亚（2050年）、尼泊尔（2050年）、老挝（2050年）、牙买加（2050年）、毛里求斯（2050年）、摩纳哥（2050年）、马拉维（2050年）、马尔代夫（2050年）、巴巴多斯（2050年）、安道尔（2050年）、佛得角（2050年）、格林纳达（2050年）、梵蒂冈（2050年）、马绍尔群岛（2050年）、瑙鲁（2050年）、中国（2060年）、印度尼西亚（2060年）、哈萨克斯坦（2060年）、乌克兰（2060年）

资料来源：ECIU，兴业研究整理。

（二）各国"绿色复苏"计划陆续出台

1. "绿色复苏"成为全球新冠肺炎疫情后重振经济的主旋律之一

为应对新冠肺炎疫情带来的经济增速放缓，世界各国都开始运用经济刺激措施。为了避免世界从一场危机（新冠肺炎疫情）步入另一场危机（气候变化），国内外关于"绿色刺激"和"绿色复苏"的呼声越来越高，已有众多国家和地区提出了"绿色刺激"方案。

根据OECD在2020年8月的初步分析，至少有30个OECD成员和主要合作伙伴[①]已将旨在支持向绿色经济转型的措施作为其恢复计划或战略的一部分，这些措施主要包括以下四类：一是通过直接拨款、贷款和税收减免的方式来支持绿色交通、循环经济和清洁能源的

---

① 包括巴西、中国、印度、印度尼西亚和南非。

研究、开发和部署；二是通过采取财政措施为家庭和企业提高能效、使用可再生能源提供支持；三是提出新的资金计划来支持生态系统的恢复，从而创造就业机会并刺激经济活动；四是控制外来入侵物种和加强森林保护。从各国的"绿色复苏"政策措施和支持领域来看，各国政府的绿色支持政策主要集中在能源和陆路运输部门，而其他同样对"绿色复苏"至关重要的部门，如工业、农业、林业和废物管理等的政策措施仍然较少；从政策类型来看，减税和补助金或贷款是最常用的措施，其次是对研发的补贴。

2. 各个国家和地区的"绿色刺激"方案

中国：2020 年 9 月 22 日，习近平主席在第七十五届联合国大会的讲话中除了宣布我国在 2030 年前实现碳达峰和 2060 年前实现碳中和的目标外，还强调了新冠肺炎疫情过后的"绿色复苏"："这场疫情启示我们，人类需要一场自我革命，加快形成绿色发展方式和生活方式……各国要树立创新、协调、绿色、开放、共享的新发展理念，抓住新一轮科技革命和产业变革的历史性机遇，推动疫情后世界经济'绿色复苏'，汇聚起可持续发展的强大合力。"而此前我国提出的新基建七大投资领域也包含着大量的"绿色元素"，一是新基建中的城际高速铁路和城际轨道交通、充电桩及特高压等，这些内容本身就属于国家发展和改革委员会（以下简称"发改委"）等七部委联合印发的《绿色产业指导目录（2019 年版）》及目前正在执行的相关绿色标准中的项目，属于绿色产业的范畴；二是 5G（第五代移动通信技术）、人工智能、工业互联网等技术可用于产业增质提效，是发展绿色产业必不可少的要素。根据兴业研究宏观团队的估算（张文达等，2020），2020 年新基建七大投资领域的投资规模预计在 2.17 万亿元左右，其中，可以明确归为绿色新基建的城际高速铁路和城际轨道交通、新能源汽车充电桩及特高压三大投资领域的投资规模预计为1.42万亿元，在总投资规模中的占比高达65%，若是考虑到5G、人工智能、工业互联网等技术对各产业的增质提效作用，以及对绿色产业发展的推动作用，新基建中绿色成分的占比应该更高。

欧盟：2020年11月10日，欧盟委员会就总额为7 500亿欧元的"欧盟下一代"复苏计划和2021—2027年1.074万亿欧元的强化版中期预算（共约1.8万亿欧元）提案达成协议，以帮助整个欧盟地区在新冠肺炎疫情过后实现绿色化和数字化复苏。在2020年5月，该提案首次提出，这一揽子复苏计划中25%的资金将用于气候友好型领域，而在此次达成协议的最新版方案中，欧盟明确将用于应对气候变化资金的比例提高到了30%，这是有史以来欧盟预算中气候资金的最高比例，同时该复苏计划还特别关注保护生物多样性和性别平等。此外，在这1.8万亿欧元的一揽子计划中，超过50%的资金将通过以下三个方面来支持欧盟的现代化：一是通过"欧洲地平线"计划支持科研与创新；二是通过公正过渡基金和数字欧洲计划支持公平的气候转型和数字转型；通过复兴措施基金计划、欧盟民事保护机制和一项新的"EU4Health"健康计划来提升欧盟的预防、恢复能力与韧性。

德国：2020年6月3日，德国政府通过了规模达1 300亿欧元的一揽子经济复苏计划（2020—2021年），包括降税、5G建设、行业扶持、居民补贴等措施。其中500亿欧元被命名为"未来方案"（Future Package），聚焦于气候转型和数字化转型，将用于推动电动汽车、量子计划和人工智能等技术发展，其中涉及应对气候变化的多项举措，包括电动交通、氢能、铁路交通和建筑等领域，例如，德国将把每辆电动汽车的补贴增加一倍至 6 000 欧元，对插电式和混合动力车的补贴额总计达 22 亿欧元，有效期到 2021 年 12 月；投资 25 亿欧元用于充电设施、电动交通、电动电池的研发；车辆税将更关注乘用车的二氧化碳排放量，以扶持低排放和零排放车辆；同时还将向汽车行业注入 20 亿欧元，将工厂升级为电动汽车生产线。2020 年 6 月 10 日，德国政府通过国家氢能源战略，旨在支持"绿色氢能"扩大市场，为支持这一战略，德国政府将在现有基础上再投入 70 亿欧元用于氢能源市场推广，另外 20 亿欧元用于相关国际合作。

法国：2020 年 9 月，法国宣布了一项 1 000 亿欧元的经济刺激计划，以从新冠肺炎疫情造成的破坏中恢复经济，在该项经济复苏计划中，300 亿欧元将用于发展环境友好型能源。根据法国的经济刺激计划，在氢能源方面，政府将投资 20 亿欧元以扩大"绿色氢能"行业，从而在 2050 年之前实现碳中和，这笔资金将用于协助公司执行与氢能源解决方案有关的项目，并推动氢能行业的发展；在节能建筑方面，政府将投资 60 亿欧元，其中 40 亿欧元用以资助公共建筑的能源系统升级，从而减少法国整体的温室气体排放量，20 亿欧元用于未来两年法国私人建筑的能源系统升级；在工业节能方面，法国将为工业部门的"脱碳"拨款 12 亿欧元，工业排放量约占法国温室气体总排放量的 20%，此项投资将用于支持工业行业对节能设备的使用和投资；在绿色基础设施方面，法国政府将为国内绿色基础设施和交通项目提供 12 亿欧元，用于开发可减少温室气体排放的交通项目和公共交通服务。

英国：英国政府于 2020 年 7 月发布了 300 亿英镑的经济复苏计划，其中 30 亿英镑专门用于气候行动。该计划包括将提供超过 20 亿英镑的资金支持房主在 2020—2021 年提高房屋的能源效率，以实现英国应对气候变化的雄心,这笔资金可以提供超过10万个绿色工作岗位;为了实现公共部门的脱碳计划——清洁增长战略目标,即到2032年将公共部门的温室气体排放量减少一半,英国将在2021年向公共部门投资10亿英镑,以资助能源效率提高和低碳热能升级;向绿色就业挑战基金投资4 000万英镑,用于环境慈善机构和公共机构在英国创造和保护5 000个工作岗位;将提供1亿英镑的新资金用于研究和开发"直接空气捕获"技术,这是一种新的清洁技术,可以直接从空气中捕获二氧化碳;支持汽车转型基金,基于2020年宣布的高达10亿英镑的开发和嵌入下一代尖端汽车技术的额外资金,政府将立即拨款1 000万英镑用于第一轮创新研发项目,以扩大电池、发动机、电子和燃料电池等最新技术产品的生产规模。

韩国:2020年7月14日,韩国总统文在寅宣布了一项总额达160万亿韩元(约1 300亿美元,包括私人和地方政府支出)的"新政"。其中包含一项金额达42.7万亿韩元(约350亿美元)的"绿色新政",以促进可再生能源的部署和低碳基础设施的建设,具体包括到2025年太阳能和风力发电装机量从2019年的12.7 GW(吉瓦)增加到42.7 GW,并将在22.5万座公共建筑上安装太阳能电池板;到2025年,有113万辆电动汽车和20万辆氢能汽车上路,并将建设1.5万个快速充电站、3万个标准充电站和约450个氢燃料补给装置等。

美国:尽管美国尚未明确提出"绿色复苏"计划,但在2020年11月的美国总统大选中获胜的拜登此前已阐述了其关于新冠肺炎疫情后的经济复苏计划,该计划主要包括四大支柱,其中的第二大支柱是关注提升经济在长期的韧性,强调通过发展清洁能源和建设可持续基础设施等措施做好应对气候危机的准备。同时,拜登还提出了"绿色新政"作为其应对气候挑战的关键框架,也称为"清洁能源革命与环境正义计划",涉及能源转型与环境保护的各个方面,主要包括五个方面的具体计划与措施:一是确保美国在2050年之前实现100%的清洁能源经济和净零排放,其中包括对2050年实现净零排放的目标进行立法,为未来十年对能源和气候领域的研究与创新提供4 000亿美元投资,在整个经济中部署清洁技术等;二是建设一个更加强大和更具韧性的国家,拜登上任后将立即推动对智能基础设施的投资,以确保建筑、水、交通和能源基础设施能够抵御气候变化带来的不利影响;三是团结世界其他国家应对气候变化的威胁,拜登此前已承诺在上任第一天就会签署行政令宣布美国重返《巴黎协定》;四是坚决反对污染者滥用权利而使低收入社区受到更大的环境危害,拜登政府将提出针对环境不公平问题的解决方案;五是履行帮助受能源转型影响的所有劳动者和社区的义务。[①]

---

① 拜登竞选官网.THE BIDEN PLAN FOR A CLEAN ENERGY REVOLUTION AND ENVIRONMENTAL JUSTICE.2020-11-30 [2020-11-30].https://joebiden.com/climate-plan/#。

第二章

中国的绿色发展与碳中和

一、中国碳排放现状与应对气候变化

（一）中国的碳排放现状

人为活动产生的碳排放的最主要来源是使用煤炭、石油和天然气等化石能源。据 WRI（世界资源研究所）开发的 Climate Watch 数据平台于 2021 年发布的数据，2018 年全球温室气体排放总量近 490 亿吨（二氧化碳当量，下同），其中，煤炭、石油和天然气等化石能源的使用产生的温室气体排放量占总量的 76.1%。在能源的使用产生的温室气体排放量中，电力和热力部门、交通部门、制造业/建筑业部门用能产生的排放量最大，分别占能源温室气体排放的 41.9%、22.2% 和 16.5%。除了能源的使用产生的温室气体排放以外，农业活动产生的温室气体排放量位居第二，在总排放量中的占比为 11.9%，其他则是工业过程、废弃物管理设施、土地利用变化和林业的排放，占比分别为 5.9%、3.3% 和 2.8%。在各类温室气体排放中，二氧化碳排放量的占比最高，2018 年全球温室气体排放总量中，二氧化碳排

放量占比为 74.5%，其中，能源的使用所产生的二氧化碳排放量占据主要地位，占比达到 92.6%。

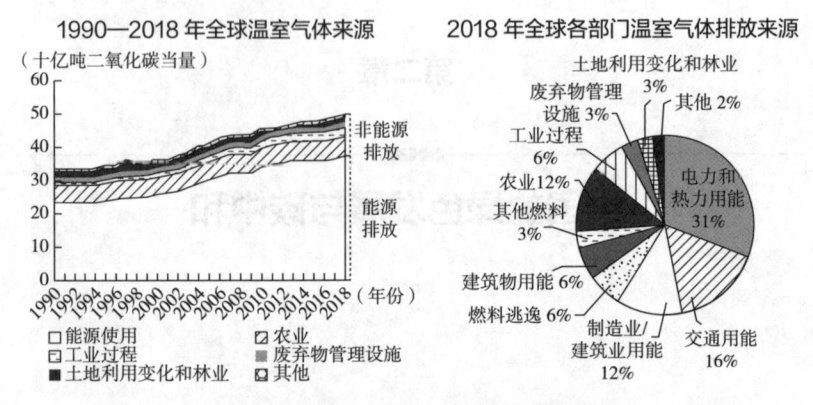

图 2.1 全球和各部门温室气体排放来源

资料来源：WRI，兴业研究整理。

我国是全球最大的能源消费国，也是当前温室气体排放量最大的国家。根据 WRI 发布的数据，2018 年全球能源使用产生的温室气体排放总量约为 372.2 亿吨，其中，我国的能源使用导致的温室气体排放量约为 103.2 亿吨，占全球排放总量的 27.7%。排在第二的是美国，排放量约为 52.7 亿吨，占全球排放总量的 14.2%。

从我国温室气体排放结构来看，根据 WRI 发布的数据，2018 年我国各类活动产生的温室气体排放总量①约为 123.5 亿吨，如果考虑到土地利用变化与林业碳汇的负排放，总的净排放量约为 117.1 亿吨。在总的温室气体排放量中，能源使用产生的温室气体排放量的

---

① 此处温室气体排放总量不包括土地利用变化与林业碳汇，仅包括能源使用排放（含电力和热力用能、制造业/建筑业用能、交通用能、建筑物用能、其他、燃料逃逸，下同）、工业过程排放、农业排放和废弃物管理设施排放，因为我国土地利用变化与林业碳汇为负排放。如无特殊说明，后文中提及的我国温室气体排放总量均不考虑土地利用变化与林业碳汇。

占比达到了83.5%,其次是工业过程排放和农业排放,占比分别为9.4%和5.5%。在能源使用排放中,如果进一步按能源使用部门来划分,那么电力和热力部门能源使用所产生的温室气体排放量最大,占到了总排放量的42.2%,其次是制造业/建筑业用能排放,占总排放量的21.6%。

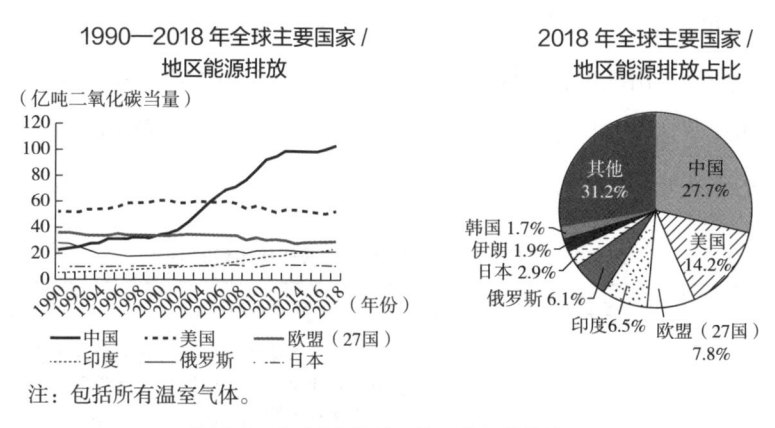

图2.2 全球主要国家/地区能源排放情况

资料来源:WRI,兴业研究整理。

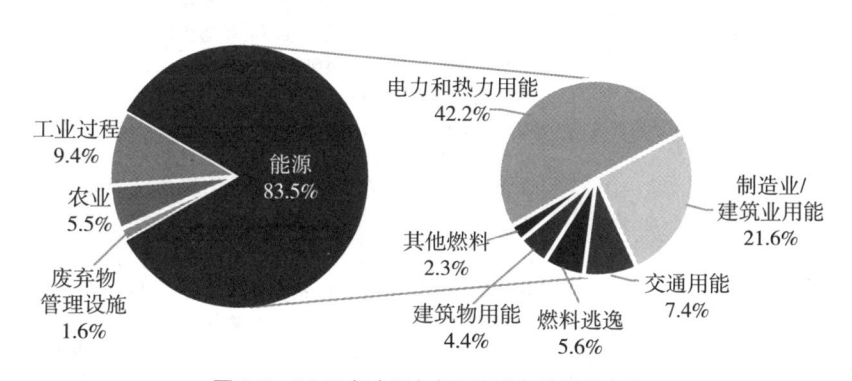

图2.3 2018年中国各部门温室气体排放占比

资料来源:WRI,兴业研究整理。

(二) 中国碳中和、碳达峰的承诺与行动

1. 中国首提碳中和目标

中国首提碳中和目标,重视程度空前。2020年9月22日,习近平主席在第七十五届联合国大会一般性辩论讲话中宣布:"中国将提高国家自主贡献力度,采取更加有力的政策和措施,二氧化碳排放力争于2030年前达到峰值,努力争取2060年前实现碳中和。"这是我国首次明确提出碳中和目标,同时也重申了2015年承诺的在2030年前后实现碳达峰的目标。随后,习近平主席多次在国际重要场合提及我国的碳达峰、碳中和目标。

表2.1 习近平主席在国际场合上关于碳中和的讲话

时间	会议	碳中和相关内容
2020.9.22	习近平主席在第七十五届联合国大会一般性辩论上的讲话	这场疫情启示我们,人类需要一场自我革命,加快形成绿色发展方式和生活方式,建设生态文明和美丽地球。人类不能再忽视大自然一次又一次的警告,沿着只讲索取不讲投入、只讲发展不讲保护、只讲利用不讲修复的老路走下去。应对气候变化《巴黎协定》代表了全球绿色低碳转型的大方向,是保护地球家园需要采取的最低限度行动,各国必须迈出决定性步伐。中国将提高国家自主贡献力度,采取更加有力的政策和措施,二氧化碳排放力争于2030年前达到峰值,努力争取2060年前实现碳中和。各国要树立创新、协调、绿色、开放、共享的新发展理念,抓住新一轮科技革命和产业变革的历史性机遇,推动疫情后世界经济"绿色复苏",汇聚起可持续发展的强大合力
2020.9.30	习近平主席在联合国生物多样性峰会上的讲话	中国积极参与全球环境治理。中国切实履行气候变化、生物多样性等环境相关条约义务,已提前完成2020年应对气候变化和设立自然保护区相关目标。作为世界上最大发展中国家,我们也愿承担与中国发展水平相称的国际责任,为全球环境治理贡献力量。中国将秉持人类命运共同体理念,继续做出艰苦卓绝努力,提高国家自主贡献力度,采取更加有力的政策和措施,二氧化碳排放力争于2030年前达到峰值,努力争取2060年前实现碳中和,为实现应对气候变化《巴黎协定》确定的目标做出更大努力和贡献

续表

时间	会议	碳中和相关内容
2020.11.12	习近平主席在第三届巴黎和平论坛上的致辞	绿色经济是人类发展的潮流，也是促进复苏的关键。中欧都坚持绿色发展理念，致力于落实应对气候变化《巴黎协定》。不久前，我提出中国将提高国家自主贡献力度，力争2030年前二氧化碳排放达到峰值，2060年前实现碳中和，中方将为此制定实施规划。我们愿同欧方、法方以明年分别举办生物多样性、气候变化、自然保护国际会议为契机，深化相关合作
2020.11.17	习近平主席在金砖国家领导人第十二次会晤上的讲话	我们要坚持绿色低碳，促进人与自然和谐共生。全球变暖不会因疫情停下脚步，应对气候变化一刻也不能松懈。我们要落实好应对气候变化《巴黎协定》，恪守共同但有区别的责任原则，为发展中国家特别是小岛屿国家提供更多帮助。中国愿承担与自身发展水平相称的国际责任，继续为应对气候变化付出艰苦努力。我不久前在联合国宣布，中国将提高国家自主贡献力度，采取更有力的政策和举措，二氧化碳排放力争于2030年前达到峰值，努力争取2060年前实现碳中和。我们将说到做到
2020.11.22	习近平主席在"二十国集团"领导人利雅得峰会"守护地球"主题边会上的致辞	"二十国集团"要继续发挥引领作用，在《联合国气候变化框架公约》指导下，推动应对气候变化《巴黎协定》全面有效实施。不久前，我宣布中国将提高国家自主贡献力度，力争二氧化碳排放2030年前达到峰值，2060年前实现碳中和。中国言出必行，将坚定不移加以落实
2020.12.12	习近平主席在气候雄心峰会上的讲话	中国为达成应对气候变化《巴黎协定》做出重要贡献，也是落实《巴黎协定》的积极践行者。今年9月，我宣布中国将提高国家自主贡献力度，采取更加有力的政策和措施，力争2030年前二氧化碳排放达到峰值，努力争取2060年前实现碳中和。 在此，我愿进一步宣布：到2030年，中国单位国内生产总值二氧化碳排放将比2005年下降65%以上，非化石能源占一次能源消费比重将达到25%左右，森林蓄积量将比2005年增加60亿立方米，风电、太阳能发电总装机容量将达到12亿千瓦以上。 中国历来重信守诺，将以新发展理念为引领，在推动高质量发展中促进经济社会发展全面绿色转型，脚踏实地落实上述目标，为全球应对气候变化做出更大贡献

续表

时间	会议	碳中和相关内容
2021.1.25	习近平主席在世界经济论坛"达沃斯议程"对话会上的特别致辞	中国将继续促进可持续发展。中国将全面落实联合国《2030年可持续发展议程》。中国将加强生态文明建设，加快调整优化产业结构、能源结构，倡导绿色低碳的生产生活方式。我已经宣布，中国力争于2030年前二氧化碳排放达到峰值、2060年前实现碳中和。实现这个目标，中国需要付出极其艰巨的努力。我们认为，只要是对全人类有益的事情，中国就应该义不容辞地做，并且做好。中国正在制定行动方案并已开始采取具体措施，确保实现既定目标。中国这么做，是用实际行动践行多边主义，为保护我们的共同家园、实现人类可持续发展做出贡献
2021.4.22	习近平主席在"领导人气候峰会"上的讲话	去年，我正式宣布中国将力争2030年前实现碳达峰、2060年前实现碳中和。这是中国基于推动构建人类命运共同体的责任担当和实现可持续发展的内在要求做出的重大战略决策。中国承诺实现从碳达峰到碳中和的时间，远远短于发达国家所用时间，需要中方付出艰苦努力。中国将碳达峰、碳中和纳入生态文明建设整体布局，正在制定碳达峰行动计划，广泛深入开展碳达峰行动，支持有条件的地方和重点行业、重点企业率先达峰。中国将严控煤电项目，"十四五"时期严控煤炭消费增长、"十五五"时期逐步减少。此外，中国已决定接受《〈蒙特利尔议定书〉基加利修正案》，加强非二氧化碳温室气体管控，还将启动全国碳市场上线交易

资料来源：兴业研究根据公开资料整理。

在碳中和目标下，我国绿色发展进入新阶段。随着我国碳达峰、碳中和目标的提出，我国面对着巨大的减排压力，绿色低碳发展与应对气候变化的重要性显著提升。习近平总书记在2021年4月30日主持召开的中共中央政治局第二十九次集体学习上指出："党的十八大以来……生态文明建设从认识到实践都发生了历史性、转折性、全局性的变化"，"'十四五'时期，我国生态文明建设进入了以降碳为重点战略方向、推动减污降碳协同增效、促进经济社会发展全面绿色转型、实现生态环境质量改善由量变到质变的关键时期"。

在此背景下，国家各部委也纷纷将部署落实碳达峰、碳中和目标作为其下一阶段的重点工作之一。例如，生态环境部在 2021 年 1 月 21 日召开的 2021 年全国生态环境保护工作会议上强调要"加快推动绿色低碳发展"，同时确定了 2021 年的八项重点任务："一是系统谋划'十四五'生态环境保护；二是编制实施 2030 年前碳排放达峰行动方案；三是继续开展污染防治行动；四是持续加强生态保护和修复；五是确保核与辐射安全；六是依法推进生态环境保护督察执法；七是有效防范化解生态环境风险；八是做好基础支撑保障工作。"在这八项任务中，碳达峰工作被放在了仅次于"系统谋划'十四五'生态环境保护"的第二位，也是单项任务中的首要位置。中国人民银行在 2021 年 1 月 4 日召开的 2021 年中国人民银行工作会议上确定了 2021 年的十项重点工作，其中第三项为："落实碳达峰碳中和重大决策部署，完善绿色金融政策框架和激励机制，要求做好政策设计和规划，引导金融资源向绿色发展领域倾斜，增强金融体系管理气候变化相关风险的能力，推动建设碳排放交易市场为排碳合理定价。逐步健全绿色金融标准体系，明确金融机构监管和信息披露要求，建立政策激励约束体系，完善绿色金融产品和市场体系，持续推进绿色金融国际合作。"这是中国人民银行首次将绿色金融单列为重点工作内容。

表 2.2　2021 年各部委关于落实碳达峰碳中和目标的工作部署

部门	会议	落实碳达峰碳中和目标的相关部署
生态环境部	2021 年全国生态环境保护工作会议（2021 年 1 月 21 日）	会议确定 2021 年八项重点任务：一是系统谋划"十四五"生态环境保护；二是编制实施 2030 年前碳排放达峰行动方案；三是继续开展污染防治行动；四是持续加强生态保护和修复；五是确保核与辐射安全；六是依法推进生态环境保护督察执法；七是有效防范化解生态环境风险；八是做好基础支撑保障工作

续表

部门	会议	落实碳达峰碳中和目标的相关部署
国家能源局	2021年全国能源工作会议（2020年12月22日）	着眼保障能源安全和应对气候变化两大目标任务；要着力提高能源供给水平，加快风电光伏发展，稳步推进水电核电建设，大力提升新能源消纳和储存能力，深入推进煤炭清洁高效开发利用，进一步优化完善电网建设
工业和信息化部	2021年全国工业和信息化工作会议（2020年12月28—29日）	围绕碳达峰、碳中和目标节点，实施工业低碳行动和绿色制造工程，坚决压缩粗钢产量，确保粗钢产量同比下降。加快发展先进制造业，提高新能源汽车产业集中度
国家发改委	2021年全国发展和改革工作会议（2020年12月18—19日）	加强生态文明建设，构建可持续的绿色发展体系。持续深化国家生态文明试验区建设，加强大江大河和重要湖泊湿地生态保护治理，部署开展碳达峰、碳中和相关工作，完善能源消费双控制度，持续推进塑料污染全链条治理
中国人民银行	2021年中国人民银行工作会议（2021年1月4日）	会议确定了2021年的十项重点工作，其中第三项为：落实碳达峰碳中和重大决策部署，完善绿色金融政策框架和激励机制，要求做好政策设计和规划，引导金融资源向绿色发展领域倾斜，增强金融体系管理气候变化相关风险的能力，推动建设碳排放交易市场为排碳合理定价。逐步健全绿色金融标准体系，明确金融机构监管和信息披露要求，建立政策激励约束体系，完善绿色金融产品和市场体系，持续推进绿色金融国际合作
中国银行保险监督管理委员会	2021年中国银保监会工作会议（2021年1月26日）	要为构建新发展格局提供有力支持……积极发展绿色信贷、绿色保险、绿色信托……
国务院国有资产监督管理委员会	中央企业负责人会议（2020年12月24—25日）	会议要求中央企业做好2021年工作，要扎实抓好八个方面的重点任务，其中第八项为：主动服务和支撑国家重大战略……带头履行社会责任，促进生产方式绿色转型，积极参与碳达峰、碳中和行动，发挥带头示范作用

资料来源：作者根据公开资料整理。

2. 中国应对气候变化的主要政策和行动回顾

积极应对气候变化，尽快实现碳达峰是我国可持续发展的内生需求。我国人口众多、经济发展水平低、气候条件差、生态环境脆弱，是受气候变化影响最显著的国家之一。《第三次气候变化国家评估报告》指出，近百年来我国陆地气温提升了0.9摄氏度，升温幅度高于全球平均水平。气候变暖及日益频发的极端天气事件已经对我国粮食安全、水安全、生态安全和城市安全等造成严重威胁。据统计，21世纪以来，气象灾害已造成全国平均每年死亡2 000人，累计直接经济损失超过4.5万亿元；气候变暖导致的海平面上升、沿海灾害风险加剧、物候期变化、土地退化和荒漠化等，已逐渐影响我国沿海城市发展、农业生产，以及青藏高原、黄土高原、西南喀斯特地区、北方农牧交错带等脆弱生态区生态系统功能的提升。因此，我国必须积极主动应对气候变化，加快转变经济发展方式，实现可持续发展。

中国高度重视可持续发展与气候变化问题，主动承担起大国责任，并提出"共同构建人类命运共同体"。在国际上，中国积极参加国际气候变化谈判，主动提交应对气候变化国家自主贡献文件，并且倡导"共同构建人类命运共同体"，推动和引导建立公平合理、合作共赢的全球气候治理体系，积极推动气候变化南南合作，为应对全球气候变化做出了重要贡献，树立了我国负责任、勇担当的大国形象。在国内，我国制定并采取了一系列政策和行动，把积极应对气候变化作为国家经济社会发展的重大战略，把绿色低碳发展作为生态文明建设的重要内容。中国应对气候变化的主要政策和行动如下。

从国际方面来看，中国积极参加国际气候变化谈判，深度参与全球气候治理，推动和引导建立公平合理、合作共赢的全球气候治理体系。2015年11月，国家主席习近平与法国总统奥朗德在北京举行会谈，会后双方共同发表了《中法元首气候变化联合声明》，明确表示认识到绿色金融和低碳投资的重要性，将努力鼓励资金流向资源节约和低碳的项目，法国重申承诺的到2020年将每年现有的30亿欧元资金支持提高到50亿欧元以上，中国重申宣布拿出200亿元人民币建立"中国气候变化南南合作基金"：中国设立200亿元人民币的中国气候变化南南合作基金，并启动在发展中国家开展十个低碳示范区、100个减缓和适应气候变化项目及1 000个应对气候变化培训名额的合作项目。2011年以来，中国政府累计安排7亿元人民币（约1亿美元）通过开展节能低碳项目、组织能力建设活动等方式帮助其他发展中国家应对气候变化。

从国内方面来看，2007年，我国发布《中国应对气候变化国家方案》，提出应对气候变化的总体目标是：控制温室气体排放取得明显成效，适应气候变化的能力不断增强，气候变化相关的科技与研究水平取得新的进展，公众的气候变化意识得到较大提高，气候变化领域的机构和体制建设得到进一步加强。

2009年，我国向国际社会宣布，到2020年单位GDP（国内生产总值）二氧化碳排放比2005年下降40%~45%，非化石能源占一次能源消费比重的15%左右，森林面积比2005年增加4 000万公顷，森林蓄积量比2005年增加13亿立方米。积极实施《中国应对气候变化国家方案》《"十二五"控制温室气体排放工作方案》《"十二五"节能减排综合性工作方案》《节能减排"十二五"规划》《2014—2015年节能减排低碳发展行动方案》和《国家应对气候变化规划（2014—2020年）》。

2015年6月，我国向《联合国气候变化框架公约》秘书处提交了应对气候变化国家自主贡献文件《强化应对气候变化行动——中国国家自主贡献》，提出了2030年行动目标：二氧化碳排放于2030年前后达到峰值并争取尽早达峰；单位GDP二氧化碳排放比2005年下降 60%~65%，非化石能源占一次能源消费比重达到 20%，森林蓄积量比 2005 年增加 45 亿立方米左右。同时强调，创新低碳发展模式，深化低碳省区、低碳城市试点等；加大资金和政策支持力度，探索政府和社会资本合作等低碳投融资新机制。

2016 年发布的《中华人民共和国国民经济和社会发展第十三个五年规划纲要》（以下简称《"十三五"规划纲要》），以独立章节（第四十六章 积极应对全球气候变化）提出了有效控制温室气体排放、主动适应气候变化、广泛开展国际合作的具体行动要求。关于碳达峰，《"十三五"规划纲要》提出，到 2020 年有效控制电力、钢铁、建材、化工等重点行业碳排放，推进工业、能源、建筑、交通等重点领域低碳发展；支持优化开发区域率先实现碳排放达到峰值；深化各类低碳试点，实施近零碳排放区示范工程等措施。

2016 年 11 月发布的《"十三五"控制温室气体排放工作方案》进一步要求：到 2020 年，单位 GDP 二氧化碳排放比 2015 年下降 18%，碳排放总量得到有效控制；支持优化开发区域率先达到峰值，力争部分重化工行业于 2020 年前后实现率先达峰，能源体系、产业体系和消费领域低碳转型取得积极成效。

国家制定的一系列应对气候变化的政策文件指导了地方的碳达峰行动。为了落实应对气候变化行动承诺，中国制定实施《"十三五"控制温室气体排放工作方案》和《城市适应气候变化行动方案》，开展低碳省市、城（镇）、园区、社区等试点工作，推进碳排放权交易市场建设，并率先发布了《中国落实可持续发展议程进展报告》。通过减排目标任务分解，国家二氧化碳减排目标自上而下逐级分解和细化到各省市，多数省市进一步编制符合当地实际的"十三五"控制温室气体排放工作方案，建设低碳试点城市，从而进行二氧化碳减排目标落实。一系列政策文件表明，我国政府已将强化碳排放总量控制和推动碳排放达峰作为今后一段时期应对气候变化的核心工作，并针对重点区域和行业提出了早于全国率先达峰的目标，对推动各地加快低碳转型具有重要的指导意义。

二、中国碳达峰、碳中和的路径

我国已提出了在2030年前实现碳达峰、2060年前实现碳中和的目标，但目前仍未明确达峰时的碳排放总量水平，而是提出了单位GDP二氧化碳排放（碳强度）的约束目标。在2020年12月12日举行的气候雄心峰会上，我国提出2030年中国单位GDP二氧化碳排放比2005年下降65%以上的目标。此外，我国也对能源消费总量与结构有明确的目标。因此，我们可以根据我国碳强度约束目标及对我国未来经济增长的预测，结合我国化石能源消费总量约束目标，大致测算出我国未来的碳排放路径。

在历史碳排放数据方面（2020年及之前），我们以WRI发布的数据为基础。目前全球有多个数据库均公布了中国的历史碳排放数据，除WRI外，还包括全球碳项目（GCP，2020）、英国石油公司（BP，2020）、中国碳核算数据库（CEADs，2021）等。与其他数据库提供的数据相比，WRI提供的排放数据包括了所有活动产生的排放及所有温室气体的排放，分类较全，而其他数据库提供的数据大部分仅包括能源二氧化碳排放。对比几家数据库的数据可以发现，近些年的能源二氧化碳排放数据差距较小，这主要是由于能源相关统计数据较为完备，并且能源碳排放的测算方法较为成熟，而其他领域的排放数据则较难获取与估测，此外早期由于数据统计质量不佳，各数据库数据差距也较大。综上，我们以 WRI 发布的最新数据，即以我国 2018 年的能源二氧化碳排放数据（95.3 亿吨）为基础对未来的排放路径进行预测，结合 2018 年我国 GDP 数据，可以测算出 2018 年碳强度为 1.04 吨/万元，根据生态环境部公布的 2018 年碳强度较 2005 年下降 45.8%[1]，可以推测出我国 2005 年碳强度为 1.92 吨/万元（2018 年不变价，下同）。2019 年和 2020 年，生态环境部发布的数据显示，我国碳强度较 2005 年分别下降了 48.1%[2] 和 48.4%[3]。结合 2019 年和 2020 年的 GDP 数据（2018 年不变价），可推算出 2019 年和 2020 年我国碳排放量分别约为 96.7 亿吨和 98.4 亿吨，碳强度分别为 0.996 吨/万元和 0.991 吨/万元。

未来能源碳排放量的预测思路：能源碳排放主要来自煤炭、石油、天然气等化石能源的使用，而不同的化石能源具有不同的碳排放系数。因此，我们测算未来能源碳排放量的方法为，以历史排放数据和化石能源消费总量与结构为基础，通过对未来能源总量与结构的预测，结合联合国政府间气候变化专门委员会[4]《IPCC 国家温室气体清单指南》中发布的各类能源碳排放系数，来测算未来我国能源碳排放路径。

根据以上方法，我们首先需要对我国未来的能源消费总量与结构

---

[1] 央广网.生态环境部：2018 年中国碳排放强度比 2005 年下降 45.8%. 2019-11-27［2021-03-30］. https://baijiahao.baidu.com/s?id=1651333508066794765&wfr=spider&for=pc.

[2] 中国产业经济信息网.生态环境部：2019 年底我国碳强度较 2005 年下降近 50%. 2020-10-30［2021-03-30］.http://www.tanpaifang.com/tanguwen/2020/1030/74995.html.

[3] 生态环境部官网.第五届气候行动部长级会议召开.2021-03-24［2021-03-30］.http://www.mee.gov.cn/xxgk2018/xxgk/xxgk15/202103/t20210324_825771.html.

[4] IPCC 于 2019 年对 2006 年发布的《IPCC 国家温室气体清单指南》进行了补充修订，能源碳排放因子部分未更新，仍与 2006 年保持一致。

进行预测,在我国《中共中央关于制定国民经济和社会发展第十四个五年规划和二〇三五年远景目标的建议》(以下简称《"十四五"规划纲要》)、国家发改委和能源局于 2017 年发布的《能源生产和消费革命战略(2016—2030)》(以下简称《2030 能源战略》)以及习近平主席于 2020 年 12 月 12 日在气候雄心峰会上的讲话中,都给出了我国未来能源消费总量和结构方面的约束目标。此外,未来的碳排放路径还需要满足我国碳强度约束目标。

表 2.3 我国化石能源消费、碳强度相关约束目标

指标	2025 年	2030 年	2050 年
能源消费总量	—	60 亿吨标准煤	总量基本稳定
单位 GDP 能耗	比 2020 年下降 13.5%[*]	—	—
天然气占比	—	15%	—
非化石能源占比	—	25%[**]	超过一半
单位 GDP 二氧化碳排放	比 2020 年下降 18%[*]	比 2005 年下降 65% 以上[**]	—

注:* 来自《"十四五"规划纲要》;** 来自习近平主席在气候雄心峰会上的讲话;其他来自《2030 能源战略》。
资料来源:兴业研究整理。

GDP 增速:由于未来目标涉及单位 GDP 能耗和单位 GDP 碳排放,我们需要对我国未来的 GDP 增速进行预测。2020 年 11 月 3 日习近平总书记在关于《"十四五"规划纲要》的说明中提到:"在征求意见过程中,一些地方和部门建议,明确提出'十四五'经济增长速度目标,明确提出到 2035 年实现经济总量或人均收入翻一番目标。文件起草组经过认真研究和测算,认为从经济发展能力和条件看,我国经济有希望、有潜力保持长期平稳发展,到'十四五'末达到现行

的高收入国家标准、到 2035 年实现经济总量或人均收入翻一番,是完全有可能的。"①

能源消费总量:2020 年,我国能源消费总量为 49.8 亿吨标准煤,其中化石能源消费总量约为 41.9 亿吨标准煤②,占比约为 84.1%;非化石能源消费占比约为 15.9%。《"十四五"规划纲要》提出,2020—2025 年单位 GDP 能耗下降 13.5%。结合前述 GDP 增速预测结果,可以估算出,我国到 2025 年能源消费总量约为 58.0 亿吨标准煤。根据发改委和能源局于 2017 年发布的《2030 能源战略》目标:"2021—2030 年,……能源消费总量控制在 60 亿吨标准煤以内,……展望 2050 年,能源消费总量基本稳定。"我们假设 2030 年我国能源消费总量为 60 亿吨标准煤,并且能源消费总量增速在 2030—2050 年匀速下降至零,则 2050 年我国能源消费总量约为 64 亿吨标准煤,并达到峰值。在 2050—2060 年,我们假设总量增速下降速度不变,则到 2060 年我国能源消费总量约为 62.8 亿吨标准煤。

能源消费结构:在一次能源消费结构方面,根据发改委和能源局于 2017 年发布的《2030 能源战略》目标:"2021—2030 年,可再生能源、天然气和核能利用持续增长,高碳化石能源利用大幅减少……非化石能源占能源消费总量比重在 20% 左右,天然气占比在 15% 左右,新增能源需求主要依靠清洁能源满足……展望 2050 年,……非化石能源占比超过一半。"习近平主席在气候雄心峰会上的讲话中,进一步将我国 2030 年非化石能源消费占比从 20% 提升了 5 个百分点

---

① 新华社.习近平:关于《中共中央关于制定国民经济和社会发展第十四个五年规划和二〇三五年远景目标的建议》的说明.2020-11-03[2021-03-30].http://www.xinhuanet.com/politics/2020-11/03/c_1126693341.htm。

② 国家统计局。

至 25%。我们假设到 2050 年，我国非化石能源占比目标提升 10 个百分点至 60%，并假设该占比在 2020—2030 年和 2030—2060 年均匀速上升，则到 2060 年，我国非化石能源消费占比将在 77.5% 左右。

2020—2030 年，碳达峰路径：根据我国能源消费总量与结构的变化，以及《IPCC 国家温室气体清单指南》中发布的各类能源碳排放系数，可以估测出我国能源碳排放将在 2025 年前后达到峰值，峰值为 106.2 亿吨，碳强度较 2020 年下降 19.8%，满足《"十四五"规划》碳强度下降 18% 的约束目标；到 2030 年，能源二氧化碳排放量将下降为 101.4 亿吨，碳强度较 2005 年下降 68%，满足习近平主席在气候雄心峰会上提出的下降 65% 以上的约束目标。进一步地，根据 WRI 历史排放数据，我国能源二氧化碳排放占所有活动二氧化碳排放的比例在 92.5% 左右，而二氧化碳排放占所有温室气体排放的比例在 83% 左右。假设在 2030 年前该比例基本不变，则据此可以估算出我国在 2025 年所有活动的二氧化碳排放峰值约为 114.9 亿吨，所有温室气体排放峰值约为 138.4 亿吨。如果进一步考虑负排放，根据清华大学气候变化与可持续发展研究院（2020）的预测，在 1.5 摄氏度温升路径下，预计我国 LULUCF（土地利用、土地利用变化和森林）产生的碳汇净增量在 2030 年为 9.1 亿吨，CCS（碳捕集与封存）技术带来的负排放约为 0.3 亿吨。据此，我们可以估算出我国 2030 年温室气体总净排放量约为 122.6 亿吨，到 2060 年我国要实现碳中和，也就意味着在 30 年间，我国经济要从净排放量 122.6 亿吨下降至零。

表 2.4 2030 年碳达峰排放路径预测（单位：亿吨）

指标	2018 年	2020 年	2025 年（峰值）	2030 年
能源二氧化碳排放	95.3	98.4	106.2	101.4

续表

指标	2018年	2020年	2025年（峰值）	2030年
工业过程等其他二氧化碳排放	7.8	8.0	8.6	8.2
其他非二氧化碳温室气体排放	20.5	21.8	23.5	22.4
总排放	123.6	128.2	138.4	132.0
负排放	−6.5	−7.0	−8.0	−9.4
净排放	117.1	121.2	130.4	122.6

注：2018年为WRI发布的数据，2020—2030年为预测值。
资料来源：WRI，兴业研究。

2030—2060年的碳中和路径：根据对2030年后我国能源消费总量和结构的预测，到2060年，我国能源消费总量将达到62.8亿吨标准煤，其中非化石能源占比在77.5%左右，化石能源消费仍有14.1亿吨标准煤；能源碳排放量（不考虑CCS）约为23.7亿吨，较峰值下降约78%。在工业过程碳排放方面，水泥行业生产过程排放是我国工业过程碳排放的主要来源之一。根据麦肯锡的测算，在1.5摄氏度温升路径下，到2050年中国水泥行业[①]碳排放须比2020年减少70%以上（华强森等，2021）。据此，我们假设2060年实现碳中和时，我国工业过程碳排放比2020年下降70%。在其他非二氧化碳温室气体排放方面，清华大学气候变化与可持续发展研究院（2020）预测在1.5摄氏度温升路径下其他温室气体排放将比2020年下降48%。我们据此假设，2060年实现碳中和时，我国其他非二氧化碳温室气体排放也将比2020年下降48%。基于上述假定，我们预计到2060年，我

---

① 水泥行业碳排放主要源于熟料生产过程，排放占比达到55%~70%。

国所有温室气体排放总量（不考虑负排放）仍有约 37.4 亿吨。在负排放方面，根据清华大学气候变化与可持续发展研究院（2020）的预测，在 1.5 摄氏度温升路径下，我国 LULUCF 在 2050 年实现净零排放时预计为 −7.8 亿吨，我们假设 2060 年实现碳中和时，LULUCF 增汇也为 −7.8 亿吨，则仍有 29.6 亿吨温室气体排放量需要通过 CCUS（碳捕集、利用与封存）等负排放技术进行中和。

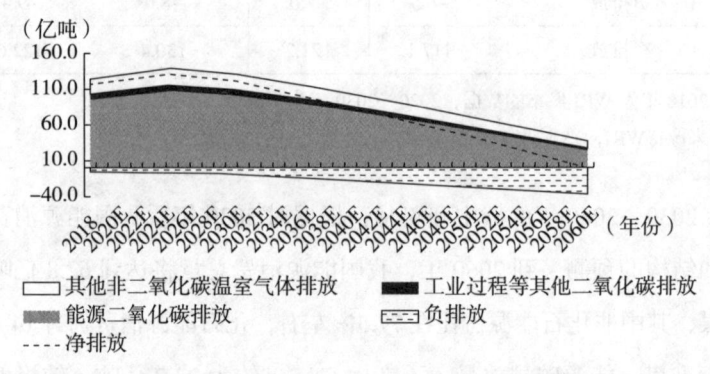

图 2.4 2018—2060 年温室气体排放路径

注：2018 年为 WRI 发布的数据，2019—2060 年为预测值。

资料来源：WRI，兴业研究。

三、中国的换道赶超与后发优势

（一）生态保护与经济增长

长期以来，生态环境保护和经济发展的关系一直是各界争论的焦点。传统看法认为，要保护生态环境，可能就不得不在一定程度上牺牲经济发展。对此，习近平总书记在 2019 年 9 月 1 日出版的第 17 期《求是》杂志上发表的《在深入推动长江经济带发展座谈会上的讲话》中表示，"生态环境保护和经济发展不是矛盾对立的关系，而是辩证统一的关系。生态环境保护的成败归根到底取决于经济结构和经济发展方式","有的同志对生态环境保护蕴含的潜在需求认识不清晰，对这些需求可能激发出来的供给、形成的新的增长点认识不到位"。

事实上，绿色发展不仅不是以牺牲经济发展为前提，而且还是我国实现跨越式发展的重大机遇。当前，虽然绿色发展已成为全球共同的愿景，但在传统发展方面累积的巨额投资和专利形成的"锁定成本"以及既得利益集团，使发达国家在绿色转型发展过程中面临着严重的路径依赖障碍，而以我国为代表的新兴经济体则不受此限制，后发国家的优势使其能够更加超脱地选择绿色发展路径，由此实现换道赶超。近几年我国在新能源等绿色产业细分领域的迅速发展正是完美的例证。

（二）绿色发展：新兴经济体实现赶超的后发优势

当下，绿色发展已经成为全球共同的愿景，绿色产业作为一个新兴的领域也已开始悄然崛起，提前越过"以污染换发展"的阶段，主动选择绿色发展路径将成为我国实现跨越式发展的重大机遇。

熊彼特的经济周期理论告诉我们，萧条期往往孕育着全新的技术，而在技术和制度范式转换的过程中，行为规则、组织原理、社会意识、技术能力与全球经济竞争格局将开始发生剧烈的变化。其间，前一范式的领先者必须放弃原有的既得利益、改变原来的行为惯例与组织规则，才能适应新的范式，因此，过去的领导者进行转变的过程往往较为缓慢。但对于追赶者而言，由于没有前一范式的约束，可以相对容易地引入新技术、实现社会组织变革。因此，范式转换期将为后发国家的赶超提供难得的机会窗口，历史上后发者的成功赶超一般都发生在这样的时期，例如，19世纪末，在由蒸汽动力与铁路时代转向电力与钢铁时代的过程中，美国和德国对英国的赶超；20世纪晚期，日本在汽车产业和电子产业领域对美国的追赶（眭纪刚等，2018）。

在今天，绿色发展已经开始引领新能源等一系列绿色技术变革，绿色发展或将成为新兴国家实现赶超的机遇之窗。而在绿色发展领域，与发达国家相比，以我国为代表的新兴经济体具有更为明显的"后发优势"。

首先，发达国家面临着传统经济发展模式下的路径依赖。由于发达国家的传统技术和传统产业已经十分成熟，规模效益已经形成，绿色低碳转型发展意味着要放弃过去几十年的投资选择和专利优势，巨额"锁定成本"及已形成的利益集团格局，都会抑制发达国家低碳转型的动力，使其更加倾向于沿着现有的"技术轨道"发展，而我国作为后发国家，没有历史包袱。OECD在2012年的一份报告中曾指出，绿色发展是新兴经济体跨越不可持续生产和消费模式的重要机会，与发达国家相比，发展中国家有更大的机会去利用环境和经济可持续发展之间的协同效应，因为它们仍然可以将环境问题纳入基础设施投资决策中，而发达国家则受到过去几十年的投资选择和沉没成本的限制。

其次，新兴经济体在绿色技术创新方面也更有机会赶超发达国家。一方面，与成熟的传统技术相比，绿色技术的发展仍处于早期阶段，门槛较低，新兴经济体在绿色技术创新方面更容易实现追赶与超越。佩雷斯和泽特（1988）指出，在技术变革的早期阶段进入新兴产业具有一定的优势，因为早期知识产权方面的门槛较低。在技术创新早期阶段，由于没有固定的市场领导者，往往更容易获得已有的技术知识资源，从而在此基础上进一步创新。因此，进入新兴技术领域可能比进入已经发展到后期阶段的成熟技术领域更加容易。另一方面，在绿色技术等新兴技术领域，新兴经济体甚至比发达国家更有优势，因为它们不受限于现有的技术体系；相比之下，一些发达国家反而因为拥有了先进传统技术带来的高生产率，使发展初期具有较高不确定性的绿色技术完全不具竞争优势，从而导致发达国家更容易被限制在现有的传统技术中。这就好比在技术更迭时代，那些传统市场垄断者虽然具备技术创新的能力与优势，但往往会选择固守传统市场，最终被后来者超越。

（三）我国绿色产业的"换道赶超"

在部分绿色产业中，我国作为新兴经济体的后发优势已开始显现，在可再生能源、新能源汽车、高速铁路等细分绿色产业领域，我国在全球已从"追赶"迅速跻身"并跑"乃至"领跑"行列。

1. 可再生能源产业

可再生能源革命已成为全球绿色转型的核心。而我国在可再生能源领域，仅用了短短十几年时间，便迅速发展至全球领先水平。

在风力发电领域，根据 IRENA（国际可再生能源署）公布的数据，2000 年，我国风电装机量仅为 34 万千瓦，仅占全球总装机量的 2%；但到 2018 年，我国风电装机量已超过 1.8 亿千瓦，占全球总装机量的 32.8%，与 2000 年相比，年均复合增长率达 42%，我国一跃成为全球第一的风电大国。2000—2018 年，我国风电行业几乎从零起步，实现了从无到有再到超越的过程，目前累计装机量、新增装机量、发电量都稳居世界第一。

2000—2018 年全球前五大风电国家装机容量

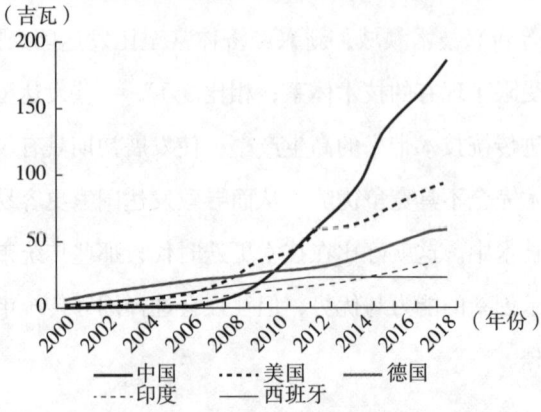

（吉瓦）

中国　　美国　　德国
印度　　西班牙

2000—2017 年全球前五大风电国家风能发电量

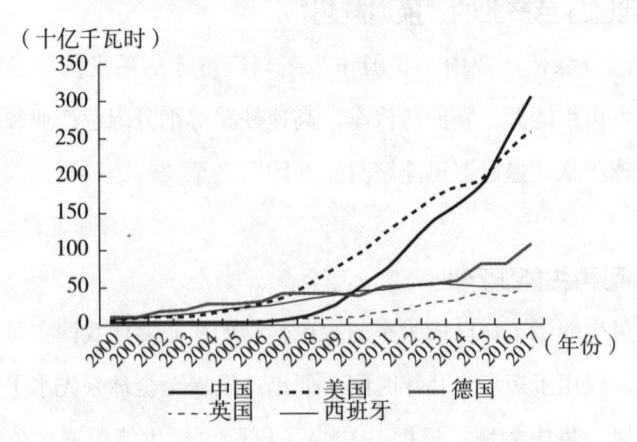

（十亿千瓦时）

中国　　美国　　德国
英国　　西班牙

图 2.5　全球前五大风电国家装机容量和风能发电量

资料来源：IRENA，兴业研究。

在太阳能光伏发电领域，我国太阳能光伏发电产业在 2000 年前后开始起步，自 2009 年开始迎来爆发式增长。根据国际可再生能源署公布的数据，我国光伏发电累计装机容量已从 2000 年的 3 万千瓦增长至 2018 年末的 1.7 亿千瓦，年均复合增长率达 61%，并且我国从 2015 年起就成为全球太阳能光伏发电装机容量最大的国家，2018

年我国太阳能光伏发电装机容量占全球总装机量的比例已达36%。在发电量方面，2017年我国太阳能发电量为1 183亿千瓦时，同样稳居世界第一。与风电类似，我国太阳能光伏发电产业也是在短短十几年间实现了从起步到全球领先的跨越式发展。

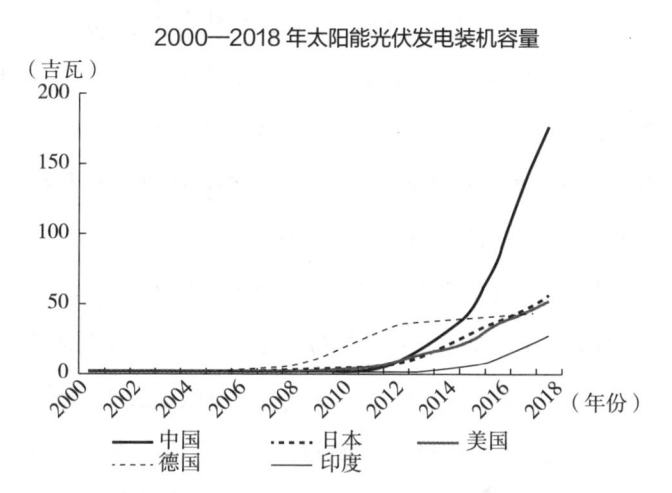

2000—2018年太阳能光伏发电装机容量
（吉瓦）

中国　日本　美国
德国　印度

2000—2017年太阳能光伏发电量
（十亿千瓦时）

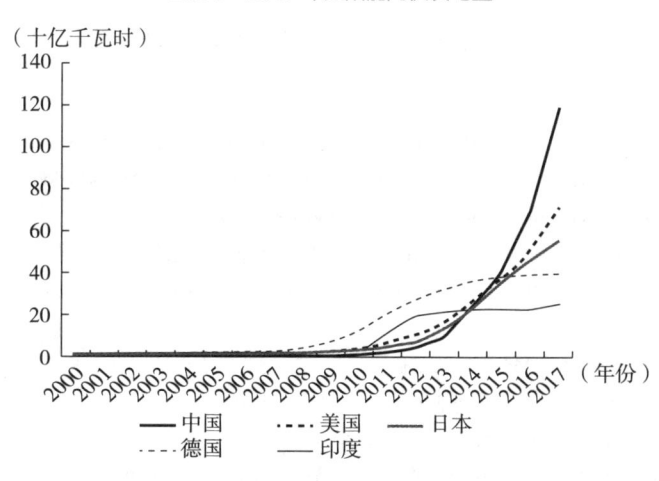

中国　美国　日本
德国　印度

图2.6　全球前五大太阳能光伏发电量和装机总量

资料来源：IRENA，兴业研究。

除装机规模实现了赶超外，我国目前还同步发展成为全球太阳能电池板和风力涡轮机领域的最大生产商、出口商和安装商。① 根据中国光伏行业协会在 2019 年年会上发布的数据，2018 年我国多晶硅产能超过 25 万吨，全球占比超 58%；硅片产量达到 109.2 GW，全球占比超 85%；电池片产量约为 87.2 GW，全球占比近 70%；组件产量约 85.7 GW，全球占比超 70%。② 在由 365 光伏③发布的"2018 全球光伏 20 强（综合类）"榜单中，有 16 家为中国企业。在风电装备制造方面，根据彭博新能源财经数据，在 2018 年全球前十大陆上风电整机制造商中，中国囊括了一半的席位。④

在可再生能源技术创新方面，我国同样占据领先地位。截至 2016 年，中国可再生能源专利已超过 15 万件，占全球总数的 29%。美国排在我国之后位列世界第二，其专利数量略超过 10 万件；而日本和欧盟则分别接近 7.5 万件。⑤ 从近年来每年新申请的专利数量来看，2015 年起，全球超过一半新增的新能源专利申请都来自中国；2016 年，该比例则高达 66.6%，几乎是排名第二的美国的四倍。

---

① Forbes. China Is Set To Become The World's Renewable Energy Superpower According To New Report.2019-01-11［2019-11-01］. https://www.forbes.com/sites/dominicdudley/2019/01/11/china-renewable-energy-superpower/?sh=376249683462.

② 前瞻经济学人.中国光伏产业在全球市场目前是技术领先还是市场份额领先？2019-06-26［2019-11-01］. https://www.qianzhan.com/wenda/detail/190626-2918a0f7.html.

③ 365 光伏是目前中国领先的专注于光伏电站信息搜集、数据研究、第三方调研的综合权威机构。365 光伏每年通过详尽的数据调研工作，依据上一年度全年的企业经营业绩，向行业内外公布全球及中国光伏企业综合实力等 20 强企业排行榜，是针对光伏领域的权威研究评价活动。

④ 新能源网.2018 年全球风电整机制造商市场份额排名.2019-6-26［2019-11-01］. http://www.china-nengyuan.com/news/135325.html?d=123.

⑤ https://www.forbes.com/sites/dominicdudley/2019/01/11/china-renewable-energy-superpower/#6068d406745a.

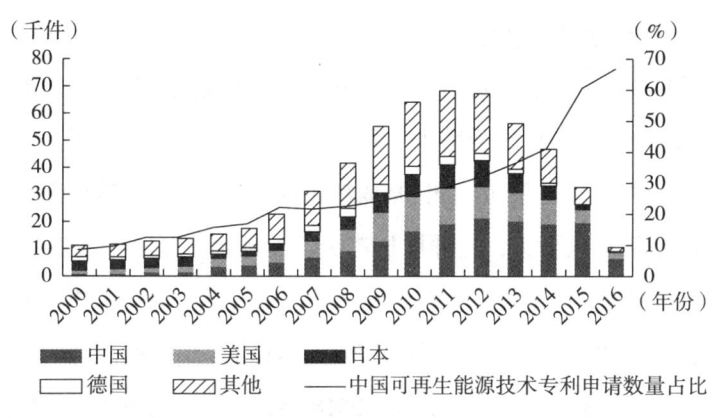

图 2.7 可再生能源技术专利申请数量

资料来源：IRENA，兴业研究。

中国在可再生能源领域的迅速崛起，是发展中国家在绿色领域实现跨越式发展的最佳例证。近年来，已经有越来越多的发展中国家看见了可再生能源产业的发展潜力，不受限于与发达国家一样的路径依赖障碍，部分发展中国家在可再生能源领域的投入已经远远超过了发达国家。从 2015 年各国在可再生能源领域投资额占 GDP 比重排名来看，前十名中，发展中国家占据了一半的席位。其中，中国可再生能源投资额占 GDP 的比重为 0.9%，超过了英国、日本、德国、美国。

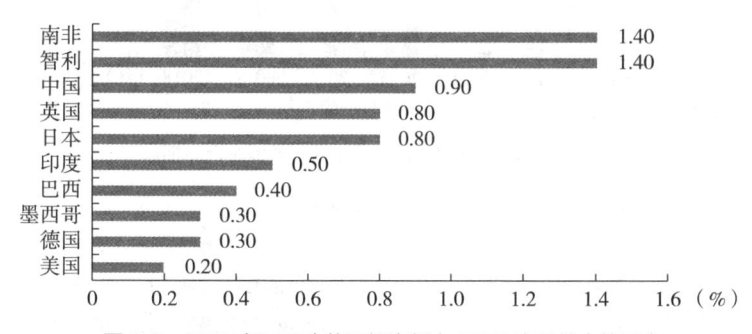

图 2.8 2015 年可再生能源投资额占 GDP 比重前十的国家

资料来源：Bloomberg New Energy Finance, World Bank，兴业研究。

2. 新能源汽车产业

近年来，我国新能源汽车产业也经历了爆发式增长。在 2015 年，我国新能源汽车年度销量增速一度高达 341.3%，也正是在这一年，我国以 33.1 万辆新能源汽车的销量成功超越美国，成为全球最大的新能源汽车市场。到今天，这种增长势头仍在延续，2018 年在我国整体汽车市场销量多年来首次出现下滑的情况下，新能源汽车的销量仍然维持较快的增长速度，全年产、销分别达到 127.0 万辆和 125.6 万辆，同比增速分别为 59.9% 和 61.7%。2018 年，我国新能源汽车销量仍然稳居世界第一，并超过了全球新能源汽车总销量的一半。尽管如此，我国人均汽车保有量仍然处于较低水平，根据世界银行在 2019 年公布的最新数据，中国千人汽车保有量为 173 辆，在全球排第 17 位，而排在第 1 位的美国的千人汽车保有量达 837 辆，是中国的 4.8 倍。这意味着，随着新能源汽车相关配套设施（如充电桩）的普及和进一步便利化，未来我国新能源汽车产业仍然有巨大的发展空间。

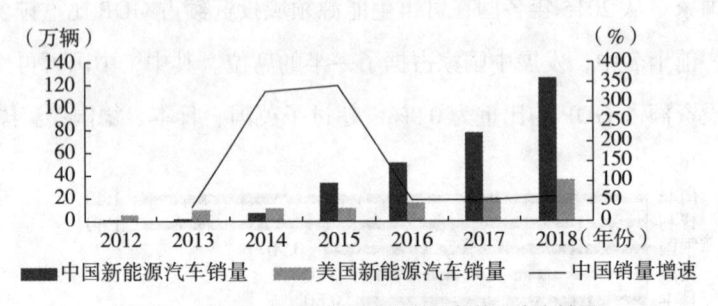

图 2.9 2012—2018 年中国和美国新能源汽车销量

资料来源：Statista[①]，中国汽车工业协会，兴业研究。

---

① Statista 是全球领先的综合数据统计平台，其提供的数据包括了世界主要国家和经济体，目前拥有 200 多万个统计数据，超过 22 500 个数据源，每天由在德国总部的超过 450 位统计学家和数据分析师进行更新、录入和检验。同时，Statista 也进行市场调查、市场预测，发表数据分析报告等。

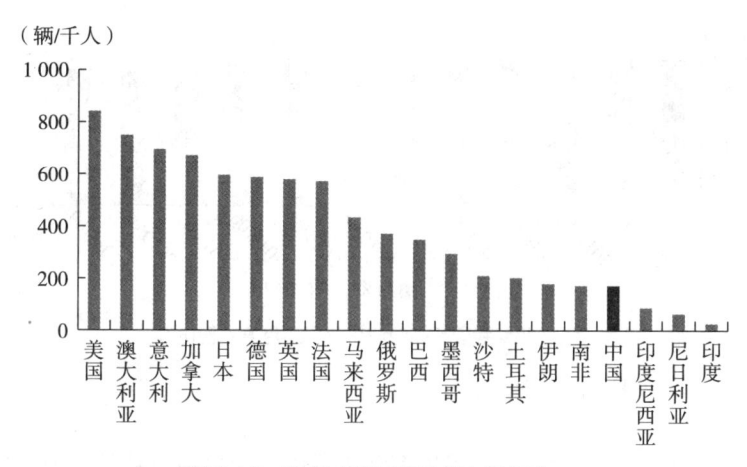

图 2.10　2019 年各国千人汽车保有量

资料来源：World Bank，兴业研究。

除了市场规模的迅速扩张外，更值得一提的是，我国自主品牌新能源汽车也在迅速崛起。在传统燃油车阶段，由于缺乏技术，我国以合资形式开启了汽车工业发展的道路，后起的自主汽车品牌一度难以获得一席之地，多年来自主汽车品牌在国内的市场占有率始终低于 50%，2018 年我国自主品牌乘用车的市场占有率也仅为 42.1%。但在新能源汽车领域，我国自主品牌则展现出另一番完全不同的景象，2018 年之前，我国自主品牌新能源汽车的市场占有率均在 90% 以上；2019 年以来，随着合资企业在新能源领域的加速布局及外资品牌的进入，我国自主品牌市场份额有所下降，但仍在 80% 左右。从全球市场来看，2018 年，在全球新能源汽车销量前十的企业中，有四家为中国自主品牌车企，这四家中国自主品牌车企在全球市场份额中占到了 49%。[1]

---

[1] 搜狐汽车·E电园.中国品牌占据5成市场2018年全球新能源销量榜单出炉.2019-02-15［2019-11-01］.https://baijiahao.baidu.com/s?id=1625497612571363639&wfr=spider&for=pc.

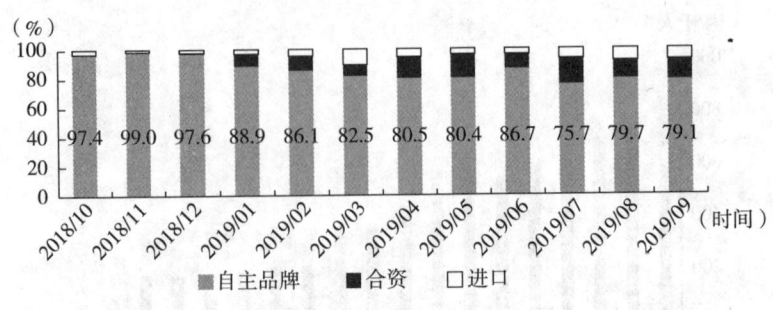

```
(%)
100
 80
 60
 40  97.4  99.0  97.6  88.9  86.1  82.5  80.5  80.4  86.7  75.7  79.7  79.1
 20
  0
    2018/10 2018/11 2018/12 2019/01 2019/02 2019/03 2019/04 2019/05 2019/06 2019/07 2019/08 2019/09 (时间)
           ■自主品牌   ■合资   □进口
```

图 2.11　我国新能源汽车分厂商月度销售份额

资料来源：环球网[①]，兴业研究。

新能源汽车行业的崛起也带动了我国动力电池行业的快速发展。根据 GGII（高工产研锂电研究所）发布的数据[②]，我国动力电池出货量已从 2014 年的 4.4 GWh（吉瓦时）增长至 2018 年的 65.0 GWh，年均复合增长率达 96.0%。从全球市场来看，动力电池生产主要集中在中国、日本、韩国。从 2015 年开始，我国超过日本成为全球动力电池出货量最大的国家；到 2018 年，我国动力电池出货量的全球占比已超过 60%，2018 年全球动力电池前十大出货企业中，中国企业占据 6 席，其中宁德时代和比亚迪分列第一和第三。

在技术研发方面，截至 2017 年 4 月，我国在新能源汽车（包括动力电池）领域的原创专利数量紧随日本和美国，排在全球第三位，占全球新能源专利总量的 11%。[③] 虽然目前我国新能源汽车技术与欧美、日韩等发达国家和地区相比仍有差距，但是，作为新兴领域，新

---

① 环球网. 新能源汽车市场 9 月销量分析. 2019-10-29［2019-11-01］. https://baijiahao.baidu.com/s?id=1648693206181062646&wfr=spider&for=pc.

② 搜狐网. GGII：2018 年全球汽车动力锂电池出货量 TOP10 企业. 2019-04-22［2019-11-01］. https://www.sohu.com/a/309545394_120044724.

③ 新华网. 国产新能源汽车市场提速. 2018-11-26［2019-11-01］. https://baijiahao.baidu.com/s?id=1618160500038512160&wfr=spider&for=pc.

能源汽车的技术创新仍在不断涌现，2018 年我国新能源汽车领域专利申请公开总量同比增长 49.4%，仍处在高速增长阶段。因此，与发展已趋成熟的传统汽车技术相比，我国在新能源汽车技术方面仍有相当大的机会追赶甚至超越发达国家。

3. 高速铁路产业

高速铁路（以下简称"高铁"）作为低碳、节能、环保的交通工具，是最典型的绿色产业之一。中国高速铁路发展起步较晚，2008 年 8 月 1 日，我国首条具有完全自主知识产权的高速铁路——京津高速铁路正式通车，距 1964 年世界第一条高速铁路——日本东海道新干线高速铁路开通已过去了 40 多年。但是，自 2003 年铁道部正式提出铁路跨越式发展路线方针以来，我国的高铁产业就展现出惊人的发展速度。从 2004 年开始引入国外时速 200 千米动车组技术，到 2008 年，我国已自主研发出了时速 350 千米高铁并正式通车。如今，我国已成为全球高速铁路系统技术最全、集成能力最强、运营里程最长、运行速度最快、在建规模最大的国家。截至 2019 年 10 月 1 日，我国高铁营业里程已达 3.1 万千米，占世界总运营里程的 65%；我国高铁在建里程也稳居世界第一，达 7 207 千米。

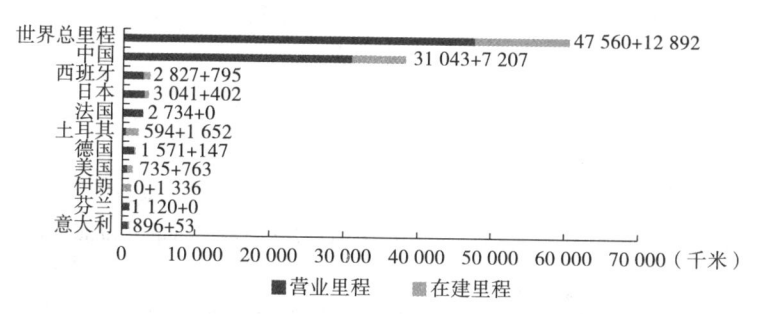

国家	营业里程	在建里程
世界总里程	47 560	+12 892
中国	31 043	+7 207
西班牙	2 827	+795
日本	3 041	+402
法国	2 734	+0
土耳其	594	+1 652
德国	1 571	+147
美国	735	+763
伊朗	0	+1 336
芬兰	1 120	+0
意大利	896	+53

图 2.12　世界各国高铁营业里程和在建里程（截至 2019 年 10 月 1 日）

资料来源：国际铁路联盟，兴业研究。

在技术研发方面，我国已形成了高铁列车自主设计、制造、调试的完整链条，线路工程、列控系统、牵引供电等方面的技术也已达到世界领先水平。[①] 在高铁运行速度方面，我国也遥遥领先，京沪高铁时速350千米，是目前世界上运行速度最快的高铁。2019年7月，《国际铁路公报》[②] 发布了其每两年进行一次的世界铁路速度调查的结果，调查结果显示，我国高铁的平均启停速度也远超其他国家，其中最快的为G17和G39两次列车，平均启停速度达317.7千米/小时，比排在第二名的意大利最快高铁平均启停速度272.4千米/小时高出了超过40千米/小时。

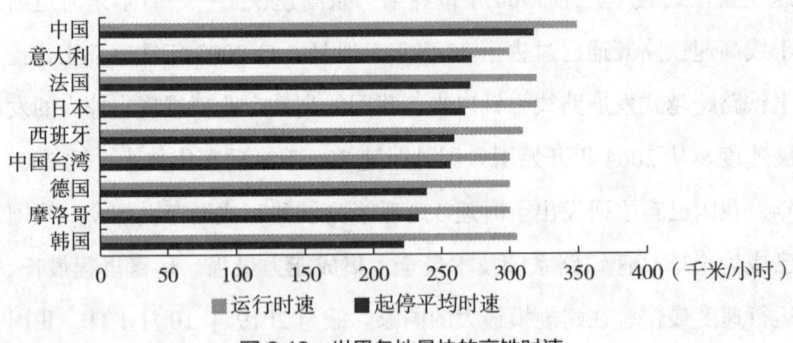

图2.13 世界各地最快的高铁时速

资料来源：Railway Gazette，兴业研究。

---

① 高铁网.中国高铁.发展见证奇迹.2019-05-17[2019-11-01].http://kmluju.cn/article/192239.html.
② 《国际铁路公报》是英国的一个内容为介绍世界铁路、地铁、轻轨运输系统与有轨电车相关产业的月刊，读者群分布在全球超过140个国家。

参考文献

[1] Austin, S.E., J.D. Ford, L. Berrang-Ford, R. Biesbroek, N.A. Ross.Enabling Local Public Health Adaptation to Climate Change,[J]. *Social Science & Medicine*, 2019, Vol.220, 236-244.

[2] BP. BP Statistical Review of World Energy 2020: 69th edition[R], 2020.

[3] Carson, R. "Silent Spring." Foreign affairs（Council on Foreign Relations）76.5（1962）:704.

[4] Glaser, J., J. Lemery, B. Rajagopalan, et al.. Climate Change and the Emergent Epidemic of CKD from Heat stress in Rural Communities: The Case for Heat Stress Nephropathy[J]. *Clinical Journal of the American Society of Nephrology*, 2016, Vol11（8）, 1472-1483.

[5] IPCC.气候变化2014：综合报告.政府间气候变化专门委员会第五次评估报告第一工作组、第二工作组和第三工作组报告.瑞士日内瓦IPCC, 2014.

[6] IPCC. Annex I: Glossary[Matthews, J.B.R.（ed.）]. In: Global Warming of 1.5°C. An IPCC Special Report on the impacts of global warming of 1.5°C above pre-industrial levels and related global greenhouse gas emission pathways, in the context of strengthening the global response to the threat of climate change, sustainable development, and efforts to eradicate poverty[Masson-Delmotte, V., P. Zhai, H.-O. Pörtner, D. Roberts, J. Skea, P.R. Shukla, A. Pirani, W. Moufouma-Okia, C. Péan, R. Pidcock, S. Connors, J.B.R. Matthews, Y. Chen, X. Zhou, M.I. Gomis, E. Lonnoy, T. Maycock, M. Tignor, and T. Waterfield（eds.）]. In Press, 2018a.

[7] IPCC. Climate Change 2021: The Physical Science Basis. Contribution of Working Group I to the Sixth Assessment Report of the Intergovernmental

Panel on Climate Change[Masson-Delmotte, V., P. Zhai, A. Pirani, S.L. Connors, C. Péan, S. Berger, N. Caud, Y. Chen, L. Goldfarb, M. I. Gomis, M. Huang, K. Leitzell, E. Lonnoy, J. B.R. Matthews, T. K. Maycock, T. Waterfield, O. Yelekçi, R. Yu and B. Zhou（eds.）]. Cambridge University Press. InPress, 2021.

[8] IPCC: Summary for Policymakers. In: Global Warming of 1.5°C. An IPCC Special Report on the impacts of global warming of 1.5°C above pre-industrial levels and related global greenhouse gas emission pathways, in the context of strengthening the global response to the threat of climate change, sustainable development, and efforts to eradicate poverty[Masson-Delmotte, V., P. Zhai, H.-O. Pörtner, D. Roberts, J. Skea, P.R. Shukla, A. Pirani, W. Moufouma-Okia, C. Péan, R. Pidcock, S. Connors, J.B.R. Matthews, Y. Chen, X. Zhou, M.I. Gomis, E. Lonnoy, T. Maycock, M. Tignor, and T. Waterfield (eds.）]. World Meteorological Organization, Geneva, Switzerland, 32 pp.,2018b.

[9] José, R.S., J.L. Pérez, L. Pérez, et al.. Effects of Climate Change on the Health of Citizens Modelling Urban Weather and Air Pollution[J]. 2018, Vol165, Part A:53-62.

[10] Matysiak, A., A. Roess. Interrelationship Between Climatic, Ecologic, Social, and Cultural Determinants Affecting Dengue Emergence and Transmission in Puerto Rico and their Implications for Zika Response[J]. *Journal of Tropical Medicine*, 2017.

[11] McMichael, A.J.. A Widening Research Agenda: Challenges and Needs, Barry, L., and P. Jonathan（Eds.）, *Climate Change and Public Health*[M]. Oxford:Oxford University Press, UK（2015）.

[12] Meadows, D., J. Randers, D.Meadows. *The Limits to Growth : A Report for the Club of Rome's Project on the Predicament of Mankind* [M]. S.l.: Earth Island, 1972.

[13] OECD. Green Growth and Developing Countries, consultation draft, 2012.

[14] OECD. Making the Green Recovery Work for Jobs, Income and Growth [EB/OL]. 2020-10-06 [2020-11-30]. http://www.oecd.org/coronavirus/policy-responses/making-the-green-recovery-work-for-jobs-income-and-growth-a505f3e7/#endnotea0z11.

[15] Perez, C., L. Soete. Catching up in Technology: Entry Barriers and Windows of Opportunity, 1988.

[16] The Global Carbon Budget 2020. Earth System Science Data [EB/OL]. 2021-03-30 [2021-03-30]. http://www.globalcarbonatlas.org/en/CO2-emissions.

[17] Thoreau, H.D., Walden. *Or, Life in the Woods* [M]. Houghton Mifflin Co, 1973.

[18] WMO. State of the Global Climate 2020. World Meteorological Organization, 2021.

[19] WRI. Climate Watch [EB/OL]. 2021-02-01 [2021-02-01]. https://www.climatewatch data.org/.

[20] 国家发展改革委和国家能源局. 关于印发《能源生产和消费革命战略2016—2030》的通知 [EB/OL]. 2017-04-25 [2021-03-30]. https://www.ndrc.gov.cn/fggz/zcssfz/zcgh/201704/t20170425_1145761.html?code=&state=123.

[21] 科技部. 第三次气候变化国家评估报告 [R], 2015.

[22] 华强森, 许浩, 汪小帆, 等. "中国加速迈向碳中和"水泥篇: 水泥行业碳减排路径 [R], 2021.

［23］李莹，高歌，宋连春．IPCC第五次评估报告对气候变化风险及风险管理的新认知［J］．气候变化研究进展，2014，10（4）:260-267。

［24］罗丽香，高志宏．美国退出《巴黎协定》的影响及中国应对研究［J］．江苏社会科学，2018（5）:184-193．

［25］清华大学气候变化与可持续发展研究院．《中国长期低碳发展战略与转型路径研究》综合报告［J］．中国人口・资源与环境，2020，30（11）:1-25．

［26］苏鑫，滕飞．美国退出《巴黎协定》对全球温室气体排放的影响［J］，气候变化研究进展，2019，15（1）:74-83．

［27］眭纪刚，刘影．技术范式转换与跨越式发展［J］．国家治理，2018，205（37）:23-28。

［28］新华社．习近平：关于《中共中央关于制定国民经济和社会发展第十四个五年规划和二〇三五年远景目标的建议》的说明［EB/OL］．2020-11-03［2021-03-30］．http://www.xinhuanet.com/politics/2020/11/03/c_1126693341.htm．

［29］新华社．中华人民共和国国民经济和社会发展第十四个五年规划和2035年远景目标纲要［EB/OL］．2021-03-13［2021-03-30］．https://baijiahao.baidu.com/s?id=1694046914808404225&wfr=spider&for=pc．

［30］张文达，郭于玮，鲁政委．"顶天立地"新基建：分类定量测算［R］．兴业研究，2020．

［31］中国碳核算数据库（CEADs）［EB/OL］．2021-03-30［2021-03-30］https://www.ceads.net.cn/.2021．

— · 政策篇 · —
绿色金融政策与标准

第一章

碳中和与绿色金融：相关概念与内涵

一、可持续金融相关概念

不论是发达国家，还是发展中国家要实现可持续发展、绿色发展，都需要进行大量投资，需要通过国际和国内两个渠道，调动公共部门和私人部门的资源，从而实现可持续发展。金融作为必要的手段，在实现可持续发展和绿色发展的过程中发挥着至关重要的作用，由此产生了可持续金融、绿色金融、气候金融（气候投融资）、ESG投资、ESG风险、责任投资、影响力投资等概念，且这些概念都在不断发展，不同的机构对可持续金融领域的术语概念的理解有一定差异，但目标基本趋同。

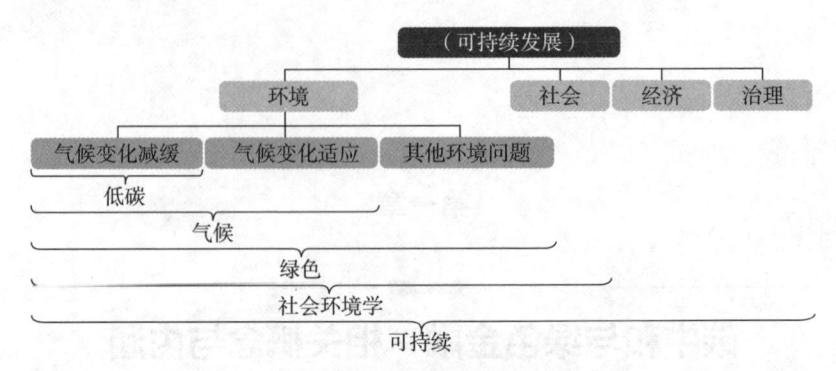

```
                    (可持续发展)
         ┌──────────┼──────┬──────┐
        环境        社会   经济   治理
    ┌────┼────┐
气候变化减缓 气候变化适应 其他环境问题
└──低碳──┘
└─────气候──────┘
└────────绿色────────┘
└────────社会环境学────────┘
└──────────可持续──────────┘
```

图1.1 可持续金融等概念的范围

资料来源：UNEP（联合国环境规划署），兴业研究。

（一）碳金融

世界银行在2011年出版的《碳金融十年》中将碳金融定义为：出售基于项目的温室气体减排量或者交易碳排放许可证而获得的一系列现金流的统称。

中国人民银行研究局与中国金融学会绿色金融专业委员会出版的《绿色金融术语手册》（2018年版）认为，狭义的碳金融是指以碳配额、碳信用等碳排放权为媒介或标的的资金融通活动；广义的碳金融是指服务于旨在减少温室气体排放或者增加碳汇能力的商业活动而产生的金融交易与资金融通活动，包括以碳配额、碳信用为标的的交易行为，以及由此衍生出来的其他资金融通活动。

《中国绿色金融发展与案例研究》（马骏，2016）将碳金融定义为，为减少温室气体排放、减缓和适应气候变化相关的金融交易活动和各种金融制度安排。主要包括碳排放权及其衍生品的交易，基于温室气体排放的低碳技术和低碳项目开发投融资活动，以及与应对气候变化、减少温室气体排放有关的担保、咨询和其他中介服务等。

通过以上定义可以观察到，碳金融并没有一个非常明确且权威的定义,世界银行定义的碳金融范围较小;中国人民银行给出的碳金融定义主要围绕碳市场;而《中国绿色金融发展与案例研究》给出的碳金融范围非常广泛。

(二)气候金融

根据《联合国气候变化框架公约》(UNFCC,2020)的定义,气候金融是指受公共、私人和其他资金来源支持的地方、国家或跨国融资,目的是支持应对气候变化的减缓和适应行动。

UNEP将气候金融定义为,气候金融与《联合国气候变化框架公约》相连,该投融资活动可减少排放,同时允许各国适应气候变化,以及减缓气候变化带来的影响。

世界银行将气候金融定义为,向低碳、适应气候变化发展的项目提供投融资。

由此可见,国际上对气候金融有相对广泛的共识,气候金融(气候投融资)可以理解为应对和减缓气候变化的一切投融资活动,主要包括应对气候变化和减缓气候变化两类投融资活动。

(三)绿色金融

G20绿色金融研究小组在2016年发布的《G20绿色金融报告》中将绿色金融定义为,能产生环境效益以支持可持续发展的投融资活动。这些环境效益包括减少空气、水和土壤污染,降低温室气体排放,提高资源使用效率,减缓和适应气候变化并体现其协调效应等。发展绿色金融要求将环境外部性内部化,并强化金融机构对环境风险的认知,以提升环境友好型的投资和抑制污染型的投资。

OECD将绿色金融定义为,为"实现经济增长,同时减少污染和温室气体排放，最大限度地减少浪费，提高自然资源的使用效率"而提供的金融服务。

世界银行（Klein 等，2019）将绿色金融定义为，如果要向可持续的全球经济过渡，就需要扩大提供具有环境效益的投融资，即所谓的"绿色金融"。

亚洲开发银行（2017）将绿色金融定义为，为可持续的地球提供资金，涵盖了项目的金融服务、体制安排、国家倡议和政策及产品（债权、股权、保险或担保）的各个方面，旨在促进资金流向可以实现环境改善、减缓和适应气候变化，并提高自然资本保护和资源利用效率的经济活动和项目。

中国人民银行等七部委发布的《关于构建中国绿色金融体系的指导意见》将绿色金融定义为，为支持环境改善、应对气候变化和资源节约与高效利用的经济活动，即为环保、节能、清洁能源、绿色交通、绿色建筑等领域的项目投融资、项目运营、风险管理等提供的金融服务。绿色金融体系是指通过绿色信贷、绿色债券、绿色股票指数和相关产品、绿色发展基金、绿色保险、碳金融等金融工具和相关政策支持经济向绿色化转型的制度安排。

可见，绿色金融的范围大于气候金融，绿色金融在气候金融主要关注于应对气候变化的基础上，还增加了支持环境改善、污染防治、提高自然资本保护、资源节约和高效利用等经济活动。可以理解为，气候金融是绿色金融的一个重要部分。

（四）可持续金融

关于可持续金融的定义主要分为两种：

第一种是将环境、社会和治理，即 ESG 纳入商业决策、经济发展和投资战略。例如，IMF（国际货币基金组织）、欧盟委员会和汇丰银行定义的可持续金融的内涵大致如此。

IMF（2020）将可持续金融定义为，将环境、社会和治理原则纳入商业决策、经济发展和投资战略。

欧盟委员会（2020）将可持续金融定义为，一般是指在金融部门做出投资决定时，适当考虑环境、社会和治理因素的过程，从而增加对可持续经济活动和项目的长期投资。更具体地说，环境因素可能是指减缓和适应气候变化，以及更广泛的环境，如保护生物多样性、防止污染和循环经济。社会因素可能指的是不平等、包容性、劳动关系、对人力资本和社区的投资及人权问题。公共和私人机构的治理包括治理结构、雇员关系和行政薪酬，确保将社会和环境因素纳入决策过程并发挥根本性作用。在欧盟的政策背景下，可持续融资被理解为支持经济增长的融资，同时可以减少对环境的压力，并考虑到社会和治理等方面。

汇丰银行将可持续金融定义为，将环境、社会和治理标准纳入商业或投资决策的任何形式的金融服务。可持续金融也支持联合国可持续发展目标的融资和投资活动，特别是采取行动应对气候变化。

第二种是将可持续金融与可持续发展概念和可持续发展目标联系起来，将可持续金融理解为可以支持联合国可持续发展目标的实现，帮助经济社会实现可持续发展的金融手段和体系，相关的定义如下。

世界环境与发展委员会认为，可持续发展是在满足当代人需要的同时，不损害人类后代满足其自身需要的能力。

可持续发展目标：2015年9月，联合国可持续发展峰会通过了《2030年可持续发展议程》，以社会、经济与环境为三大支柱，设立了涵盖贫困与饥饿、经济增长、饮用水、资源、能源、气候变化、海洋、化学品和生物多样性等 17 项可持续发展目标，169 项具体目标。

G20 认为，可持续金融可以广义地理解为有助于实现强大、可持续、平衡和包容的融资及相关制度和市场安排，通过直接和间接的方式支持联合国可持续发展目标框架。

《国际绿色金融发展与案例研究》将可持续发展金融定义为，可持续金融来自可持续发展概念，主要是指帮助经济社会实现可持续发展的金融手段和体系。

综合来看，碳金融、气候金融（气候投融资）、绿色金融、可持续金融相互有交叉，但也略有区别。一般来说，可持续金融的范围大于绿色金融，绿色金融的范围大于气候金融，气候金融的范围大于碳金融。

OECD 将可持续金融分为多个目标，主要包括环境目标（包括低碳目标、气候减缓与适应的气候变化目标、绿色目标或转型目标），社会目标及治理目标，碳金融重点关注环境目标中的低碳目标与活动；气候金融重点关注环境目标中的气候减缓与适应的气候变化目标与活动；绿色金融除了气候变化外，还关注其他环境目标与活动，如水资源、污染、固体废物和生态系统等；而可持续金融除了以上与环境相关的目标与活动外，还关注与社会及治理相关的目标与活动等。

综合来看，碳金融主要是与碳市场相联系的一系列金融服务；气候金融，从广义上讲，应该包括应对和减缓气候变化的一切投融资活动，如新能源、可再生能源、提高能效、绿色建筑等；绿色金融的概念除了包括气候金融的活动外，还包括生物多样性保护、污染防治（如水、气、土壤的污染治理与防治）、资源高效利用等经济活动的投融资及环境社会风险管理；可持续金融，既可以理解为将环境、社会和治理因素纳入商业或投资决策的任何形式的金融服务，又可以理解为支持联合国可持续发展目标，帮助经济社会实现可持续发展的金融手段和体系，其概念范围远超绿色金融，除了涵盖绿色金融的范畴外，还涉及消除贫困、性别平等、公共卫生、健康教育等活动。

通过以上分析，可以观察到，一般主流机构都将碳金融、绿色金融和可持续金融理解为一种投融资活动、金融服务及相关的金融手段和体系。而可持续金融服务有助于实现全球或各国与环境相关的目标与活动、与社会相关的目标与活动，以及与治理等相关的目标与活动，并支持全球的可持续发展目标和相关活动。

为此，国际主流银行围绕可持续金融和可持续发展展开行动。例如，花旗集团于2015年制定《可持续发展战略》，主要包括环境金融融资、环境和社会风险管理、绿色运营和绿色供应链、参与和透明度四大方面；渣打银行发布《2020可持续发展愿景》，确定其可持续发展战略的三大支柱为可持续金融、负责任的公司和包容性社区。

二、可持续投资与ESG概念

从2018年世界银行发布的《将环境、社会和治理（ESG）因素纳入固定收益投资》报告可以看出，统一而明确的ESG问题清单并不存在，市场上有很多不同的、更具体的定义，而且看起来也不可能就其定义达成一致。市场、技术、政策、价值观和社会偏好无时无刻不在发生着变化，而且在不同地区、不同国家甚至国家内部都有所不同。因此，最好是采用开放和动态的方法来定义绿色或可持续投资。可持续投资包括对社会责任、道德和ESG投资，其正日益在主流金融市场中占据一席之地。

ESG 作为一种理念，主要包括可持续投资（ESG 投资）、ESG 风险、ESG 信息披露、ESG 评价评级等概念。ESG 理念作为可持续金融实践中的重要概念，其本身在金融机构和公司及政府部门中形成了广泛共识，但并没有一个专门机构详细定义其概念。于是在实践中，很多机构对 ESG 进行了不同的解读。不同的机构遵循着不同的解读，进行着目标相同但实际内容不同的 ESG 实践。

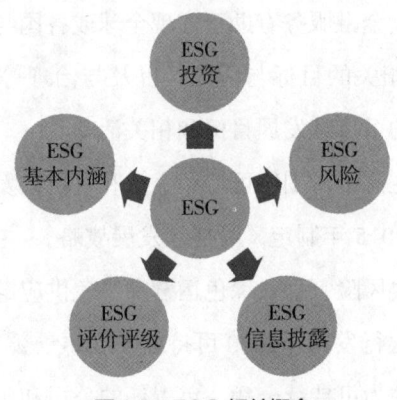

图 1.2　ESG 相关概念

资料来源：兴业研究。

（一）ESG 基本内涵

根据 UNEP 的定义，"E"涉及自然环境和自然系统的质量和功能，包括生物多样性丧失，温室气体排放，可再生能源、能源效率、自然资源消耗或污染，废物管理，臭氧消耗，土地利用变化，海洋酸化与氮磷循环的变化。

"S"涉及人民和社区的权利、福利和利益，包括人权、劳工标准、健康和安全、与当地社区的关系、冲突地区的活动、健康和获得药品、消费者保护及有争议的武器。

"G"指与被投资单位管理相关的治理问题，包括董事会结构、规模、多样性、技能和独立性，高管薪酬，股东权利，利益相关者互动，信息披露，商业道德，贿赂和腐败，内部控制和风险管理，以及在一般情况下处理公司管理层与董事会之间关系的问题，股东和其他利益相关者。

IMF从环境、社会、治理三个方面进行了考虑。环境分为四个主题，分别为气候变化、自然资源、污染与废弃物、机遇与政策；社会包含三个主题，分别为人力资本、产品责任和关系；治理分为两个主题，分别为公司治理和公司行为。

表1.1 IMF的ESG主题内容

ESG	关键主题	关键议题	
环境	气候变化	碳足迹	气候变化事件的脆弱性
	自然资源	能源效率 原材料采购	用水效率 土地使用
	污染与废弃物	有毒物质排放 废水管理 危险品管理	空气质量 电子废弃物管理
	机遇与政策	可再生能源 清洁技术	绿色建筑 环境和生物多样性目标与投资
社会	人力资本	工作场所的健康和安全 发展机会	员工参与 多样性和包容性 劳动实践（如工资、工作条件）
	产品责任	产品安全和质量 销售实践和产品标签	客户隐私和数据安全 对产品的评估
	关系	社区 政府	公民社会
治理	公司治理	董事会结构和问责制 会计和信息披露实践	高管组成和管理效率 所有权和股东权利
	公司行为	腐败管理 系统性风险管理 收益质量	竞争行为 商业环境管理（如法律监管） 税收和关联方交易的透明度

资料来源：IMF，兴业研究。

（二）ESG 投资与可持续投资的关系

1. 可持续投资

根据国际可持续投资联盟给出的权威定义，可持续投资是一种在投资组合选择和管理中考虑环境、社会和治理因素的投资方法。

ESG 投资的概念最早可能出自《高盛 2007 年环境报告》[①]，高盛在该报告中将公司治理因素与环境、社会责任因素整合在一起，提出了 ESG 投资新理念。

联合国责任投资原则组织（2020）也给出了一个关于 ESG 投资的定义，ESG 投资涉及运用一套商定的标准来选择坚持环境、社会和公司治理标准的公司。常见标准的例子包括联合国全球契约（联合国负责任投资原则）与可持续发展会计和标准委员会商定的标准。负责任投资原则是一套自愿性的投资原则，为将 ESG 问题纳入投资实践提供了一系列可能的行动。ESG 问题可以通过整合、筛选和主题这三种方法的组合，纳入现有的投资实践中。其中，环境问题：气候变化、资源枯竭、废物、污染和森林砍伐；社会问题：人权、现代奴隶制、童工、工作条件和员工关系；治理问题：贿赂和腐败、高管薪酬、董事会多样性和结构、政治游说和捐赠，以及税收战略。

世界银行（2018）将 ESG 投资定义为，将环境、社会和治理问题纳入投资的分析、选择和管理中。需要考虑的关键问题通常包括"E"：气候变化、碳排放、污染、资源效率、生物多样性；"S"：人权、劳工标准、健康与安全、多样性政策、社区关系、人力资本发展（健康与教育）；"G"：公司治理、腐败、法治、机构实力、透明度。

由以上可知，市场上可持续投资和 ESG 投资及责任投资的概念

[①] 尤里·克劳辛斯基，索菲·彼得. 高盛 2007 年环境报告。

的内涵十分趋同，主要指在投资分析、选择和管理中考虑环境、社会和治理因素。一般都是投资机构在投资和风险管理的过程中关注被投资标的的ESG表现。除了可持续投资或者说ESG投资的概念外，还有在责任投资、影响力投资两个市场上比较常见的术语。在大多数情况下，这几个术语的定义重叠度很高，因为符合影响力投资、责任投资的公司通常也有很好的ESG实践。如果进行更细化的区分，影响力投资、责任投资都属于可持续投资范围，或者都可以成为ESG投资。

2. 责任投资

被视为第一只现代责任投资基金的柏斯全球基金于1971年发行面世，该基金旨在为投资者提供一个能将投资和价值观合二为一的产品，使企业承担环境和社会责任（Weber等，2017）。随后，全球资本市场对责任投资的关注度不断提升，随着2006年联合国PRI（《责任投资原则》）的推出，责任投资更多进入了机构投资领域。

根据联合国责任投资原则组织给出的权威定义，责任投资致力于了解环境、社会和治理因素的投资影响，并将这些因素纳入其投资和决策中。责任投资更专注于目标公司在实体运营中的ESG因素，以加强风险管理。因此，责任投资是对具有良好的ESG实践的公司的投资。可见，责任投资和ESG投资的概念紧密相连，都是在投资决策的过程中考虑ESG因素，有观点认为责任投资就是ESG投资，也有观点认为ESG投资源于社会责任投资。市场上通常将可持续投资、ESG投资和责任投资混用，并不做严格区分。

联合国责任投资原则是一个致力于了解环境、社会和治理因素的投资影响，并支持投资签署方将这些因素纳入其投资和决策的国际网络。责任投资原则共有六条：

- 将 ESG 问题纳入投资分析和决策过程中；
- 成为积极的资产所有者，将 ESG 问题纳入所有权政策和实践中；
- 寻求被投资实体合理披露 ESG 相关问题；
- 推动投资业广泛采纳并贯彻落实负责任投资原则；
- 齐心协力提高负责任投资原则的实施效果；
- 报告负责任投资原则的实施情况和进展。

3. 影响力投资

影响力投资的概念最初由洛克菲勒基金会于 2007 年提出（Kolozynski 等，2018）。影响力投资被定义为投资者主动投资于既能创造社会和环境效益，又能为投资者带来财务回报的投资行为。目前一些重要的基金会、开发性金融机构、主流投资银行都先后开展了影响力投资业务。GIIN[①]（全球影响力投资网络）的《全球影响力 2020 年调查报告》显示，目前全球影响力投资规模大概为 7 150 亿美元（GIIN，2020a）。

影响力投资的内涵与可持续投资、ESG 投资等略有不同，影响力投资的侧重点在于投资的公司的产品和服务要能够产生可衡量的、有益的社会影响或环境影响，同时也能为投资者带来财务回报。根据全球影响力投资网络对影响力投资的定义（GIIN，2020c），影响力投资是以产生积极的、可衡量的社会和环境影响及财务回报为目的的投资。影响力投资既可以在新兴市场进行，也可以在发达市场进行，根

---

① GIIN，全称 Global Impact Investing Network，是在影响力投资方面较有影响的组织。

据投资者的战略目标,其回报率从低于市场利率到与市场利率持平不等。日益增长的影响力投资市场为解决世界上最紧迫的挑战提供了资金,这些挑战包括可持续农业、可再生能源、生态保护、小额信贷,以及负担得起的和可获得的基本服务,包括住房、医疗保健和教育。

影响力投资主要有四个特征:一是通过有财务回报的投资,有意地为积极的社会影响和环境影响做出贡献,有意地为社会和环境挑战提供解决方案。二是在投资设计中使用能评估影响力的证据和数据,使用最优的定量或定性的证据和数据来评估影响力绩效,以增加对积极影响的贡献。三是管理影响绩效,在决策过程中使用影响绩效的数据来管理实现社会目标和环境目标的投资。四是有助于影响力增强的投资,采取行动,使更多投资者能够有效地进行影响力投资(GIIN,2020b)。

各个组织和机构对影响力投资的定义在内涵上基本一致。

表1.2 主要机构对影响力投资的定义

机构	定义
全球影响力投资网络	影响力投资是以产生积极的、可衡量的社会影响和环境影响及财务回报为目的的投资
爱马仕投资	向具有解决社会或环境问题的以商业为目的的公司、组织和基金投资
世界银行	影响力投资已成为调动公共和私人资本进行投资的重要机会,这些投资的目标是在获得经济回报的同时产生可衡量的、积极的社会影响、经济影响或环境影响[①]
OECD	影响力投资是向解决社会需求的组织提供资金,并明确期望获得可衡量的社会和财务回报[②]

资料来源:《欧盟可持续金融分类方案》报告,兴业研究。

① 世界银行官网.Investing for Positive Impact: What is Needed to Scale Up.2020-12-13 [2020-12-13].https://live.worldbank.org/investing-for-positive-impact。
② 世界银行官网.Investing for Positive Impact: What is Needed to Scale Up.2020-12-13 [2020-12-13].https://live.worldbank.org/investing-for-positive-impact。

(三) ESG 风险

金融机构的业务一般不会产生重大的环境影响和社会影响，但其客户或被投资方的业务和管理方式可能会给金融机构带来风险，所有金融机构都会通过其客户或被投资方而面临一定程度的环境风险和社会风险。如果不加以管理，这些风险可能会导致金融机构的声誉下降、形象受损、面临昂贵的诉讼或收入损失。根据 IFC（国际金融公司）的观点，客户或被投资方在下列领域的表现可能会给业务带来环境风险和社会风险：气体排放和空气质量，能源使用和保护，废水和水质，水的使用和保护，危险材料的使用，废物，土地污染，生物多样性和自然资源，劳动和工作条件，职业健康和安全，社区健康、安全和保障，土地征用和重新安置，原住民，文化遗产。

为此，金融监管机构一直十分重视金融机构对环境风险和社会风险的管理。根据 SBN（可持续银行网络）于 2019 年 10 月发布的全球进展报告，几乎所有由 SBN 成员发布的国家框架都包含了关于环境风险管理和社会风险管理的指导方针或内容。新兴市场的银行业监管机构在可持续金融领域起步，重点是为银行制定 ESRM（环境和社会风险管理）准则，例如，原中国银行业监督管理委员会（以下简称"银监会"）于 2012 年发布的《绿色信贷指引》。ESRM 借鉴了一系列完善的国际标准，帮助新兴市场的金融机构通过建立治理结构、政策和程序来识别、评估、缓解和管理 ESG 风险，并通过改善客户的 ESG 表现来寻找创造商业价值的机会，从而实现环境与社会一体化（SBN，2019）。

EBA（欧洲银行管理局）也对 ESG 风险进行了定义，并在 2020 年 10 月 30 日发布了《信贷机构和投资公司的 ESG 风险管理与监督》讨论文件，根据 EBA 对 ESG 因素的定义，ESG 因素是指环境、社会和治理可能对实体、主权或个人的财务绩效或偿付能力产生正面或负面的影响。EBA 将 ESG 风险定义为，由于 ESG 因素对交易对手的当前或未来产生的影响而对机构产生的任何负面财务影响的风险，ESG 风险可能以现有审慎风险（如信用风险、市场风险、操作风险）的形式出现。

（四）ESG 信息披露

ESG 信息披露是 ESG 评价评级的基础。近些年来，越来越多的国际组织都发布了多种 ESG 框架和指引，如国际标准化组织的 ISO26000、GRI（全球报告倡议组织）的可持续发展报告指引等，为企业进行 ESG 信息披露提供了参考。各主要国际机构发布的 ESG 披露指引，以及部分经济体和各交易所的参与，逐步建立起 ESG 披露框架，形成了披露、评估和投资有机衔接的过程。

部分经济体大力推动 ESG 信息披露。例如，新加坡。2016 年新加坡交易所发布了可持续发展报告指引，要求所有上市公司从 2017 年 12 月 31 日或之后结束的会计年度开始必须发布可持续发展报告。可持续发展报告的内容需要包括：重要的 ESG 议题，与 ESG 相关的管理方针、实践及绩效表现，与 ESG 相关的管理目标，所采用的可持续发展报告框架，以及董事会声明。2019 年 9 月 30 日，TEG（欧盟委员会技术专家组）发布的《气候基准和基准的 ESG 披露的最终报告》（以下简称《最终报告》）将作为欧盟委员会授权起草前述条例的基础。2019 年 12 月 20 日，TEG 在《最终报告》的基础上，发布了《气候转型基准、与巴黎协定一致的基准和基准的 ESG 披露指南》。《最终报告》提出了有关最低披露要求的技术建议，以提高信息的透明度和可比较性，这些基准不仅包括与气候有关的信息，还包括各种ESG指标。《最终报告》针对不同资产类别提出了最低披露要求。此外，对于每一类资产类别，《最终报告》还分别给出了详细的最低披露要求表及披露模板。

我国银行保险监督委员会（以下简称"银保监会"）于2020年1月发布的《关于推动银行业和保险业高质量发展的指导意见》提出："银行业金融机构要建立健全环境与社会风险管理体系，将环境、社会、治理要求纳入授信全流程，强化环境、社会、治理信息披露和与利益相关者的交流互动。"2019年5月，香港交易所（以下简称"港交所"）发布有关"检讨《环境、社会及管治报告指引》及相关《上市规则》条文"的咨询文件，并于2019年12月确定了新版《环境、社会及管治报告指引》内容，进一步扩大了强制披露的范围，从"不披露就解释"和"建议披露"两种披露责任升级成了"强制披露"和"不披露就解释"，持续提高了对在港上市公司的ESG信息披露要求。

（五）ESG评价评级

近些年来，越来越多的国际机构开始参与ESG评级产品的研发，影响力较大的包括MSCI（明晟）、FTSE（富时）、Bloomberg（彭博）、Thomson Reuters（汤森路透）、意大利ECPI、标准普尔公司及荷兰Sustainalytics等。在国际上，ESG评级更多是作为一种投资理念或投资指导，为其投资组合提供更完善的决策。评级机构会根据企业ESG披露做出适当的ESG评级，评级指数的表现会影响投资者决策。

政策篇 绿色金融政策与标准

表1.3 国际主流ESG评级

ESG评级	覆盖范围	得分等级	主要指标	主要特点
MSCI	全球7 500多家企业	从AAA到CCC共计七个等级	三大领域、十项主题，以及37项关键绩效指标	MSCI通过企业主动披露的公开信息，以及其他来自具有公信力的渠道的信息，来评估一家公司的ESG风险暴露及管理情况
Sustainalytics	全球11 000多家企业	ESG风险评级分数将分为可忽略、低、中、高和严重类别，分数越高代表风险越高	从风险暴露和风险管理两个维度为企业的ESG重大性议题评分，搜集约270个指标	Sustainalytics与多个国际财务数据资讯平台合作，包括彭博终端、雅虎金融及FactSet慧基等，联合公布企业的ESG评级结果
Bloomberg	全球60多个国家的11 500余家企业	0~100分	使用约200个原始数据点并进行加权以强调最重要的因素	采集的ESG数据包括比率、同行排名等；彭博ESG评分规则会每年根据企业的ESG表现披露和相关决策而做出改变
FTSE Russell	覆盖全球25个交易所所和98%的可投资证券市场	每项ESG议题对子公司的披露程度被划分为高、中、低三个等级，再逐级汇总成每个维度的得分，最终得出一个1~5分的ESG评级结果	三大维度，14个主题，300个指标	每年4月至次年3月对每家被评公司做一次分析，分析结束后FTSE会开放约一个月的时间窗口允许被评公司登陆FTSE ESG Portal进行回复
Thomson Reuters	全球7 000多家企业	从D−到A+或从0到1的12点评分系统	三大类和十个主题项关键指标，在400个公司级ESG指标中选择178个最相关的数据点	评级信息基于Thomson Reuters Eikon平台；在评价过程中给予争议性事件较高权重

资料来源：兴业研究根据公开资料整理。

第二章

国际绿色金融政策与发展

一、《欧洲绿色协议》与可持续金融战略

（一）《欧洲绿色协议》

在全球绿色发展和可持续发展进程中，欧盟一直处于引领地位。2019年，新上任的欧盟委员会主席乌尔苏拉·冯德莱恩将气候变化和环境保护工作列为其工作的首要大事，在其上任的施政纲领，即新一届委员会政治纲要（2019—2024年）中，提出了未来五年乃至更长时间内欧洲的六个主要目标，其中第一个目标为提出一份《欧洲绿色协议》。她提到，希望欧洲成为世界上第一个实现碳中和的地区，为了实现该目标，她承诺将在上任的100天内提出《欧洲绿色协议》，同时将提出首部《欧洲气候法》，并将到2050年实现碳中和的目标写入该法律。[1]

---

[1] 详细内容请参见欧洲委员会当选主席乌尔苏拉·冯德莱恩的施政纲领：A Union that strives for more: My agenda for Europe (Political Guidelines for the Next European Commission 2019-2024)，2019-07-16 [2019-12-30]. https://www.europarl.europa.eu/resources/library/media/20190716RES57231/20190716RES57231.pdf.

2019年12月1日,乌尔苏拉·冯德莱恩正式就任欧盟委员会主席,而就在十天后的2019年12月11日,欧盟委员会正式发布了《欧洲绿色协议》(以下简称《协议》)。该《协议》是本届欧盟委员会执行联合国《2030年可持续发展议程》和实现可持续发展目标,以及欧盟委员会主席冯德莱恩施政纲领中重点议程的重要部分。该《协议》几乎涵盖了所有经济领域,是一份全面的欧盟绿色发展战略,旨在将欧盟转变为一个公平、繁荣的社会,以及富有竞争力的资源节约型现代化经济体,到2050年,欧盟温室气体达到净零排放并且实现经济增长与资源消耗脱钩。

《协议》描绘了欧洲绿色发展战略的总体框架,并提出了落实该协议的关键政策和措施的初步路线图,路线图将随实际需要的变化而更新,也会进行相应的政策调整。总体来看,《协议》描绘的欧洲绿色发展框架主要包括三大领域:一是促进欧盟经济向可持续发展转型;二是欧盟作为全球领导者推动全球绿色发展;三是出台一项《欧洲气候公约》以推动公众对绿色转型发展的参与和承诺。其中,第一部分即促进欧盟经济向可持续发展转型,是《协议》的核心内容,涵盖了气候目标的提升,能源、工业、建筑、交通、农业等各领域的转型发展,生态环境和生物多样性保护,以及将可持续性纳入投融资、国家预算、研究创新等各项欧盟政策,并说明了如何确保转型公平、公正。《欧洲绿色协议》的要点如图2.1所示。

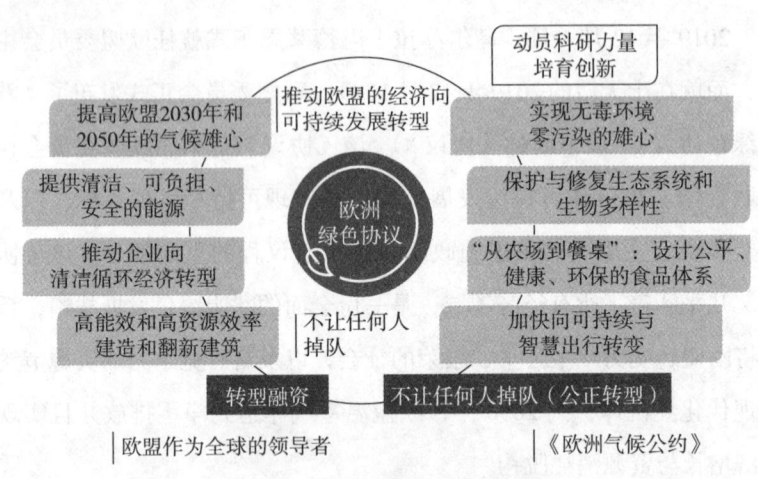

图 2.1 《欧洲绿色协议》要点

资料来源：《欧洲绿色协议》，兴业研究。

1. 核心内容：促进欧盟经济向可持续发展转型

《协议》提出的促进欧盟经济向可持续发展转型的措施包括两个方面：一是设计一套深度转型政策；二是将可持续性纳入所有欧盟政策。

（1）设计一套深度转型政策

《协议》提出，为落实《欧洲绿色协议》，需要重新思考经济、工业生产与消费、大规模基础设施、交通运输、粮食与农业、建筑、税收、社会福利等领域的清洁能源供应政策。同时，必须更加重视保护和修复自然生态系统、实现资源的可持续利用并改善人类健康。此外，由于数字化转型及相关工具是推动改革的必要因素，欧盟还应促进这些要素的发展，推动对该领域的投资。基于此，《协议》分别在八大领域提出了一系列转型政策与措施，其中部分政策和措施已经开始落实推进（几个要点见表 2.1）。

表2.1 《欧洲绿色协议》中促进欧盟经济向可持续发展转型的具体政策措施要点

政策领域	具体政策与措施
提高欧盟2030年和2050年的气候雄心	• 欧盟委员会将于2020年3月前提出首部《欧洲气候法》,将"到2050年实现气候中和"的目标写入法律。 • 提升欧盟2030年温室气体减排目标,即比1990年水平降低至少50%,力争降低55%(原目标为降低40%)。 • 在2021年6月前审查所有与气候相关的政策工具,必要时提出修订的建议。包括碳排放交易体系,例如,可能会在新行业引入欧洲碳排放交易;欧盟成员国针对碳排放交易体系覆盖范围外的行业的减排目标;以及关于土地利用、土地利用变化与林业的规定。 • 将提议修订《能源税指令》,重点关注环境问题,保证税收与气候目标相一致。 • 将针对选定的行业提出碳边境调节机制①,以降低碳泄漏的风险。 • 将批准一项更具雄心的、适应气候变化的新战略。 落实推进情况: • 欧盟于2020年9月提出《欧洲气候法》的立法提案,于2021年4月达成政治一致,正在履行最后的立法程序。《欧洲气候法》将框定未来30年欧盟的减排目标:到2030年将温室气体净排放量在1990年的水平上降低至少55%;到2050年在全欧盟范围内实现碳中和,到2050年之后实现负排放。 • 欧盟于2021年7月14日公布了碳边境调节机制实施方案
提供清洁、可负担的、安全的能源	• 成员国将于2019年底提交其修订后的能源和气候规划。 • 清洁能源转型应让消费者参与其中并从中受益。欧盟委员会将于2020年中发布推动实现可再生能源、能效和各领域可持续解决方案智能融合的措施。同时,通过加大对脱碳天然气开发应用的支持力度、设计面向未来的具有竞争力的脱碳天然气市场,以及解决与能源相关的甲烷排放问题等途径,促进天然气部门脱碳。 • 2020年,欧盟委员会将制定指导方针,协助成员国解决能源贫困问题,如为家庭翻新住房提供资金等。 • 对能源基础设施的监管框架(包括泛欧能源网络条例)予以审查,确保其与气候中和目标保持一致。这一框架应促进创新科技应用和基础设施建设,如智能电网、氢能网络或碳捕集封存和利用、储能,同时促进各部门融合。还需要对一些现有的基础设施和资产进行升级换代,以满足实际需求并适应气候变化。 落实推进情况: ✓ 2020年11月19日,欧盟委员会颁布了《欧盟海上可再生能源战略》,旨在帮助欧盟实现2050年气候中和目标。该项战略提议使欧盟海上风电容纳量从现在的12吉瓦增加到2030年的60吉瓦,到2050年实现300吉瓦

---

① "碳边境调节机制"在《协议》原文中为"Carbon Border Adjustment Mechanism",有些地方也翻译为"碳边界调节机制"。

续表

政策领域	具体政策与措施
推动工业向清洁循环经济转型	• 2020年3月，欧盟委员会将通过一项《欧盟工业战略》，以应对绿色和数字转型的双重挑战。同时，新的循环经济行动计划将与工业战略相结合。新政策框架的一个关键目标是推动欧盟内外的气候中性和可循环产品，领导市场的发展。 • 在钢铁、化工和水泥等能源密集型产业内实现脱碳和现代化。支持到2030年实现零碳钢工艺的提案。 • 提出一项"可持续产品"政策，基于共同的方法和原则，将所有产品设计为可循环产品。设定底线，防止不环保的产品进入欧盟市场。生产者延伸责任也将得到强化。 • 循环经济行动计划主要侧重于纺织、建筑、电子产品和塑料等资源密集型行业。 • 鼓励企业提供并允许消费者选择可重复使用、耐用和可维修的产品。 • 降低消费者遇到"漂绿"的风险。欧盟委员会将以监管及非监管手段，严格处理虚假绿色环保承诺问题。数字化也有助于欧盟消费者获取在售产品的特性信息。欧盟委员会将进一步提出立法和指导建议，推动绿色公共采购。 • 大幅减少废弃物。通过制定新的法规，解决过度包装和废弃物的产生等问题；通过法律要求推动有强制再生成分要求的二次原料市场（如包装、车辆、建筑材料和电池）的发展；提出一种欧盟的垃圾分类回收模式；重新审查废弃物运输和非法出口规则，停止向欧盟以外的国家及地区出口废弃物。 • 保证可持续原材料的供应。到2030年，欧盟工业需要一批"气候和资源先行者"在关键工业领域率先实现突破性技术的商用。重点领域包括清洁氢能、燃料电池和其他替代燃料、储能及碳捕集、封存和利用等。 • 促进与工业和战略价值链投资的新合作形式。欧盟委员会将继续实施《电池战略行动计划》，将在2020年提出立法要求，旨在建立安全、可循环和可持续的电池价值链，全面覆盖各类电池，其中包括为日益增长的电动汽车市场供应的电池。 • 数字技术助推各行各业实现可持续目标。欧盟委员会将探索各类措施，使人工智能、5G、云计算和边缘计算及物联网等数字技术能尽快帮助欧盟应对气候变化和保护环境的政策发挥应有的作用。数字化也使远程监测空气和水体污染或监测并优化能源和自然资源的使用成为可能。同时，欧洲需要建立一个以可持续发展为核心的数字化部门。 落实推进情况： ✓ 2020年3月，欧盟委员会颁布了《新欧盟工业战略》。该战略是《欧洲绿色协议》的重要组成部分，致力于打造一个具有全球竞争力的、绿色和数字化的欧洲。该战略主要有三方面的重点：保持欧洲工业领域的全球竞争力和公平竞争环境，在欧洲到2050年实现碳中和，以及塑造欧洲数字化未来

续表

政策领域	具体政策与措施
高能效和高资源效率建造和翻新建筑	• 积极落实与建筑物能效相关的法律。欧盟委员会将在 2020 年评估各成员国的国家长期翻新策略；尝试将建筑物排放纳入欧洲碳排放交易体系；审查《建筑产品法规》，并确保各个阶段的新建与翻新建筑物设计能够满足循环经济的需求，提高存量建筑的数字化水平与气候防护水平。 • 计划在 2020 年与利益相关者合作实施一项新倡议。具体内容包括建立一个开放平台，联合建筑行业、建筑和工程师及地方政府，共同解决建筑翻新所面临的障碍；在"投资欧洲"框架下制订创新融资计划。这些计划主要针对能够通过合同能源管理等方式推动建筑翻新的住房协会或能源服务公司的发展。 落实推进情况： ✓ 2020 年 12 月，欧盟已经完成对《建筑物产品条例》的修订和公开征求意见，将择机发布。该条例规定了建筑物在国内市场的要求。修订后的法规可以促进环境质量的提升，并促进产品质量的提升
加快向可持续与智慧出行转变	• 多式联运可以提高交通运输系统的效率。欧盟委员会将于 2021 年正式提出将目前 75% 的内陆公路货物运输的绝大部分转至铁路和内河运输这一倡议。 • 欧盟委员会将利用"连接欧洲基金"等融资工具，推动打造智慧交通运输管理系统与出行即服务解决方案。 • 交通运输的价格必须体现其对环境与健康的影响。应当取消化石燃料补贴。计划提出将欧盟碳排放交易扩大至海运业，并减少无偿分配给航空公司的配额。欧盟委员会还会从政治角度重新考虑如何在欧盟内实现有效的公路收费定价。 • 扩大可持续替代运输燃料的产量与部署。到 2025 年，欧洲零排放及低排放汽车保有量将达到 1 300 万辆，需要大约 100 万座公共充电站与加油站。 • 大幅减少交通运输污染。欧盟委员会将提出更加严格的内燃机机动车大气污染物排放标准；还会提议在 2021 年 6 月之前修订小汽车和轻型商用车的二氧化碳排放标准法案，为自 2025 年起实现零排放出行提供清洁路径；考虑在公路运输方面开展排放权交易；管制污染严重的船只进入欧盟港口，强制停靠船只能使用岸边电力；减少飞机与机场运行的污染物排放。 落实推进情况： ✓ 2020 年 12 月，欧盟委员会发布了《可持续与智慧交通战略》，用于指导未来四年的工作。该战略为欧盟实现智慧、可持续、数字化交通转型奠定了基础。根据《协议》的指导要求，该交通战略预计将在 2050 年实现 90% 的减排

续表

政策领域	具体政策与措施
"从农场到餐桌"：设计公平、健康、环保的食品体系	• 2020年春季，欧盟委员会将出台《从农场到餐桌战略》，为制定更加可持续的食品政策夯实基础。 • 欧洲农民与渔民是实现这一转型的关键。欧盟委员会对下一个多年度预算期（2021—2027年）的共同农业政策提案显示，至少40%的共同农业政策总预算与30%的海洋与渔业基金将被用于应对气候变化的行动。 • 引导人们采取可持续的实践，如精准农业、有机农业、农业生态、林业农业及更加严格的动物福利标准。随着生态计划等措施的重点从合规向绩效转变，对注重改善环境和提高气候绩效的农民予以奖励。欧盟委员将与各成员国合作开发的可持续海产品用作低碳食品原料。 • 大幅减少化学农药、化肥和抗生素的使用。 • 促进可持续食品的消费，促进生产全面可负担的健康食品。不符合相关欧盟环境标准的进口食品不得在欧盟市场销售。 落实推进情况： ✓ 2020年5月，欧盟委员会发布了《从农场到餐桌战略》。作为《欧洲绿色协议》的重要内容，该战略致力于让食物系统变得更加公平、健康和环境友好。该战略的目标是加速向可持续食物系统转型，帮助缓解气候变化并适应气候变化之影响，扭转生物多样性的损失，确保食品安全、营养与公众健康，保证人人都可以获得充足、安全、营养和可持续的食物
保护与修复生态系统和生物多样性	• 欧盟委员会在2020年3月前提出《2030年生物多样性战略》，并在2021年采取具体行动。 • 欧盟委员会将制定包括立法在内的措施，帮助各成员国改善和修复受损的生态系统（如富碳生态系统），使其达到良好的生态状态；提出相关提案，促进欧洲绿色城市发展，提高城市地区的生物多样性；考虑起草自然修复方案，寻找能够帮助各成员国实现此目标的融资方式。 • 在《2030年生物多样性战略》的基础之上，制定一项涵盖整个森林生命周期的《欧盟新森林战略》，促进森林各项功能正常运转，该战略以欧洲实施有效的植树造林和森林保护与修复为主要目标。 • 推动可持续的"蓝色经济"，同时采取零容忍态度，解决非法、未报告和无管制的捕捞行为。 落实推进情况： ✓ 2021年7月16日，欧盟委员会颁布了《欧盟2030年森林战略》。该政策的基础是欧盟《2030年生物多样性战略》，森林战略为提升欧盟内的森林质量和数量设置了愿景和具体目标，并增强对森林的保护，及其自身的恢复能力。提议行动包含提升碳的存储和利用技术

续表

政策领域	具体政策与措施
实现无毒环境零污染的雄心	• 改善对空气、水、土壤、消费品污染的监控、报告、预防和治理。欧盟委员会将于2021年颁布针对大气、水和土壤的零污染行动计划。 • 审查欧盟用以解决大型工业设施污染的措施。 • 提出一项可持续化学品战略。 落实推进情况： ✓ 2021年5月12日，欧盟委员会颁布的《欧盟行动计划：面向空气、水和土壤的零污染》（以下简称《零污染行动计划》），是《欧洲绿色协议》的重要内容。《零污染行动计划》的目标是减少空气、水和土壤的污染，致力于实现2050年欧盟生态环境不会对人类健康产生伤害。

资料来源：《欧洲绿色协议》，兴业研究。

（2）将可持续性纳入所有欧盟政策

首先，《协议》提出要追求绿色投融资，并确保公正合理地转型。根据欧盟委员会的估算，若想实现当前设定的2030年气候与能源目标，每年还需2 600亿欧元的额外投资，约占2018年欧盟GDP的1.5%。为此，欧盟委员会提出了一系列绿色投融资措施：

- 欧盟委员会将提出"可持续欧洲投资计划"，帮助各相关方满足额外的融资需求。

- 欧盟预算将发挥关键作用，欧盟委员会已经提出气候主流化，要求欧盟所有项目预算的25%必须用于应对气候变化，而欧盟预算的收入也将部分来自应对气候变化的领域，例如，欧盟碳排放权交易市场中拍卖收入的20%将划拨给欧盟预算。

- 至少30%的"投资欧洲"基金会被用于应对气候变化，该基金也会强化与欧盟国家的开发性金融机构合作，鼓励它们全面开展绿色投融资活动。

- 加强与欧洲投资银行集团、欧盟国家的开发银行与机构及其他国际金融机构合作。其中,欧洲投资银行的目标是到2025年使自身的气候融资比重翻一番,从25%提高至50%,由此成为欧洲的气候银行。

- 提出包括"公正转型基金"在内的"公正转型机制",不让任何人掉队。这也是"可持续欧洲投资计划"的一部分。"公正转型机制"的重点对象是受此转型影响最大的地区和行业,因为它们的发展依靠化石燃料或碳密集工艺。此机制还将力保受此次转型影响最大的公民和工人,为他们提供就业再培训计划,在新经济行业创造就业机会,或为他们提供节能住房。

- 私人部门将成为绿色转型融资的关键。欧盟委员会将在2020年第三季度出台最新的可持续融资战略,其中包含一系列相关行动:首先,该战略将会为可持续投资巩固基础,这就需要对环境可持续发展活动进行分类,同时企业也应当进一步将可持续性纳入其治理框架中,企业和金融机构需要增加对气候和环境数据的披露,为此,欧盟委员会将审议《非财务报告指令》。此外,欧盟委员会还将支持企业和利益相关者在欧盟和全球范围内开展标准化的自然资本核算。其次,通过对零售投资产品"贴标"、开发欧盟绿色债券标准,以确保投资者更容易识别可持续性投资并确保其可信度。最后,将气候与环境风险纳入金融体系中,更好地将此类风险整合进欧盟审慎框架,并对绿色资产现有的资本要求的适用性进行评估。

其次,《协议》提出制定国家环保预算,释放真实的定价信号。充分运用绿色预算工具重新将公共投资、消费和税收直接导向绿色优先项目,避免有害补贴。欧盟委员会将与各成员国一道筛查并监测绿色项目预算的实践情况,以便评估年度预算和中期财政计划对环保问题和风险的考量,并考虑如何在欧盟的财政规则内进行绿色投资,同时防范债务可持续性风险。在税收方面,《协议》将会为广泛的税改创造相应条件,取消化石燃料补贴,并在考虑到社会因素的情况下,将税收负担从劳动者身上转移至污染实体。欧盟委员会现已提交相应增值税率至理事会审议,通过此举,各成员国便可更有针对性地用增值税率来反映环保目标,如支持有机蔬果。此外,包括环境和能源在内的国家援助指引正在评估中。

再次,支持研究与创新。新技术、可持续的解决方案和颠覆性创新对实现《协议》的目标来说至关重要。欧洲创新和技术研究院下属的知识和创新部门将继续推动高等教育机构、研究机构和企业在气候变化、可持续能源、未来食品、智能环境友好型城市和一体化城市交通等方面开展协调合作。欧洲创新理事会将致力于为高潜力初创公司和中小企业提供融资、股本投资和业务加速服务,推动其以突破型创新落实《协议》,并迅速实现创新成果的海外扩展。欧洲委员会将支持释放数字转型带来的全部益处,以促进生态转型。其首要任务是增强欧盟预测和应对环境灾害的能力。为此,欧洲委员会将汇聚欧洲科研和产业界顶尖人才,共同制定出精准的全球数字模型。

最后,加强教育与培训。第一,欧盟委员会将制定欧洲能力框架,要求学生获取关于气候变化和可持续发展的知识、技能和立场,并对此进行评估。第二,保障学校设施持续可用,运转正常。加强与欧洲投资银行的合作,强化结构性基金和新兴金融工具之间的互动,争取实现2020年学校基础设施建设投资达30亿欧元的目标。第三，积极开展再培训活动，提升劳动者的劳动技能。欧洲社会基金将帮助欧洲劳动力获取从夕阳产业转向朝阳产业必备的技能并适应这一变化。"技能议程"和"青年人保障计划"将再次更新，以提高绿色经济环境下公民的就业能力。

2. 欧盟——可持续发展的全球领导者

在提出了一系列支持欧盟自身经济向可持续发展转型的政策与措施后，《协议》也指出气候变化和环境退化等全球性挑战需要全球一起应对，并强调了欧盟将通过树立可靠的榜样形象，连同后续的外交、贸易政策，发展支持和其他政策，成为"全球绿色协议"的有力倡导者。

首先，欧盟将继续确保《巴黎协定》仍是应对气候变化必不可少的多边框架，欧盟将与所有伙伴开展更紧密的合作，帮助其更新和实施国家自主贡献，制定长期战略。

其次，欧盟将加强与伙伴国家的双边联系，并将根据需要建立创新合作模式。欧盟将继续与G20各经济体展开合作，这些经济体的温室气体排放量占全球总量的80%；欧盟也正与全球伙伴一道开发全球碳市场，以经济手段激励气候行动；欧盟将重点支持邻国；2020年将在北京和莱比锡举行中欧特别峰会，领导人的会晤是加强中欧气候环境合作的良机（2020年9月，受新冠肺炎疫情影响，中、德、欧领导人共同举行了一场视频会晤，决定建立环境与气候高层对话机制，打造中欧绿色合作伙伴关系）；即将发布的非洲全面战略和2020年的欧盟-非盟峰会将让气候和环境问题成为连接两个大陆的重要纽带（受新冠肺炎疫情影响，欧盟-非盟峰会推迟到了2022年）；欧盟将利用外交和金融工具，使其"绿色联盟"融入其他伙伴关系。

再次，贸易政策可以支持欧盟的生态转型。欧盟委员会一直在努力践行欧盟贸易协定的可持续发展目标，并将任命一名首席贸易执行官以进一步加强这些努力。在气候变化方面，欧盟最近达成的协议均包含约束性承诺，即要求各方批准并有效落实《巴黎协定》。欧盟委员会将提议把尊重《巴黎协定》作为未来所有全面贸易协定的核心要素。贸易政策也需要确保欧盟经济绿色转型所需的原材料交易和投资的正常与公平。这可以帮助约束非法采伐等破坏性行为，加强监管合作，推广欧盟标准，消除可再生能源领域的非关税壁垒。欧洲市场上的所有化学品、材料、食品和其他产品都必须满足欧盟相关监管要求和标准。欧盟应该运用其在"绿色监管"方面的经验，鼓励合作伙伴制定与欧盟水平相近的目标，以此促进这些国家的贸易便利化，加强其环境保护力度并提升应对气候变化的能力。同时，欧盟委员会将继续制定可持续发展的标准，利用其经济地位设定符合欧盟环境和气候目标的全球标准。

最后，欧盟的国际合作和伙伴关系政策应当继续帮助引导公私资金以实现转型发展。欧盟委员会提出了一个新的邻国、发展和全球合作工具的草案，其中提出将其总预算的25%用于实现气候相关目标。欧盟委员会还将支持国家公共财政资源为改善投资环境和实现私人部门的贡献所做的承诺。要做好这一工作，还需要通过资金保障和混合融资等工具减少可持续发展投资的风险。为动员全球投资者，欧盟将率先建立金融体系，支持全球可持续发展。欧盟将在新建立的全球可持续融资平台上，在协调环境可持续融资的计划方面展开努力，包括对计划进行分类、披露信息、标准化和标签标记等。

3. 携手努力：《欧洲气候公约》

《协议》的最后一部分强调了公众和所有利益相关者的参与和承诺是成功实现《协议》的重中之重。只有当所有民众都全身心地参与政策制定时，旨在改变现状的政策才会切实有效。

为此，欧盟委员会将在 2020 年 3 月之前出台一项《欧洲气候公约》，就气候行动与公众合作提出三种方式：第一，鼓励信息共享、激励启发，培育公众了解气候变化与环境退化的威胁和挑战，以及应该如何应对。这可以通过多渠道和多工具实现，包括在成员国举行相关活动，以及在欧盟委员会打造与公众对话的方式等。第二，公众应当可以在线上或线下自由地表达观点，发挥创造力，一同努力达成目标，无论是个人还是集体都是如此。应当鼓励人们从参与气候行动的具体目标做起。第三，欧盟委员会将开展能力建设，便于气候变化和环境保护等"草根计划"的提出。通过提供相关信息、开展指导和教育课程可以促进最佳实践的交流。欧盟委员会将确保其中关于欧洲未来的讨论以绿色转型为导向。

除《欧洲气候公约》之外，欧盟委员会及成员国应当确保用于《协议》的现有规划工具能运作一致。其中最重要的就是各国的能源和气候计划，以及各国实施共同农业政策的国家战略提案，包括针对农村发展的欧洲基金将帮助农村地区享受循环生物经济带来的机遇。此外，欧洲委员会或考虑修改《奥尔胡斯公约》以改善对公民和非政府组织的行政和司法审查。欧盟委员会还将采取行动保障各成员国国家法庭的公正，促使欧盟、各成员国乃至全球一道应对环境犯罪。

4. 欧盟"Fit for 55"减排一揽子方案

2021 年 7 月 14 日，欧盟提交的"绿色新政"的核心政策草案——"Fit for 55"减排一揽子方案，是指到2030年将欧盟的碳排放量从1990年的基准水平减少55%的宏伟计划。该方案包括扩大欧盟市场、停止销售燃油车、征收航空燃油税、提高可再生能源占比、设立碳边境税等12项新法案。各成员国根据"负担均摊"原则制定的减排目标主要包括农业、交通、建筑及垃圾处理行业，这部分占欧盟整个减排目标的60%，而碳交易领域的占比则为40%。因此"负担均摊"既是欧盟气候保护目标的重头戏，也是欧盟内部各成员国争执的主要焦点。"Fit for 55"的名字源自欧盟的减排目标：到2030年，欧盟温室气体净排放量较1990年至少减少55%；到2050年，实现碳中和。其主要内容包括：

- 提高使用电动汽车、氢能源汽车便利化程度，降低其使用成本；到2025年在欧盟建设100万个电动汽车充电桩，到2030年建设300万个电动汽车充电桩；对汽车实行更为严格的二氧化碳排放限制；自2035年起，禁止销售新的汽油和柴油汽车。
- 对航空业征收化石燃料（煤油、石油、柴油）使用税，在未来十年内逐步提高征税标准。提高可持续航空燃油使用比例，力争在2025年将其占航空燃料的比重提升至2%以上，到2050年提升至63%以上。
- 拟在海运领域设立"温室气体强度目标"及相关机制。
- 欧盟将以法律形式设立到2030年节能32.5%的能效目标，为该目标的实现赋予法律约束力。
- 欧盟将提出林业战略，制定在2030年前种植30亿棵树的目标；制定林业可持续性标准，详细制定特定植被物种能否被认定为可再生资源的鉴定标准；保护原始森林。
- 拟在建筑和交通运输部门建立独立的碳排放交易体系。
- 欧盟或将建立碳边境调节机制，避免企业通过将生产转移至欧盟之外的国家和地区的方式来规避欧盟碳交易税，提前封堵可能出现的法律漏洞。

5. 对我国经济绿色转型与可持续发展的启示

建立全面、系统的绿色发展战略与路线图，将可持续性因素融入所有政策的制定中。《协议》是一份全面的、长期的绿色发展战略，涉及欧盟经济向可持续发展转型的方方面面。我国在绿色发展方面也出台了一系列规划与方案，如《国家应对气候变化规划（2014—2020年）》《生态环境保护规划》《生态文明体制改革总体方案》等，在此基础上，我国可以考虑借鉴欧盟《协议》，进一步建立全面系统化的绿色发展战略及路线图，明确中长期绿色发展目标，并将可持续性因素作为所有政策制定的优先项，以最大限度地促进我国经济社会发展中各项政策制度与可持续性发展目标的协同发展。

加快推进碳排放权交易市场建设，逐步扩大参与碳交易的行业范围。应对气候变化和在2050年实现碳中和是《协议》最重要的目标，欧盟碳排放权交易市场的更新和完善是实现该目标的关键措施之一，《协议》中多次提到考虑扩大欧盟碳排放权交易市场覆盖行业，例如，尝试将建筑物排放、海运业排放纳入欧盟碳排放权交易体系。《协议》还指出，将针对选定的行业提出碳边境调节机制，即对来自高排放国家和地区的进口产品征收一定比例的碳税，以降低碳泄漏的风险。同时，《协议》提出欧盟将与全球伙伴一道开发全球碳市场。欧盟对碳排放权交易市场的重视程度足以体现其在实现气候目标中的关键作用。我国在碳排放权交易方面已开启了多个试点，并已于2017年启动全国碳排放权交易市场建设，初期仅将电力行业纳入其中，目前正在稳步推进。为了实现我国的碳减排目标，并顺应欧盟等发达经济体的绿色贸易要求，我国需要借鉴欧盟成熟的碳排放权交易体系的建设经验，加速推进全国碳市场发展，并适时扩大覆盖行业范围，同时探索与国际碳市场连通的路径，以增强市场流动性、提高市场效率。

支持电池全价值链的发展，《协议》提出，欧盟委员会将在2020年提出立法要求，旨在建立安全、可循环和可持续的电池价值链，全面覆盖各类电池，其中包括为日益增长的电动汽车市场供应的电池。同时，《协议》还提到将继续实施《电池战略行动计划》，并支持欧洲电池联盟。《电池战略行动计划》是欧洲电池联盟在2018年提出的一份电池战略行动计划，这份计划包含了原材料、供应链、投资、技术研究、人才培养、回收、监管政策等内容。电池的发展对于实现能源转型与可持续发展至关重要，我国近些年在动力电池领域已经取得了一定的成绩，未来仍需要继续加强电池产业从技术研发到全产业链的快速发展。

数字和技术创新将在可持续发展中发挥重要作用。《协议》强调了绿色和数字技术是未来工业发展的两大方向，而数字技术是实现《协议》可持续性目标的关键因素。欧盟将研究人工智能、5G、云计算和边缘计算及物联网等数字技术，最大限度地发挥其对气候变化和环保政策的影响。数字化也为远距离监测空气和水污染，或监测、优化能源和自然资源的利用提供了新的机会。我国在工业绿色转型发展的过程中，也应重视数字技术即将发挥的重要作用，制造企业应在生产的全生命周期进行绿色设计、绿色制造与绿色服务，推进智能制造和绿色制造相结合，利用人工智能、大数据等数字化手段提高供应链管理水平，提升制造效率，减少能耗物耗。互联网企业在绿色供应链、绿色物流、绿色计算、绿色回收等方面形成持续绿色发展模式。① 并且还需要持续培养创新主体，提高技术供给能力，挖掘人才优势资源，加强与高等院校、科研机构的互动联动，加快实现数字技术创新的突破与应用。

持续推动可持续投融资体系建设，大力发展绿色金融。《协议》指出，欧盟为实现其气候与环境目标，将面临巨大的投资需求，因此《协议》提出了欧盟在可持续投融资领域将采取的一系列措施，包括推出可持续欧洲投资计划、建立可持续发展标准体系、将气候与环境风险纳入金融体系等。我国在绿色转型过程中同样面临着巨大的资金缺口，近些年，我国绿色金融实现了快速发展，中国和欧盟已经共同成为全球绿色金融发展的引领者，但在绿色金融、可持续投融资体系建设方面，欧盟还有许多实践经验值得我国借鉴。首先，建立相对统一并与国际接轨的可持续金融标准体系。2019年6月，欧盟委员会技术专家组连续发布《欧盟可持续金融分类方案》《欧盟绿色债券标准》《欧盟气候基准和基准的ESG披露》三份报告，为欧盟建立完善统一的可持续金融标准体系打下了坚实基础，我国可借鉴欧盟经验，逐步建立和完善符合我国国情的、与国际标准接轨的、统一的绿色金融或可持续金融标准体系②。其次，加强企业气候和环境信息披露体系建设，以推动可持续投资发展。欧盟早在2014年就发布了《非财务报告指令》，要求员工人数超过500人的公众公司在审计报告中披露ESG信息，其中至少要包括有关环境、社会、员工、人权、反腐

---

① 光明网. 中国企业用创新科技推动绿色发展. 2019-06-06［2020-03-01］. https://baijiahao.baidu.com/s?id=1635580501826774818&wfr=spider&for=pc.
② 关于可持续金融标准体系建设的详细分析内容请参见2020年2月19日发布的《兴业研究绿色金融报告：欧盟可持续金融战略与进展分析》。

败、贿赂等问题的信息，《协议》提出将对欧盟《非财务报告指令》进行审议。近些年我国 ESG 信息披露体系的建设虽已取得积极进展，但仍不完善，可以借鉴欧盟在此方面的先进经验。最后，将气候与环境风险纳入金融监管体系。《协议》提出，欧盟会将气候和环境风险整合进欧盟审慎框架，并对绿色资产现有资本要求的适用性进行评估，这些做法将为我国提供重要参考。

"绿色"或将成为新的贸易壁垒。《协议》提到，欧盟将把《巴黎协定》作为未来所有全面贸易协定的核心要素，促进绿色商品和绿色服务的贸易与投资。欧洲市场上的所有准化学品、材料、食品和其他产品都必须满足欧盟相关的绿色监管要求和标准。同时《协议》还提到，欧盟将针对选定的行业提出碳边境调节机制，即可能对部分高碳行业征收碳税。由于欧盟是我国最大的出口市场之一，如果这些绿色发展相关贸易政策落地，将对我国产生较大的影响，"绿色"或将成为新的贸易壁垒。因此，我国必须加快绿色转型发展步伐，可以借鉴《协议》提出的欧盟可持续产品政策，尽快建立我国的可持续产品或绿色产品标准体系。

（二）欧盟可持续金融战略

2018 年 3 月 8 日，欧盟委员会发布的《可持续发展融资行动计划》（以下简称《行动计划》）详细说明了欧盟委员会将采取的可持续金融行动、实施计划和时间表，《行动计划》是欧盟可持续金融发展的综合战略和实施路线图，旨在建立可持续金融综合体系，从而实现欧盟的可持续发展与应对气候变化目标。经过不到两年的发展，《行动计划》正在稳步推进和落实，在重点领域取得了突破，并推动了欧洲绿色新政的出台。

1.《行动计划》精要

金融体系的改革在促进实现绿色和可持续经济发展中发挥着关键作用。2018年3月，欧盟委员会基于欧盟可持续金融专家组针对欧盟可持续金融发展提出的若干重要建议发布了《行动计划》，主要内容涵盖三大目标，十项行动，以及22条具体行动计划，且每条具体行动都设定了明确的时间表，将非立法行动和立法行动与新措施相结合，并有针对性地修改现有规则。

（1）目标一：将资本引向更具可持续性的经济活动

第一，为可持续的经济活动建立一个欧盟分类体系。其目的是将未来的欧盟可持续性分类方案纳入欧盟法律，并为在不同领域（如标准、标签、审慎的监管要求、可持续性基准）使用此分类方案奠定基础。

第二，为绿色金融产品建立标准和标签。在欧盟可持续性分类方案的基础上，建立欧盟可持续金融产品的标准和标签，以保护可持续金融市场的完整性和诚信度，并帮助投资者更容易获得这些产品。

第三，促进对可持续性项目的投资。调动私人资本用于可持续项目，特别是基础设施建设，同时考虑建立单一的欧盟投资基金，用于2020年后的多年融资框架，以便为可持续基础设施投资提供财政支持和技术援助。

第四，将可持续性纳入投资建议中。在投资公司和保险经销商向投资者提供投资建议时，确保考虑投资者的可持续性偏好。

第五，开发可持续性基准。传统的基准和指标不适合衡量可持续投资业绩，同时为了降低"洗绿"风险，需要更透明、更健全的可持续基准和指数方法，并且此方法应反映出与《巴黎协定》目标的一致性。

（2）目标二：将可持续性纳入风险管理的主流

第一，在评级和市场研究中更好地整合可持续性。欧盟委员会将探讨修订《信用评级机构条例》，将可持续性因素明确纳入其评估标准中。

第二，明确机构投资者和资产管理者的职责。明确机构投资者和资产管理人在可持续性考虑方面的职责，要求机构投资者和资产管理人将可持续性考虑因素纳入投资决策过程中。

第三，将可持续性纳入审慎监管要求中。在发展欧盟可持续分类方案的基础上，评估是否可以采用更适当的资本要求，以更好地反映银行和保险公司持有的可持续资产的风险。

（3）目标三：鼓励长期行为及透明度的提升

第一，加强可持续性信息披露和会计准则制定。评审和修订现有非财务信息披露政策，要求资产管理者披露其在制定投资战略和决策时如何考虑可持续性因素。

第二，促进可持续的公司治理并削弱资本市场的短期行为。公司治理可以大大促进更加可持续的经济，使公司能够采取必要的行动；同时短期行为可能导致长期不必要的可持续性风险暴露。欧盟委员会将与所有利益相关方接触，更密切地分析这一问题，促进可持续的公司治理。

表 2.2 欧盟《可持续发展融资行动计划》具体行动内容

要素	具体措施
为可持续的经济活动建立一个欧盟分类体系	• 将提出一项立法建议，以确保欧盟在气候变化、环境和社会可持续活动方面逐步发展；目的是将未来欧盟可持续性分类方案纳入欧盟法律，为在不同领域（如标准、标签、审慎要求的绿色支持因素、可持续性基准）使用此类分类方案打下基础 • 设立可持续金融技术专家组，发布第一个分类方案报告，特别关注应对气候变化的活动。这些报告将是欧盟委员会逐步发展欧盟可持续性分类方案的基石，同时也将成为投资气候变化相关活动和环境活动的初始参考基准

续表

要素	具体措施
为绿色金融产品建立标准和标签	• 欧盟委员会技术专家组将根据公众咨询的结果，在当前最佳做法的基础上，编写关于欧盟绿色债券标准的报告。 • 在招股章程规定的框架内，将详细说明绿色债券发行招股章程的内容，以向潜在投资者提供额外信息。 • 研究某些金融产品使用欧盟生态标签框架的问题，一旦欧盟可持续性分类方案获得通过，该框架将得到应用
促进对可持续性项目的投资	• 不断加强咨询能力（包括发展可持续基础设施项目），提高向欧盟和伙伴国家提供可持续投资支持工具的效率和影响
将可持续性纳入投资建议中	• 修订金融市场工具指令和保险分销原则授权法案，以确保在适用性评估中考虑可持续性偏好。将要求ESMA（欧洲证券和市场监管局）在其适用性评估指南中纳入关于可持续性偏好的规定
开发可持续性基准	• 在基准条例框架内，通过关于基准方法和特征透明度的授权法案，以便用户更好地评估可持续性基准的质量；提出一项由低碳发行人组成的协调基准倡议，一旦分类方案确立，将付诸实施。欧盟委员会技术专家组将在征求所有利益相关者意见的基础上，发布低碳基准的设计和方法报告
在评级和市场研究中更好地整合可持续性	• 探讨修订《信用评级机构条例》，使信用评级机构将可持续性因素明确纳入其评估中。 • 委员会请ESMA：（1）评估信用评级市场的现行做法，分析在多大程度上考虑了环境、社会和治理因素；（2）将环境和社会可持续性信息纳入其信用评级机构披露指南，并在必要时考虑其他指南或措施。 • 对可持续性评级和研究进行全面研究
明确机构投资者和资产管理者的职责	• 提出一项立法提案，明确机构投资者和资产管理者在可持续性考虑方面的职责。该提案的目的是：（1）明确要求机构投资者和资产管理者将可持续性考虑因素纳入投资决策过程中；（2）提高最终投资者在将这些可持续性因素纳入其投资决策方面的透明度，尤其是关于他们所面临的可持续性风险
将可持续性纳入审慎要求中	• 探讨在机构风险管理政策中纳入和气候及其他环境因素有关的风险的可行性，以及作为《资本要求指令》的一部分对银行资本要求进行潜在调整的可能性，以保障审慎框架和金融稳定的一致性和有效性。 • 邀请EIOPA（欧洲保险和职业养老金管理局）就保险公司审慎规则对可持续投资的影响发表意见，特别关注应对气候变化方面。欧盟委员会在根据偿付能力Ⅱ指令的要求向欧洲议会和理事会提交的报告中将考虑这一意见

续表

要素	具体措施
加强可持续性信息披露和会计准则制定	• 启动一项与上市公司报告有关的欧盟立法的适用性审查，以评估上市公司和非上市公司的公共报告要求是否适用；还将评估可持续性报告要求和数字化报告的前景。 • 修订非财务信息准则。根据TEG拟制定的指标，修订后的准则应根据气候相关TCFD（财务信息披露工作组）就如何披露气候相关信息向公司提供进一步的指导，并在新分类方案下制定指标。 • 作为（欧洲财务报告咨询集团）的一部分，将建立一个欧洲企业报告实验室，以促进企业报告（如环境会计）的创新和最佳做法的发展。 • 在资产管理者和机构投资者的披露方面，作为欧盟委员会在《行动计划》中的立法建议的一部分，将要求披露其在战略和投资决策过程中如何考虑可持续性因素，特别是在面临与气候变化有关的风险时。 • 委员会将酌情要求EFRAG评估新的或修订的《国际财务报告准则》对可持续投资的影响；还将要求EFRAG报告《国际财务报告准则第9号》对长期投资的影响，并探讨对权益工具处理标准的改进。 • 将评估国际会计准则条例的相关内容。特别是研究在《国际财务报告准则》的采用过程中如何允许对不利于欧洲公共利益的标准进行具体调整，例如，这些标准可能对长期投资目标构成障碍
促进可持续的公司治理并削弱资本市场的短期行为	• 为了促进可持续的公司治理，欧盟委员会将与利益相关者开展分析和咨询工作，以评估：（1）是否有必要要求公司董事会制定和披露可持续发展战略，包括对整个供应链的适当尽职调查和可衡量的可持续性目标；（2）可能需要明确董事根据何种规则行事符合公司的长期利益。 • 欧盟委员会还将通过诚邀欧洲监管部门搜集并提供令企业难以做出长期回报投资决策的因素，调查其怎样有助于"削弱资本市场短期行为"

资料来源：*Action Plan: Financing Sustainable Development*，兴业研究。

《行动计划》对欧盟可持续金融发展意义重大。《行动计划》也可被称作"欧盟可持续金融发展的综合战略"，旨在建立欧盟的可持续金融综合体系，从而有助于实现欧盟的《巴黎协定》目标和可持续发展目标；也有助于欧洲成为可持续金融领域的全球领导者和全球低碳投资的首选地。同时欧盟在该《行动计划》中为可持续金融政策设定了一个范本或基准,并呼吁其他参与者,包括成员国、监管机构、私人部门和主要非欧盟国家,采取果断行动。因此,这项行动计划旨在成为未来国际论坛讨论的蓝图,促进以新的方式更加可持续地管理金融体系。

2. 战略的推进与落实

(1) 重点领域取得突破

《行动计划》的重点领域已取得了突破,如建立欧盟可持续活动的分类体系、为绿色金融产品建立标准与标签、建立可持续性基准等。

2019年6月,欧盟委员会技术专家组连续发布《欧盟可持续金融分类方案》《欧盟绿色债券标准》《欧盟气候基准和基准的ESG披露》三份报告后,欧盟委员会又发布了一系列与可持续性基准相关的报告。

"为可持续性的经济活动建立一个欧盟分类体系"被认为是《行动计划》最重要、最紧急的项目。经过一年多的努力,《欧盟可持续金融分类方案》(以下简称《分类方案》)于2019年6月发布,其将会成为欧洲金融领域新监管框架的制定基准,2021年4月21日,欧盟发布了《分类方案》修订案。《分类方案》在可持续发展议程、《巴黎协定》及欧盟的气候环境政策的基础上,要求相关经济活动要有助于实现七大环境目标(气候变化减缓、气候变化适应、海洋与水资源的可持续利用和保护、循环经济、废弃物防治和回收、污染防控、保护健康的生态系统),并且相关经济活动还要遵循对一个或多个目标有"实质性贡献"和"无重大损害",以及要满足最低限度的社会保障和相关技术筛选标准。同时,《分类方案》以欧洲行业标准分类系统为框架,主要对有助于实现气候变化减缓和适应两个目标的经济活动进行了具体定义,并制定了可持续经济活动目录。对有助于实现气候变化减缓目标的经济活动,《分类方案》在七大类经济行业中识别出 67 项经济活动,并设定了相应的技术筛选标准;对有助于气候变化适应目标的经济活动,《分类方案》在七大类经济行业的基础上初步识别出九项经济活动,并设定了相应的技术筛选标准。《分类方案》将成为欧盟可持续金融发展的重要基础。[①] 这是投资者、发行人和政策制定者之间的一种共同语言,使投资符合强有力的环境标准及《巴黎协定》等政治承诺。

在为绿色金融产品建立标准与标签的行动中,最早的就是欧盟于 2019 年 6 月 18 日发布《绿色债券标准》,这是以"增强绿色债券市场的有效性、透明度、可比性和可信度"为主题的报告。专家组建议欧盟绿色债券原则是一个自愿的、非立法性的欧盟绿色债券标准,包括四大核心内容:

- 绿色项目:绿色项目要与《分类方案》保持一致性,绿色债券应为欧盟《分类方案》的环境目标、无重大损害原则、社会保障和技术筛选标准(即原则、指标和阈值)做出实质性贡献。
- 绿色债券框架:制定绿色债券框架的范围和内容,以便发行人详细说明拟募集资金用途的所有关键方面,以及绿色债券发行的策略和程序。
- 报告:在可能的情况下,要求提供有定量指标支持的募集资金的使用和环境影响情况的定期报告。
- 由授权认证机构认证:授权的认证机构对符合标准的绿色债券,以及对募集资金使用的相关报告进行认证。欧盟委员会 TEG 认为,ESMA 将是最适合设计和运行此类认证的机构。

---

① 兴业研究绿色金融报告:《欧洲可持续金融分类方案》精要与启示。

四大核心内容与国际资本市场协会的《绿色债券原则》基本一致，可见欧盟目前提出的《欧盟绿色债券标准》的设计符合国际的《绿色债券原则》，同时与其发布的《分类方案》保持一致。

在开发可持续性基准行动中发布气候基准和基准ESG披露报告。2019年6月18日，TEG发布了关于气候基准和基准ESG披露的报告，建议列出欧盟气候变化方法的最低标准，以及与《巴黎协定》一致的应对"洗绿"的基准及披露要求，以提高信息的透明度和可比性。这些基准不仅涉及与气候有关的信息，还涉及各种ESG指标。此外，还考虑了各种资产类别，以确保尽可能多的资产类别有最低标准，并符合相关的投资需要。2019年9月30日，TEG发布《气候基准和基准ESG披露的总结报告》。该报告为"欧盟气候转型"和"欧盟与《巴黎协定》一致"的标准提出了一份最低技术要求清单，目的是消除"洗绿"的风险。报告还建议规定一套环境、社会和治理披露要求，包括报告使用的标准格式。这些措施的目的是提高所有基准数据的透明度和可比性。2019年12月20日，TEG在2019年9月30日发布的《气候基准和基准ESG披露的总结报告》的基础上，发布了《气候转型基准、与巴黎协定一致的基准和基准的ESG披露指南》。

（2）欧盟金融监管当局积极行动

EBA（欧洲银行业管理局）、ESMA（欧洲证券和市场监管局）与EIOPA（欧洲保险和职业养老金管理局）三家欧洲金融监管当局积极行动，推动《行动计划》的实施。

2019年12月6日，EBA发布《可持续金融行动计划》，该计划概述了其将针对环境、社会和公司治理因素展开的相关任务与时间表，并说明了EBA实施相关任务的顺序，首先是关键指标、战略、风险管理，其次是情景分析和风险权重调整。该计划还旨在传达EBA政策方向的关键信息,以及对金融机构朝着可持续金融方向发展的期望。

该计划明确了EBA在致力于促进金融体系稳定和有效性的背景下,可持续金融工作的目标:改善金融监管框架,以可持续的方式促进金融机构的运营;为监管机构提供充分的工具,以了解、监测和评估其监管实践。

EBA关于可持续金融的工作计划将首先侧重于支持银行绿色战略、关键指标和披露,然后研究对风险权重进行调整的证据。EBA按照风险管理与战略、关键指标与信息披露、压力测试与情景分析,以及审慎规则的顺序和角度重点说明了EBA将ESG因素纳入金融管理体系的方向和任务。

表2.3 EBA《可持续金融行动计划》重点领域

重点领域	具体内容
风险管理与战略	EBA相关准则草案要求,金融机构将在其风险管理政策中囊括ESG因素,包括信贷风险政策和程序;提供绿色贷款的机构应制定具体的绿色贷款政策和程序,涵盖对此类信贷的发放和监测;EBA将评估ESG风险统一定义的发展、ESG风险对金融机构影响的标准和方法,以及金融机构评估和管理ESG风险的安排和战略等
关键指标与信息披露	确定关键指标,包括定性及相关的信息披露,ESG风险相关的披露将基于现有的工作,如《欧盟非财务报告指南:报告气候相关信息的补充指南》《欧盟分类法》和《金融稳定委员会关于气候相关财务披露建议》等
压力测试与情景分析	EBA将制定适当的定性和定量标准,如压力测试流程和情景分析,以评估不同严重程度情景下ESG风险所产生的影响;EBA的目标是制定一项专门的气候变化压力测试,主要目的是确定银行对气候相关风险的脆弱性,并量化可能受到物理风险和转型风险影响的风险敞口的相关性;敏感性分析将有助于对银行持有的棕色风险和绿色风险敞口数量提供初步估计;EBA将向银行和监管机构提供有关银行压力测试的指导
审慎规则	EBA将调查评估是否有必要对与环境和社会目标相关的资产或活动的风险敞口进行专门的审慎规则调整,这需要大量数据和定量分析,形成总结报告

资料来源:EBA《可持续金融行动计划》,兴业研究。

EBA 鼓励各金融机构主动采取行动，将环境、社会和治理考虑因素纳入风险管理和战略中，包括设定绿色资产比率，并主要在三个领域对金融机构提出了朝着可持续金融方向发展的期望：战略和风险管理，EBA 鼓励金融机构积极将 ESG 因素纳入其业务策略和风险管理中，以建立长期可持续的商业模式，同时将 ESG 风险纳入其业务计划、风险管理、内部控制框架和决策流程。信息披露，EBA 鼓励各机构继续开展有关《欧盟非财务报告指令》的信息披露工作，并参与其他相关行动；同时鼓励各机构首先确定一些简单的指标，以披露与气候变化相关的风险（包括转型风险）如何嵌入其业务目标、战略、决策过程和风险管理方面的信息。情景分析和压力测试，EBA 鼓励机构采用与气候变化相关的情景，用情景分析这一工具，了解受物理风险和转型风险影响的相关风险敞口以及潜在风险的大小。

2020 年 2 月 6 日，欧洲证券和市场监管局向市场发布了《可持续金融战略》，该战略揭示了可持续性是 ESMA 的主要目标，并制订了在其工作中实施环境、社会和治理因素的计划。该战略表明，ESMA 的基本优先事项包括透明度义务、绿色债券风险分析、ESG 投资，以及与 ESG 因素相关的国家监管实践的融合、分类和监管。

欧洲养老金市场 ESG 投资走在全球前列，EIOPA 从监管层面推动 ESG 投资。早在 2016 年 12 月，EIOPA 就通过了《职业退休机构条例》，从三个方面对 ESG 理念在养老金投资中的应用做出具体要求：首先，要求欧盟成员国允许企业私人养老计划将 ESG 因素纳入投资决策；其次，私人养老计划需要将 ESG 因素纳入治理和风险管理决策；最后，私人养老计划需要披露如何将 ESG 因素纳入投资策略。该指令已于 2019 年 1 月正式生效（中证指数，2020）。同时根据《行动计划》的安排，2018 年第三季度，欧盟委员会邀请 EIOPA 就保险公司审慎规则对可持续投资的影响发表意见，并特别关注缓解气候变化情况。

二、《英国绿色金融战略》

2019年7月2日，英国政府于第二届英国绿色金融年会上首次发布了《英国绿色金融战略》（以下简称《战略》），号召全社会（包括政府、企业、学术机构等）共同努力实现一个更加可持续和绿色化的未来。《战略》包含两大长远目标及三大核心要素。两大长远目标分别是：在政府部门的支持下，使私人部门或企业的现金流流向更加清洁、可持续增长的方向；加强英国金融业的竞争力。三大核心要素包括金融绿色化，投资绿色化，紧握机遇。

《战略》描绘了自2001年以来，英国发展绿色金融的路线图。其中包括2001年英国成立排污权交易体系；2008年，英国颁布气候变化法案；2009年，世界银行在伦敦证券交易所发布首只绿色债券；2011年，英国设立38.7亿英镑的国际气候基金；2012年，英国绿色投资银行设立；2015年，英国气候相关财务金融披露小组成立；2016年，G20中英绿色金融研究小组成立；2017年，英国成立绿色金融工作小组并发布清洁增长战略；2018年，英国举办首届"绿色英国周"活动并以绿色金融为主题；2019年，英国政府设定2050年实现温室气体零排放的目标，并发布绿色金融战略等重要节点。除此之外，路线图还规划了到2022年的计划，届时将正式回顾绿色金融战略的实施进展，并进行优化。

同时，英国政府和伦敦金融城共同出资设立了英国绿色金融学会，该学会旨在促进英国公共部门和私人部门之间的合作，并计划通过该绿色金融学会加强英国与国际的交流合作。

（一）《英国绿色金融战略》的三大核心要素

1. 金融绿色化

要实现英国 2050 年温室气体零排放的目标，必须彻底改变金融系统，使之更加绿色化。《战略》认为，金融绿色化有四个关键因素：一是设定共同的认识和愿景，即认同气候和环境因素导致的金融风险和机遇，并且积极采取措施应对此风险；二是明确各部门的职责；三是提高透明度，披露气候相关金融信息并建立长效机制；四是建立清晰和统一的绿色金融体系或标准。金融绿色化的主体不仅包括金融机构，也需要政府及企业的积极参与，不仅将气候变化考虑在企业社会责任的层面，更重要的是将气候相关风险纳入财务风险及决策制定中。

一方面，推动英国金融体系的绿色化发展。英国政府在该战略中设定了明确的期望，预期到 2022 年所有上市公司和大型资产管理者将根据 G20 气候相关金融信息披露工作组的建议披露相关气候风险；并且相关政府部门将以身作则（如英格兰银行等），率先将相关气候因素纳入其决策制定的过程中。该战略还建议通过与国际机构的合作，以市场需求为导向，加强披露除气候以外，与其他自然环境相关的财务风险。

英国将加强政府各个部门在绿色金融工作方面的有效协调，在各政府部门明确分工的基础上建立一个联合工作小组，共同探索一个协调一致且最有效的方法。英国监管机构发表了一份关于气候变化的联合声明，阐述了需要采取协调一致的方法和集体行动来应对与气候相关的金融风险。该战略计划于 2020 年发布中期报告，回顾进展并探索下一步应该采取的行动。

另一方面，助推全球金融体系的绿色化发展。气候变化是全球面临的一个迫切挑战，英国将通过新成立的绿色金融学会加强与国际的交流合作，利用英国在绿色金融方面的专业技能及履行英国在《巴黎协定》中的 58 亿英镑政府援助承诺，助推全球金融体系走向可持续化。作为《巴黎协定》承诺的一部分，2018 年英国商业能源产业战略部在中国、墨西哥和哥伦比亚开展了第一批英国气候加速转型项目。该项目在中国专注于绿色金融的能力建设和交流合作，支持伦敦金融城与中国绿色金融委员会共同成立中英绿色金融中心，与北京市政府合作在通州区设立绿色金融科技通道等。

2. 投资绿色化

仅有"金融系统绿色化"是远远不够的，还必须有相应的、持续发展的经济作为坚实的后盾。换言之，就是撬动更多的私人资本流向清洁能源和环境友好型的投资行业或项目。过去 30 年，英国在降低 40% 的碳排放的同时，经济增长了 2/3，在 G7（七国集团）经济体中遥遥领先。该战略期望绿色发展带来了更多经济增长的机会，创造了更多优质的工作机会，改善了人们的生存环境和生活水平。《战略》在现有的政策框架下，整合了英国绿色金融行动小组提出的建议，阐述了英国如何更好地推动绿色投融资的具体政策和建议措施：一是建立稳健而长期的政策及法律体系。二是增加绿色投资的资金获得途径，如通过政府拨款撬动私人资本的投资绿色化，例如，英国政府与私人部门共同设立了一个绿色风投基金，用来支持英国的绿色清洁技术发展，该风投基金由英国商业能源产业战略部出资两千万英镑，并且撬动相应的私人资本加入。自 2010 年以来，英国已经投入超过 920 亿英镑用于发展清洁能源，但是要实现零排放目标，还需要更多的资金。三是分析市场壁垒，并对市场进行相应的能力建设，建议与地方合作加快绿色金融的发展。四是探索创新性办法和途径促进绿色投资发展，例如，英国森林合作伙伴项目在全球大宗商品市场上的第一个项目成功撬动了 684 万英镑的私人资本。

3. 紧握机遇

《战略》中，紧握机遇部分包括三个方面：一是通过由英国政府和伦敦金融城共同成立的英国绿色金融学会加强与国际的交流合作，助力英国在绿色金融方面取得国际领先地位。二是助推英国成为绿色金融创新产品、数据及分析的前沿。英国政府将与英国创新研究理事会一起探索开发政府资金来资助气候相关风险的研究。英国商业能源产业战略部在英国推出500万英镑的绿色建筑（家庭住宅）资金，用来扶持英国新的绿色金融创新产品，如绿色抵押贷款。三是着重提高绿色金融的能力建设，在绿色金融战略发布当天，新的《绿色金融教育章程》启动，并确保与金融服务相关的资格证书涵盖绿色金融方面的培训。

表2.4 英国绿色金融的主要监管机构及其行动

机构	职责	绿色金融和气候变化的相关行动
PRA（审慎监管局）——隶属于BOE（英格兰银行）	负责监管大约1 500家银行、建筑协会、信用合作社、保险公司和主要投资公司的审慎监管和监督	• PRA对保险业和银行业面临的与气候相关的金融风险发表了回顾分析，阐述了气候变化如何给公司带来财务风险，以及应对这些风险的急迫性和独特性。 • PRA发表了一份监管声明，以加强银行和保险公司管理气候变化所带来的金融风险的能力，设定了对公司治理、风险管理、情景分析和披露的期望。 • PRA要求保险公司考虑不同物理风险和转型风险情景产生的影响，并将其作为全英国市场保险压力测试的一部分。 • PRA宣布计划将金融系统对气候相关的金融风险的弹性测试纳入两年一次的探索性情景压力测试之中 • PRA与FCA（金融行为监管局）联合举办气候金融风险论坛，对私人部门进行能力建设，提高其评估气候相关金融风险的能力。 • 英格兰银行作为发起银行之一，与其他央行一起建立NGFS（央行和监管机构绿色金融网络），并主持了关于宏观经济和金融稳定对气候变化影响的工作。 • 英格兰银行（作为一家银行）宣布将根据TCFD的建议进行披露并管理气候相关金融风险，是首家计划采纳TCFD的央行。 • 发起可持续保险论坛，汇集保险监管机构和监管机构，应对可持续性挑战

续表

机构	职责	绿色金融和气候变化的相关行动
FCA	负责英国56 000家金融服务公司和金融市场的行为监管机构，负责其中18 000多家金融服务公司的审慎监管工作	• 扩大独立治理委员会的职权范围，纳入对公司环境、社会和治理的考虑。 • 发起"绿色金融科技挑战杯"，鼓励企业开发创新解决方案，以支持英国向清洁经济增长的过渡。 • 与PRA共同建立了气候金融风险论坛，旨在提高整个私人部门建立评估气候变化金融风险的能力。 • 发表了一篇关于气候变化和绿色金融的讨论文件，阐述了一系列与气候变化有关的建议。 • 加入国际证监会组织的可持续金融网络，与其他国际证监会组织成员就可持续金融问题展开合作。 • FRC与FCA正在共同修订《尽责投资守则》，使资产所有者和资产管理者有效地将气候变化与其他环境、社会和治理因素整合到其投资活动中
FRC（财务报告委员会）	英国独立的会计师、精算师和审计师监管机构，负责提高业务透明度和诚信度	• 通过《公司治理》和《尽责投资守则》鼓励公司和投资者在决策中考虑长期可持续性因素。 • 与FCA共同修订《尽责投资守则》。 • 通过精算监管联合论坛，从年度风险角度强调了气候变化给高质量精算工作带来的风险。 • 监督公司是否遵守法定披露要求，以及气候变化对财务报表的影响。 • 审计监督将考虑审计师对主要风险披露的充分性，以及气候变化对财务报表的影响。 • "财务报告实验室"将编制报告，为实践气候信息相关报告提供实践性指导。 • "未来公司财务报告"的项目将考虑改进公司的可持续性信息
TPR（养老金监管机构）	保护英国工作场所养老金的公共机构，负责确保雇主、受托人、养老金专家和业务顾问能够履行其对涉及成员的职责	• 更新固定缴款投资指南，以明确和加强受托人的职责，包括对环境、社会和治理方面的考虑，包括气候变化相关的责任。 • 参与贡献FRC与FCA共同修订的《尽责投资守则》，倡导在投资治理和风险管理时考虑与环境、社会和治理问题（包括气候变化）相关的因素。 • 共同成立气候变化行业工作组，就治理、风险管理、情景分析和披露方面的气候相关做法为养老金计划提供指导。在2020年将作为《2019年职业养老金计划（治理）（修订）条例》所要求的治理准则的一部分内容纳入法定基础。 • 通过年度治理调查中关于气候变化的问题来监测环境，调查确定的效益和确定的贡献方案

资料来源：《英国绿色金融战略》。

(二）对中国发展绿色金融的借鉴意义

第一，系统化国家层面的绿色金融发展战略及路线图。英国发布的《英国绿色金融战略》在总结英国现有绿色金融政策和工作的基础上，提出了雄心勃勃的政策建议，助力实现温室气体零排放目标，并且促进英国在世界绿色金融舞台上发挥示范作用。中国在国际绿色金融舞台也处于领先地位，各个部委已经陆续出台或联合发布与绿色金融相关的政策和指引，中国可以在现有绿色金融工作成果的基础上，进一步系统化国家层面的绿色金融发展战略及路线图，与"十四五"规划形成合力，更好地号召及指引全社会向一个以绿色为底色的，更加可持续化的方向发展。

第二，建立部委间的沟通协调机制，形成绿色金融发展合力。建议借鉴《战略》，继续增强各部委和部门之间的联络协调，中国绿色金融也和英国一样涉及多个部门，如中国人民银行、银保监会、生态环境部、发改委等，需要加强沟通，建立沟通协调机制，更高效化、协调化地发展中国绿色金融。

第三，持续加强绿色金融国际交流。绿色金融国际交流至关重要，自2016年G20杭州峰会上成立中英绿色金融研究小组以来，中国已经与多国建立了绿色金融合作机制。特别是在发展绿色"一带一路"的背景下，中国需要将绿色金融纳入"一带一路"投资和倡议中，建议注重中国绿色金融发展经验的知识输出，讲好中国绿色金融故事。中国在构建绿色金融体系、发展绿色金融市场方面积累的经验可以为"一带一路"沿线国家和地区提供借鉴，帮助沿线国家构建自身绿色金融体系。实际上，自2012年以来，我国的银保监会出台了一整套相对完整的绿色信贷体系，包括绿色信贷指引、统计制度、评价制度等。同时，我国绿色信贷的经验通过可持续银行网络平台被

"一带一路"沿线的发展中国家广泛借鉴并出台本国的绿色金融发展的路线图和战略。

当然，绿色金融的发展绝对不会在一夜之间发生根本性的变革，这需要公共部门和私人部门在绿色金融战略的框架下逐步努力，建议不定期回顾进展情况并总结经验教训，从而进一步优化中国绿色金融的发展。

三、美国拜登政府气候行动与计划

2021年1月20日，美国新任总统拜登正式上任，其在上任的第一天就迅速签署了15项行政令和两项行政行动。[①] 应对气候变化作为拜登的主要竞选承诺之一，也成为其首批行政措施中的重要内容，包括重新加入《巴黎协定》。同时应对气候变化也被列为美国联邦政府的优先事项之一，仅次于应对新冠肺炎疫情。在上任一周后，拜登又签署了《关于应对国内外气候危机的行政命令》，主要从美国外交政策和国家安全、国内政府措施两个方面部署了美国政府应对气候变化的行动。

此前在竞选过程中，拜登将两万亿美元详细的气候计划作为其"重建更好未来"（Build Back Better）经济计划中的四大支柱之一。且拜登上任以来的气候行动基本与此前在竞选过程中承诺的气候计划保持了一致，如此前计划中提出的美国在2050年前实现净零排放、电力部门在2035年前实现零排放的目标均在其上任以来的行政命令中被正式提及，因此拜登政府后续的气候行动仍将大概率以此前提出

[①] 搜狐新闻.拜登上任第一天推翻特朗普时代17项行政措施.2021-01-21［2021-01-22］.https://www.sohu.com/a/445828739_656058。

的气候计划为基础。

拜登竞选期间的气候计划提出了美国在2050年前实现100%清洁能源和净零排放的目标,同时在基础设施、电力（在2035年前实现零排放）、建筑（在2035年实现建筑部门碳足迹减少一半）、交通、清洁能源等领域提出了具体的计划措施,并且重视清洁能源、电池等新兴技术领域的创新,旨在让美国成为这些领域的引领者。

在国际合作方面,拜登在气候计划中也表示将重新成为国际应对气候变化的领导者,引领各主要国家提高自身的气候目标,并确保这些目标承诺的可执行性与透明度,同时还将把气候变化问题完全纳入美国的外交政策、国家安全战略和贸易方式中,例如,考虑对未能履行其气候和环境义务的国家征收碳调节费或设定碳密集型产品配额等,其中还特别提到了中美双边碳减排协议[①]。因此,鉴于美国即将重返国际应对气候变化合作,并将气候目标与外交、贸易政策相结合,理解拜登政府的气候行动与计划将有助于我们理解未来的中美贸易关系及中国的国际气候合作形势。基于此,下文对拜登的气候行动与计划进行了详细梳理。

（一）拜登上任以来的气候行动

截至2021年7月,拜登总统上任后已经发布了多项关于气候问题的行政命令,涉及重返《巴黎协定》、气候安全危机、公共健康、科学决策、移民、就业等方面。

---

① 这是根据拜登在竞选期间发布的气候计划里提到的内容翻译过来的,原文是"Make future bilateral U.S.-China agreements on carbon mitigation",参见https://joebiden.com/climate-plan/。

表2.5 拜登政府关于气候变化的行政命令[①]

日期	行政命令
2021年1月20日	关于重返《巴黎协定》的行政命令
2021年1月20日	《关于保护公众健康和环境以及恢复科学以应对气候危机的行政命令》
2021年1月27日	《关于在国内外应对气候危机的行政命令》
2021年5月7日	《关于成立气候变化支持办公室的行政命令》
2021年5月20日	联邦政府应对与气候变化相关金融风险的行政命令

资料来源：兴业研究。

1. 拜登上任首日的气候行动

应对气候变化是拜登的主要竞选承诺之一，并在其上任首日就取得了积极进展。

一是重返《巴黎协定》，与此前的承诺相一致，拜登在上任首日就签署行政令，宣布美国将重新加入《巴黎协定》[②]，该承诺已提交至联合国，并在30日内（2021年2月19日）生效。在此前的2017年6月，美国前总统特朗普宣布美国将退出《巴黎协定》，2020年11月4日，美国正式退出了该协定。

二是签署了《关于保护公众健康和环境以及恢复科学以应对气候

---

① 该表格中的文件均是查阅美国白宫官网发布的信息翻译的。其中，2021年5月7日颁布的《关于成立气候变化支持办公室的行政命令》，原文为"Executive Order on the Establishment of the Climate Change Support Office"，参见美国白宫官网：https://www.whitehouse.gov/briefing-room/presidential-actions/2021/05/07/executive-order-on-the-establishment-of-the-climate-change-support-office/。

② The White House. Paris Climate Agreement. 2021-01-20［2021-01-22］.https://www.whitehouse.gov/briefing-room/statements-releases/2021/01/20/paris-climate-agreement/.

危机的行政命令》①，该行政命令指出，本届联邦政府在保护健康和环境及应对气候变化方面的政策目标为倾听科学、改善公众健康、保护环境、确保获得清洁的空气和水、限制接触危险化学品和杀虫剂、追究污染者的责任、减少温室气体排放、加强应对气候变化影响的能力、恢复和扩大国家瑰宝和纪念碑，并将环境正义和创造实现这些目标所必需的高薪工作岗位作为优先事项。为了实现这些政策目标，该行政命令指示美国所有行政部门和机构立即采取行动，解决过去四年中联邦政府所颁布的违背这些目标的法规和其他行为，并立即着手应对气候危机。同时也进行了几项具体的部署，主要撤销了一系列特朗普执政期间颁布的与气候相关的"有害政策"，重点包括以下内容：

- 立即审查所有行政部门和机构在过去四年间的政策行动，针对可能违背前述政策目标的政策与行动，视情况考虑终止、修改或撤销。主要涉及特朗普执政时期颁布的关于石油和天然气行业的甲烷排放标准；燃油经济性标准；商用或工业设备、家用电器和建筑的节能标准；空气污染标准领域的政策与行动，并针对这四类设定了明确的终止、修改或撤销时间表。同时提出 EPA（环境保护署）应在 2021 年 9 月之前，为石油和天然气部门的甲烷和挥发性有机化合物排放制定新的综合性能标准和排放准则。
- 恢复国家纪念碑。主要涉及特朗普执政时期大幅削减的国家

---

① The White House. Executive Order on Protecting Public Health and the Environment and Restoring Science to Tackle the Climate Crisis. 2021-01-20 [2021-01-22] .https://www.whitehouse.gov/briefing-room/presidential-actions/2021/01/20/executive-order-protecting-public-health-and-environment-and-restoring-science-to-tackle-climate-crisis/.

纪念碑保护区。

- 加强对北极避难所的保护。一方面，暂停联邦政府在 ANWR（北极国家野生动物保护区）的所有油气钻探相关活动，此前特朗普政府放开了在 ANWR 进行的石油和天然气钻探，并于 2020 年 8 月签署了同意在 ANWR 进行沿海平原油气租赁项目的决定，拜登在该行政命令中明确提出暂停与该项目相关的所有活动。另一方面，恢复奥巴马政府时期在北极水域和白令海的某些近海地区停止石油和天然气钻探，并建立北白令海气候恢复区的相关做法与决定，这些决定曾在特朗普政府时期被撤销。

- 计算减少温室气体排放带来的社会效益。行政令提出，要准确计算各种温室气体排放的社会成本，在对监管和其他行动进行成本效益分析时，准确的社会成本对于确定减少温室气体排放的社会效益至关重要。而这也将有助于政府做出合理的决策、认识到气候影响的广度，并维护美国在气候问题上的国际领导地位。社会成本主要包括温室气体排放增加给农业净生产力、人类健康、气候风险带来的财产损失以及对生态系统服务价值的影响。为此，美国将设立一个温室气体社会成本机构间工作组，并明确提出了该工作组的任务及时间表。

- 撤销《基斯顿输油管发展计划》，在 2015 年，奥巴马总统考虑到气候与环境问题拒绝了该项目的许可，但在 2019 年 3 月 29 日，特朗普批准了该项目，向横加公司授予在美国和加拿大边界建设和运营输油管道的许可证，本次拜登发布的行政令撤销了该许可证。

2. 拜登签署《关于在国内外应对气候危机的行政命令》

2021年1月27日,在上任一周后,拜登又签署了《关于在国内外应对气候危机的行政命令》①,主要从美国外交政策和国家安全、国内政府措施两个方面部署了美国政府应对气候危机采取的行动计划。

(1)在美国的外交政策和国家安全考量中,将气候危机放在核心地位

该命令明确将对气候因素的考量确定为美国外交政策和国家安全的基本要素。同时,该命令还申明,在执行和巩固《巴黎协定》目标的过程中,美国将发挥领导作用,以促进全球气候雄心的显著提升,主要行动包括:

- 推动美国的气候外交,包括主办领导人气候峰会(2021年4月22日)、重新召开主要经济体能源和气候论坛、在更大范围的国际论坛上增强对气候雄心与气候因素的考量,同时为了强调美国政府在外交政策中致力于提高气候的承诺,设立了一个新职位——总统气候特使,该职位将在国家安全委员会中占有一席之地。
- 立即开始根据《巴黎协定》制定国家自主贡献,力争在领导人气候峰会之前提交。
- 立即开始制订一项气候融资计划,以战略性地利用多边和双边渠道和机构,帮助发展中国家应对气候变化。

此外,为了确保美国外交政策和国家安全考虑气候问题,该命令

---

① The White House. Executive Order on Tackling the Climate Crisis at Home and Abroad. 2021-01-27 [2021-01-28]. https://www.whitehouse.gov/briefing-room/presidential-actions/2021/01/27/executive-order-on-tackling-the-climate-crisis-at-home-and-abroad/.

还要求国家情报局局长准备一份有关气候变化对国家和经济安全影响的国家情报评估，要求国务卿准备批准《〈蒙特利尔议定书〉基加利修正案》的相关文件并提交参议院，同时要求从事国际工作的各部门提交将气候因素纳入其国际工作的战略与实施计划。

（2）在全政府范围内采取措施应对气候危机

该命令重申了此前拜登在竞选过程中承诺的美国在 2050 年前实现净零排放的目标，并强调将动员全政府范围、全部机构部门的能力来应对气候危机。为此，该命令正式成立了一个白宫国内气候政策办公室，由国家气候顾问或总统助理领导，负责协调和执行总统的国内气候议程；并建立一个国家气候工作组，该工作组集合了来自 21 个联邦机构和部门的领导人，以采取政府范围的措施应对气候危机，具体部署包括以下五个方面。

第一个方面，利用联邦政府的购买力、不动产和资产管理，来以身作则，领导全美国应对气候危机，包括：

- 联邦清洁电力和汽车采购战略。即制订一项清洁能源电力和汽车采购计划，以推动在 2035 年前电力部门实现零碳排放，将各级政府用车置换为清洁和零排放车辆，包括邮政服务车辆。在必要时，将计划对这些目标进行额外立法。同时，该命令强调这些采购应当符合"美国制造"标准。

- 在公共土地和近海水域增加可再生能源产量，目标为到 2030 年美国海上风能增加一倍；同时暂停在这些区域签订新的石油和天然气租赁协议，并对所有现有的相关租赁许可做法进行严格审查，考虑通过调整特许权费用等方式增加相应的气候成本。

- 在联邦资金管理方面，确保联邦资金没有直接用于化石燃料补贴，同时寻求联邦资金刺激清洁能源技术和基础设施的创新机会，并在2022年以后，取消化石燃料补贴，优先考虑清洁能源投资。
- 要求各联邦机构制订和公布气候行动计划，以提高其设施和业务运营对气候变化的适应能力和韧性，并定期公布进展报告。

第二个方面，重建基础设施以实现可持续经济。确保联邦政府基础设施投资能够减少环境污染，并考虑气候影响因素，加快对清洁能源和输电项目的部署。

第三个方面，推动生态保护、农业和造林。该命令提出了到2030年保护至少30%的陆地和海洋的目标，并要求农民和各级政府官员等利益相关者均参与其中。同时提出建立一个"平民气候行动计划"，使新一代美国人致力于保护和恢复公共土地及水域、植树造林、增加农业部门碳汇、保护生物多样性。

第四个方面，振兴能源社区。建立一个煤炭和电厂社区与经济振兴跨部门工作组，随着国家向清洁能源经济的转变，工作组应帮助这些地区振兴经济，并为工人提供保障与转业帮助。

第五个方面，确保环境正义并刺激经济机会。设立白宫环境司法机构间委员会和白宫环境司法咨询委员会，致力于解决当前和历史上的环境不公正现象，通过在环境保护局、司法部和卫生与公众服务部设立新的或扩建的办公室，来加强环境司法监督和执法。该命令还提出了一项"正义40倡议"（Justice 40 Initiative），其目标是将联邦相关投资总收益的40%提供给弱势社区，并通过建立环境正义记分卡来跟踪实现这一目标的绩效。

除了签署《关于在国内外应对气候危机的行政命令》外，当天拜登还同时签署了《关于科学诚信和循证决策的总统备忘录》，重新建立了总统科技顾问委员会，并强调政府决策应以科学事实与证据为基础。

3.《关于成立气候变化支持办公室的行政命令》

该命令要求成立CCSO（气候变化支持办公室），并由国务秘书选出的主任领导。办公室的宗旨是执行支持双边和多边参与的具体项目，以按照2021年1月27日第14008号行政命令《关于在国内外应对气候危机的行政命令》的规定，推动美国在国务院牵头并与其他行政部门和机构协调下提出的应对全球气候危机的倡议。CCSO将支持国务院，包括总统气候特使，努力提升和强调本届政府为解决全球气候危机所做出的承诺。

4. 联邦政府应对与气候危机相关金融风险的行政命令

第一，该命令要求制定减轻与气候有关金融风险的整体方案。行政命令要求，国家气候顾问和国家经济委员会主任在120天内制定一项全面的政府气候风险战略，以识别和披露与气候有关的金融风险。该战略将确定到2050年实现经济净零排放所需的公共和私人融资，同时促进经济发展，赋予工人权利，提升环境质量，特别是在处境不利的社区和有色人种社区。

第二，监管机构评估与气候相关的金融风险。行政命令鼓励财政部长以金融稳定监督委员会主席的身份，与理事会成员合作，评估与气候有关的金融风险，以促进联邦政府的稳定和美国金融体系的稳定。此外，主席应与各成员机构合作，考虑在180天内就理事会建议的缓解金融稳定风险采取行动，包括成员机构为改善与气候有关的披露和其他数据来源而采取的计划,以及将与气候有关的金融风险纳入监管和监督范围的做法。

第三,储蓄和养老金。行政命令指示,劳工部长考虑暂停、修订或撤销前政府禁止投资公司在与工人养老金相关的投资决策中考虑环境、社会和治理因素(包括与气候相关的风险)的任何规则。该命令还要求该部报告可以实施的其他措施,以保护美国工人和家庭的生活储蓄和养老金免受与气候相关的金融风险影响,并评估联邦退休节俭储蓄投资委员会如何考虑环境、社会和治理因素,包括气候相关风险。

第四,联邦贷款、承销和采购现代化。行政命令指导制定、改进联邦财务管理和报告如何纳入与气候相关的金融风险的建议,特别是因为该风险与联邦贷款计划有关。它还要求考虑对主要联邦供应商披露温室气体排放和气候相关金融风险的新要求,并确保主要联邦机构的采购能将这些风险降至最低。

第五,降低联邦预算的气候变化风险。行政命令确保联邦政府正在采取措施,承担财政责任,以应对气候变化通过增加成本和收入损失给联邦预算带来的巨大风险。行政命令指示联邦政府制定并每年发布一份与气候相关的财政风险敞口评估报告。它还指示管理和预算办公室通过制定总统预算和监督预算执行来减少联邦政府的风险敞口。

(二)拜登的新气候计划

在竞选期间,拜登团队曾发布了一项气候计划——《清洁能源革命与环境正义计划》,该计划提出美国在2050年前实现100%清洁能源和净零排放的目标,并且联邦政府将在未来十年投资1.7万亿美元作为支持。2020年7月,拜登团队发布了新的气候计划——《建设现代化的、可持续的基础设施与公平清洁能源未来计划》,对原来的气候计划进行了更新，提出到2035年实现电力行业零碳排放，并计划将投资额增加至2万亿美元，同时新的气候计划也是拜登团队提出的"重建更好未来"经济计划中的四大支柱之一。

拜登的新气候计划不仅指出了应对气候危机刻不容缓，同时也指出在当下受到新冠肺炎疫情影响的困难时刻，美国有机会在复苏重建的过程中建立一个更有韧性、更加可持续的经济，使美国走上不晚于2050年实现整个经济净零排放的道路。为此，拜登的新气候计划旨在发动一场全国性的努力，来建设现代化的、可持续的基础设施，并实现公平的清洁能源未来，同时创造更多的就业机会。这项计划包括在基础设施、汽车工业、交通、电力部门、住房、创新、农业和生态保护与环境正义等方面进行具有深远影响的投资，投资规模达到两万亿美元，并计划在拜登的第一个任期内部署这些资源。

拜登新气候计划包括七大关键要素：

- 建设现代化的基础设施；
- 让美国的汽车工业凭借自有技术赢得21世纪的胜利；
- 到2035年实现电力行业零碳排放；
- 大力投资于建筑能效的提升，包括完成改造400万幢建筑和新建150万套经济适用房；
- 对清洁能源创新进行历史性投资；
- 推进可持续农业和生态保护；
- 确保环境正义，创造公平的经济机会。

这七大关键要素构成了拜登新气候计划的核心，围绕着每一个要素都提出了具体的计划目标或措施，主要内容见表2.6。

表 2.6 拜登新气候计划七大要素的具体措施

要素	具体措施
建设现代化的基础设施	建设和升级基础设施，使其更清洁、更安全、更强大，包括智能道路、供水系统、市政交通网络、学校、机场、铁路、渡轮、港口和通用宽带接入： • 改造陈旧的交通基础设施，包括道路和桥梁、铁路、航空、港口和内河航道，使货物和人员的流动速度更快、更便宜、更清洁。同时还将让交通部门更多地使用电力、清洁燃料等动力能源，包括通勤列车、校车、渡轮和乘用车。 • 发起第二次铁路革命。拜登确保美国拥有世界上最清洁、最安全、最快的客运和货运铁路系统。为了加快这项工作，拜登将利用美国交通部现有的联邦赠款和贷款项目，改善和简化贷款程序。此外，拜登还将与美国铁路客运公司 Amtrak 和私人货运铁路公司合作，进一步使铁路系统电气化，减少柴油排放。 • 改善城市交通网络。目标到 2030 年，为超过 10 万人口的城市提供高质量的公共交通。拜登将拨出联邦投资帮助城镇建设轻轨网络，改善现有公交线路；还将帮助它们投资于行人、自行车、电动摩托车和其他微型移动车辆的基础设施建设，并整合机器学习、优化交通信号灯等技术。 • 确保拥有清洁、安全的饮用水是所有社区的权利，无论是城市还是农村，无论是富裕还是贫穷。拜登将投资于输水管道和排水管道的修理、更换主要管道、升级处理工厂，并整合效率和水质监测技术。这包括通过湿地保护和恢复、发展绿色基础设施和自然解决方案来保护流域和清洁用水基础设施免受人为和自然灾害的影响。 • 将宽带或 5G 无线宽带扩展到覆盖每一个美国人。正如在新冠肺炎疫情危机下所展现的那样，世界各地的美国人都需要普及的、可靠的、可负担的、高速的互联网来完成他们的工作，平等地参与远程学习并保持联系。 • 清理并重新开发废弃的和尚未充分利用的棕地地产、旧发电厂和工业设施、垃圾填埋场、废弃的矿山和其他闲置的社区资产，这些资产将转变为美国各地社区的新经济中心。 • 振兴全美国每一个角落的社区，没有人掉队，没有人失去经济机会
让美国的汽车工业凭借自有技术赢得 21 世纪的胜利	正如《关于确保未来由美国工人在美国制造的行政令》所倡导，拜登将利用联邦政府的所有手段，从购买力、研发、税收、贸易和投资政策等各方面，使美国成为电动汽车及其上游材料和零部件制造领域的全球领导者。拜登将大力执行贸易规则，以应对汇率操纵、产能过剩和其他国家在该领域的滥用。在国内，他将刺激工厂的扩张和现有生产能力的重组，并在汽车制造、汽车供应链和汽车基础设施领域创造 100 万个新的就业机会。

续表

要素	具体措施
让美国的汽车工业凭借自有技术赢得21世纪的胜利	• 通过增加联邦采购来增加对美国制造、美国采购的清洁车辆的需求。作为拜登关于增加采购投资的历史性承诺的一部分，他将做出重大的联邦承诺，为联邦、州和地方车队购买清洁车辆。这一采购承诺将有助于大幅提高美国生产清洁汽车和零部件的工业能力，同时加速对这些车队的300万辆汽车进行升级。 • 鼓励消费者和制造商转向清洁汽车。美国部分参议员、工会和环保组织联合起草了一份"为美国生产清洁汽车"的提案，拜登将继续发挥它们的领导作用，为消费者将低能效的旧车置换成美国制造的新型车辆提供部分金额返还，同时还将出台针对性的重大激励措施来鼓励制造商在美国建造或重组工厂来制造零排放汽车、零部件和相关基础设施。 • 对汽车基础设施（包括50万个电动汽车充电站）进行重大公共投资，为支持汽车电气化行业创造良好的就业机会。 • 加快电池技术研究，支持美国发展国内生产力。美国必须加快自主研发，重点发展美国国内电动汽车供应链。电池技术，包括增加耐久性、减少耗损、降低成本，同时推进新型化学电池和方法等方面，是拜登关于研发和采购承诺的一个重点领域，这些电池将用于电动汽车和电网，作为对太阳能和风能等技术的补充。 • 设定一个目标：到2030年，所有新的美国制造的公共汽车实现零排放。同时让美国所有的50万辆校车（包括柴油校车）实现零排放。 • 制定雄心勃勃的燃油经济性标准，在为消费者省钱的同时减少空气污染。拜登将与各方就燃油经济性标准进行谈判，这将加速零排放车辆的普及，为工人和行业提供长期的确定性，并通过避免发生燃油成本为消费者节省资金
到2035年实现电力行业零碳排放	• 引领一项历史性投资，投资领域包括节能、清洁能源、电力系统、有助于交通电气化的交通网络基础设施，以及新的电池存储和传输基础设施等，这些都由美国工人使用美国制造的材料进行建设。 • 改革和扩大能提高能源效率和增加清洁能源就业机会的税收优惠政策；建立创新的融资机制来撬动私人部门资金最大限度地投资于清洁能源革命；为公用事业和电网运营商建立与技术无关的EECES（能源效率和清洁电力标准）。结合在电力领域历史性的前期投资，拜登的EECES将减少电费、降低污染、增强市场竞争、激励更高的资产利用率，并在2035年前实现发电能源零碳污染。 • 利用现有的基础设施和资产。为了建设新一代电网输配电系统，拜登将优先对现有的电网进行新技术改造。此外，拜登还将加大对碳捕获和封存技术的研究投资和税收优惠力度，包括降低现有发电厂碳捕获改造的成本，同时确保负担过重的社区免受累积污染增加的影响。他还将确保在十年内，市场能够以与传统氢相同的成本获得绿色氢——为一些现有的发电厂提供一种新的、清洁的燃料来源

续表

要素	具体措施
升级建筑部门：改造建筑，升级学校，在全美建造房屋	• 在四年内升级 400 万幢建筑，提升 200 万套房屋的气候适应性，同时在此过程中创造 100 万个工作岗位：拜登计划对 400 万幢商业建筑进行升级改造，并把这些改造节省下来的 1/4 左右的资金返还给资金紧张的州和地方政府；针对家庭，拜登的计划包括为他们提供直接的现金返还和低成本融资来帮助其升级电气化家用器具、安装更高效的窗户，并减少居民能源消费账单；拜登还将在四年内对 200 万套房屋进行节能改造；拜登还将修订建筑规范程序，目标是在全国范围内为现有建筑制定建筑性能标准，并通过新的资金机制支持这一努力，以便各州、城市和部落采用严格的建筑规范和劳工标准，以确保质量和可预测性；结合到 2030 年为所有新建商业建筑制定新的净零排放标准的立法，以上措施和关键投资将加速实现拜登提出的到 2035 年将美国建筑碳足迹减少一半的目标。 • 启动一项重大的、长期的全国性努力，使美国的学校和早教设施现代化。根据众议院教育和劳工委员会支持的《重建美国学校法案》，拜登将对改善公立学校建筑进行历史性的投资，在部署这些资金时，首先将其用于解决健康风险，额外的资金将被用于构建先进、节能、创新、适应气候变化的校园。 • 推动 150 万套住房和公共住房的建设，以解决可负担住房危机、提高能源效率并缩小种族财富差距。拜登将确保这些房屋从一开始就节能，每年为居住在那里的家庭节省 500 美元。拜登还将向低收入社区投入更多资金，以促进保障性住房的发展和小企业的创建
对清洁能源创新进行历史性的投资	对关键清洁能源的采购是拜登在首个任期内增加 4 000 亿美元联邦采购承诺的一个重点领域。同时，也是拜登加快研发投资承诺的一部分。他将在未来四年重点关注清洁能源、清洁交通、清洁工业流程和清洁材料等领域的战略研究。 • 创建一个新的 ARPA-C（气候高级研究规划局），一个新的跨部门的 ARPA-C 将聚焦于可以帮助美国实现 100% 清洁能源目标的可负担的、颠覆性的技术，主要包括： ✓ 电网存储，成本仅为锂离子电池的 1/10； ✓ 更小、更安全、更高效的先进核反应堆，建设成本为目前的一半； ✓ 使用不会导致全球变暖的制冷剂的制冷机和空调； ✓ 拥有净零成本的净零能耗建筑，包括通过智能材料、家电和系统管理等方面实现突破； ✓ 通过新一代电解槽等技术创新，利用可再生能源制零碳氢，并使其成本低于页岩气制氢； ✓ 工业用热脱碳，主要包括在钢铁、混凝土和化学制品制造过程中的用热，同时重塑碳中性建筑材料； ✓ 粮食和农业部门脱碳，同时通过土壤管理、植物生物学和农业技术方面的研究来去除空气中的二氧化碳，并将其储存在地下；

续表

要素	具体措施
对清洁能源创新进行历史性的投资	✓ 通过直接空气捕捉系统捕捉二氧化碳，并对现有的工业和发电厂排放的废气进行处理后永久地封存在地下，或者用它来制造替代产品，如水泥。 • 加快在供应链弹性方面的创新，主要通过研发投资来加强和建设美国的清洁能源供应链，解决对稀土矿物的依赖等问题。 • 投资于美国的国家实验室、高性能计算能力、这些国家实验室及其周围的其他关键基础设施的设计和建设，以及它们所支持的区域创新生态系统和经济。 • 加强赠地大学、传统黑人院校及其他少数族裔服务机构，扩大设施，有针对性地提供赠款，并支持人才培训
推进可持续农业和生态保护	• 通过民间气候组织动员下一代从事保护和恢复工作的人员。 • 立即创造超过25万个就业机会来消除资源开采对当地经济的影响。拜登将指导一项前期投资，以立即解决那些未能履行对当地社区责任的企业遗留下来的修复、回收问题。主要包括全美国数百万被遗弃的油井、气井和上万个开采煤炭、硬岩矿物和铀矿的旧址。 • 维护美国的农场和牧场。拜登将通过投资于新一代农业和环境保护，恢复美国在农业方面的优势，并创造就业机会： ✓ 帮助农民利用新技术和设备提高生产率和利润，包括为向新设备和新方法过渡提供低成本融资、资助精准农业和新作物的研究和发展，建立一个新的自愿碳农业市场，对农民在土地上吸收的碳和减少的温室气体（包括甲烷）排放给予奖励； ✓ 推行更明智的有利于领先的农场工人和农场主的贸易政策； ✓ 加强食品供应的安全性和韧性，包括通过区域示范项目发挥精准农业的作用，以最大限度地减少干旱的影响； ✓ 确保中小型农场和生产者能够进入公平的市场，在那里他们的产品可以竞争并获得公平的价格； ✓ 投资于多元化的农民，使美国的农业部门更强大、更具韧性； ✓ 扩大对农场工人的保护； ✓ 以拜登的农村计划为基础，该计划包括对重新投资于赠地大学农业研究的提议，从而使公众而不是私人公司拥有农业进步的专利
确保环境正义，创造公平的经济机会	在拜登重建有韧性的基础设施和可持续的清洁能源经济计划的各个方面，他将优先解决历史上的环境不公问题。拜登有一个全面的环境正义计划，包括： • 目标为使贫困社区获得清洁能源和能效，部署领域支出总收益的40%，清洁交通和运输，可负担和可持续的住房，培训和劳动力发展，修复和减少遗留污染，发展关键的清洁水基础设施。

续表

要素	具体措施
确保环境正义，创造公平的经济机会	• 创建一个由数据驱动的气候和经济公平筛选工具来识别弱势社区，包括那些受到气候变化、经济不景气、种族不平等和多源环境污染累积压力威胁的社区。拜登将借助数据的力量，再加上加强对气候排放、污染物和有毒物质的监测，使各机构和私人部门能够在最需要它们的农村、郊区和城市社区进行投资。此外，拜登将指示他的内阁优先考虑气候变化战略和技术，以减少气候和经济正义筛查工具确定的贫困社区的传统空气污染。 • 确保拜登政府优先考虑环境正义问题，并追究污染者的责任。拜登将全面检查和更新白宫、司法部和环境保护局的现有项目，以全面解决最紧迫的跨部门环境司法问题，并追究污染者的责任。此外，拜登将按照杰伊·英斯利州长的提议，在司法部内设立一个新的环境和气候正义司，以补充环境和自然资源司的工作，并追究污染者的责任

资料来源：拜登竞选官网[1]，兴业研究。

（三）拜登应对气候变化的国际合作计划

拜登在最初的气候计划中提出，美国将团结世界其他地区共同应对气候变化的威胁，除了会重返《巴黎协定》外，还将努力引领各主要国家提高自身的气候目标，并确保这些目标承诺的可执行性与透明度，同时还将把气候变化问题完全纳入美国的外交政策、国家安全战略和贸易方式。

具体来看，在拜登的气候计划中，国际合作方面的行动主要包括三大方面。

第一，在引领国际气候行动方面，拜登将在上任第一天就重新加入《巴黎协定》（这一承诺已兑现），并且主导一场旨在提高各国气候目标雄心的重大外交活动，为此，拜登将在上任100天内完成：

---

[1] 拜登竞选官网.THE BIDEN PLAN TO BUILD A MODERN. SUSTAINABLE INFRASTRUCTURE AND AN EQUITABLE CLEAN ENERGY FUTURE.2021-01-28［2021-01-28］.https://joebiden.com/clean-energy/.

- 召集一次世界气候峰会，让世界上主要碳排放国的领导人直接参与，说服他们超越其已经做出的承诺，与美国一道做出更有雄心的国家承诺。
- 引领世界达成可执行的国际协议，以减少全球航运业和航空业的排放。
- 接受《〈蒙特利尔议定书〉基加利修正案》，为遏制氢氟碳化合物增加动力。

第二，在碳泄漏与化石能源补贴方面，首先，拜登强调将把贸易政策与气候目标相结合。拜登政府将对未能履行其气候和环境义务的国家征收碳调节费用或设定碳密集型产品配额，同时还将在未来的贸易协议中加入合作伙伴承诺实现《巴黎协定》的条件。

其次，禁止中国的煤炭出口补贴和碳污染转出。拜登将召集各国统一战线，要求中国在"一带一路"基础设施项目中遵守高环境标准，以避免把污染转出至其他国家。具体的行动包括：

- 制定未来的中美双边碳减排协议，并认为该行动取决于中国取消对煤炭和其他高排放技术的不合理出口补贴，以及在减少与"一带一路"倡议有关项目的碳足迹方面的可核查的进展。
- 在 G7 和多边出口金融机构过去的承诺的基础上，寻求 G20 做出承诺，终止对高碳项目的所有出口融资补贴，以及除最贫穷国家外所有国家的煤炭融资。
- 与合作伙伴一起为"一带一路"倡议沿线国家的低碳能源投资提供替代融资来源。
- 改革 IMF 和区域开发银行关于发展项目债务偿还优先事项的

标准。美国将带领志同道合的国家制定规则,在确定国际债务延期条件下的偿还顺序时,将不可持续的气候和债务成本因素纳入考量。因为高碳和高债务成本的项目将被淘汰,这会使其风险和成本更高。

最后,要求在全球范围内禁止化石燃料补贴。拜登将在奥巴马—拜登政府所取得的成就的基础上,推动G20国家逐步取消化石燃料补贴。通过与包括中国在内的主要国家领导人接触,拜登将确保在他的第一个任期结束前达成一项取消化石燃料补贴的全球承诺。在他执政的第一年,美国将削减国内的化石燃料补贴,并将这些资源重新用于对清洁能源基础设施的历史性投资。

第三,在清洁能源发展和气候投融资方面,一是拜登将提出一项清洁能源出口和气候投资倡议,促进美国在全球范围内的清洁能源出口和投资。该倡议将为向国际市场提供碳解决方案的美国公司采取激励措施,以刺激美国的工业、就业并提高美国的竞争力,使美国成为世界清洁能源技术的领导者。在该倡议下,美国将优先与那些根据《巴黎协定》做出重大气候承诺的国家建立伙伴关系,并为美国向这些国家出口清洁能源提供低成本融资。初期重点将是太平洋和加勒比地区的小岛屿国家。

二是禁止为非清洁能源融资。拜登将确保海外私人投资公司、美国进出口银行和美国国际开发金融公司大幅减少其投资组合中的碳足迹,如禁止为燃煤电厂提供融资。

三是履行美国的气候资金承诺,为做出气候承诺的发展中国家提供"绿色债务减免"。拜登将重申美国对绿色气候基金的支持。同时将与国际金融机构合作,为那些将资金用于气候友好型领域的国家寻求共同的债务减免。

四是促进全球清洁能源研究。拜登将重启奥巴马—拜登政府在2015年发起的"创新使命"计划[①],这是一项由23个国家和欧盟共同参与的全球性计划,专注于研究、开发和部署潜在的突破性技术以加速清洁能源创新。拜登承诺将投入资金提升至原始承诺的四倍,同时还将建立以实际研究和发展成果为基础的绩效目标;改进数据收集和透明度,以更好地跟踪进展和提高问责制;加强与私人企业的合作;帮助其他国家进行机构研发能力建设,以确保增加的资金得到最有效的使用。

除了以上计划行动外,拜登还提出了制定全新的全球气候变化报告以敦促各国履行《巴黎协定》承诺、在全球范围内暂停北极海上钻探、将气候变化重新确立为北极理事会的优先事项、加强在美洲的气候合作等。

[①] 关于"创新使命"(Mission Innovation)计划的内容参见:https://obamawhitehouse.archives.gov/the-press-office/2015/11/29/fact-sheet-mission-innovation。

第三章

国际绿色金融重要规则与标准

一、赤道原则的发展与更新

（一）赤道原则的发展现状

1. 赤道原则的诞生

赤道原则产生的直接原因来自国际 NGO 的压力与推动。21 世纪初，多家知名金融机构因为支持了一些破坏生态环境、产生环境和社会重大影响的项目，在 NGO 的责问和抗议中成为众矢之的，金融机构的经济利益和机构声誉都遭受了重创。2002 年 10 月，世界银行集团成员国际金融公司与荷兰银行在伦敦主持召开金融会议，出席会议的九家商业银行讨论了以往项目融资中由社会与环境问题引发的争议，随后成立了一个工作组，在国际金融公司《保障政策》的基础上，制定出一套针对项目融资中社会与环境风险的解决框架。2003 年 2 月，格林威治会议商讨确立统一的金融机构环境与社会风险管理基准，讨论了格林威治原则标准草案。2003 年 5 月，在德国杜塞尔多夫召开格林威治原则第三次会议。在 NGO 的建议下，格林威治原则更名为赤道原则，因为"赤道"一词更能表达南北兼顾、国际通用的含义。2003年6月，欧美七个国家的十家国际领先银行宣布实行赤道原则。随后，更多的世界知名金融机构也纷纷接受这一原则。

2. 赤道原则不断更新发展

赤道原则是一套国际先进的项目融资环境与社会风险管理工具和行业基准，旨在判断、评估和管理项目融资中的环境与社会风险，既是可持续金融发展的黄金标准之一，也是国际金融机构践行企业社会责任的具体行动之一。赤道原则委员会不定期对赤道原则进行回顾、更新，以使其保持作为环境与社会风险管理的最佳实践标准。2003年6月，赤道原则正式公布并实施；2006年3月，成员银行对最初的赤道原则进行了修订，形成了赤道原则2.0，并于当年7月正式实施；后赤道原则经过第三次修订，于2013年正式施行第三版；2019年6月24日，赤道原则协会发布了赤道原则4.0草案，在适用范围、指定国家与非指定国家的适用标准、人权和社会风险及气候变化四个关键领域，对赤道原则3.0进行了修订，赤道原则4.0的生效日期为2020年7月1日，后由于新冠肺炎疫情暴发而推迟生效。2020年6月19日，赤道原则协会指导委员会为EPFI（赤道原则金融机构）及其利益相关方提供指南，以支持在全球新冠肺炎疫情防控期间有效地实施赤道原则。2020年暴发的新冠肺炎疫情对赤道原则的运营方式产生了重大影响，该指南的目的是为EPFI和借款人提供有关如何管理与赤道原则合规性相关的新冠肺炎疫情风险，并且同时适用于赤道原则3.0和赤道原则4.0。根据赤道原则官网的数据，截至2020年12月，自愿采纳该原则的金融机构增至114家，涉及全球37个国家，主体包括商业银行、金融集团、出口信贷机构等不同类别的金融机构，占据了新兴市场70%以上的项目融资份额。

3. 赤道原则的组织管理

赤道原则主要由赤道原则协会按照一系列管理准则进行组织与管理。赤道原则协会成立于2010年7月1日，是其成员赤道原则金融机构的非公司协会，以管理、运行和发展赤道原则为目标，并确保赤道原则金融机构长期的可行性和易管理性。

赤道原则的管理体系主要基于赤道原则管理准则，其中涵盖了赤道原则协会的目标、合作与信息披露的内容，赤道原则的采纳，赤道原则机构报告披露要求，赤道原则金融机构的管理，赤道原则协会指导委员会的职责，赤道原则协会指导委员会主席、管理支持机构、地区代表、工作组的职责，一般免责声明和赔偿。赤道原则委员会的管理包括：协会会议、选举和提名，赤道原则协会秘书处职责，赤道原则协会的财务管理。

在赤道原则协会对赤道原则金融机构的管理方面，要求赤道原则金融机构必须满足赤道原则的最低报告要求，提交项目财务数据和项目实施报告，由赤道原则协会秘书处负责在网站上披露赤道原则机构的相关报告。同时考虑到赤道原则机构可能受到合并、收购和出售等公司交易的影响，赤道原则协会鼓励受公司交易影响的机构保留或成为赤道原则机构，并规定了受此类交易影响的程序可以从赤道原则协会秘书处获得。如果赤道原则机构在项目融资、项目融资咨询和项目中不再有相关公司贷款和业务，或希望撤销其对原则的采用，需要以书面形式通知秘书处。

（二）赤道原则的主要内容

赤道原则 4.0 由序言、范围、方法、原则声明、免责声明、附件和附录七部分组成。EPFI 承诺，假如客户不会或无法遵守赤道原则，将拒绝为其项目提供相关融资。

1. 赤道原则的适用范围

赤道原则部分明确了其适用范围。赤道原则适用于全球各行各业，并且主要适用于以下五种金融产品。

- 项目资金总成本达到或超过 1 000 万美元的项目融资咨询服务。
- 项目资金总成本达到或超过 1 000 万美元的项目融资。
- 符合以下三项标准的与项目关联的公司贷款：

  第一，大部分贷款与客户拥有实际经营控制权（直接或间接）的单一项目有关；

  第二，贷款总额为至少 5 000 万美元，EPFI 的单独贷款承诺（银团贷款或分销前）为至少 5 000 万美元；

  第三，贷款期限为至少两年。

- 过桥贷款，贷款期限少于两年，计划由符合上述相关标准的项目融资或项目关联的公司贷款进行再融资。
- 与项目相关的再融资和与项目相关的收购融资，满足以下标准：

  第一，存量项目本身是已适用于赤道原则的项目；

  第二，项目的规模或范围没有实质性的重大变化；

  第三，在签署设施或贷款协议时，项目尚未完成。

用于项目关联的公司贷款不包括为基础项目提供资金的其他金融工具，如用以维持公司运营的资产融资、并购融资、对冲基金、租赁、信用证、一般公司类贷款和一般营运资金支出贷款。

2. 赤道原则的核心内容

赤道原则的原则声明部分是赤道原则的核心内容，包括以下十项原则。

- 原则1：审查与分类；
- 原则2：社会和环境评估；
- 原则3：适用的社会和环境标准；
- 原则4：环境和社会管理系统及赤道原则行动计划；
- 原则5：利益相关方参与；
- 原则6：投诉机制；
- 原则7：独立审查；
- 原则8：承诺性条款；
- 原则9：独立监测和报告；
- 原则10：报告和透明度。

赤道原则金融机构仅会为符合十项原则的项目提供项目融资和与项目关联的公司贷款。这十项原则分别对应项目融资全生命周期的各个阶段：

第一阶段，项目前期的尽职调查阶段，涉及赤道原则第1、2、3、7项原则；

第二阶段，签订贷款合同阶段，涉及赤道原则第 4 项原则与第 8 项原则；

第三阶段，项目存续期管理阶段，涉及赤道原则第 9 项原则；

全阶段，赤道原则的第 5 项原则与第 6 项原则是关于项目的信息披露、资源可持续性管理等问题的管理原则，将贯穿整个项目阶段。

3. 赤道原则 3.0 的解读

（1）原则 1：审查与分类

在审查与分类原则中，赤道原则要求根据项目风险进行分类，EPFI 在赤道原则框架下，基于 IFC 的环境和社会分类标准，将项目潜在的环境和社会风险分为三类，如表 3.1 所示。

表 3.1　赤道原则 3.0 分类

等级	分类标准
A 类	项目具有潜在的、重大不利的环境和社会风险，产生结果多为不可逆转或前所未有的负面影响
B 类	项目具有潜在的、有限的环境和社会风险，风险敞口数量较少，通常局限在特定领域发生，在很大程度上是可逆的，并且可以通过相应措施进行缓解
C 类	项目对环境和社会的负面影响很小或没有

资料来源：赤道原则 3.0，兴业研究整理。

解读：原则 1 的核心就是首先要对提供融资的项目进行分类，分类的标准和依据是 IFC 的环境与社会绩效标准；分类的目的在于对项目的差异化要求和管理，对于 A 类项目和 B 类项目，要求企业采取一定的缓释措施来降低不利影响。

（2）原则2：环境和社会评估

对于每个分类为 A 类和 B 类的项目，要求客户开展环境和社会评估，解决与项目有关的环境与社会影响和风险（当中可能包括附件Ⅱ所示的问题说明清单）。评估文件应提供与项目性质和规模相称的可减少、减轻和补偿不利影响的措施。

A 类项目及部分 B 类项目的评估文件应包括一份环境和社会影响评估。此外，在有限的高风险的情况下，客户可相应地在评估文件中加入明确的人权尽职调查作为补充。

对所有项目，在所有地区，范围 1 和范围 2[①] 的年总二氧化碳排放量预计超过 10 万吨的，将实行替代分析来评估并减少温室气体的排放。

解读：原则 2 的焦点在于对被分为 A 类和 B 类的项目，要进行环境和社会风险评估，提出了评估内容要求，以及要求提出适当的可减少、减轻和补偿不利影响的措施。评估内容主要是参照赤道原则 3.0《附件Ⅱ：在环境和社会评估文件中会涵盖的潜在环境和社会问题的示例清单》，这一清单涉及对基本社会和环境状况的基本面评估、替代方案考虑、东道国法律和法规、生物多样性的保护和保全、可持续性管理和使用可再生自然资源、危险物质、气候变化、移民搬迁、当地居民等 20 多项问题，项目的评估可能不会包括所有清单问题。

值得关注的是，环境和社会评估提出了在高风险情况下对人权的要求，以及对于气候变化内容的要求。对所有项目，范围 1 和范围 2 的年总二氧化碳排放量预计超过 10 万吨，将实行替代分析来评估替

---

① 在温室气体排放核算的相关报告中通常将温室气体排放设定三个"范围"：范围 1 排放是指直接温室气体排放，即项目或企业自身拥有或控制的排放源产生的排放；范围 2 排放是指外购电力产生的间接温室气体排放；范围 3 排放是指其他间接温室气体排放。

代并减少温室气体的排放。替代分析需要参考赤道原则的附件 A《气候变化：替代分析，温室气体排放的定量与报告》，其明确了替代分析和定量与报告的内容与要求。根据赤道原则术语表，范围 1 排放量是指物理项目边界内设施的温室气体排放量，范围 2 排放量是指与项目进行非现场生产所使用的与能源相关的温室气体间接排放量。

（3）原则 3：适用的社会和环境标准

评估过程在社会和环境问题方面应首先符合东道国相关的法律、法规和许可。要求评估过程符合以下适用标准：

第一，假如项目位于非指定国家，则评估过程应符合当时适用的国际金融公司社会和环境可持续性绩效标准，以及世界银行集团《环境、健康和安全指南》。

第二，假如项目位于指定国家，评估过程在社会和环境问题方面应符合东道国相关的法律、法规和许可。东道国法律符合环境和社会评估（原则 2），环境和社会管理系统以及赤道原则行动计划（原则 4），利益相关方参与（原则 5）及投诉机制（原则 6）的要求。

解读：原则 3 主要是对不同国家的赤道原则项目明确提出适用不同的环境和社会标准。位于指定国家，由于这些国家的环境、社会等相关的法律法规比较健全，因此满足东道国的法律、法规和许可。位于非指定国家，则需要按照 IFC 的绩效标准和世界银行的《环境、健康和安全指南》实施。

IFC 的绩效标准包括八项：社会和环境评估与管理系统，即提高管理效率，避免不良影响；劳动和工作条件，即改善劳资关系，保护劳动力；污染防治和控制，即减少项目活动污染，降低影响气候的污染物排放；社区健康和安全，即最大限度减少及避免项目对社区健康的不良影响；土地征用和非自愿迁移，目的是减少非自愿迁移并对迁移进行合理补偿；生物多样性的保护和可持续自然资源的管理，包括对栖息地的保护和修复，避免引入外来物种，以及可持续性使用可再生资源；当地居民，即与当地居民建立持续性联系，并且避免项目对当地居民造成的不良影响；文化遗产，即重视项目活动对文化遗产造成的影响。这八项绩效标准是赤道银行帮助客户识别项目风险和评估风险的重要判断和分析工具，它从环境与社会的诸多视角衡量项目的具体风险。

《环境、健康和安全指南》包括环境、健康和安全的一般指南和涉及 63 个行业的行业指南。一般指南包含可能适用于所有行业的跨领域环境、健康和安全问题信息，被划分为环境、职业健康和安全、社区健康和安全、项目建设、设施退役。一般指南应与相关的行业指南一起使用。

（4）原则 4：环境和社会管理系统以及赤道原则行动计划

对于 A 类项目和 B 类项目，要求客户开发或维持一套 ESMS（环境和社会管理体系）。此外，客户必须准备一份 ESMP（环境和社会管理计划），借以处理评估过程中发现的问题及所采取的行动。在适用标准未达到要求的情况下，客户和 EPFI 还将共同达成一份赤道原则行动计划。

解读：对于 A 类项目和 B 类项目，原则 4 要求客户建立环境和社会风险管理体系，并制订环境和社会管理计划及赤道原则行动计划。

环境和社会风险管理体系可适用于公司层面或项目层面，既是 ESMP 和赤道原则行动计划实施的最主要框架，也是最重要的环境、社会、健康和安全管理体系。该体系设计用于持续鉴别、评估和管理项目所涉及的风险和影响，内容包括关于社会或环境问题的政策、管理程序和计划、流程、要求、绩效指标、职责、培训、定期审核和检查，还包括利益相关者的参与和投诉机制等。

环境和社会管理计划总结了客户通过避免、减少、补偿、消除的措施来解决、减轻风险和影响，并将其作为评估的一部分承诺。该计划的范围可包括对日常缓解措施的简短描述，以及一系列更为全面的管理计划，如水资源管理计划、废物管理计划、重新安置行动计划、当地居民计划、应急和反应计划等。

赤道原则行动计划是尽职调查过程中需要准备的，它描述了为弥补评估文件、ESMP、ESMS 或利益相关者参与流程文件中的空白还需要采取的行动，使项目与赤道原则界定的适用标准相符。赤道原则行动计划通常是表格形式，它明确列出了从缓释措施到后续研究或评估行动等的明确行动，以补充评估文件。

（5）原则5：利益相关方参与

对于所有 A 类项目和 B 类项目，要求客户通过结构化和文化上的适当方式向受影响的社区及其他利益相关方展示有效的利益相关方参与方案。对于相关社区有潜在重大不利影响的项目，客户将实行通报协商和参与流程。客户将磋商流程内容定为项目带来的风险和影响、项目的开发阶段、受影响社区的语言偏好、决策制定流程、弱势和易受伤害群体的需要。磋商应是自由的，不受外部操纵、干扰、强迫和威胁。

客户将考虑并记录利益相关方参与流程的结果，包括此类流程商定的任何行动。对于具有不利于社会或环境风险和影响的项目，披露工作应在评估过程的早期阶段进行（在项目开工之前进行），并应一直持续下去。受项目影响的当地居民将成为通报协商和参与流程的一部分，并需要符合相关国家法律中赋予当地居民的权利和给予其的保护，包括国际法中履行东道国义务的法律。项目若对当地居民产生不利影响，则须得到他们的同意。

解读：原则5要求，对于A类项目和B类项目，客户需要建立与利益相关方的沟通机制，特别是对受影响的社区，并非常重视客户与当地居民的沟通与参与。沟通协商的过程和结果在项目开工前要进行说明和公布。

(6) 原则6：投诉机制

对于A类项目和视情况而定的B类项目，客户应设立一套投诉机制，将其作为社会和环境管理体系的一部分。投诉机制能够通过一种易懂并透明的磋商流程，及时解决被关注的问题，并促进客户对社会绩效问题的关注和处理。

投诉机制应按照项目风险和不利影响的比例设立，并将受影响的社区作为其主要用户。该机制不应妨碍受影响社区的司法或行政救济的获取。客户应在利益相关者的参与流程期间将该机制告知受影响的社区。

解读：原则6的投诉机制为受影响的社会和民众提供了一个反馈意见的重要渠道。

(7) 原则7：独立审查

对于A类项目和部分视情况而定的B类项目，一名与客户无直接联系的独立的环境和社会顾问将会对相关文件进行独立审查，并协助EPFI进行尽职调查工作。相关文件包括环境和社会管理计划、环境与社会风险管理体系和利益相关者的参与流程文件。

该独立的社会和环境顾问还将提出或认可一套合适的赤道原则行动计划。该计划能使项目符合赤道原则，或当项目无法符合赤道原则时，给予指示。

解读：原则7的独立审查要求可以保证赤道原则实施的质量，借助第三方环境与社会专家的力量，帮助了EPFI进行尽职调查、审查和制订行动计划，可以确保赤道原则实施的合规性和可信性。

（8）原则8：承诺性条款

赤道原则的一项重要内容是要求在契约中加入有关合规的承诺性条款。对于所有的项目，客户将在融资文件中加入承诺性条款，在所有重要方面遵守东道国一切相关的环境和社会方面的法律、法规和许可。

A类项目和B类项目的客户须在融资文件内加入以下承诺性条款：

第一，在项目建设和运作期间，在所有重要方面均符合环境和社会管理计划及赤道原则行动计划（如适用）。

第二，按照与EPFI协议的格式，定期提交由内部职员或第三方专家编制的报告（提供报告的频度与影响的严重程度成正比，或按照相关法律规定，但每年至少应提交一次），报告应既符合环境和社会管理计划及赤道原则行动计划（如适用），又提供有关当地、州和东道国环境和社会方面法律、法规和许可的合规陈述。

第三，按照协议的退役计划在适用和适当的情况下退役设备。

如违反承诺性条款，EPFI与客户协商采取补救措施。假如客户未能在议定的宽限期内重新遵守承诺性条款，则EPFI将保留在其认为适当的时候，行使补救措施的权利。

解读：原则8的承诺性条款要求所有项目必须遵守东道国的法律，其中A类项目和B类项目还需要增加遵守符合环境和社会管理计划及赤道原则行动计划（如适用），以及定期提交项目的跟踪报告等一系列承诺性条款，这些在融资文件中加入的承诺性条款有利于确保赤道原则项目实施的合规性。如果客户未能达到承诺性条款要求，由于这些条款被写入了融资文件，则EPFI有权采取一些补救措施，如暂停贷款的发放等,以督促借款人修正行为。

(9)原则9:独立监测和报告

项目融资:A类项目和部分视情况而定的B类项目应委任一名独立的社会和环境顾问,或要求客户聘请有资格且经验丰富的外部专家,核实将要提交给EPFI的监测信息。

用于项目的公司贷款:对于在原则7中需要进行独立审查的项目,要求在融资正式生效之日后委任一名独立的社会和环境顾问,或要求聘请有资格且经验丰富的外部专家,核实将要提交给EPFI的监测信息。

解读:原则9针对A类项目和部分B类项目融资与用于项目的公司贷款,在融资存续期内,要求对项目的环境与社会表现方面进行持续的监督和监测。

(10)原则10:报告和透明度

客户报告要求:

所有A类项目和部分视情况而定的B类项目:

第一,客户将至少确保可在线获取环境和社会影响评估的摘要(网上信息披露)。

第二,对于每年二氧化碳排放量超过10万吨的项目,客户将于项目运作阶段就温室气体排放水平(范围1和范围2排放量的总和)向公众报告,参考赤道原则附件A温室气体排放报告的详细要求。

EPFI报告要求:

EPFI将在适当考虑保密因素的前提下,至少每年向公众报告至融资正式生效日时交易的数量及其实施赤道原则的过程和经验,EPFI将按照赤道原则附录B中详述的最低报告要求进行报告。

解读:原则10不仅对EPFI提出了至少每年披露赤道原则执行情

况的报告的要求,还向融资客户提出了信息披露的要求,要求客户在线披露环境和社会影响评估中高排放项目的温室气体排放情况报告,可见赤道原则对信息披露及气候变化的重视程度。

4. 赤道原则 4.0 的更新

赤道原则 4.0 与赤道原则 3.0 相比,更新内容主要聚焦以下五个方面。

（1）适用范围

总体来看,适用范围仍在与项目相关的业务领域内,但门槛进一步降低,适用于赤道原则的产品和业务范围扩大了。除仍然适用于项目融资、项目融资咨询顾问、与项目相关公司贷款及过桥贷款四个业务品种外,赤道原则 4.0 还增加了新的业务品种,也修改了与项目相关公司贷款的门槛。

一是与项目相关公司贷款的总门槛从 1 亿美元降至 5 000 万美元,其中赤道原则金融机构的单独承诺仍然为至少 5 000 万美元。

二是增加再融资项目,即与项目相关的再融资和与项目相关的收购融资按以下标准新添加到赤道原则的适用范围内：

存量项目本身是已适用于赤道原则的项目；

项目的规模或范围没有实质性的重大变化；

在签署设施或贷款协议时,项目尚未完成。

（2）适用的指定国家与非指定国家

原则 3 中保留了指定国家名单,即将高收入 OECD 国家作为治理的标准。但是,在赤道原则 4.0 中澄清了对于位于指定国家的项目,除了遵守当地的法律,赤道原则金融机构还将评估项目的具体风险,以确定除了东道国法律之外,是否可以应用一个或多个 IFC 绩效标准来应对这些风险。此外,增加了"对全球所有 A 类项目和 B 类项目进行尽职调查，并审查项目如何满足每一项赤道原则要求，以及对于特定风险的额外尽职调查的自主权"。

（3）社会与人权

序言指出，EPFI将履行其根据"联合国工商业与人权指导原则"尊重人权的责任。在原则1中，EPFI根据项目的潜在环境和社会风险及影响程度对其进行分类，特意指出了"包括在人权和气候变化方面"。原则2强化了对于人权的要求，指出评估文件中包含的环境和社会影响评估应包括对潜在的不利人权影响的评估。

赤道原则4.0也提供了与"自由、事先和知情同意"相关的两个选项：

第一，对于国际金融公司绩效标准7中描述的对原住民有影响的项目，客户"应与受影响的原住民进行有意义的磋商，目标是实现他们的自由、事先和知情同意"。如果不清楚是否已经达成共识，EPFI应评估是否需要开展进一步的咨询工作，以及客户的缓解和补救计划是否合适。

第二，对于国际金融公司绩效标准7中描述的对原住民有影响的项目，客户"必须提供令EPFI满意的方案，即获得受项目影响的原住民的自由、事先和知情同意"。

（4）气候变化

赤道原则4.0在赤道原则3.0的基础上，对气候变化问题更加重视，增加了大量气候变化的内容，这是赤道原则4.0的一大亮点。

如序言部分强调了EPFI在2015年《巴黎协定》中的作用，以及按照气候变化相关财务信息披露工作小组建议报告气候相关信息的责任。

原则1：在EPFI根据项目潜在的环境和社会风险及影响程度对

项目进行的分类中,特意指出了"包括在人权和气候变化方面"。

原则 2:将气候变化风险评估作为项目的主要要求。

第一,对于 A 类项目和部分适用的 B 类项目,气候变化评估将包括对相关物理风险的考虑。

第二,对于在所有地区的所有项目,当范围 1 和范围 2 的排放总量预计每年超过 10 万吨二氧化碳当量时,气候变化评估将包括考虑相关的转型风险并完成替代分析,以评估较少的温室气体排放的替代方案。评估的深度和性质将取决于项目的类型,以及风险的性质。

原则 10:报告和透明度及赤道原则附录 A 引入了一项要求,即对于所有 A 类项目和适用的 B 类项目,当每年排放超过 10 万吨二氧化碳当量时,客户应公开报告年度温室气体排放水平(合并范围 1 和范围 2 排放,适当时应包括温室气体排放强度)。

附件 A:新增要求客户使用温室气体排放协议规定的或与温室气体排放协议一致或等同的国家报告方法;指出气候变化风险评估应解决的问题,包括确定转型或物理风险及减缓工作;并规定气候变化风险评估应考虑该项目与该国最新的、包括国家自主贡献在内的气候能源政策的兼容性。

在环境和社会评估文件需要覆盖的"潜在问题清单"中,新增以下评估内容:单位产出能源消耗系数、温室气体排放强度、水资源使用情况与消耗系数、土地覆盖与使用情况等。

(5)生物多样性保护

赤道原则 4.0 增加了对生物多样性保护的关注。一方面,序言中增加了 EPFI 在对项目相关的融资中,支持生物多样性保护,加强与生物多样性有关的研究和决策。

另一方面,原则 10 中,增加"EPFI 将鼓励客户与全球生物多样性信息机构以及相关的国家和全球数据存储库共享商业上非敏感的项目特定生物多样性数据"。

5. 赤道原则 4.0 的特点

一是将赤道原则与国际目标和趋势紧密联系。赤道原则 4.0 将赤道原则与联合国可持续发展目标和《巴黎协定》相联系，认为 EPFI 将在这两个国际目标和协定中起到重要作用，其中，序言强调，"EPFI 认识到赤道原则的应用可以为实现联合国可持续发展目标的目标和成果做出贡献""我们认识到，EPFI 应在 2015 年《巴黎协定》方面发挥作用，并致力于改善气候相关信息的可获得性，如 TCFD 建议"。

二是高度重视气候变化。国际社会普遍认为，应对气候变化是目前最紧迫、最重要的全球性问题之一。赤道原则 4.0 对气候变化修订的条款最多，从序言到具体原则再到附件等，在多处增加了对气候变化的具体要求和特意强调，气候变化成为此次修订的最大亮点。例如，在环境与社会风险尽职调查过程中，需要对项目进行气候变化风险评估的要求：对于 A 类项目与部分 B 类项目主要需要考虑物理风险；对于排放量大于 10 万吨二氧化碳的项目主要需要考虑转型风险并完成替代分析；对于每年二氧化碳排放量超过 10 万吨的项目，要求客户向公众披露项目运作阶段温室气体排放的水平（包括范围 1 和范围 2 排放量的总和，以及温室气体排放强度）。

三是强调 EPFI 对环境与社会相关风险的责任。金融机构面临的风险种类众多，如信用风险、流动性风险、操作风险、市场风险、政策风险、法律风险及声誉风险等。而赤道原则要解决的并非金融机构面临的所有风险，而是帮助金融机构识别、评估和管理环境和社会相关风险。而各种风险之间是有一定关联的，环境和社会风险管理不当很可能引发信用风险和声誉风险，因此金融机构对这两项风险的管理至关重要。赤道原则强调了金融机构要对环境和社会相关风险进行积极主动的管理，例如，要求对项目开展环境和社会风险尽职调查和评估，对于项目中可能存在的各类环境和社会影响，予以减轻、降低或恰当的补偿，并要求客户建立环境和社会管理体系、环境和社会管理计划及赤道原则行动计划等。在赤道原则 4.0 的序言中强调，EPFI 除对于赤道原则之外，在加强环境和社会风险管理方面也负有更广泛的责任。

（三）赤道原则的实践模式

赤道原则主要指导金融机构对大型项目相关的融资，运用赤道原则来管理项目的环境和社会风险。在众多赤道原则金融机构的实践中，以适用范围这个角度来说，主要出现了三类赤道原则的实践模式。

1. 扩展模式

这种模式下，金融机构将持续扩大赤道原则的适用范围，从项目相关的公司融资扩展到零售业务、投行业务和交易业务等。如花旗银行、巴克莱银行、南非标准银行等机构。

花旗银行拓宽赤道原则的适用范围，将赤道原则应用于公司业务、投行业务和私人业务等领域。花旗银行是赤道原则的发起者之一，其系统地建立起一整套以"企业公民"为理念的风险管理体系，并建立了完善的环境与社会风险管理体系，同时适用于商业银行和投资银行业务，实现了 ESRM 标准覆盖银行所有单位。[1] 例如，花旗银

---

[1] Citi. Global Citizenship Report 2017. 2018-03-27 [2019-03-05].https://www.citibank.com/icg/sa/flippingbook/2018/Global-Citizenship-Report-2017/62/.

行将环境与社会风险管理体系应用扩展到私人业务领域,不仅对赤道原则规定的项目类型进行审查,而且对于部分私人银行业务、个人融资 5 000 万美元以上的贷款采用类似的审查程序,并对 ESRM 指定行业公司控股的个人贷款采用相应的行业标准进行审查,实现了赤道原则在交易和零售业务范围的覆盖。

巴克莱银行是参与起草赤道原则的主要银行之一,该行建立了环境与社会影响评估政策,该政策覆盖了巴克莱银行全球范围内的所有业务,而且并没有设置门槛。特别是那些项目所在地发布法律条文、要求进行环境与社会影响评估的业务,赤道原则项目,环境与社会影响敏感项目,巴克莱会要求严格执行 ESIA 政策。

南非标准银行将赤道原则应用扩展到投资银行业务、公司金融业务、零售业务和财富管理业务等方面。南非标准银行是非洲最大的银行,于 2009 年宣布成为赤道银行。南非标准银行作为南非银行协会的成员,遵守环境和社会风险管理的行为准则,相关准则明确金融机构有义务保护、促进和实现社会、环境、经济的发展,内容涵盖了银行运营、采购、融资业务、产品和服务等,并为有效管理风险制定了基准。2017 年,南非标准银行将环境与社会评估体系扩展到投资银行业务、公司金融业务、零售业务和财富管理业务等方面。其建立的风险管理制度将环境与社会风险作为信用、管理和评审过程的重要组成部分,确保了环境与社会风险和机遇在业务全程被适当地筛选、管理和监控,将业务范围定位于环保、绿色、低碳和有利于气候与社会的领域。

2. 有限扩展模式

这种模式下,金融机构严格按照赤道原则的适用范围和要求,对四种金融产品严格落地实施赤道原则，同时对适用范围进行了有限的扩展，仍主要围绕与项目相关的融资，并参考赤道原则的方法和工具，建立本机构的环境和社会风险体系，如汇丰银行、兴业银行。

汇丰银行也是较早采纳赤道原则的银行之一，并在该原则的推广过程中发挥着重要作用，同时该行按照赤道原则的要求对项目相关融资等进行环境和社会风险管理，但并不局限于赤道原则的覆盖范围，汇丰银行将其扩展到与所有项目有关的贷款和所有形式的过桥贷款上，并确保每一个项目都由独立的环境和社会影响专家进行审查。该银行还制定了一系列环境和社会风险管理政策，根据2018年汇丰银行披露的《环境、社会及治理报告》，其的环境和社会风险管理政策涵盖农产品、化学产品、防务、能源、林木业、淡水基础设施、采矿及金属业等。

兴业银行在2008年采纳赤道原则，是中国首家采纳赤道原则的金融机构。兴业银行除了按照赤道原则的要求，对适用于赤道原则的项目进行环境和社会风险管理外，还逐步扩展到五大过剩产能行业，并参照赤道原则提供的环境与社会风险管理方法和工具，发布了《环境与社会风险管理政策》，该政策作为全行环境与社会风险管理领域的原则性、导向性、纲领性规范文件，内容包括指导方针、声明与承诺、职责与机构、适用标准、管理措施、管理流程、信息披露等。

3. 执行模式

这种模式下，金融机构严格按照赤道原则的适用范围和要求，对几种金融产品落地实施赤道原则，但并未显著扩展或是涉及其他应用。如日本的瑞穗银行，巴西的伊塔乌联合银行等。

瑞穗银行于2003年10月正式承诺采纳赤道原则，成为亚洲第一家采纳赤道原则的金融机构。瑞穗银行根据国际金融公司的绩效标准和《环境、健康与安全指南》（以下简称《指南》），结合日本的绿色金融发展情况制定出适用于其自身的行业环境影响筛选表，从《指南》所包含的63个行业中筛选出与瑞穗银行的业务直接相关的38个行业，其中不仅包含了《指南》中的常见行业，也包含了核能源等环境、健康和安全并未涵盖的行业。通过筛选，瑞穗银行对赤道原则规定的A类项目、B类项目按照不同的行业标准加以审核，以全面了解项目融资的社会和环境责任情况，考察其资金成本、融资方法、项目开展地点等，确定其是否可以纳入赤道原则范围。若融资项目可以纳入赤道原则，瑞穗银行业务部门则针对项目规模、位置及对社会环境影响程度等不同因素，确定项目级别、撰写报告，并将其送交可持续发展室，再由可持续发展室送交审查部门进行融资贷款审查。

巴西伊塔乌联合银行是巴西最大的商业银行之一，截至2018年12月31日，巴西已经有五家银行采纳了赤道原则，巴西伊塔乌联合银行在2004年成为第一家采用赤道原则的拉丁美洲金融机构，该机构积极执行赤道原则，在适用于赤道原则的相关项目融资中，落实环境与社会风险识别、评估和管理的相关标准。

二、负责任银行原则

2019年9月22日，UNEP FI（联合国环境署金融倡议）在联合国大会期间正式发布了《负责任银行原则》，为全球银行业应对和推动经济可持续发展提供了衡量标准和行动指南，为银行开展负责任行动提供了远景目标。全球130家银行正式签署该原则，签署行承诺其业务战略与联合国2030年可持续发展目标及《巴黎协定》保持一致。首批签署行的资产总额超过47万亿美元，约占全球银行业资产总规模的1/3。[①]中国工商银行、兴业银行和华夏银行三家中资银行成为中国首批签署行。

负责任银行原则主要包括六项原则，覆盖了目标一致性、目标设定、与客户和顾客合作、与利益相关方互动合作、公司治理及信息披露等六个方面的内容。签署该原则的银行机构须承诺遵循以下六项原则。

原则1：一致性。签署行承诺确保业务战略与联合国可持续发展目标、《巴黎协定》及国家和地区相关框架所述的个人需求和社会目标保持一致，并为之做出贡献。

原则2：影响与目标设定。签署行承诺不断提升正面影响，同时减少因银行的业务活动、产品和服务对人类和环境造成的负面影响，并管理相关风险。为此，银行将针对其影响最大的领域设定并公开目标。

原则3：客户与顾客。签署行承诺本着负责任的原则与客户和顾客合作，鼓励可持续实践，促进经济活动发展，为当代和后代创造共同繁荣。

原则4：利益相关方。签署行承诺将主动且负责任地与利益相关方进行磋商、互动和合作，从而实现社会目标。

原则5：公司治理与银行文化。签署行承诺将通过有效的公司治理和负责任的银行文化来履行银行对这些原则的承诺。

---

① 人行研究局.绿色金融动态2019年第12期：联合国《负责任银行原则》正式发布中国三家银行成为首批签署行.2019-11-19［2021-03-05］.http://www.greenfinance.org.cn/displaynews.php?cid=86&id=2672.

原则6：透明度与责任。签署行承诺将定期评估签署行个体和整体对原则的履行情况，公开披露银行的正面和负面影响及其对社会目标的贡献，并对相关影响负责。

《负责任银行原则》对国际绿色金融发展意义重大。首先，它填补了联合国体系下绿色金融治理的一个空白。UNEP FI 在发布该原则之前，为鼓励金融机构落实可持续发展目标和《巴黎协定》，在可持续投资领域，针对资产管理者、资产所有者和第三方投资服务机构制定了《负责任投资原则》，针对保险承保机构等制定了《可持续保险原则》，2019年《负责任银行原则》的发布主要针对全球的银行类金融机构，填补了国际绿色金融领域的一项空白。从此，联合国体系下形成了《负责任投资原则》（2006年发布）、《可持续保险原则》（2012年发布）、《负责任银行原则》（2019年发布）三大原则，分别面向投资、保险和银行，有助于促进包括绿色投资、绿色保险、绿色信贷在内的绿色金融实现均衡发展。

其次，《负责任投资原则》对以银行融资为主的发展中国家影响深远。银行融资在全球金融市场融资总量中的占比超过2/3，在发展中国家市场上该比例甚至超过了90%，UNEP FI 针对银行类金融发布和实施《负责任银行原则》，对推动全球绿色金融的发展具有里程碑式的影响，特别对于以银行融资为主的发展中国家来说，更是影响深远。

最后，《负责任银行原则》丰富了银行绿色金融的内涵与外延，例如，要求银行的发展目标和责任与联合国可持续发展目标、《巴黎协定》相联系，要求负责任银行将业务和战略与这两个目标保持一致，注重与客户和利益相关方的沟通合作，注重绿色金融信息披露等，为全球银行业绿色金融的发展明确大方向、大趋势；同时《负责任银行原则》也为银行绿色金融发展设定了一个全球基准，提供了一个一致性的框架，并指导银行从目标一致性、目标设定、与客户和顾客合作、与利益相关方互动合作、公司治理及信息披露等六个方面融入可持续发展。

三、国际绿色债券规则与标准

国际上，绿色债券市场是自下而上、由市场机构或非营利性组织自发组织发展起来的，因而，客观来说，绿色债券并不存在一套统一的规则，只有几项接受度较高的规则。具体来说，对国际绿色债券标准影响较大的主要包括ICMA（国际资本市场协会）制定的GBP（《绿色债券原则》），以及由CBI（气候债券倡议组织）开发的CBS（气候债券标准）。两项标准交叉援引、互为补充，CBS对GBP在低碳领域的项目标准进行了细化，并补充了第三方认证等具体的实施指导方针。GBP和CBS一起，构成了国际绿债市场执行标准的坚实基础。与此同时，随着绿色债券相关标准制度日趋完善，近些年ICMA和CBI都开始将关注的焦点从绿色债券逐步扩展到覆盖面更为广泛的可持续债券领域，并相继发布了社会责任债券、可持续发展债券、可持续发展挂钩债券、转型债券等相关指引。下面将对这些规则与标准进行介绍。

（一）ICMA的《绿色债券原则》

ICMA于2014年首次发布GBP，随后进行了持续的更新，最新版于2021年6月发布。GBP是一项绿色债券发行的自愿性流程指引，旨在为发行人助力保护环境和促进净零排放经济的环境和可持续项目融资提供支持。符合 GBP 的绿色债券发行为投资者提供了透明的、具备可靠绿色资质的投资机会。通过鼓励发行人主动报告绿色债券募集资金的使用情况，GBP 显著提高了市场透明度，有利于市场参与者有效追踪项目资金流向，同时深入了解项目预期效益情况。

根据 GBP 的定义，绿色债券是将募集资金或等值金额专用于为新增及/或现有合格绿色项目提供部分融资、全额融资或再融资的各类型债券工具，并且需要具备 GBP 的四大核心要素：募集资金用途、项目评估与遴选流程、募集资金管理和报告，这四大核心要素也构成了 GBP 的主要内容。此外，2021 年版 GBP 还明确了关于绿色债券框架和使用外部评审等两项重点建议。

1. GBP 的四大核心要素

（1）募集资金用途

绿色债券的核心是债券募集资金应当用于合格绿色项目，且应在证券类法律文件中进行合理描述。所有列示的合格绿色项目应具有明确的环境效益，发行人应对其进行评估，并在可行的情况下进行量化。

GBP 明确了合格绿色项目应有助于实现环境目标，如气候变化减缓、气候变化适应、自然资源保护、生物多样性保护及污染防治。GBP 列出了绿色债券市场中最常见的项目类别，包括但不限于：

- 可再生能源（包括与其生产、传输、相关的器械及产品）。
- 能效提升（如新建/翻新建筑节能、储能、区域供热、智能电网、相关的器械与产品等）。
- 污染防治（包括减少废气排放、温室气体控制、土壤修复、预防和减少废弃物、废弃物循环利用、高效或低排放废弃物供能）。

- 生物资源和土地资源的环境可持续管理（包括可持续发展农业；可持续发展畜牧业；气候智能农业投入，如作物生物保护或滴灌；可持续发展渔业及水产养殖业；可持续发展林业，如造林或再造林；保护或修复自然景观）。

- 陆地与水域生态多样性保护（包括海洋、沿海及河流流域的环境保护）。

- 清洁交通（例如电动、混合能源、公共、轨道、非机动、多式联运等交通工具类型、与清洁能源车辆相关及减少有害排放的基础设施）。

- 可持续水资源与废水管理（包括可持续发展清洁水和/或饮用水基础设施、污水处理、可持续城市排水系统、河道治理及其他形式的防洪措施）。

- 气候变化适应（包括提高基础设施抵御气候变化影响的能力，以及气候观测和预警系统等信息支持系统）。

- 循环经济产品、生产技术及流程（如可重复利用、可回收和翻新的材料、组件和产品的设计与推广，循环工具和服务）和/或经认证的生态高效产品。

- 符合地区、国家或国际标准或认证的绿色建筑。

（2）项目评估与遴选流程

GBP要求绿色债券发行人应向投资者阐明：

- 合格绿色项目对应上述哪些环境目标。

- 发行人判断项目是否为认可绿色项目类别（如上文所列）的评估流程。
- 发行人如何识别和管理与项目相关的社会及环境风险的流程。

同时，GBP 还鼓励发行人：

- 结合其环境可持续管理相关的总体目标、战略、制度和/或流程，阐述上述信息。
- 说明项目与现有一些官方或经市场发展形成的分类标准（如适用）一致性程度的信息，相关评判标准、排除标准（如有）；同时披露项目遴选过程中参照的绿色标准或认证结论。
- 针对项目有关的负面社会和/或环境影响引致的已知重大风险，发行人制定风险缓解措施等有关流程。此类风险缓解措施包括进行清晰中肯的利弊权衡与分析，若发行人评估后认为承担潜在风险执行该项目具有意义，应进行必要的监控。

（3）募集资金管理

根据 GBP 的要求，绿色债券的募集资金净额或等额资金应记入独立子账户、转入独立投资组合或由发行人通过其他适当途径进行追踪，并经发行人内部正式程序确保用于与合格绿色项目相关的贷款和投资。

在绿色债券存续期间，应当根据合格绿色项目的投放情况对募集资金净余额进行追踪和定期分配调整。发行人应当使投资者知悉净闲置资金的临时投资方向规划。

绿色债券募集资金可按单只债券单独管理或多只绿色债券以组合形式集中管理。

GBP提倡高透明度，建议发行人引入外部审计师或第三方机构对绿色债券募集资金的内部追踪方法和分配情况进行复核，为募集资金管理提供支持（参见下文关于重点建议的部分）。

（4）报告

根据GBP的要求，发行人应当记录、保存并每年更新募集资金的使用信息，直至募集资金全部投放完毕，并在发生重大事项时及时进行更新。年度报告内容应包括绿色债券募集资金投放的项目清单，以及项目简要说明、获配资金金额和预期效益。若由于保密协议、商业竞争或项目数量过多不便披露项目细节，GBP建议通过一般概述或汇总，以组合形式（如对每类项目投放的资金比例）进行披露。

透明度在披露项目预期和/或实际实现的效益方面至关重要。GBP建议使用定性绩效指标，并在可行情况下使用定量指标，并披露定量分析的方法论及/或假设。发行人应尽可能参考并采用《效益报告统一框架》提供的相关指引和效益报告模板。

2. GBP提高透明度的重点建议

（1）绿色债券框架

GBP要求发行人应在其绿色债券框架或法律文件中说明其绿色债券或绿色债券发行计划与GBP四个核心要素的一致性。该绿色债券框架和/或法律文件应便于投资者获取。同时，建议发行人在绿色债券框架中结合其可持续发展总体战略阐述相关信息，可引述和参照GBP的五项环境目标（气候变化减缓、气候变化适应、自然资源保护、生物多样性保护和污染防治）。同时鼓励发行人披露项目遴选时参考的分类方案、绿色标准或认证。

（2）外部评审

GBP 强烈建议，发行人在发行前应委任外部评审机构确认其绿色债券或绿色债券计划及/或框架遵循了 GBP 的四个核心要素。

在债券存续期间，强烈建议发行人通过聘请外部审计师或其他第三方机构对发行人募集资金管理进行复核，包括验证绿色债券募集资金分配的内部追踪情况，以及募集资金是否分配至合格绿色项目。

在绿色债券发行过程中，发行人可通过多种途径获取外部意见，目前市场上有多种类型的外部评审可供使用。发行人应参照 ICMA 发布的《外部评审指引》[①]中对于不同类型审核的建议和解释。

GBP 建议外部评审机构对自身资质和专业程度进行说明，并明确披露其审核工作的范围。发行人应在其官网公开和/或通过其他合适可行的渠道披露外部评审意见。

（二）CBI 的气候债券标准

2010 年 12 月，CBI 启动了气候债券标准和认证计划，2011 年，CBI 发布了气候债券标准 1.0 版，随后形成了一套气候债券标准和认证机制，并成为气候债券标准的核心。

气候债券标准和认证机制包含了一套监督、报告和鉴证债券是否符合气候债券标准的框架，由气候债券标准（统领性纲要文件）、气

---

① 该《外部评审指引》旨在推行最佳市场实践，是基于市场实践提出的倡议. 为发行人、承销商、投资者、其他利益相关者和外部评审机构提供有关外部评审流程的信息. 提升透明度。具体内容参见 ICMA 官网：https://www.icmagroup.org/sustainable-finance/external-reviews/. 访问时间：2021 年 8 月 29 日。

候债券分类方案、一系列行业标准、指导材料和认证文件构成。

气候债券标准列明了希望获得气候债券认证的发行人需要符合的要求。2019年12月，CBI发布了气候债券标准3.0版，保持了与GBP的一致性。气候债券标准中对气候债券发行的要求分为发行前阶段和发行后阶段两部分。发行前要求适用于发行人在发行债券前希望获得债券认证；发行后要求适用于发行人在发行债券后仍然希望获得持续的债券认证。气候债券标准3.0版对发行前和发行后的要求框架均与GBP的四项原则保持了一致性，并对每项原则下的具体要求进行了细化。

《气候债券分类方案》概述了实现低碳和气候适应性经济所需的各类资产和项目，符合《巴黎协定》设定的全球变暖2摄氏度的目标，是一项初步筛选标准。该分类方案囊括八大领域，每个领域下包括各类细分资产和项目，针对每一类资产和项目，分类方案都给出了其是否与2摄氏度的脱碳轨迹相兼容的标识，包括自动兼容、可能兼容、不兼容和待定（需要进一步的工作来确定兼容性）四类标识。因此，该分类方案也成为一个可被广泛用于识别各类资产、活动及相关金融工具产品是否与2摄氏度目标兼容的工具。

在气候债券标准下，CBI还开发了一系列特定行业的技术标准，属于这些细分行业的项目和资产需要满足一定的技术性标准才能被认定为合格。

（三）其他可持续债券相关标准

1. 社会责任债券与可持续发展债券

在《绿色债券原则》发布之后，ICMA又陆续发布了《社会责任债券原则》和《可持续发展债券指引》。《绿色债券原则》、《社会责任债券原则》和《可持续发展债券指引》遵循同一套框架,均对募集资金用途进行了限制,包括四项核心要素(募集资金用途、项目评估与遴选流程、募集资金管理、报告)与两项重点建议(债券框架、外部评审)。不同之处在于募集资金投向的领域有所差异。

社会责任债券指将募集资金或等值金额专用于为新增及/或现有合格社会责任项目提供部分融资、全额融资或再融资的各类型债券工具。社会责任项目类别包括但不限于提供及/或提升:

- 可负担的基础生活设施(如清洁饮用水、地下排污管道、卫生设施、交通运输、能源)。
- 基本服务需求(如健康、教育和职业培训、医疗保健、融资和金融服务)。
- 可负担的住宅。
- 创造就业机会,以及预防和/或缓解因社会经济危机导致失业的措施,包括通过提供中小企业融资和小额信贷等间接方式。
- 食品安全和可持续食物系统(例如,在物质、社会渠道和经济能力等方面帮助获得安全、有营养和充足的食物,以满足饮食需求和需要;稳定有韧性的农业生产活动;减少粮食损失和浪费;提高小规模生产者的生产力)。
- 社会经济发展和权利保障(例如,公平获取及拥有资产、服务、资源和机会;公平参与和融入市场和社会,包括减少收入不平等)。

目标人群的例子包括但不限于:

- 生活在贫困线以下的人群；
- 遭排斥或边缘化的人群或社会群体；
- 残障人士；
- 移民及/或流离失所的人群；
- 低教育程度群体；
- 因缺乏优质的基本物资和服务所形成的底层群体；
- 失业群体；
- 女性和/或性少数群体；
- 老龄化群体和弱势青年；
- 其他弱势群体，包括遭受自然灾害的群体。

可持续发展债券指将募集资金或等值金额专项用于绿色和社会责任项目融资或再融资的各类债券工具。可持续发展债券应符合《绿色债券原则》和《社会责任债券原则》的四大核心要素，其中《绿色债券原则》适用于底层绿色项目，而《社会责任债券原则》则适用于底层社会责任项目。

2. 可持续发展挂钩债券

为了进一步促进、鼓励对可持续发展（从环境、社会、公司治理的角度，即 ESG）做出贡献的公司进行债务资本市场融资，ICMA 在 2020 年发布了《可持续发展挂钩债券原则》。

根据《可持续发展挂钩债券原则》中的定义，可持续发展挂钩债券具有一定财务和/或结构特性，该财务和/或结构特性将会根据发行人是否实现其预设的可持续发展目标或 ESG 目标而发生改变。这意味着，发行人须明确（包括在债券文件中）承诺在预定时间内改善其在可持续发展方面的绩效表现。可持续发展挂钩债券是前瞻性的、基于绩效指标的债券工具。因此，与绿色债券、社会责任债券和可持续发展债券不同的是，可持续发展挂钩债券是作为发行人一般公司用途的融资工具，不需要对募集资金用途进行限制。

《可持续发展挂钩债券原则》包括五大核心要素：KPI（关键绩效指标）的遴选、可持续发展绩效目标的校验、债券特性、报告、验证。

（1）KPI的遴选

可持续发展挂钩债券市场的信誉将取决于一个或多个KPI的遴选。衡量发行人可持续发展绩效的KPI，可以是外部机构或发行人自行公布的指标。KPI必须对发行人的核心可持续发展和业务战略来说至关重要，切实应对该行业在环境、社会、公司治理等方面的相关挑战，并且是发行人管理层可以通过管理来实现的。

KPI应符合以下条件：

- 对发行人整体业务相关性高、有核心价值和实质性意义，并且对发行人的当前和/或未来运营具有重要的战略意义。
- 可基于一致的方法论进行计量或量化。
- 可进行外部验证。
- 可以进行基准标杆比对，换言之，尽可能使用外部参考或定义，有助于评估。
- 可持续发展绩效目标是否足够激进，而非过于宽松。

（2）可持续发展绩效目标的校验

为每个KPI对应选取一个或多个可持续发展绩效目标是可持续

发展挂钩债券结构设计的关键，它体现了发行人在可持续发展方面实现承诺及采取行动的决心。

- 可持续发展绩效目标应该按照高标准、高要求设定。
- 代表每个KPI有实质性改进，比"一切照常"情景下的碳排放气候情景好。
- 尽可能与基准标杆值或外部参考进行比较。
- 与发行人的整体可持续性或ESG战略保持一致。
- 在债券发行之前（或同时）预设，并在预设的期限内衡量可持续表现。

（3）债券特性

可持续发展挂钩债券的特性在于，因所选的关键绩效指标达到（或不能达到）预定的可持续发展绩效目标，而触发其财务和/或结构特征发生改变，即可持续发展挂钩债券的结构设计需要包括其财务和/或结构特性受触发事件影响而产生的变化。票息变化在该类债券中最为常见，此外也可以考虑设计其他财务和/或结构特征变化。

（4）报告

可持续发展挂钩债券的发行人应当公布并确保以下信息易于查询：

- 每年更新所选KPI的绩效结果，包括相关的基准线数据。
- 可持续发展绩效目标的验证报告，需要列示可持续发展绩效目标的绩效结果、实现可持续发展效益及其对应期间、该表现结果对此债券的财务和/或结构特征产生的影响。
- 任何有助于投资人监控发行人可持续发展绩效目标是否足够

积极的信息。例如,发行人可持续发展战略的修订、相关 KPI 或 ESG 治理政策的任何更新,以及可用来分析 KPI 和可持续发展绩效目标的信息。

(5)验证

发行人应聘任具有相关专业知识和资质的外部评审机构,如审计师、环境顾问,对其 KPI 的表现是否满足可持续发展绩效目标做出独立的外部验证(可以是有限度或合理的保证)。验证频率至少每年一次,以及每个评估日期/阶段,直到最后一次触发事件的时间段结束,都应该有相应的验证报告,验证该期间内可持续发展绩效目标的结果,是否会导致须对财务和/或结构特征进行调整。

3. 转型债券(融资)

2020 年 9 月,气候债券倡议组织和瑞士信贷集团共同发布《为可信的绿色转型融资》白皮书,提出了一个转型融资框架。与绿色债券框架不同的是,绿色债券专项支持绿色项目,而转型融资支持的范围更加广泛,包括那些不在绿色债券支持范围内的部分传统高碳行业的低碳和零碳转型,同时募集资金的使用既可以专项用于转型活动,也可以作为一般公司用途,但整个公司必须处于转型路径上。

《为可信的绿色转型融资》白皮书提出了转型融资需要遵循的五项原则:

- 符合 1.5 摄氏度路径。所有目标和途径都需要与到 2050 年实现净零碳排放、到 2030 年将排放量减少近一半的目标相一致。
- 由科学专家领导。所有目标和途径都必须由科学家领导,并在各国之间协调一致。

- 不包括碳补偿。可信的转型目标和途径不包括排放抵消的部分，但应包括上游范围排放。
- 技术可行性优先于经济可行性。脱碳转型途径必须包括对当前和预期技术的评估，如果存在可行的脱碳技术，技术相对昂贵，也应将该技术用于确定经济活动的脱碳途径。
- 行动而非承诺。一个可信的转型是由运营指标支持的，而不是在未来某个时候遵循转型路径的承诺。

2020 年 12 月，ICMA 发布《气候转型金融手册》，旨在明确为气候转型进行融资时，对发行人层面的信息披露提供指引和建议，以提高转型融资的可信度，特别是来自"难以减碳"（碳密集）行业的债券发行。转型债券发行人必须对四个关键要素进行披露：

- 发行人气候转型战略和公司治理；
- 在业务模式中考虑环境要素的重要性；
- 气候转型战略应参考具有科学依据的目标和路径；
- 执行情况有关信息的透明度。

四、负责任投资原则

负责任投资原则是一个致力于了解环境、社会和治理因素的投资影响，并支持其投资签署方将这些因素纳入其投资和决策的国际网络。

2005 年初，时任联合国秘书长科菲·安南邀请世界上最大的机构投资者团体加入制定 PRI 进程。来自 12 个国家的 20 个机构投资者得到了来自投资行业、政府间组织和民间社会的 70 人专家组的支持。该原则于 2006 年 4 月在纽约证券交易所公布，PRI 共有六条原则。

原则 1：将 ESG 问题纳入投资分析和决策过程。

- 在投资政策声明中提及 ESG 议题；
- 支持开发与 ESG 议题相关的工具、指标和分析方法；
- 评估内部投资经理将 ESG 议题纳入考量的能力；
- 要求投资服务供应商（如金融分析师、顾问、经纪人、研究机构或评级机构）将 ESG 因素纳入研究和分析中；
- 鼓励以此为主题开展各项学术和其他研究；
- 发起面向投资专业人士的 ESG 培训。

解读：在原则 1 中，PRI 要求签署方将 ESG 问题纳入投资和决策过程中，并要求机构阐明潜在的 ESG 问题并进行评级。该原则鼓励金融机构不单单要追求经济回报，也要重视 ESG 问题对环境和社会的影响。

原则 2：成为积极的资产所有者，将 ESG 问题纳入所有权政策和实践。

- 制定和披露与 PRI 原则相符的主动所有权政策；
- 行使投票权或监督投票政策的合规情况（如果外包）；
- 发展参与能力（直接或通过外包）；
- 参与政策、法规和标准的制定（如促进和保护股东权利）；
- 提交符合长期 ESG 考量的股东决议；
- 就 ESG 议题与企业进行交流；

- 参加协作参与计划；
- 要求投资经理负责实施与 ESG 议题相关的项目并汇报情况。

解读：原则 2 重点关注投资人积极参与所投公司的 ESG 管理问题。PRI 建议投资人通过一系列方式，考虑所投公司管理过程中公司内部的 ESG 问题管理，与原则 1 不同的是，原则 2 侧重于投后环节，投资人也需要积极关注并承担起 ESG 管理问题。

原则 3：寻求被投资实体合理披露 ESG 相关问题。

- 要求提供有关 ESG 议题的标准化报告（使用全球报告倡议等工具）；
- 要求将 ESG 议题纳入年度财务报告；
- 要求公司提供有关采用或遵守相关规范、标准、行为准则、国际倡议的信息（如联合国全球契约）；
- 支持促进 ESG 披露的股东倡议和决议。

解读：原则 3 的重点在于 ESG 问题的披露方面。PRI 建议所投资的公司对 ESG 问题进行披露。这一方面，更有利于机构内部发现并管理 ESG 问题；另一方面，有利于公众和第三方监督机构在 ESG 治理方面的进展。

原则 4：推动投资业广泛采纳并贯彻落实负责任投资原则。

- 将与 PRI 原则相关的要求纳入请求建议书；
- 统一投资授权、监控程序、业绩指标和相应的激励机制（例如，在适当情况下确保投资管理程序反映长期情况）；

- 向投资服务供应商传达 ESG 方面的预期；
- 重新审视与未能满足 ESG 预期的服务供应商的关系；
- 支持 ESG 整合工作基准设定工具的开发；
- 支持推动 PRI 原则实施的监管政策的制定。

解读：原则 4 重点建议投资机构管理在供应链上的 ESG 问题。要求机构不仅考虑投资目标的 ESG 情况，还要考虑对服务供应商提供相应的 ESG 要求。对于不合标准的供应商，原则上应重新考虑合作关系。

原则 5：齐心协力提高负责任投资原则的实施效果。

- 支持或加入网络和信息平台，共享工具、汇集资源，并将投资者报告作为学习资源；
- 共同解决新出现的相关问题；
- 制定或支持正确的协作倡议；

解读：原则 5 的重点在于多方合作促进 PRI 的实施效果。PRI 建议各签署机构共享 ESG 材料，从而实现共同发展，以便更好地应对新问题。

原则 6：报告负责任投资原则的实施情况和进展。

- 披露如何将 ESG 议题融入投资实践；
- 披露积极的所有权活动（投票、参与和/或政策对话）；
- 披露对服务供应商提出的与 PRI 原则相关的要求；
- 就 ESG 议题与受益人进行沟通交流；

- 利用"不遵守就解释"的方法报告有关 PRI 原则实施的进展和/或成就；
- 努力确定 PRI 原则的影响；
- 借助报告提升更多利益相关者的意识。

解读：原则 6 要求机构对现行的 ESG 实施情况进行披露。这样不仅有利于机构 ESG 管理的完善，也有助于提高利益相关方的负责任投资意识。

第四章

中国绿色金融标准体系的构建与发展

一、中国绿色金融标准框架与主要内容

（一）绿色金融标准成为我国金融标准的重要组成部分

绿色金融标准建设工作是"十三五"时期金融业标准化的重点工程。2017年6月，中国人民银行、银监会、国家标准化管理委员会等部门联合发布了《金融业标准化体系建设发展规划（2016—2020年）》（以下简称《规划》），将"绿色金融标准化建设"列为"十三五"时期金融业标准化的重点工程。此前，原银监会、中国人民银行、发改委，以及证券监督管理委员会（以下简称"证监会"）等监管部门已经在绿色金融标准体系建设方面进行了一定的探索，但目前与《规划》的要求还存在一定的差距。之后，根据中国人民银行发布的《中国绿色金融发展报告2017》，全国金融标准化技术委员会陆续印发《〈金融业标准化体系建设发展规划（2016—2020年）〉任务分工》和《金融标准化工作要点（2017—2018）》，均明确提出开展绿色金融标准体系建设。

（二）中国绿色金融标准体系的目标与框架确立

构建国内统一、与国际接轨、清晰可执行的绿色金融标准体系成为中国绿色金融体系的主要目标。中国人民银行副行长陈雨露表示，作为绿色金融领域的"通用语言"，绿色金融标准既是规范绿色金融相关业务、确保绿色金融自身实现商业可持续的必要技术基础，也是推动经济社会绿色发展的重要保障。①基于绿色金融标准的重要性。陈雨露还表示，构建统一的绿色金融标准体系的要求是国内统一、国际接轨、清晰、可执行。②由此可见，构建绿色金融的标准体系一直是中国绿色金融领域的重要方面，而建立统一的绿色金融标准体系成为绿色金融下一阶段的核心任务。

绿色金融标准框架和组织架构已基本建立。2018 年 1 月，根据中国人民银行等五部委联合发布的《金融业标准化体系建设发展规划（2016—2020 年）》，全国金融标准化技术委员会批复同意中国人民银行牵头成立绿色金融标准工作组。2018 年 9 月，全国金融标准化技术委员会绿色金融标准工作组（以下简称"工作组"）第一次全体会议在京召开，绿色金融标准制定的组织架构建立。会议审议通过了《绿色金融标准工作组章程》，表决通过了工作组组长、副组长、绿色金融标准体系的基本框架和六个工作小组，建立的六个工作小组研究六大类绿色金融标准，分别是绿色金融通用基础标准、绿色金融产品服务标准、绿色信用评级评估标准、绿色金融信息披露标准、绿色金融统计与共享标准、绿色金融风险管理与保障标准，我国的绿色金融

---

① 经济参考报.统一标准加快制定中 绿色金融政策体系构建打出组合拳.2019-05-20［2020-10-09］.https://baijiahao.baidu.com/s?id=1633847299579268319&wfr=spider&for=pc.

② 中国网.陈雨露：构建我国统一的绿色金融标准体系.2019-03-05［2020-10-09］.http://cppcc.china.com.cn/2019-03/05/content_74535285.htm.

标准框架体系也基本确立。正如中国人民银行要求的，要充分发挥绿色金融标准工作组的作用，加快构建国内统一、国际接轨、清晰可执行的绿色金融标准体系，着重从制度建设、产品服务、操作流程、风险防控等角度全面系统地规范绿色金融发展。①

（三）中国绿色金融标准体系建设取得积极进展

绿色金融通用基础标准取得了重大突破。在中国人民银行发布《绿色金融术语手册》之后，2019年3月由国家发改委等七部委联合出台的《绿色产业指导目录（2019年版）》（以下简称《目录》）及解释说明文件，既是我国建设绿色金融标准工作的又一重大突破，也是我国目前关于界定绿色产业和项目最全面、最详细的指引，以进一步理清产业边界，将有限的政策和资金引导到对推动绿色发展最重要、最关键、最紧迫的产业上，有效服务于重大战略、重大工程、重大政策，为打赢污染防治攻坚战、建设美丽中国奠定坚实的产业基础。《目录》将绿色产业划分为六大类别，包括节能环保产业、清洁生产产业、清洁能源产业、生态环境产业、基础设施绿色升级及绿色服务，在这六大一级分类下又细分为30项二级分类及211项三级分类。《目录》属于绿色金融标准体系中绿色金融通用基础标准范畴，有了《绿色产业指导目录（2019年版）》这一通用标准，绿色信贷标准、绿色债券标准、绿色企业标准及地方绿色金融标准等其他标准就有了一个统一的基础和参考，有助于金融产品服务标准的全面制定、更新和修订。

绿色债券标准建设取得重大进展。2021年4月21日，中国人民

---

① 新华网.绿色金融体系构建打出组合拳.2019-05-20［2020-10-09］.http://www.xinhuanet.com/money/2019/05/20/c_1124516419.htm。

银行、国家发改委、证监会联合发布了《关于印发〈绿色债券支持项目目录（2021年版）〉的通知》，并随文发布《绿色债券支持项目目录（2021年版）》，该目录自2021年7月1日起施行。此版绿色债券标准的逻辑和框架及主要内容与《绿色产业指导目录（2019年版）》实现一致与协同，同时实现了我国各类绿色债券标准的统一。此次发布的新版目录对我国绿色债券标准进行了统一，其适用范围包括境内所有类型的绿色债券：绿色金融债券、绿色企业债券、绿色公司债券、绿色债务融资工具和绿色资产支持证券，结束了原来的不同绿色债券标准共存的情况，有利于中国绿色债券市场的进一步发展。新版绿色债券标准实现了与国际标准的接轨。化石能源纳入与否是国内外标准接轨的关键。本次发布的绿色债券标准删除了化石能源清洁利用的相关类别，实现了与国际标准的接轨，有利于吸引国际投资者对中国绿色债券市场进行投资，并有利于提升中国在绿色债券标准领域的国际话语权和影响力。

绿色金融机构评价标准和统计标准再升级。目前，对我国绿色金融机构的评价标准主要是在银保监会指导下、中国银行业协会发布的《中国银行业绿色银行评价实施方案》，以及中国人民银行于2021年6月发布的《关于印发〈银行业金融机构绿色金融评价方案〉的通知》。前者更加重视对银行绿色金融业务发展的过程评价，设计指标以定性指标为主，定量指标为辅；后者更加重视银行绿色金融业务发展的结果评价，设计的指标以绿色金融业务总额相关定量指标为主，定性指标为辅。在绿色金融统计标准方面，2013年原银监会发布了《绿色信贷统计制度》，2018年中国人民银行发布了《绿色贷款专项统计制度》，规定了金融机构的绿色信贷环境信息统计标准和绿色信贷统计标准，2019年和2020年，中国人民银行和银保监会相关的统计制度都实现了升级。

绿色金融信息披露标准不断完善。在上市公司环境信息披露标准方面，七部委《关于构建绿色金融体系的指导意见》的分工方案已经明确，要建立强制性上市公司披露环境信息的制度。证监会的上市公司环境信息披露工作实施方案分三步走[①]，第一步为2017年底修订上市公司定期报告内容和格式准则，要求进行自愿披露；第二步为2018年强制要求重点排污单位披露环境信息，未披露的需要做出解释；第三步为2020年12月前强制要求所有上市公司进行环境信息披露。在绿色债券发行人环境信息披露标准方面，人民银行、沪深交易所及交易商协会先后公布了关于绿色债券信息披露的标准，要求发行人按年度、半年度、季度披露募集资金使用、项目进展及实现的环境效益等情况。在金融机构环境信息披露标准方面，我国国有银行和大中型商业银行会按照《绿色信贷指引》的要求在其年报和社会责任报告中披露当年绿色信贷规模等情况，有些银行还会披露其绿色信贷实现的环境效益；中国金融学会绿色金融专业委员会（以下简称"绿金委"）牵头中英金融机构开展了环境信息披露试点工作。

区域绿色金融标准逐渐建立与完善。六省九地的绿色金融改革试验区在这几年大力发展绿色金融，不断出台地方绿色金融标准。目前，绿色金融改革试验区中的湖州、衢州、广州的花都区、南昌的赣江新区、贵阳的贵安新区等均在绿色金融标准制度建设上取得了较大进展。另外，金融工具、产品和服务等方面的标准创新也在不断增加。其中，绿色企业的认证标准、绿色项目库的项目标准、绿色银行

---

① 中国金融新闻网.上市公司环境信息披露全面升级.2018-02-09[2020-10-09].https://www.financialnews.com.cn/jigou/ssgs/201802/t20180209_133113.html。

的评价标准等相关工作在各试验区积极开展，区域绿色金融标准体系日益完善。例如，湖州绿色金融改革创新试验区在2018年6月发布了《绿色融资项目评价规范》《绿色融资企业评价规范》《绿色银行评价规范》《绿色金融专营机构建设规范》四项地方绿色金融标准。

我国积极参与可持续金融国际统一标准建设。2018年9月，ISO（国际标准化组织）正式设立TC322（可持续金融技术委员会）。根据中国人民银行发布的《中国绿色金融发展报告（2018）》，ISO/TC322将制定可持续金融管理的框架指南，明确有关概念、术语、原则和实践指南。ISO/TC322由英国作为主席国和秘书处，包括中国在内有18个参与成员，以及14个观察成员。2019年3月，ISO/TC322首次会议在伦敦举行，会议推举中国金融学会绿色金融专业委员会主任马骏担任ISO/TC322副主席，并全票通过可持续金融术语标准项目立项，该项目成为ISO/TC322项下的首个国际标准项目。

二、中国绿色信贷政策与标准发展

（一）绿色金融制度顶层架构确立

党的十八大以来，生态文明建设已上升为国家战略，我国绿色发展不断深入，绿色金融成为我国绿色发展过程中的一个重要部分。近些年，我国制定和出台了一系列促进绿色金融发展的政策制度，逐步探索构建我国绿色金融体系，绿色金融顶层设计逐步建立。

2015年9月，国务院印发《生态文明体制改革总体方案》，从信贷、绿色股票指数、绿色债券、绿色发展基金、上市公司披露信息、担保、环境强制责任保险、环境影响评估、国际合作等方面具体提出了建立绿色金融体系。"建立绿色金融体系，发展绿色信贷、绿色债券,设立绿色发展基金"被写入中国"十三五"规划。

2016年,中国人民银行、财政部等七部委联合发布《关于构建绿色金融体系的指导意见》,提出从大力发展绿色信贷、推动证券市场支持绿色投资、设立绿色发展基金、发展绿色保险、完善环境权益交易市场、支持地方发展绿色金融、推动开展绿色金融国际合作等方面建立多层次的绿色金融体系,中国成为世界上首个建立绿色金融政策框架体系的经济体。2016年8月,中国人民银行等七部委印发《落实〈关于构建绿色金融体系的指导意见〉的分工方案》,中国的绿色金融体系建设正在有条不紊地推进。

(二)绿色信贷制度日趋完备

我国的绿色信贷在绿色融资规模中占据绝对的主导地位,同时也是最早形成一套较为完备的制度体系的绿色金融领域。目前,我国已经建立了以《绿色信贷指引》为核心,以绿色信贷统计制度和绿色信贷评价制度为基石的较为完整的绿色信贷政策框架体系。

绿色信贷制度框架核心。2012年,原银监会发布的《绿色信贷指引》既是我国绿色信贷体系的核心,也是境内所有银行业金融机构发展绿色信贷的纲领性文件。该指引把绿色信贷主要归纳为三个方面:一是银行发挥资源配置的功能;二是银行加强环境和社会风险管理;三是银行积极制定政策,提升自身环境和社会表现,从而实现银行的可持续发展。围绕绿色信贷这三个方面的内涵,该指引从银行组织管理、政策制度及能力建设、流程管理、内控管理与信息披露、监督检查五个方面提出要求,督促银行业金融机构从战略高度推进绿色信贷,加大对绿色经济、低碳经济、循环经济的支持,防范环境和社会风险,提升自身的环境和社会表现,并以此优化信贷结构,提高服务水平，促进发展方式转变。

绿色信贷统计制度。2013年，原银监会出台《绿色信贷统计制度》，要求银行类金融机构对12大类节能环保项目及服务的贷款，以及涉及环境、安全重大风险的企业贷款分别进行统计，半年报送一次；在此基础上，对节能环保项目及服务贷款五级分类情况进行统计，并对这些绿色贷款形成的环境效益按照七项环境指标进行统计。2018年，中国人民银行为了配合绿色信贷MPA（宏观审慎评估体系）考核，印发《关于建立绿色贷款专项统计制度的通知》，在与原银监会发布的绿色信贷标准保持一致的基础上，要求银行类金融机构按季度报送绿色信贷数据，并加入了绿色信贷国标行业分类统计，绿色信贷统计制度进一步完善。2019年，中国人民银行修订了绿色贷款专项统计制度，主要根据2019年发改委牵头发布的《绿色产业指导目录（2019年版）》的框架和项目进行报送。2020年，中国银行保险监督委员会下发了《中国银保监会办公厅关于绿色融资统计制度有关工作的通知》，将原来的绿色信贷统计制度升级为绿色融资统计制度，原银监会发布的绿色信贷统计制度相关工作要求、指标解释、环境效益测算工具等全面升级。

绿色信贷评价制度。2014年，原银监会印发了《绿色信贷实施情况关键评价指标》。2015年，为了更好地指导和帮助银行业金融机构开展绿色信贷实施情况自评价工作，原银监会下发了《中国银监会办公厅关于下发绿色信贷实施情况自评价两个模板的通知》（以下简称《模板通知》），制定了详细的"绿色信贷实施情况自评价报告模板"和"绿色信贷实施情况关键指标填报模板"，并在2015—2019年先后五次开展了全国21家主要银行的绿色信贷自评价工作，各地方银监局也根据各地区的情况开展了区域法人机构的评价工作。在多年绿色信贷自评价的基础上，2017年底，中国银行业协会公布了《中国银行业绿色银行评价实施方案（试行）》，实施方案明确了评价指标设计、评价工作的组织流程及评价结果的合理运用，并对主要银行先行开展绿色信贷业绩评价，在所取得经验的基础上，逐渐将绿色银行评价范围扩大至中小商业银行，并在2018年开展了首次年度绿色银行评价工作后，于2019年开展了第二次年度绿色银行评价工作。

2018年，中国人民银行出台的《关于开展银行业存款类金融机构绿色信贷业绩评价的通知》及《银行业存款类金融机构绿色信贷业绩评价方案（试行）》，将绿色信贷业绩评价范围从原来的20多家全国性主要银行扩展至全部银行业存款类金融机构，并将评价结果纳入MPA考核。同时2018年的评价结果表明，绿色信贷业绩评价提升了金融机构对绿色信贷业务的重视程度和金融机构的积极性，同时，金融机构绿色信贷业绩仍有较大的提升空间。

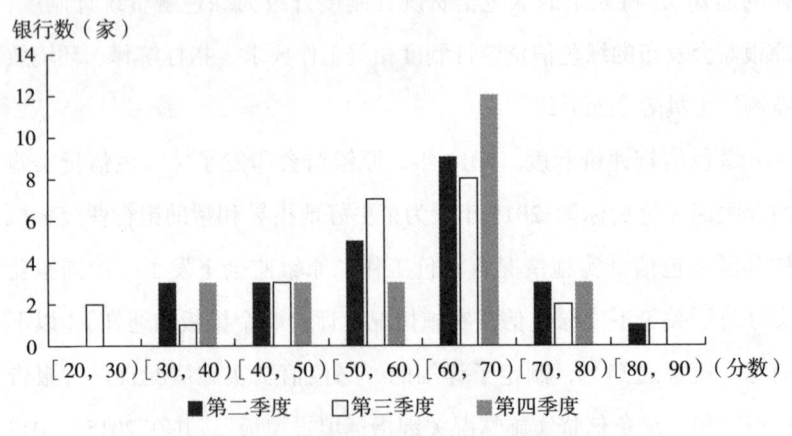

图4.1 2018年主要银行业金融机构绿色信贷业绩

资料来源：中国人民银行《中国绿色金融发展报告（2018）》，兴业研究。

2021年6月10日,中国人民银行发布了《关于印发〈银行业金融机构绿色金融评价方案〉的通知》(以下简称《方案》)。《方案》对中国人民银行于2018年7月制定的《银行业存款类金融机构绿色信贷业绩评价方案(试行)》进行了修订:一是扩展了考核业务覆盖范围,统筹考虑绿色贷款和绿色债券业务的开展情况,并为进一步考核绿色股权投资、绿色租赁、绿色信托、绿色理财等新业态预留了空间;二是基于扩充的考核范围修订了相应的评估指标;三是拓展了评价结果的应用场景,绿色金融业绩评价结果将纳入中国人民银行金融机构评级等中国人民银行政策和审慎管理工具。

《方案》明确了对银行业金融机构进行绿色金融评价的实施原则、覆盖的业务范围、实施责任主体及被考核对象、评价周期、数据来源、评价方法、评价结果的应用场景等内容,并对在前期考核过程中遇到的极端情况和政策调整导致的过渡期进行了特别安排。

1. 基本内容

在覆盖业务范围方面,《方案》中的绿色金融业务是指银行业金融机构(法人,下同)开展的各项符合绿色金融标准及相关规定的业务,包括但不限于绿色贷款、绿色证券、绿色股权投资、绿色租赁、绿色信托、绿色理财等。但《方案》当前纳入评价范围的绿色金融业务仅包括境内绿色贷款和境内绿色债券,中国人民银行后续将根据绿色金融标准和统计制度的完善情况对纳入评价范围的绿色金融业务进行动态调整。

在实施责任主体及被考核对象方面,中国人民银行负责24家主要银行业存款类金融机构的绿色金融业绩评价工作,中国人民银行上海总部、各分行、营业管理部、省会(首府)城市中心支行负责辖区内银行业金融机构法人的绿色金融评价工作。

在评价周期方面，绿色金融评价工作自 2021 年 7 月起实施（即对 2021 年第三季度的绿色金融评价开始采用该方案），评价工作每季度开展一次。中国人民银行各分支机构每半年向中国人民银行报送评价结果及情况说明。

2. 评估指标与方法

评价指标包括定量和定性两类：

定量指标权重为 80%，包括绿色金融业务总额占比、绿色金融业务总额份额占比、绿色金融业务总额同比增速、绿色金融业务风险总额占比四个指标。

绿色金融业务总额为各项绿色金融业务余额的加权总和，当前为境内绿色贷款余额与境内绿色债券持有量之和，权重均为 1。其中，境内绿色贷款余额采用中国人民银行调查统计部门提供的统计数据；境内绿色债券持有量采用登记托管机构提供的登记数据，纳入境内绿色债券持有量统计的产品包含绿色金融债、绿色企业债、绿色公司债、绿色债务融资工具、绿色资产证券化、经绿色债券评估认证机构认证为绿色的地方政府专项债券等产品。

绿色金融业务总额占比是指当期末被评机构境内绿色金融业务总额占其境内资产总额的比例；绿色金融业务总额占比是指当期末被评机构绿色金融业务总额占全部参评机构绿色金融业务总额的比例；绿色金融业务总额同比增速是指被评机构当期末境内绿色金融业务总额比上年同期末境内绿色金融业务总额的增幅；绿色金融业务风险总额是指未按约定交割的绿色金融业务加权总额，如不良绿色贷款余额、超期未兑付的绿色债券余额（包括持有的绿色债券）等。

在定量指标评分方法方面，每一项定量指标所占权重相同，均为25%。同时，每一项指标均包括纵向（权重为10%）和横向（权重为15%）两个评分基准，纵向评分基准为被评价机构最近三期该指标的平均值；横向评分基准为当期末全部参评机构该指标的平均值。各家机构的每项指标都将以评分基准进行标准化处理得到最终的可比评分结果。

定性指标权重为20%，由监管机构进行外部评价，考核内容包括参评机构执行国家及地方绿色金融政策情况（30分）、机构绿色金融制度制定及实施情况（40分）、金融支持绿色产业发展情况（30分）三大项。

此外，《方案》指出："中国人民银行将根据绿色金融发展的需要，适时调整评价指标及其权重。"

3. 评估结果和运用

《方案》提出："绿色金融评价结果纳入央行金融机构评级等中国人民银行政策和审慎管理工具。鼓励中国人民银行分支机构、监管机构、各类市场参与者积极探索和依法依规拓展绿色金融评价结果的应用场景。鼓励银行业金融机构主动披露绿色金融评价结果。"

4. 与相关制度的对比

（1）与人民银行原绿色信贷业绩评价的试行方案对比

本次发布的《方案》是基于此前中国人民银行于2018年7月发布的《银行业存款类金融机构绿色信贷业绩评价方案（试行）》（以下简称《试行方案》）的修订版，修订内容主要体现在业务覆盖范围、考核指标调整和评价结果运用等方面。

首先，扩展了考核业务覆盖范围，《试行方案》的评价范围仅包括银行业存款类金融机构的绿色信贷业务，本次修订的《方案》则在此基础上进一步拓宽了绿色金融业务的覆盖范围，统筹考虑绿色贷款和绿色债券业务开展情况，并为进一步考核绿色股权投资、绿色租赁、绿色信托、绿色理财等新业态预留了空间。

《方案》纳入绿色债券业务考核将对银行投资绿色债券形成正向激励，进一步推动银行的绿色债券投资，以加强对绿色产业的支持。同时，此次考核范围的扩展，也顺应了我国银行业金融机构绿色金融业务逐步扩展的趋势，2020年，银保监会将其绿色信贷统计制度升级为绿色融资统计制度，将统计范围从表内绿色贷款扩展至表内绿色债券投资，以及包括绿色银行承兑汇票和绿色信用证在内的表外绿色融资。

其次，基于扩充的考核范围修订了相应的评估指标。在定量指标方面，由于《方案》的考核范围不再仅限于绿色贷款，考核指标也进行了相应的调整：一是考核指标由原来的五项改为四项，删除了"绿色贷款增量占比"指标项；二是剩余四项指标都由原来的"绿色信贷"相关指标改为了相对应的"绿色金融业务"相关指标。尽管修订后的《方案》删除了对业务增量占比的考核指标，但在评分基准方面提升了纵向评分的权重，纵向与横向评分权重比例由原来的1∶4提升为2∶3，纵向评分考核的是银行当期绿色金融业务指标与其自身近三期平均水平的比较。因此，综合来看《方案》并未降低对业务增量的考核要求。

在定性指标方面，更加注重银行自身绿色金融制度制定及实施。定性指标由原来的"执行国家绿色发展政策情况""《绿色贷款专项统计制度》执行情况""《绿色信贷业务自评价》工作执行情况"三项修订为"执行国家及地方绿色金融政策情况""机构绿色金融制度制定及实施情况""金融支持绿色产业发展情况"三项。如果说《试行方案》更加注重银行机构对绿色金融相关统计和评价制度的执行情况，新修订的《方案》则提升了对银行机构自身绿色金融制度制定及实施情况评价的权重，注重对银行业金融机构绿色金融发展战略和规划、治理，气候和环境风险压力测试信息披露，气候和环境风险管控，贷款审批，绩效考核，绿色债券发行与承销情况，产品服务创新，金融科技创新，非绿色金融业务或棕色资产情况，其他绿色金融相关制度的制定、实施、更新等情况的评价。

最后，拓展了评价结果的应用场景，加强了相应的激励约束机制。在评估结果运用方面，拓展为"将绿色金融业绩评价结果纳入央行金融机构评级等中国人民银行政策和审慎管理工具"。根据中国人民银行发布的《中国金融稳定报告》，中国人民银行及其分支机构运用央行金融机构评级结果对金融机构进行差别化管理，该评级结果不仅是 MPA 考核的主要依据，对于 MPA 考核不达标的机构，可通过运用货币政策工具、动态差别准备金、窗口指导和逆周期资本要求等方式，督促金融机构稳健经营；更为重要的是，该评级结果还是核定存款保险风险差别费率的重要依据，对于评级结果较差的机构应适用较高费率，并可对其采取补充资本、控制资产增长、控制重大交易授信、降低杠杆率等早期纠正措施；此外，根据金融机构评级结果，中国人民银行及其分支机构还可依法直接采取加强监测、风险警示、早期纠正和风险处置等措施。对于评级结果为 8 级以上的金融机构，在金融政策支持、业务准入、再贷款授信等方面采取更为严格的约束措施。

因此，将银行绿色金融业绩评价结果由"纳入 MPA 考核"拓展为"纳入央行金融机构评级",是对评价结果应用场景的重要扩展,进一步加强了对银行开展绿色金融业务的激励约束机制。此外,《方案》还提出,"鼓励中国人民银行分支机构、监管机构、各类市场参与者积极探索和依法依规拓展绿色金融评价结果的应用场景"。

(2)与绿色银行评价制度对比

在中国银监会的指导下,2018年初中国银行业协会公布《中国银行业绿色银行评价实施方案(试行)》(以下简称《实施方案》),规定先期为开展银监会年度绿色信贷业务自评价工作的开发性金融机构、各政策性银行、国有大型银行、股份制商业银行共计21家主要的全国性银行开展绿色银行评价,以后逐步扩展到中小型商业银行。

《实施方案》更加重视银行绿色金融业务发展的过程评价,设计的指标以定性指标为主,定量指标为辅。其中,设计定性指标100分,定量指标作为加分项,最多加5分,并从组织管理、政策制度及能力建设、流程管理、内控管理与信息披露、监督检查五个维度对银行绿色金融发展进行评价,对"董事会职责"(12分,12%)、"高级管理层职责"(10分,10%)、"归口管理"(8分,8%)、"制定政策"(8分,8%)指标设置了更高的权重,引导银行在发展绿色信贷中充分重视董事会和管理层职责,以及对绿色信贷进行归口管理,并制定相应的绿色信贷政策,以实现绿色金融的健康发展。

中国人民银行的评价《方案》更加重视银行绿色金融业务发展的结果评价,设计的指标以与绿色金融业务总额相关的定量指标为主,设计定量指标占80%,并兼顾银行绿色金融业务的发展过程,设计定性指标占20%。我们认为,二者对银行绿色金融发展的业绩评价均采用了定量评价与定性评价相结合的考核方法,相互补充,目标一致,均实现了对银行发展绿色金融的引导和激励。

三、中国绿色债券标准发展

（一）绿色债券制度体系不断完善

作为我国绿色金融市场最闪亮的新星，我国从2015年开始，逐步建立了包括绿色金融债、绿色企业债、绿色公司债、非金融企业债务融资工具，以及绿色认证、信息披露、存续期管理等相对完善的绿色债券政策体系。2018年底，绿色债券标准委员会成立，这标志着中国绿色债券自律管理协调机制落地运行，对绿色债券市场的发展具有非常重要的意义，中国人民银行在2019年推出的绿色金融改革创新试验区制度，不断推动绿色债券制度深化发展。

试验区绿色债务融资工具制度创新突破。2019年5月13日，中国人民银行发布《关于支持绿色金融改革创新试验区发行绿色债务融资工具的通知》（以下简称《通知》），对于试验区绿色债务融资工具发展最重要的突破，即募集资金用途的扩大，此前包括绿色债务融资工具在内的各类绿色金融产品，如绿色金融债、绿色企业债、绿色公司债的募集资金用途均需要严格对应绿色项目。此次《通知》对试验区绿色债务融资工具募集资金用途进行了扩展，一方面是企业发行绿色债务融资工具获得的资金可投资于试验区绿色发展基金，支持地方绿色产业发展；另一方面是试验区内绿色企业注册发行绿色债务融资工具融得的资金，主要用于企业绿色产业领域的业务发展，可以不对应到具体绿色项目。《通知》的发布将大大推动绿色金融改革创新试验区绿色债务融资工具的发展，并进一步丰富我国绿色金融市场。

表 4.1 绿色债券制度一览

绿色债券政策及指引梳理				
政策类型		发布时间	监管机构	政策	主要内容
各类绿色债券标准及指引	绿色金融债	2015.12	中国人民银行	《中国人民银行公告〔2015〕第39号》；《绿色债券支持项目目录》	对绿色金融债券从绿色产业项目界定、募集资金投向、存续期间资金管理、信息披露和独立机构评估或认证等方面进行了引导和规范，为金融机构发行绿色债券提供了制度指引
	绿色企业债	2015.12	发改委	《绿色债券发行指引》	界定了绿色企业债券的项目范围和支持重点，公布了企业申请发行绿色债券的审核要求，为企业发行绿色企业债券提供了指引
	绿色公司债	2016.3	上交所	《关于开展绿色公司债券试点的通知》	沪深交易所分别展开绿色公司债券试点，绿色公司债进入交易所，债市通道正式开启
		2016.4	深交所	《关于开展绿色公司债券业务试点的通知》	
		2017.3	证监会	《关于支持绿色债券发展的指导意见》	对绿色公司债券、绿色产业项目做出界定。发行绿色资产支持证券、绿色地方政府债券、绿色可续期债券等产品，参照绿色公司债券的相关要求执行
	非金融企业绿色债务融资工具	2017.3	交易商协会	《非金融企业绿色债务融资工具业务指引》	对其他绿色债券指导意见先前未提及的非金融企业绿色债务融资工具做出了规定
		2019.5	中国人民银行	《关于支持绿色金融改革创新试验区发行绿色债务融资工具的通知》	对绿色债务融资工具的定义及绿色金融改革创新试验区的范围进行了明确的界定，提出了探索扩大绿色债务融资工具募集资金用途等五项支持发行绿色债务融资工具的具体内容

续表

绿色债券政策及指引梳理					
政策类型	发布时间	监管机构	政策	主要内容
存续期管理制度	2018.2	中国人民银行	《关于加强绿色金融债券存续期监督管理有关事宜的通知》	提出加强对存续期绿色金融债券募集资金使用的监督核查，重点核查发行人的经营状况、募集资金投向绿色项目的真实性和进度、绿色项目的筛选和决策程序的合规性及环境效益的实现情况等
存续期管理制度	2018.2	中国人民银行	《绿色金融债券存续期信息披露规范》	要求按季度披露绿色金融债券募集资金使用情况，并于年末披露年度报告
评估认证机制	2017.12	中国人民银行、证监会	《绿色债券评估认证行为指引（暂行）》	规定了绿色债券核查机构的监管要求，包括对核查机构的资质、审查或认证程序，以及发表评估结论和出具报告等方面的要求。核查机构应遵循绿色债券标准委员会认可的国内或国际标准，需要对绿色债券进行发行前审查和发行后跟踪

资料来源：兴业研究根据公开资料整理。

（二）绿色债券标准实现统一

2021年4月21日，中国人民银行、国家发改委、证监会联合发布了《关于印发〈绿色债券支持项目目录（2021年版）〉的通知》，并随文发布《绿色债券支持项目目录（2021年版）》，该目录自2021年7月1日起施行。

《绿色债券支持项目目录（2021年版）》的逻辑和框架及主要内容与发改委于2019年3月发布的《绿色产业指导目录（2019年版）》实现了一致与协同，统一了我国的绿色债券标准，同时也兼顾了与旧版绿色债券标准的衔接，以及与国际相关标准的接轨。

1.《绿色债券支持项目目录（2021年版）》的主要内容

首先,《绿色债券支持项目目录（2021年版）》明确了绿色债券的定义:"绿色债券是指将募集资金专门用于支持符合规定条件的绿色产业、绿色项目或绿色经济活动,依照法定程序发行并按约定还本付息的有价证券,包括但不限于绿色金融债券、绿色企业债券、绿色公司债券、绿色债务融资工具和绿色资产支持证券。"

其次,在具体支持项目上,《绿色债券支持项目目录（2021年版）》总体逻辑和框架与《绿色产业指导目录》保持一致,并对其三级分类进行了细化,增加四级分类,其中,一级分类与《绿色产业指导目录》一致,包括节能环保产业、清洁生产产业、清洁能源产业、生态环境产业、基础设施绿色升级及绿色服务六大类;而二级分类和三级分类则沿用了《绿色债券支持项目目录（2015年版）》的基本思路,增加了《绿色产业指导目录（2019年版）》中有关绿色农业、可持续建筑、水资源节约和非常规水资源利用的分类层级,并扩展了农业和生态保护等领域的支持项目范围;四级分类与《绿色产业指导目录（2019年版）》的三级分类名称保持了一致,基本涵盖了《绿色产业指导目录（2019年版）》中的相关绿色产业和项目。

《绿色债券支持项目目录（2021年版）》为保持先进性,以及后续与国际相关标准的接轨,提升中国在绿色债券标准领域的国际话语权,四级分类删除了化石能源清洁利用的相关类别。此外,为更好地兼顾绿色债券、支持绿色产业链条的完整性及本目录自身的科学性和可操作性,《绿色产业指导目录（2019年版）》中涉及的部分与项目相关的贸易和消费融资活动也被纳入了《绿色债券支持项目目录（2021年版）》的支持范围。

2.《绿色债券支持项目目录（2021年版）》的特点

（1）《绿色债券支持项目目录（2021年版）》的逻辑和框架及主要内容与《绿色产业指导目录》实现一致与协同

在由中国人民银行牵头设计的绿色金融标准体系建设框架中，绿色产业目录属于绿色金融标准体系中"绿色金融通用基础标准"的范畴；而绿色债券标准、绿色信贷标准等属于"绿色金融产品服务标准"，2019年3月七部委联合印发《绿色产业指导目录（2019年版）》后，绿色信贷标准、绿色债券标准等其他标准就有了一个统一的基础和参考，因此包括绿色债券和绿色信贷在内的金融产品服务标准的全面制定、更新和修订工作就不断推进。《绿色债券支持项目目录（2021年版）》在框架方面，与《绿色产业指导目录（2019年版）》的六大类别保持一致，一级分类包括节能环保产业、清洁生产产业、清洁能源产业、生态环境产业、基础设施绿色升级、绿色服务六大类；而在主要内容方面，四级分类与《绿色产业指导目录（2019年版）》的三级分类名称保持一致，基本涵盖《绿色产业指导目录（2019年版）》中的相关绿色产业和项目。

（2）统一国内绿色债券标准，兼顾新旧标准的衔接

我国绿色债券标准迎来统一。此前我国的绿色债券包括中国人民银行绿金委制定的《绿色债券支持项目目录（2015年版）》的六大类项目，以及发改委在《绿色债券发行指引》中公布的12类绿色项目范围，其中绿色企业债券遵循《绿色债券发行指引》中的标准，其他包括绿色金融债、绿色公司债、绿色债务融资工具、绿色资产支持证券等绿色债券遵循《绿色债券支持项目目录（2015年版）》标准。两套标准在原则上和大方向上基本一致，但类别划分方式不同，同时部分项目范围也存在差异，例如，针对可以发行绿色债券的项目标准，

发改委的《绿色债券发行指引》中的节能环保设备、合同能源管理、节能环保产业园建设、核电、低碳产品生产、低碳技术和装备等项目在中国人民银行的《绿色债券支持项目目录（2015年版）》中并未明确提及；而中国人民银行的《绿色债券支持项目目录（2015年版）》中的清洁燃油、灾害应急防控、交通领域互联网和能源管理中心等内容，也无法在《绿色债券发行指引》中找到能够明确对应的划分。此次发布的新版目录对我国绿色债券标准进行了统一，适用范围包括了所有类型的绿色债券"包括但不限于绿色金融债券、绿色企业债券、绿色公司债券、绿色债务融资工具和绿色资产支持证券"。

表4.2 《绿色债券支持项目目录（2021年版）》与《绿色产业指导目录》对比

	适用范围	标准名称	项目范围标准
原标准	绿色金融债券、绿色公司债券、绿色债务融资工具、绿色资产支持证券	中国人民银行《绿色债券支持项目目录（2015年版）》	六大类31小类，包括节能、污染防治、资源节约与循环利用、清洁交通、清洁能源、生态保护和适应气候变化等类别项目
	绿色企业债券	发改委《绿色债券指引》	项目范围包括十二大类，分别为节能减排技术改造、绿色城镇化、能源清洁高效利用、新能源开发利用、循环经济发展、水资源节约和非常规水资源开发利用、污染防治、生态农林业、节能环保产业、低碳产业、生态文明先行示范实验、低碳试点示范
新标准	所有绿色债券类别，包括但不限于绿色金融债券、绿色公司债券、绿色企业债券、绿色债务融资工具、绿色资产支持证券	中国人民银行、发改委、证监会《绿色债券支持项目目录（2021年版）》	包含六大类产业，分别为节能环保产业、清洁生产产业、清洁能源产业、生态环境产业、基础设施绿色升级产业、绿色服务产业

资料来源：兴业研究整理。

此外，新版目录也兼顾了与旧版目录的衔接。尽管《绿色债券支持项目目录（2021年版）》基本以《绿色产业指导目录》框架为准，但考虑到与《绿色债券支持项目目录（2015年版）》的衔接与对应，在其设置的二级分类和三级分类中保持了与旧版目录思路上的一致。同时，在《通知》中明确提出："做好《绿色债券支持项目目录（2021年版）》与《绿色债券支持项目目录（2015年版）》（中国人民银行公告〔2015〕第39号公布）、《绿色债券发行指引》（发改办财金〔2015〕3504号文印发）的衔接。对于在《绿色债券支持项目目录（2021年版）》发布前已处于存续期或已核准、已完成注册程序的债券，在绿色债券认定和资金投向上仍按照《绿色债券支持项目目录（2015年版）》和《绿色债券发行指引》有关适用范围执行。对于在《绿色债券支持项目目录（2021年版）》发布时已申报材料但未获得核准或未完成注册程序的债券，发行主体在绿色项目认定上，可自行选择适用《绿色债券支持项目目录（2015年版）》、《绿色债券发行指引》或《绿色债券支持项目目录（2021年版）》。对于上述债券，均鼓励发债主体按照《绿色债券支持项目目录（2021年版）》进行信息披露等相关工作。"

（3）新版绿色债券标准实现了与国际标准的接轨

国内的绿色债券标准与国际的绿色债券原则基本一致，差异主要体现在两个方面：一是在募集资金用途方面，国内绿色项目标准包含化石燃料项目（如燃煤发电、清洁煤炭和燃料生产等），而国际标准将化石燃料项目排除在外；二是在募集资金的使用方面，国内绿色企业债允许发行人最多将50%的募集资金用于偿还银行贷款或投入一般营运资金，而国际绿色债券指引认为，发行人应确保将募集到的资金用于与绿色项目相关的贷款和投资。对于第二方面的差异，只要发行人做充分的募集资金使用信息披露，或请第三方认证，市场就可以判断绿色债券募集资金用于与绿色项目相关的投资。因此，中外绿色金融标准的最大差异在于是否认定化石能源高效清洁利用项目是绿色项目。

化石能源纳入与否是国内外标准能否接轨的关键。中国人民银行研究局绿色金融标准课题组于 2019 年在《中国金融》撰文指出，从化石能源行业的融资需求看，我国将化石能源项目从绿色金融支持范围中剔除具备可行性。本次修订的绿色债券标准删除了化石能源清洁利用的相关类别，实现了与国际标准的接轨，有利于提升中国在绿色债券标准领域的国际话语权。

参考文献

[1] ADB. Catalyzing Green Finance: A Concept for Leveraging Blended Finance for Green Development [R], 2017.

[2] EBA. Action Plan on Sustainable Finance, 2019.

[3] EU TEG on Sustainable Finance. Taxonomy: Final report of the Technical Expert Group on Sustainable Finance, 2020.

[4] European Commission. Overview of sustainable finance [EB/OL]. 2021-03-30 [2021-03-30]. https://ec.europa.eu/info/business-economy-euro/banking-and-finance/sustainable-finance/overview-sustainable-finance_en#what.

[5] Europen Commission. Action Plan: Financing Sustainable Development, 2018.

[6] Europen Commission. The European Green Deal, 2019.

[7] Fanny. ESMA公布可持续金融战略，绿色投资成亮点 [EB/OL]. 2020-02-10 [2020-12-10]. https://www.fx.cool/cn/newsdetail/9289。

[8] GIIN. 2020 Annual Impact Investor Survey. 2020a.

[9] GIIN. Core Characteristics of Impact Investing [EB/OL]. 2020-12-21 [2020-12-21]. https://thegiin.org/characteristics. 2020b.

[10] GIIN. What You Need to Know about Impact Investing [EB/OL]. 2020-12-15 [2020-12-15]. https://thegiin.org/impact-investing/need-to-know/. 2020c.

[11] ICMA. Climate Transition Finance Handbook, 2020.

[12] ICMA. Green Bond Principles, 2021.

[13] ICMA. Social Bond Principles, 2021.

[14] ICMA. Sustainability Bond Guidelines, 2021.

[15] ICMA. Sustainability-Linked Bond Principles, 2020.

［16］ IMF. Global Financial Stability Report［EB/OL］. 2020-10-13［2020-12-11］. https://www.imf.org/en/Publications/GFSR.

［17］ Klein,Alzbeta; Widge,Vikram; Bergedieck,Laura; Maheshwari,Aditi; Avendano Ugaz, Francisco. Green Finance : A Bottom-up Approach to Track Existing Flows (English). Washington, D.C. : World Bank Group. http://documents.worldbank.org/curated/en/788041573021878350/Full-Report, 2019.

［18］ OECD. Green Finance and Investment［EB/OL］. 2020-12-10［2020-12-10］. https://www.oecd-ilibrary.org/environment/green-finance-andinvestment_24090344#.

［19］ SBN. 2019 Global Progress Report. 2019.

［20］ UN PRI. What is responsible investment?［EB/OL］. 2020-12-10［2020-12-10］. https://www.unpri.org/an-introduction-to-responsible-investment/what-isresponsible-investment/4780.article.

［21］ UNEP FI. Principles for Responsible Banking, 2019.

［22］ UNEP FI. Principles for Responsible Investment, 2006.

［23］ UNFCCC. Introduction to Climate Finance［EB/OL］.2020-12-10［2020-12-10］. https://unfccc.int/topics/climate-finance/the-big-picture/introduction-toclimate-finance.

［24］ WBG. Incorporating Environment, Social and Governance (ESG) Factors Into Fixed Income Investments［EB/OL］. 2018-04-19［2020-12-10］https://www.worldbank.org/en/news/feature/2018/04/19/incorporating-environment-social-and-governance-esg-factors-into-fixed-income-investment.

［25］ G20 绿色金融研究小组，G20 绿色金融报告，2016．

［26］ 奥拉夫·韦伯，布莱尔·费尔特马特．可持续银行业：金融机构的社

会和环境影响管理[M].兴业银行赤道原则与银行可持续发展课题组,译.北京:中国环境科学出版社,2017.

[27] 国家发展改革委,等.绿色产业指导目录(2019年版).2019.

[28] 卡利·克罗辛斯基,索菲·彼得.三优投资[M].马险峰,王骏娴,秦二娃,译.北京:中国金融出版社,2018.

[29] 马骏.国际绿色金融发展与案例研究[M].北京:中国金融出版社,2017.

[30] 马骏.中国绿色金融发展与案例研究[M].北京:中国金融出版社,2016.

[31] 钱立华,方琦,鲁政委.拜登政府气候行动与计划概述[R].兴业研究,2021.

[32] 钱立华,方琦,鲁政委.《欧盟可持续金融分类方案》精要与启示[R].兴业研究,2020.

[33] 钱立华,方琦,鲁政委.《欧洲绿色协议》精要与启示[R].兴业研究,2020.

[34] 钱立华,方琦,鲁政委.欧盟可持续金融战略与进展分析[R].兴业研究,2020.

[35] 钱立华,鲁政委.赤道原则的发展现状与组织管理[R].兴业研究,2019.

[36] 钱立华,鲁政委.赤道原则第四版的更新与发展[R].兴业研究,2019.

[37] 钱立华,鲁政委.解读《英国绿色金融战略》[R].兴业研究,2020.

[38] 钱立华,鲁政委.金融机构赤道原则实践:模式与经典案例[R].兴业研究,2019.

[39] 钱立华,方琦,鲁政委.欧盟绿色新政对我国的启示[J].金融博览,2020(5).

[40] 钱立华,方琦,鲁政委.中国绿色金融标准体系的建设与发展[J].金融博览,2020(10).

[41] 钱立华,鲁政委,方琦.以实施绿色金融标准促进绿色金融大发展[J].中国农村金融,2019(8).

[42] 钱立华,方琦,鲁政委.刺激政策中的绿色经济与数字经济协同性研究[J].西南金融,2020(12).

[43] 钱立华.中国绿色金融的演进与发展[J].中国银行业,2018(2).

[44] 钱立华.我国银行业绿色信贷体系[J].中国金融,2016(2).

[45] 钱立华,鲁政委,方琦.气候变化与国际气候投融资的发展[J].金融博览,2019(10).

[46] 世界银行.碳金融十年[M].北京:石油工业出版社,2011.

[47] 中国人民银行,等.关于构建绿色金融体系的指导意见,2016.

[48] 中国人民银行,等.关于印发《绿色债券支持项目目录(2021年版)》的通知,2021.

[49] 中国人民银行,等.金融业标准化体系建设发展规划(2016—2020),2017.

[50] 中国人民银行研究局,中国金融学会绿色金融专业委员会.绿色金融属于手册(2018年版)[M].北京:中国金融出版社,2018.

[51] 中证指数.2019年ESG投资发展报告[EB/OL].浪财经.2020-01-21[2020-12-10].http://finance.sina.com.cn/money/fund/fundzmt/2020-01-21/doc-iihnzhha3857675.shtml.

— 实践篇 —
绿色金融市场助力碳中和

第一章

气候投融资

一、国际气候投融资的需求与进展

（一）国际气候投融资的需求

气候投融资需求巨大。OECD 于 2018 年在《为气候的未来融资：重新思考基础设施》的报告中提到，到 2030 年需要每年投入 6.9 万亿美元才能实现气候和发展目标。

气候融资支持应对气候变化的减缓和适应行动，其重要性显而易见。《联合国气候变化框架公约》《京都议定书》《巴黎协定》要求拥有较多资金资源的缔约方向那些资源较少和较脆弱的缔约方提供资金援助。这表明，各国对气候变化的贡献及其预防气候变化的能力和应对气候变化的结果各不相同。减缓气候变化需要气候融资，因为达峰和减排需要进行大规模投资。气候融资对适应政策同样重要，因为各个国家需要大量的资金资源来适应并减轻气候变化的不利影响。

（二）国际气候投融资的进展

1. 发达国家支持发展中国家气候投融资的安排机制

据测算，发展中国家实现其国家自主贡献的资金需求约为每年7 800亿美元。这些资金有各种来源，包括公共、私人、双边和多边。根据《联合国气候变化框架公约》规定的"共同但有区别的责任和各自能力"原则，发达国家缔约方应提供财政资源，协助发展中国家缔约方实现《联合国气候变化框架公约》的目标。《巴黎协定》重申了发达国家的义务，同时也鼓励其他缔约方自愿捐款。通过2010年的《坎昆协议》，发达国家缔约方在有意义的缓解行动和执行透明度的背景下，致力于到2020年每年共同动员1 000亿美元以满足发展中国家的需求。

2. 国际气候投融资证券工具发展

全球绿色债券发行稳步增长。根据气候债券组织的报告披露，2007年至2020年12月，全球累计发行的绿色债券超过1万亿美元。2020年发行2 901亿美元，创下历史最高年度发行纪录，其中，欧盟是全球最大的绿色债券发行来源，2020年欧盟发行占比达到48%；从具体国家来看，2020年发行规模前五的国家分别为美国、德国、法国、中国和荷兰（CBI，2021）。

全球绿色债券发展呈现两大趋势：一是国际绿色债券标准深化，例如，气候债券组织在2018年7月发布了新的《气候债券分类方案》，该分类方案的最大特点就是识别了实现低碳和气候适应性所需的资产和项目，符合《巴黎协定》设定的全球温升控制在2摄氏度以内的目标。二是多个经济体制定出台绿色标准。如东盟、印度、日本等经济体发布了绿色债券指引，中国在原来《绿色债券发行指引》的基础上，加快更新制定统一的绿色债券标准。

3. 气候投融资的信贷工具的发展

绿色信贷是国际绿色金融市场起步很早的领域之一，国际绿色信贷的黄金标准——赤道原则一直在不断更新发展。赤道原则是一套国际先进的项目融资环境与社会风险管理工具和行业基准。该原则旨在判断、评估和管理项目融资中的环境与社会风险，既是金融可持续发展的原则之一，也是国际金融机构践行企业社会责任的具体行动之一。采纳赤道原则的国际金融机构日渐增多，截至2021年6月，全球共有37个国家的118家金融机构宣布采用赤道原则。

赤道原则对气候变化的关注日益提升。例如在其核心原则2：环境和社会评估中，要求对所有总二氧化碳排放量预计超过10万吨的项目，实行替代分析来评估替代并减少温室气体的排放；在核心原则10：报告和透明度中，要求客户对每年二氧化碳排放量超过10万吨的项目，于项目运作阶段就温室气体排放水平（范围1和范围2排放量的总和）向公众报告，并提供了温室气体排放报告的详细要求。最新修订发布的赤道原则4.0中，对气候变化修订的条款最多，在从序言到具体原则再到附件等的多处增加了对气候变化的具体要求和特意强调，气候变化成为此次修订版的最大亮点。例如，在环境与社会风险尽职调查过程中，提出需要对项目进行气候变化风险评估的要求；对于A类项目与部分B类项目主要需要考虑物理风险等。

4. 气候投融资保险工具的发展

气候变化引起全球灾害频繁发生，气候投融资的保险工具显得尤为重要。每年全世界由于气候变化导致的旱灾、洪灾、龙卷风、地震等灾害而陷入贫困境地的人口多达数千万。在遭遇灾害之际，保险方案可帮助各国尽早采取救灾行动，加快灾后恢复进程，进而恢复民生，重建重要的基础设施。

金融机构在应对气候变化中积极运用保险工具。据统计，全球各类保险业机构已经推出超过1 000个针对气候变化的应对活动与应对项目，这些项目已给该行业带来近2亿美元的收入，占行业总收入的44%，推出的气候保险工具主要包括农业保险、天气指数保险、清洁技术保险、巨灾险等。例如，世界银行和全球减灾与灾后恢复基金正联手其他合作伙伴，制定保险方案，提供资金支持，帮助脆弱国家通过一套组合金融工具主动管理灾害风险（王遥，2013）。

气候投融资保险工具得到国际高度重视。为加快这一全球性保险工作，德国、英国、世界银行及其全球减灾与灾后恢复基金，以及30多个非政府组织和私人部门合作伙伴启动了新的全球伙伴机制——保险增强韧性机制。该机制由"脆弱二十国集团"（V20）和G20共同主持，其目标是在发展中国家推广气候风险融资和保险方案。该机制将促进构建富有成效的气候风险保险市场，促进把保险相关方案智慧性地应用于发展中国家的民众和易受风险影响的资产。

二、中国气候投融资的发展与建议

气候变化是目前国际最重要、最紧迫的议题之一，世界各国在减少温室气体排放、应对气候变化方面展开了广泛的交流与合作，制定了一系列与控排有关的国际协议。我国作为负责任的大国，高度重视可持续发展与气候变化问题，在国际和国内都积极采取行动应对气候变化，并提出了力争于2030年前实现碳达峰、2060年前实现碳中和的目标。

气候投融资与应对气候变化相连，该投融资活动可减少温室气体排放，有助于适应气候变化及减缓气候变化带来的影响。近些年，我国绿色金融发展势头迅猛，而气候投融资（气候金融）作为绿色金融的重要组成部分，也在其带动下实现了快速发展。

2020年10月21日，生态环境部、国家发改委、中国人民银行、银保监会、证监会联合发布《关于促进应对气候变化投融资的指导意见》，这是气候投融资领域的首份政策文件，明确了气候投融资的定义与支持范围，对气候投融资做出顶层设计，引导资金、人才、技术等各类要素资源投入应对气候变化领域。该文件明确提出，气候投融资是我国绿色金融的重要组成部分，该文件的出台对于指导和推动气候投融资工作，助力实现碳达峰目标和碳中和愿景具有里程碑式的意义。

2020年，中国银保监会下发了《中国银保监会办公厅关于绿色融资统计制度有关工作的通知》，将原来的绿色信贷统计制度升级为绿色融资统计制度，增加了气候融资统计，并包括了气候变化减缓融资和气候变化适应融资。此次将绿色产业和项目中与对应的气候变化最相关的领域标注出来，进行专门的统计，实现了我国气候融资的官方统计，也充分说明了我国监管机构对气候变化的重视程度。

（一）我国气候投融资稳步发展

近些年，由于我国在制度建设方面建立了绿色金融顶层框架、绿色信贷工具、债券工具等一系列制度框架体系及激励约束政策，气候投融资作为绿色金融最重要的组成部分，其信贷工具、债券工具都取得了积极的进展。

1. 气候投融资信贷工具的进展

目前，气候融资在绿色信贷中占据重要位置。根据中国人民银行于2021年4月公布的数据,2020年末,绿色贷款余额为11.95万亿元,其中直接及间接投向碳减排项目的贷款余额是8.08万亿元,占整个绿色贷款余额的67.6%;从用途来看,其中清洁能源产业贷款余额达到3.2万亿元,余额占比为26.77%,清洁能源产业是我国绿色信贷重要的投放领域。

为了能够得到2020年我国气候融资的概况,我们对有项目和行业分布信息的2019年之前的绿色信贷进行了分析。由于在2019年之前,我国只有绿色信贷统计,没有气候融资标准和统计制度,为此我们将21家主要银行绿色信贷余额统计表中对二氧化碳减排具有明显贡献的绿色信贷项目认定为气候融资支持的相关项目,主要指"气候减缓"相关项目和领域,即"对二氧化碳减排量具有明显贡献的绿色信贷项目+绿色信贷战略新兴产业制造端贷款(新能源、新能源汽车、节能环保)",同时,筛选大项目下的对于二氧化碳减排量有明显贡献的细分子项目,从而形成各个大项目的不同权重。

根据此测算方法,2013年6月至2017年6月,气候投融资信贷工具余额占绿色信贷余额的比例持续增加,大约从66%增加至70%。其中,2017年6月气候投融资信贷余额为5.7万亿元,占全部绿色信贷余额的69.5%,假设2019年气候投融资信贷工具规模占绿色信贷余额的比例保持在70%,预计2019年气候投融资信贷余额将超过7万亿元。

从投放领域来看,根据2017年6月末21家主要银行的绿色信贷统计表,气候投融资的信贷余额主要投向"绿色交通运输项目"(占比为42.2%)、"可再生能源及清洁能源项目"(占比为28.2%)、"新能源"(新能源制造端贷款,占比近16.4%)、"工业节能节水环保项目"(占比为4.4%)。

（亿元） （%）

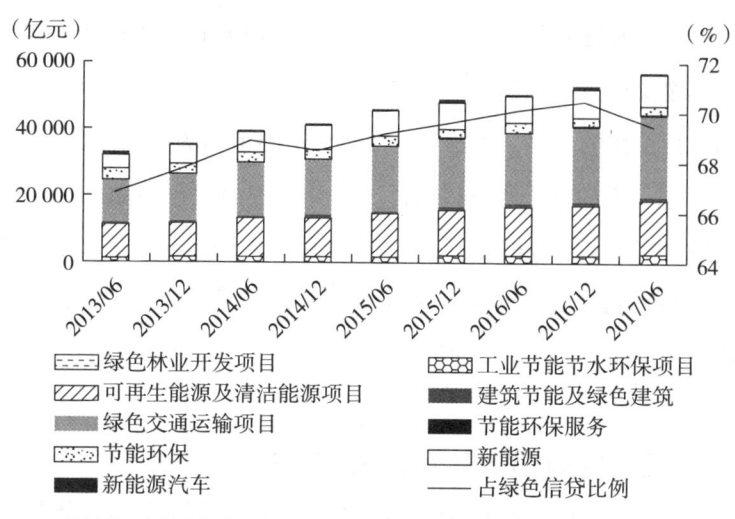

图1.1 2013年6月至2017年6月气候投融资的信贷工具规模

资料来源：银保监会，兴业研究。

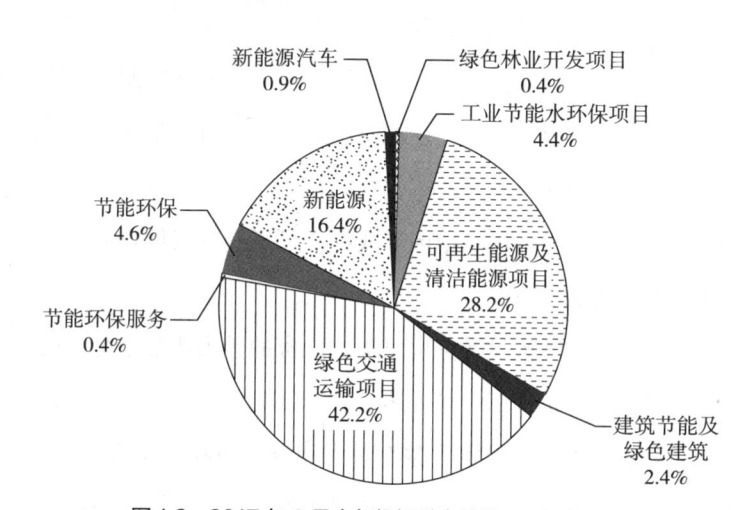

图1.2 2017年6月末气候投融资信贷工具投放领域

- 新能源汽车 0.9%
- 绿色林业开发项目 0.4%
- 工业节能水环保项目 4.4%
- 新能源 16.4%
- 节能环保 4.6%
- 可再生能源及清洁能源项目 28.2%
- 节能环保服务 0.4%
- 绿色交通运输项目 42.2%
- 建筑节能及绿色建筑 2.4%

资料来源：银保监会，兴业研究。

2. 气候投融资证券工具进展

根据气候债券倡议组织的统计数据，2018年，中国符合国际绿色债券定义的发行额达到2 103亿元人民币（约合312亿美元），占全球发行总额的18%，中国是全球绿色债券市场的第二大发行来源。我们通过一定的方法测算得出，2018年，国内发行的绿色债券中气候投融资证券工具规模预计超过1 300亿元人民币，占全部绿色债券的比例约为62%；2018年，非金融企业绿色债券募集资金用途主要集中在清洁能源和清洁交通等领域。

（二）我国气候投融资发展面临的主要问题

第一，体制机制不够完善。目前，我国气候投融资管理体制机制不够完善，首先，目前已经在中国环境科学学会下面成立了气候投融资委员会，气候投融资的发展可能涉及生态环境部、中国人民银行、发改委、财政部、银保监会等各个部门，还需要加强协调。其次，低碳试点与绿色金融改革试验区存在错位，气候投融资是绿色金融的重要部分，而已有的绿色金融改革创新试验区与全国低碳试点城市之间的关联度较低，并未从试点地区形成广泛可复制的气候投融资，以支持地方低碳发展的创新经验。

第二，银行向气候投融资项目提供融资的动力明显不足。由于气候投融资项目具有正外部性且并未实现内部化，气候投融资项目普遍存在前期投资规模大、投资收益率不高和投资回收期长的特点。G20（2016）的报告指出："可再生能源项目可能比传统能源项目的建设成本更高……建设一栋节能建筑的前期成本高于普通建筑；与火电站相比，建设太阳能或风能电站的前期资本投入与运营支出占全部支出的比重更高。"与此同时，银行提供绿色融资、气候融资还需要对项目进行额外认证（因此也面临额外的成本和监管风险），这就导致银行向气候投融资项目提供贷款的动力明显不足。

第三，能力建设不足。在地方政府层面，部分地区低碳管理体制建设相对滞后，目标责任评价考核体系和统计体系尚未建立，缺乏相关专业人才，导致碳排放总量控制制度、区域和项目碳准入机制、碳金融等制度创新在实际工作中的进展也较为有限。在商业银行层面，当前在我国银行业人才结构中，熟悉绿色金融、气候投融资相关政策和产品设计运营的专业人才、环境和社会风险评估人才还非常缺乏，无法为气候投融资相关业务的开展提供保障。

（三）对我国发展气候投融资的建议

1. 持续完善气候投融资统筹管理机制和体系

建立和完善气候投融资统筹管理机制和体系是推动气候投融资发展的重要保障和前提，牵头部门统筹推进我国气候投融资体系的建设工作，在全局上统筹协调各部门之间的合作，持续推进气候项目库的建立、全国碳市场的建设、气候投融资的标准制定、气候投融资的地方试点，以及金融机构的气候友好型评价等方面的工作，以促进我国气候投融资的快速、顺利推进。

2. 建立气候投融资支持平台，提供气候投融资信息与能力建设支持

积极探索金融科技在气候投融资创新中的运用，借助互联网、大数据等技术建立我国气候投融资综合信息平台，一站式发布气候投融资政策、市场相关信息，包括低碳发展项目库、气候投融资产品、低碳发展政策库、第三方认证和服务资源、企业气候与环境信息披露、

市场分析研究等其他相关信息。同时，也可以通过该平台支持气候投融资相关技术、能力建设，目前我国十分缺乏气候投融资方面的人才，通过发挥气候投融资综合平台的作用，集合各方最前沿的气候投融资信息，有助于气候投融资相关的能力建设。

3. 实现气候投融资试点与低碳试点及绿色金融改革试验区协同

创新性地开展地方气候投融资试点，切实加强对地方投融资工作的指导力度，引导地方不断创新气候投融资模式，合理调整气候投融资结构，积极培育专业机构和投资者。同时有效引导民间投资，撬动社会资本，提供高效、便利和多样化的资金渠道。积极探索可复制、可推广的气候投融资发展模式，为制定全国气候投融资政策提供宝贵的经验支撑。

建议气候投融资试点与低碳城市试点和绿色金融改革试验区协同。目前，我国已经设立了80多个低碳城市试点，建议气候投融资试点可以从低碳试点城市中选择，一方面是由于低碳试点城市与气候投融资试点城市在发展目标上具有高度的一致性，二者均希望通过试点建设推动地方（城市）实现低碳转型并尽早达峰；另一方面，正是由于拥有共同的建设目标，两个试点的结合可以在政策制定、体制机制创新等方面发挥最大的协同效应。此外，气候投融资试点的发展还需要考虑与我国绿色金融改革试验区协同。例如，在已有的绿色金融改革试验区内，嵌入气候投融资试点工作，从而形成气候投融资试点与绿色金融试点的协同。

同时，气候投融资试点也需要吸取我国绿色金融改革创新试验区建设初期的一些经验教训，例如，在选择试点地区时，最好以整座城市为试点，在我国首批绿色金融创新改革试验区中，南昌市赣江新区、贵阳市贵安新区、广州市花都区都是以区为单位来开展试点工作的，这对于试验区相关政策出台、体制机制创新是有所限制的；在选择试点地区时，需要综合考虑该地的低碳发展阶段和气候投融资发展能力。一方面，试点地区应该仍然具备低碳发展的空间，并且在地方达峰方面需要较大的融资支持；另一方面，该试点地区的银行业金融机构的发展也需要到达一定的阶段，有能力在气候投融资试点建设过程中有所作为。

4. 加强气候信息披露机制的建设

建立和优化气候信息披露、监测、报告和核证体系，是气候投融资发展的重要保障。气候投融资强调融资项目在应对气候变化中要有所贡献。因此，只有确保了融资项目能够具有真正减少碳排放或者加强人类和生态系统适应气候变化的能力，并且披露明确、可测量、可核查的碳排放相关信息，才符合气候投融资的要求。监管机构应加快探索建立气候信息跟踪、披露和管理平台，同时加强监管，或是由政府授权的第三方机构进行评估、认证和监管。

5. 制定激励扶持政策

首先，运用财税补贴激励。政府可以通过税收优惠和财政补贴来定向支持金融机构开展气候投融资业务。

其次，政府可以与金融机构建立损失分担机制。若银行气候投融资中支持的企业违约，政府将承担一定比例的损失，从而降低金融机构的违约风险，激励金融机构发展气候投融资业务；地方还可以研究建立绿色债券违约风险分担机制，对符合条件的绿色债券违约风险进行合理的风险分担，以激励投资机构投资绿色债券。

最后，通过监管创新，激发金融机构发展气候投融资的内在动力。自 2017 年第三季度起，中国人民银行已经将 24 家全国系统重要性金融机构的绿色信贷业绩纳入 MPA 考核；2018 年 6 月，绿色信贷与绿色债券纳入货币政策操作的合格担保品范围；降低绿色资产风险权重的可行性也正在讨论中，我国正在加快出台绿色金融的激励政策。气候投融资作为绿色金融的重要方面，也需要考虑为包括气候投融资在内的绿色金融实施定向降准、降低包括气候投融资在内的绿色融资的风险权重，以及考虑尽早出台让包括气候投融资的绿色债权优先受偿的监管激励。

三、中国气候投融资产品与创新

（一）我国商业银行气候投融资的创新与实践

1. 与国际机构展开合作

国际机构是全球可持续发展的重要推动者之一，长期以来，国际机构通过模式创新、低成本的资金、技术输出来持续支持发展中国家的可持续金融、气候投融资的发展。与国际机构合作是国内商业银行踏入气候投融资大门的重要方式，典型的合作模式主要包括损失分担模式、国际转贷模式、合同能源管理融资模式等。

（1）损失分担模式

该模式主要是国内商业银行用自己的资金为合格项目和企业（符合损失分担协议的）发放节能减排贷款，国际金融机构为节能减排相关贷款提供损失分担（即当贷款发生风险时，国际金融机构与商业银行一起承担一定比例的贷款损失），同时为合作的商业银行提供市场开发、产品设计及风险控制等方面的技术援助。以 IFC 与商业银行合作的能效融资及亚洲开发银行建筑节能融资最为典型。2005年，IFC与国内商业银行合作，采用损失分担的商业模式，联合推出能效项目融资。先后与兴业银行、浦发银行、北京银行等多家商业银行开展了损失分担模式的气候投融资合作。2011年，亚洲开发银行与浦发银行展开绿色建筑投融资合作，由亚洲开发银行向浦发银行提供部分损失分担，以支持私人部门在中国节能型建筑方面的融资。

（2）国际转贷模式

国际转贷模式也是国内商业银行气候投融资国际合作的主要模式之一，在该模式下，国际机构提供低成本资金，国内合作商业银行配置一定比例的资金，共同对符合要求的客户和项目发放气候信贷。公开消息显示，华夏银行、浦发银行、进出口银行、招商银行、民生银行等多家商业银行与法国开发署、世界银行、亚洲开发银行、德国复兴开发银行、欧洲投资银行等多个机构和组织合作，开展国际转贷款业务，主要投向节能技改、新能源与可再生能源利用等领域。以中法绿色信贷项目为例，从2005年开始，法国开发署在银行领域推出了旨在促进支持能效领域投资的"中法合作绿色中间信贷"项目，在第一期项目中，法国开发署以主权贷款的形式提供了6 000万欧元的绿色中间信贷，该项目与招商银行、华夏银行和浦发银行三家银行合作，为能效项目提供低于市场利率的贷款支持。2010年，中法签署了该项目第二期的贷款协议，并将贷款总额提高至1.2亿欧元。

（3）合同能源管理融资模式

典型案例为"世界银行/全球环境基金中国节能促进项目"，该项目是中国政府与世界银行、全球环境基金共同实施的，旨在提高全国能源利用效率、减少温室气体排放、保护全球环境、促进我国节能机制转换。项目的第一期主要是建立示范性的节能服务公司（以下简称"EMCo"），在我国示范基于市场经济的"合同能源管理"机制；项目的第二期建立 EMCo 技术支持和技术体制，同时建立 EMCo 商业贷款担保资金，实施 EMCo 贷款担保计划。项目资金来源由国际复兴开发银行的贷款和全球环境基金的捐款组成，通过中国进出口银行、华夏银行两家转贷银行，利用世界银行提供的两亿美元贷款，并按 1∶1 比例配套资金，向国内重点用能行业的大中型企业提供节能技术改造项目贷款，支持国内企业开展节能技术改造。

2. 与财政展开合作

（1）与中央政府基金展开合作

在我国推进气候投融资的过程中，政府的基金也发挥着重要作用，如中国清洁发展机制基金，该基金是国家批准成立的政策性基金。目前商业银行与该基金合作，主要的业务合作模式包括：一是银行作为委贷行，承担清洁基金的委托贷款业务；二是银行为清洁基金的出资提供担保，在保障政策资金安全的同时支持低碳清洁项目；三是银行与清洁基金共同为企业提供贷款，同时银行为清洁基金的出资提供担保。在商业银行与清洁基金合作的过程中，很多地方财政都为这些气候投融资项目提供了贴息。在此合作模式下，受益最多的是企业，开展气候项目投融资的企业可获得低成本的资金；而清洁基金提供了低成本的资金，合作的商业银行提供了保函、资金和管理服务。

（2）与地方财政展开合作

商业银行通过与地方财政合作，开展气候投融资和绿色金融模式的创新。一些地方财政通过设立气候友好型产业发展基金、项目专项资金池，为气候投融资项目提供担保支撑等方式，与商业银行展开

"银政合作"，以此激励银行等金融机构对气候投融资项目的支持。其中，以上海的"阳光贷"和江苏的"环保贷"模式最为典型。2018年，江苏省财政厅联合省环保厅、商业银行推出了绿色金融产品"环保贷"，省级财政首期投入4亿元，将撬动银行80亿元资金。在该合作模式下，商业银行按单一项目贷款余额不超过2 000万元、贷款期限不少于1年不超过5年的要求进行放贷，贷款利率按照中国人民银行同期同档次基准利率上浮最高不超过20%。"环保贷"以财政风险补偿资金池为增信手段，当发生偿贷风险时，由资金池和银行按差别化风险分担比例共同承担，以解决环保企业贷款难、贷款利率较高等问题。

3.开展碳金融创新实践

中国碳市场已从试点走向全国，碳金融产品也随之出现。目前，中国商业银行提供了一系列碳金融产品，包括碳资产质押、碳资产回购、碳债券、碳基金、碳资产结构性理财等。以碳资产质押产品为例，碳资产质押或抵押贷款是指企业以已经获得的或未来可获得的碳资产为质押物或抵押物进行担保，获得金融机构融资的业务模式。在碳交易机制下，碳资产有了明确的市场价值，为碳资产作为质押物或抵押物发挥担保增信功能提供了可能，而碳资产质押或抵押融资则是碳排放权和碳信用作为企业权利的具体表现。作为活跃碳市场的一种新型融资方式，碳质押或抵押融资业务的发展有利于企业的节能减排，具有环境、经济的双重效益。相信随着全国碳市场的逐步建立和走向成熟，越来越多的碳金融产品将不断发展。

(二)我国商业银行气候投融资发展建议

1. 与外部展开积极合作进入气候投融资市场

与国际机构合作开启气候投融资对于绿色金融发展基础较弱的商业银行来说是一种高效和低风险的方式。商业银行可以申请加入世界银行、亚洲开发银行、法国开发署等国际机构在中国启动的气候投融资项目，采用损失分担、国际转贷等模式从国际机构获取低成本气候资金，同时向国际机构学习先进的气候投融资、环境风险管理技术，为自身气候投融资业务的可持续发展打下坚实的基础。

积极与地方政府展开合作也是推动地方气候投融资发展的良好方式之一。商业银行可以积极了解地方政府低碳发展相关政策，推动地方气候投融资方案的制定或试点的申请，参与地方气候投融资标准的制定，与地方政府合作共同开展气候投融资项目，支持地方政府设立气候友好型产业发展基金、项目专项资金，为气候投融资项目提供担保或建立气候投融资风险分担机制，协助地方建设完善绿色金融和气候投融资基础设施等工作。

2. 内部积极建立气候投融资体制机制

(1) 建立气候投融资战略目标与规划

银行的最高领导机构和高管在商业银行气候投融资顶层设计上有所作为，是发展气候投融资非常重要的引擎，有一个明确的战略目标与规划可以让应对气候变化、低碳发展理念贯穿全行上下，真正形成银行发展气候投融资的根本动力。

(2) 银行进行气候投融资体制机制建设

商业银行若想在气候投融资业务上有所突破，优化资源配套、加强激励约束机制建设是必不可少的。商业银行可以考虑在考核评价、资源配置等方面建立绿色金融和气候投融资业务约束激励机制。例如,在考核评价方面,设立绿色金融、气候投融资考核评价指标;在资源配置方面,可以给予气候信贷差异化的业务资源、财务资源和人力资源,如专项信贷规模和风险资产,差异化的经济资本配置政策等,并配置专门的团队和人员发展气候投融资及绿色金融。为了发展绿色金融和气候投融资,银行需要进行差异化的服务机制安排。例如,在差异化授权方面,可以考虑给予气候投融资业务差异化授权安排或提供绿色审批通道,优先审批。以不断完善的体制机制为气候投融资业务的顺利开展提供重要支持和保障。

(3)持续加强能力建设

目前地方中小型银行关于气候投融资的发展尚处于起步阶段,面临着人才缺乏和经验不足等障碍。当前在我国银行业人才结构中,还非常缺乏熟悉气候投融资政策和产品设计运营的专业人才。这就要求银行机构要不断加强气候投融资专业人才队伍的建设,建设一支具备气候投融资专业素养的队伍,并持续加强能力建设,同时与外部专业机构展开合作,以促进气候投融资和绿色金融的可持续发展。

3. 持续进行气候投融资产品与服务创新

根据气候投融资各个细分领域的特点开展产品与服务创新。例如,针对碳市场,积极开展碳的开户、结算与存管服务;碳资产的管理服务,如碳信托、托管、拆借、碳资产抵质押、回购、碳债券、碳基金等"涉碳融资";以及碳金融衍生产品创新,如碳远期、碳期货、碳期权、碳掉期、碳指数。再如针对合同能源管理市场,推出专项的合同能源管理专项融资服务;针对分布式光伏市场,推出专门的分布式光伏融资服务等。

将气候投融资与普惠金融相融合，有针对性地开展产品创新。地方的金融机构，特别是农商银行、农村信用社、村镇银行等的客户群体中有大量的中小企业和农林牧渔业客户，可以采取更加灵活的信贷政策，并通过创新商业模式（例如，与绿色担保基金合作、推动构建绿色贷款风险分担机制等）或在气候投融资细分领域展开创新（如光伏扶贫等），将绿色金融、气候投融资与绿色农林牧渔业和支持小微企业相结合，满足大量中小企业和农业客户的绿色融资需求，实现气候投融资与普惠金融的相互促进。

第二章

绿色信贷

一、国际绿色信贷市场概况

国际上采用绿色信贷黄金标准——赤道原则的金融机构数量日渐增多。截至2021年6月,全球共有37个国家的118家金融机构宣布采用赤道原则[①],包括花旗银行、巴克莱银行、荷兰银行、汇丰银行等国际银行,以及兴业银行、江苏银行、湖州银行、重庆农商银行、绵阳市商业银行、贵州银行和重庆银行七家中国商业银行。赤道原则4.0经过两年的讨论、更新与修订,于2019年11月底完成发布,并原定于2020年7月1日生效,但考虑到受新冠肺炎疫情的影响,为金融机构提供了三个月的缓冲期,于2020年10月1日正式生效。

全球签署联合国《负责任银行原则》的银行超过230家。《负责任银行原则》是联合国环境署金融倡议组织在针对资产管理者、保险承保人制定《负责任投资原则》《可持续保险原则》后,为银行构建

---

① 赤道原则官网. 2020-07-12 [2021-07-12]. https://equator-principles.com/members-reporting/。

可持续发展体系提供的一致性框架，签署银行承诺其业务战略与联合国 2030 年可持续发展目标及《巴黎协定》保持一致。2019 年 9 月 22 日，联合国《负责任银行原则》正式发布，首批签署机构有包括中国工商银行、兴业银行、华夏银行三家中资银行在内的全球 132 家银行。截至 2021 年 6 月，签署联合国《负责任银行原则》的银行已超过 230 家，新增签署银行包括中国的九江银行、四川天府银行、江苏银行、青岛农商银行、中国邮政储蓄银行、重庆三峡银行和紫金农商银行。①

二、我国绿色信贷市场规模与结构

（一）我国绿色信贷呈现快速增长

绿色信贷增速高于各项信贷增速。根据中国人民银行 2021 年发布的金融机构贷款投向报告，截至 2021 年第二季度末，本外币绿色信贷余额为 13.92 万亿元，同比增长 26.5%，比第一季度末高 1.9 个百分点，高于各项信贷增速 14.6 个百分点，上半年增加 1.87 万亿元。其中，投向具有直接和间接碳减排效益项目的贷款额分别为 6.79 万亿元和 2.58 万亿元，合计占绿色信贷总额的 67.3%。

绿色信贷投向领域相对集中，主要投放于两大类项目和两大国标行业。从用途来看，基础设施绿色升级产业和清洁能源产业信贷余额分别为 6.68 万亿元和 3.58 万亿元，分别同比增长 26.5% 和 19.9%。从行业来看，交通运输、仓储和邮政业绿色信贷余额为 3.98 万亿元，同比增长 16.4%，上半年增加 3 295 亿元；电力、热力、燃气及水生产和供应业绿色信贷余额为 3.88 万亿元，同比增长 20.2%，上半年增加 3 554 亿元。

---

① 负责任银行原则官网. 2020-07-12［2020-07-12］. https://www.unepfi.org/banking/bankingprinciples/.

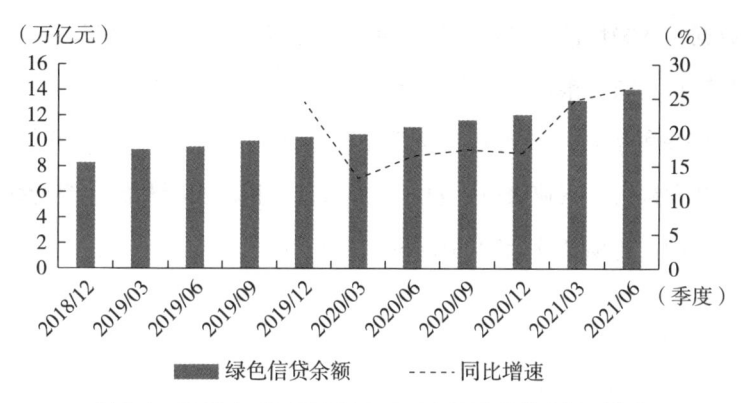

图2.1 2018年12月至2021年6月绿色信贷余额和增速

资料来源：中国人民银行，兴业研究。

（二）我国全国性主要银行是绿色信贷发展的主导力量

2012年，原中国银保监会出台了《绿色信贷指引》，后又出台了《绿色信贷统计制度》《绿色信贷实施情况关键评价指标》，并指导银行业协会出台了《中国银行业绿色银行评价实施方案（试行）》等，这几年持续开展对21家全国性主要银行的绿色信贷自评价工作，有力地推动了21家主要银行发展绿色金融业务，这21家大型银行和中型全国股份制银行基本都建立了与绿色信贷相关的政策、制度和机制。在中国银行业协会于2020年4月公布的2019年绿色银行评价工作中，综合考察各行与绿色信贷有关的组织管理、政策制度及能力建设、流程管理、内控与信息披露、监督检查五项维度，21家主要银行中，国家开发银行、进出口银行、工商银行、农业银行、中国银行、建设银行、交通银行、邮政储蓄银行、招商银行、兴业银行、浦发银行、民生银行、中信银行、华夏银行、广发银行、渤海银行、浙商银行17家银行在绿色银行总体评价工作中表现优秀。

主要银行绿色信贷规模快速增长。根据21家主要银行公开披露的数据，从绿色信贷融资余额来看，截至 2020 年末，国家开发银行、工商银行、农业银行、建设银行和中国银行的绿色信贷余额排在前五位；从绿色信贷余额占各项贷款余额的比例来看，截至 2020 年末，国家开发银行、兴业银行、农业发展银行、招商银行和农业银行绿色信贷余额占各项贷款余额的比例排在前五位。

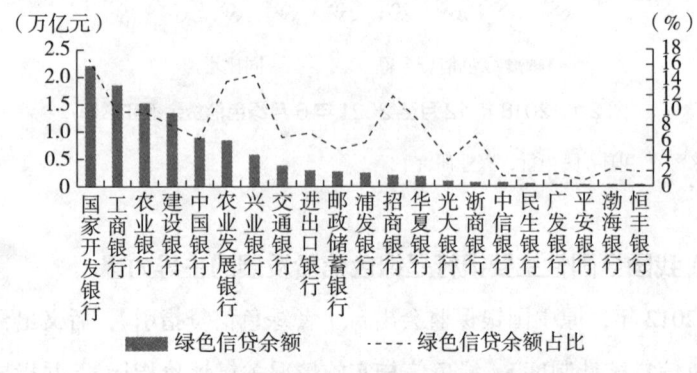

图 2.2　2020 年末 21 家主要银行绿色信贷余额与占比

资料来源：兴业研究根据各行年报、社会责任报告等公开材料整理。

开发性金融机构与政策性银行具有低成本资金优势，能够提供低成本、长期限的绿色信贷资金。其中，国家开发银行是中国绿色信贷市场最大的投放机构，2020 年末国家开发银行的绿色信贷余额约为 2.2 万亿元，绿色信贷余额占各项贷款余额的比例也最高，达到 16.7%。国家开发银行 2019 年财务报表显示，其发放贷款的平均利率为 4.38%，显著低于 2019 年 12 月央行发布的金融机构人民币一般贷款加权平均利率的 5.74%。同时，在国家开发银行发放的贷款中，超过 90% 都是五年期以上的贷款，明显有别于中国商业银行以中短期贷款为主的情况，从而可以为中长期的绿色项目提供更加匹配的信贷支持。除国家开发银行外，2020 年农业发展银行绿色信贷规模增速表现亮眼，2020年末农业发展银行绿色信贷余额为8 484亿元，同比大幅增长了162.7%，在21家主要银行中，绿色信贷规模增速最快。

六大国有银行占全国绿色信贷总额的比例超过50%。根据六大国有银行公布的2020年末数据，其绿色信贷余额合计超过6万亿元，占全国绿色信贷余额的比例超过50%。其中，工商银行绿色信贷规模最大、增速最快，2020年工商银行绿色信贷余额达到1.8万亿元，同比增长36.6%；其次为农业银行，2020年末绿色信贷余额达到1.5万亿元，同比增长27.2%，同时农业银行绿色信贷余额占各项贷款余额的比例也在大型商业银行中最高，约为10%。

兴业银行在股份制银行中处于相对领先的位置，同时股份制银行绿色信贷发展明显分化。在12家全国性股份制银行中，只有三家银行的绿色信贷余额在2 000亿元以上，达到1 000亿元以上的银行也仅有五家。其中，兴业银行绿色信贷规模最大，余额占比也最高，2020年末，兴业银行绿色金融融资余额超过了1.1万亿元，若按50%的比例估算其绿色信贷规模，则绿色信贷占各项贷款余额的比例达到14.6%。绿色信贷规模排在全国性股份制银行第2位和第3位的分别为浦发银行和招商银行，2020年末二者的绿色信贷余额分别达到2 628亿元和2 071亿元，其中招商银行绿色信贷余额的占比约为11.8%。此外，华夏银行绿色信贷规模增速最快，2020年华夏银行的绿色信贷余额约为1 800亿元，同比增速高达125.5%。

2021年，股份制银行的绿色金融竞争加剧，产品创新速度加快。2021年，除了兴业银行在新一轮五年发展规划中，把绿色银行确定为升级打造三张名片中的第一张外，部分股份制银行也纷纷开始布局。例如，浦发银行发布"浦发绿创"品牌，《绿色金融服务方案》同步迭代至3.0，聚焦绿色能源、绿色智造、绿色城镇化、环境保护、新能源汽车、碳金融六大领域。华夏银行明确提出,力争在2025年前实现自身碳中和目标,全面深化以服务碳达峰、碳中和为目标的绿色金融发展战略。2020年末,该行应对和适应气候变化的融资比例超过80%,绿色金融创新产品国际合作资金规模超过100亿元。截至2021年3月,该行已发行ESG系列理财产品44只,ESG产品管理规模超过230亿元。民生银行举办绿色金融产品发布会,正式推出"投、融、链、营"四大产品,全面打造"峰和"绿色金融产品体系。

(三)我国区域中小银行绿色金融发展提速

部分区域中小银行根据自身的战略需要并结合当地产业情况,制定绿色金融战略与规划,建立绿色金融组织架构或专业团队,发展绿色金融。中国有超过4 000家区域中小银行,它们主要根据自身特点和当地的产业情况,服务当地的产业与客户。我们看到,在国家对绿色发展、生态文明高度重视的背景下,很多地方开始推进绿色转型,当地的区域中小银行正在逐步成为地方绿色转型的重要力量。据不完全统计,江苏银行、南京银行、甘肃银行、湖州银行、九江银行、安吉农商银行、苏州农商银行、杭州银行、马鞍山农商银行等中小银行,纷纷建立绿色金融战略与规划、设立绿色金融专门机构或专业团队,开展绿色金融产品创新,积极发展绿色金融业务。

部分区域中小银行率先围绕碳达峰、碳中和目标制定相关发展战略。2021年4月,江苏银行正式发布碳中和行动方案,该银行计划在"十四五"期间,确保气候融资专项支持额度不低于2 000亿元,清洁能源产业支持额度不低于500亿元,支持减污降碳、清洁能源、清洁交通、零碳建筑等领域的重点项目,推动实现碳减排超1 000万吨。2021年5月,安吉农商银行发布全国地方法人银行首个碳中和银行建设路线图，提出力争在2055年底之前分阶段实现自身运营、投资活动和经营活动的碳中和。

区域中小银行成为绿色金融债发行主力。从发行主体来看，我国国内绿色金融债的发行主体以商业银行为主，其中发行数量以城市商业银行为主导，发行总额也基本与股份制商业银行持平。根据Wind绿色债券概念板块统计，截至2021年4月末，我国境内市场绿色金融债发行数量最多的为城市商业银行，累计发行绿色金融债82只，其次为农商银行27只，二者合计的绿色金融债发行只数占比达到70%。从发行总额来看，城市商业银行累计发行规模1 845亿元（仅次于股份制商业银行的1 900亿元），占比为33%，农商银行累计发行近150.7亿元，占比为3%，城市商业银行、农商银行二者合计累计发行规模占比达到36%，而股份制商业银行累计发行1 900亿元，占比约为34.5%；政策性银行累计发行930亿元，占比约为17%；国有商业银行累计发行500亿元，占比约为9%。

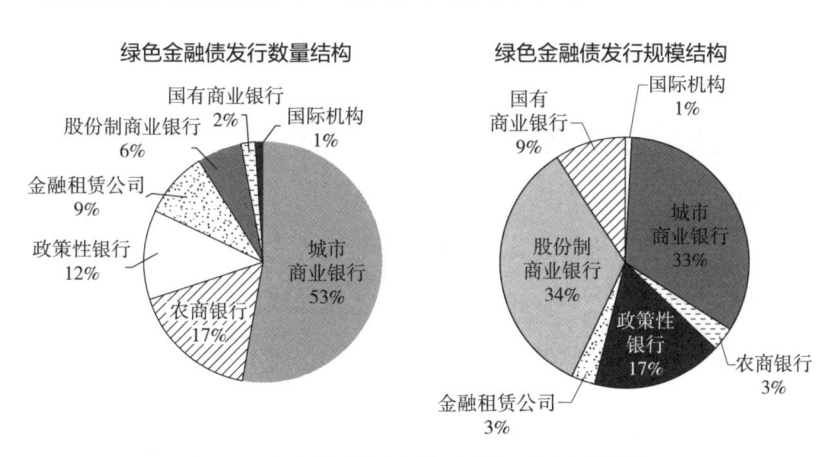

图2.3 绿色金融债发行数量结构和发行规模结构

资料来源：Wind，兴业研究整理。

（四）我国政策性银行[①] 以独特优势引领绿色金融发展

在我国绿色转型发展过程中，政策性银行由于其特殊地位而具有特别的优势，其在绿色金融债方面呈现出的成本低、期限长、市场化、国际化是四大亮点。绿色项目收益不高，需要低成本资金，这恰恰与政策性银行"保本微利"的经营目标相一致，而政策性绿色金融债较低的发行利率正是其低成本特性的实际体现；绿色融资的长期性，恰恰与政策性银行较长的负债久期和资产久期相一致，而绿色债券也正是一种能够提供长期限资金的重要金融工具；市场化和国际化则有助于推动我国绿色金融发展从国内走向全球，近些年，三家政策性银行绿色金融债券从境内发行到"债券通"下发行再到境外发行，从本币发行到外币发行，从符合国内标准发行到符合国际标准发行，无一不体现出政策性银行的市场化和国际化特征。而从其募集资金的投向来看，国家开发银行对绿色基础设施建设的支持、农业发展银行对绿色农业项目的支持、进出口银行对中国绿色企业"走出去"的支持也正体现出三大政策性银行各自不同的特性和专业职能。

1. 政策性银行：推动绿色金融发展独具优势的力量

党的十八大以来，在"生态文明建设"的战略目标指引下，我国绿色发展工作深入推进。其中，绿色金融成为支持我国向绿色发展转型最重要的推动力之一，我国也一跃成为全球绿色金融的引领者。作为一个起步不久的新领域，我国绿色金融的快速发展离不开银行业机

---

① 1994 年中国政府设立了国家开发银行、中国进出口银行、中国农业发展银行三大"政策性银行"，均直属国务院领导；2015 年 3 月，国务院明确将国家开发银行定位为开发性金融机构。本节为表述简洁，将国家开发银行同中国进出口银行、中国农业发展银行统称为政策性银行，特此说明。

构的积极创新和推动,而政策性银行一直是我国绿色金融发展的中坚力量,其绿色信贷余额占全部银行信贷余额的比例超过20%。

与此同时,近两年政策性银行也在绿色金融领域,特别是绿色债券方面不断创新,这再次引起了市场的关注。自2016年首笔政策性绿色金融债券发行以来,三大政策性银行持续发行绿色金融债券,期限从两年到五年,发行渠道包括境内发行、"债券通"发行和境外发行,发行币种包括本币、外币(欧元、美元),绿色认证标准包括国内绿色债券准则和国际绿色债券准则。

表2.1 政策性银行境内发行部分绿色金融债券列表

发行时间	债券名称	发行主体	发行规模（亿元）	债券期限（年）	绿色认证标准
2016.12	中国进出口银行2016年第一期绿色金融债券	中国进出口银行	10	5	绿金委《绿色债券支持项目目录》
2016.12.	中国农业发展银行2016年第二十二期绿色金融债券	中国农业发展银行	100	3	绿金委《绿色债券支持项目目录》
2017.2	国家开发银行2017年第一期绿色金融债券	国家开发银行	50	5	绿金委《绿色债券支持项目目录》
2017.2	中国农业发展银行2016年第二十二期绿色金融债券（增发）	中国农业发展银行	40	3	绿金委《绿色债券支持项目目录》
2017.4	国家开发银行2017年第二期绿色金融债券	国家开发银行	50	5	绿金委《绿色债券支持项目目录》
2017.6	国家开发银行2017年第二期（增发）绿色金融债券	国家开发银行	50	5	绿金委《绿色债券支持项目目录》

续表

发行时间	债券名称	发行主体	发行规模（亿元）	债券期限（年）	绿色认证标准
2017.9	国家开发银行2017年第三期绿色金融债券	国家开发银行	50	3	绿金委《绿色债券支持项目目录》
2017.11	中国农业发展银行2017年第一期绿色金融债券	中国农业发展银行	100	2	绿金委《绿色债券支持项目目录》、气候债券组织《气候债券分类方案》
2017.11	国家开发银行2017年第三期绿色金融债券（增发）	国家开发银行	50	3	绿金委《绿色债券支持项目目录》
2017.12	中国进出口银行2017年第一期绿色金融债券	中国进出口银行	20	3	绿金委《绿色债券支持项目目录》
2018.4	中国农业发展银行2017年第一期绿色金融债券（增发1）	中国农业发展银行	40	2	绿金委《绿色债券支持项目目录》、气候债券组织《气候债券标准》
2018.6	中国农业发展银行2017年第一期绿色金融债券（增发2）	中国农业发展银行	30	2	绿金委《绿色债券支持项目目录》、气候债券组织《气候债券标准》
2019.11	国家开发银行2019年第一期绿色金融债券	国家开发银行	100	3	绿金委《绿色债券支持项目目录》、国际资本协会《绿色债券原则》和《社会债券原则》

市场的关注不仅源于政策性银行发力绿色金融带来的积极示范效应，还源于政策性银行恰恰是最能解决我国绿色金融发展面临的最大障碍的关键力量：绿色金融的外部性难以内部化的困扰，恰恰与政策性银行的内在使命相契合；绿色项目收益不高的特性，恰恰与政策性银行"保本微利"的经营目标相一致；绿色融资的长期性，恰恰与政

策性银行较长的负债久期和资产久期相一致；政策性银行享有的主权信用和在国际上的影响力，恰恰非常适合推动绿色金融的国际化。这四个方面构成了我国政策性银行在推动绿色金融发展中的四大亮点。

2. 四大亮点引领政策性银行绿色金融发展

成本低、期限长、市场化、国际化的绿色金融债券工具创新，成为政策性银行绿色金融发展的四大亮点，而这四大亮点也正体现了政策性银行绿色金融发展的四大优势与特点。

第一，成本低。绿色金融发展面临的最主要障碍之一就是外部性难以完全内部化，部分绿色项目给环境带来的正向效益无法全部转化为项目本身的账面收益，因此绿色项目整体的直接收益率偏低，这大大抑制了绿色金融发展的内生动力。而政策性银行恰好可以提供低成本的资金，因为政策性银行本身代表着国家主权信用，同时又具有保本微利、不以营利为目的的发展定位，以及服务于国家战略的政策性目标。数据显示，政策性银行绿色金融债券的发行成本的确显著低于其他绿色金融债。我们将政策性银行境内发行的绿色金融债券利率和同期其他银行类金融机构发行的同期限绿色金融债券利率进行对比后发现，政策性银行境内发行的绿色金融债券利率是最低的，比其他类型绿色金融债券发行利率平均低 86 个基点。从境外发行情况看，国家开发银行在 2017 年 11 月 9 日成功发行的首笔中国准主权国际绿色债券，包括五年期美元债 5 亿和四年期欧元债 10 亿，票面利率分别仅为 2.75% 和 0.375%，低于普通债二级市场水平，实现了新发行负溢价。

低成本的资金来源也让国家开发银行为市场提供了低成本的绿色信贷，并使其成为中国绿色信贷市场最大的投放机构。国家开发银行 2018 年财务报表显示，其发放贷款的平均利率为 4.37%，显著低于

2018年12月央行发布的金融机构人民币一般贷款加权平均利率，即5.91%。截至2020年末，国家开发银行绿色贷款余额超过2.2万亿元，稳居国内银行业首位。

第二，期限长。绿色金融发展面临的另一大主要障碍是期限错配严重，大部分绿色项目投资回收期较长，很多项目的还款期长达10年甚至20年，普通商业银行会受到期限错配的制约，而政策性银行本来就是服务于国家中长期战略目标，资产以中长期项目贷款业务为主，因此能够为很多绿色项目提供长期资金，而绿色债券也正是一种能够提供长期限资金的重要金融工具。金融机构发行长期限的绿色金融债券有助于其发放长期限的贷款，以国家开发银行为例，数据显示，在国家开发银行发放的贷款中，近90%都是五年期以上的贷款，显著有别于中国商业银行以中短期贷款为主的情况，从而可以为中长期绿色项目提供更加匹配的信贷支持。

第三，市场化。首先，政策性银行绿色金融债券采取公开招标的形式发行。其次，多只政策性银行绿色金融债券采取多市场、多币种同步发行。进出口银行在2016年12月发行了国内首笔政策性绿色金融债券；而从2017年国家开发银行首次在境外发行绿色金融债券起，我国政策性金融债券的发行就从境内走向了境外，同时也从本币发行走向了外币发行。最后，创新发行柜台政策性绿色金融债券。2017年9月12日，国家开发银行在全国银行间债券市场发行了"长江经济带水资源保护"专项绿色金融债券，其中不超过6亿元以柜台债的形式首次向社会公众零售，这是我国绿色金融领域的一次创新性突破；2018年4月9日，继国家开发银行之后，农业发展银行与上海清算所、中国银行合作推出了农业发展银行绿色金融债券柜台业务，广大个人和企业客户能够通过商业银行柜台，购买农业发展银行在上海清算所发行登记的绿色金融债券。

第四，国际化。政策性银行绿色金融债券的国际化特征体现在三个方面。

首先，在"债券通"下发行绿色金融债券。2017年11月，农业发展银行面向全球投资者成功发行30亿元"债券通"绿色金融债券，该绿色金融债券的评估认证首次参考使用作为国际主流绿色债券标准之一的、由气候债券倡议组织编制的《气候债券分类方案》，该债券充分满足境内外投资者投资需求，为我国的绿色项目拓宽了国际融资渠道。2018年6月28日，农业发展银行在"债券通"开通一周年之际，再次面向全球投资者发行30亿元"债券通"绿色金融债券。2017年12月，进出口银行发行20亿元"债券通"绿色金融债券。2019年11月，国家开发银行面向全球投资人发行100亿元可持续发展专题"债券通"绿色金融债券。

其次，在境外发行准主权绿色金融债券。2017年11月，国家开发银行成功发行首笔中国准主权国际绿色债券，包括五年期美元债5亿和四年期欧元债10亿。2018年11月，农业发展银行发行首笔准主权三年期浮息欧元绿色债券，发行规模为5亿欧元，认购倍率高达3.4倍，在获分配订单中，欧洲地区投资者数量的占比超过58%。特别值得一提的是，该债券在农业发展银行于2018年10月发布的《绿色及可持续债券框架》（以下简称《框架》）下发行，《框架》下的绿色资产属于深绿色评级，符合国际及国内最高绿色标准，之后农业发展银行发行的绿色债券均会在《框架》下发行。

最后，支持"一带一路"绿色发展。"一带一路"沿线涉及大量的基础设施建设，而基础设施一旦建成就具有强烈的"锁定效应"，由此，对于基础设施建设来说，在投资决策初期就将环境问题纳入考量对之后的绿色发展路径的选择极为重要。因此，支持"一带一路"沿线绿色基础设施建设项目是支持其绿色发展的重要方式。三家政策性银行均签署了《"一带一路"绿色投资原则》，同时，通过绿色金融债券工具募集资金，专项支持"一带一路"绿色发展。2017年11月，国家开发银行发行的中国准主权国际绿色债券，募集的资金主要用于支持"一带一路"相关的清洁交通、可再生能源和水资源保护等绿色项目，标的总资产超过100亿美元；2017年12月，进出口银行发行的20亿元"债券通"绿色金融债券，募集到的绿色资金也是专项投资于"一带一路"重点绿色项目。

3. 金融工具创新引领政策性银行绿色金融深入发展

从政策性银行绿色金融债券募集资金的投向来看，三大政策性银行各有特点，体现出了各自不同的专业职能。

国家开发银行的主要职责为支持产业开发、基础设施建设等，而绿色发展恰恰涉及大量绿色基础设施建设项目，国家开发银行将生态优先、绿色发展理念融入自身发展战略，重点支持领域包括水污染治理、水生态修复和水资源保护"三水共治"，2018年发放长江经济带贷款312亿元；新能源和可再生能源项目，推动构建清洁低碳、安全高效的现代能源体系，2018年共支持115个新能源项目建设；发展海洋经济，支持涉海基础设施建设、海洋生态环境保护等领域，截至2018年末，海洋经济贷款余额为3 951.52亿元。截至2020年末，国家开发银行绿色信贷余额约2.2万亿元，继续在银行绿色信贷规模方面位居第一。

农业发展银行将绿色发展融入其服务"三农"事业的战略目标中，一是助力改善农村人居环境，2018年累计投放农村人居环境建设贷款287.7亿元，支持农村污水、垃圾处理等项目（2018年支持180个，累计支持1 170个），有效改善了农村住房、生活基础设施、社会保障设施、生态环境等农村生活条件；二是支持林业生态建设，2018年累计投放林业资源开发保护贷款143.97亿元，通过建设国家储备林、经济林基地、森林生态旅游开发、湿地保护修复等方式，带动项目周边贫困人口脱贫增收。特别值得强调的是，农业发展银行在绿色农业领域的探索具有重大意义，因为从我国"绿色资产"的发展现状来看，囿于种种技术原因，农业领域的绿色资产总体偏少，但我国又是一个农业大国，如何将精准扶贫、粮食安全与绿色发展紧密结合，值得持续深入探索。

中国进出口银行则将支持优势绿色企业"走出去"与积极引进国际先进的绿色技术、理念相结合，在推进"一带一路"建设、国际产能和装备制造合作等国家重大战略的过程中，主动为企业开展国际经贸合作、转型升级发展提供更具针对性和适应性的政策性绿色金融服务，综合运用贷款、投资、咨询等金融工具，支持中国企业在国内外实施了一大批绿色金融项目。在亚洲、非洲、欧洲、拉丁美洲等业务开展重点区域，中国进出口银行不仅在推动建设的大量基础设施项目中把环境保护摆在重要位置，而且支持建设了一大批绿色农业、绿色清洁生产、新能源开发利用等项目，在助推中国绿色企业"走出去"、"一带一路"沿线绿色经济发展等方面发挥了示范和引导作用。

三、中国银行业绿色金融产品与创新

（一）我国银行业绿色金融产品不断丰富，从表内业务向表外延展

随着中国绿色金融的不断发展，银行业绿色金融产品也在不断丰

富。一方面,银行用传统的信贷方式向绿色产业和绿色项目提供支持,如传统的项目融资、银团贷款等,同时在绿色金融的细分领域展开创新,如推出能效贷款、国际转贷款、合同能源管理专项融资、光伏贷等;另一方面,银行也通过很多非信贷的方式,为绿色产业和绿色项目提供融资服务,如绿色债券、绿色信托、绿色基金等方式。同时,随着绿色金融的发展,市场上也逐渐出现了面向个人的绿色零售产品,如低碳信用卡、绿色柜台债、绿色理财等。

表2.2 各类绿色金融产品

客户类型	产品分类	产品范例
企业客户	传统信贷类产品	项目融资、银团贷款、流动资金贷款等
	特色信贷类产品	能效融资、转贷款、碳资产质押贷款、排污权抵押贷款、特许经营权质押贷款、合同能源管理专项融资产品、林权抵押贷款、光伏贷、环保贷、绿票通等
	非信贷类产品	提供保函、委托贷款、绿色债券、绿色资产证券化、绿色基金、绿色信托、绿色租赁等
个人客户	信贷类产品	绿色消费贷款、绿色按揭款
	非信贷类产品	绿色理财、绿色信用卡、绿色柜台债

资料来源:兴业研究。

银行的绿色信贷产品创新主要通过商业模式、交易结构、抵押担保方式等方面的创新来实现。例如,国内银行通过与国际机构开展国际转贷的方式推动绿色金融发展。合作模式主要是,国际机构提供低成本资金,国内合作商业银行配置一定比例的资金,共同对符合要求的客户和项目发放绿色信贷。华夏银行、浦发银行、进出口银行、招商银行、民生银行等多家商业银行与法国开发署、世界银行、亚洲开发银行、德国复兴开发银行、欧洲投资银行等多个机构和组织合作,开展国际转贷款业务,主要投向节能技术改造、新能源与可再生能源利用等领域。2019年，华夏银行与世界银行合作京津冀大气污染防治项目转贷后，又和世界银行签署了中国可再生能源和电池储能促进项目，项目规模达7.5亿美元，其中世界银行提供3亿美元，华夏银行配套等值4.5亿美元的人民币贷款资金，贷款期限为18年。同年，南京银行和法国开发署签署国内首个绿色金融非主权贷款合作协议。根据合作协议，双方将在绿色金融领域展开深度合作，法国开发署在为绿色项目提供资金支持的同时，还将向南京银行提供绿色金融能力建设和专业技术支持，助力南京银行发展绿色金融业务。该合作是法国开发署在中国开展的首个非主权贷款项目，南京银行也成为国内第一家与法国开发署合作开展非主权贷款项目的银行。

除了和国际机构合作转贷，银行也同地方政府合作，进行绿色金融产品创新。

银行绿色金融产品与服务创新不断从表内业务向表外延展：

第一，委托贷款和提供融资保函成为绿色融资新形式。在气候投融资领域，中国清洁发展机制基金与商业银行合作"绿创贷"，形成了银行作为委贷行承担基金的委托贷款业务、银行提供保函保障基金安全、银行与基金一起为企业提供贷款等多种合作模式，并且在商业银行与清洁基金合作的过程中，很多地方财政为这些气候投融资项目提供了贴息，进一步降低了企业开展气候项目的资金成本。

第二，不断推出银行绿色理财产品。例如，兴业银行在2016年面向个人投资者发行的"万利宝－绿色金融"开放式理财产品，短短六天募集理财资金100多亿元，该产品受到投资者的热捧，募集到的资金主要投向绿色环保项目和绿色债券。中国银行在2019年首推绿色证券主题理财产品,该产品面向个人和机构投资者发售,业绩比较基准在 3.55%~4.10%,募集规模上限为 50 亿元。绿色证券(包括但不限于绿色债券、绿色资产支持票据、证券等)是依法发行的、募集资金用于支持绿色产业并按约定还本付息的有价证券。其绿色证券主题理财产品具有定期开放、续期方便和起点 1 万元、费率优惠等产品优势。农银理财在 2019 年推出特色系列产品——绿色金融产品,其基于国际资管行业的绿色投资理念,重点投资绿色债券、绿色资产支持证券等债权类资产。邮政储蓄银行在 2019 年推出该行首款"绿色主题"公募净值型理财产品——邮银财富·瑞享一年定开 2 号(绿色金融),该理财产品是主要投资绿色资产、支持环保新能源产业发展项目的理财产品。华夏银行在 2019 年推出了首支以 ESG 为主题的理财产品,该系列理财产品将重点投资于绿色债券、绿色资产支持证券及 ESG 表现良好企业的债权类资产,行业策略涵盖节能环保、清洁能源、生态保护等环保题材,兼顾民生、乡村振兴、高质量发展等领域的机会,从 2019 年 4 月开始发行,到 2019 年 11 月累计发行了 11 期,募集资金超过 100 亿元。

第三,银行不仅是绿色债券的主要发行方,也成为绿色债券的主要承销方和投资方。2019 年,在国内发行的贴标绿色金融债券和绿色债务融资工具中,银行承销额分别达到 374.4 亿元和 308.5 亿元,份额占比分别为 47.8% 和 95.5%。近些年,在国内绿色金融债券承销方面,银行所占份额有所提升,从 2016 年的 41.9% 上升至 2019 年的 47.8%;而在绿色债务融资工具承销方面,银行则一直占据主导地位,除了 2017 年的占比稍有下降,至 80.7% 外,其他年份的占比均超过 95%。

图 2.4　2016—2019 年绿色金融债券承销金额占比

资料来源：Wind，兴业研究。

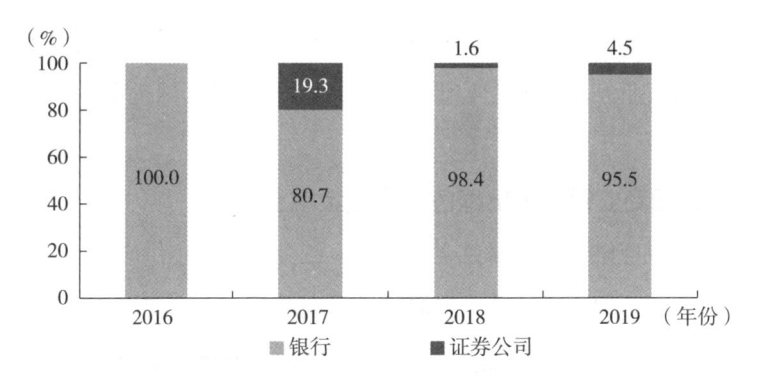

图 2.5　2016—2019 年绿色债务融资工具承销金额占比

资料来源：Wind，兴业研究。

第四，根据上海清算所公布的绿色债务融资工具的投资人结构数据，银行也是我国绿色债务融资工具的主要投资人。截至 2019 年末，政策性银行及国家开发银行和商业银行的绿色债务融资工具的投资人占比共计 27%，是除非法人机构外占比最大的，而非法人机构则主要为各类理财产品，其中商业银行理财产品也占据了较大的比例。因此，综合来看银行也是我国绿色债务融资工具最大的投资方之一。

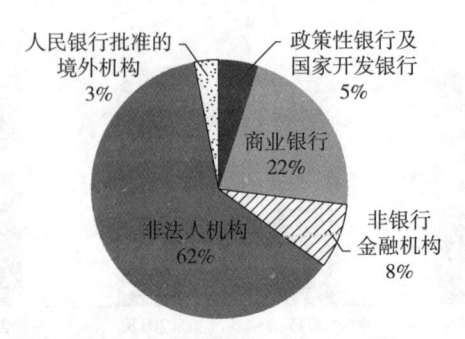

图 2.6　2019 年末绿色债务融资工具投资人结构

资料来源：Wind，兴业研究。

银行传统的绿色金融业务通常是从向企业客户提供融资开始的。目前无论是国际还是国内，绿色金融业务领域已开始从面向企业的传统绿色信贷业务，不断延伸到绿色供应链金融业务、绿色零售业务等。

（二）我国商业银行推出绿色供应链金融业务

绿色供应链金融是绿色金融、供应链金融和绿色供应链三者的有机结合。与一般供应链金融强调贸易真实及核心企业实力相比，绿色供应链金融在此基础上还要关注环境保护，因此绿色供应链是实现企业经济发展与生态环境相结合的重要手段。

一种绿色供应链金融发展模式是银行通过运用供应链金融的产品和模式，加大对绿色金融领域绿色产业、绿色项目的金融支持力度，实现供应链金融与绿色金融的有效融合。银行一方面可以运用绿色供应链金融服务支持绿色设备生产商的生产与销售、下游企业购买绿色设备；另一方面，可以发展绿色标识产品贸易融资，如运用票据、控货融资、绿色产品买方信贷、保付代理、应收账款质押融资等供应链金融工具，支持下游贸易商或企业采购绿色标识产品，这也是目前绿色信贷的重要方向之一。2019 年，兴业银行在国内率先制定并发布了《绿色供应链金融业务指引》，界定了该行绿色供应链金融业务范畴，全面搭建绿色供应链金融产品体系，并从行业、客户等维度细化绿色供应链金融业务发展策略。

另一种绿色供应链金融模式是银行依托核心企业（品牌企业），在给其上游供应商提供供应链融资服务的过程中，除了考虑财务、技术和市场等因素，还要对产业链上的中小企业加入环境绩效进行考虑，即实现绿色供应链与供应链金融的融合。目前，银行主要依托核心企业的绿色供应链进行管理，对供应商的绿色评级、评价等提供差异化的融资服务。例如，2016年，PUMA（彪马公司）、法国巴黎银行和国际金融公司推出了绿色供应链融资计划，根据 PUMA 自身的信用状况提供短期融资的分层定价，即根据 PUMA 公司内部评级系统为高可持续性评分的供应商提供低成本的融资。核心企业 PUMA 通过与金融机构合作，将自身信用状况作为背书，为环境绩效好的供应商提供优惠的融资便利，以此激励整个供应链的绿色发展。2019年，汇丰银行和沃尔玛推出"可持续供应链融资计划"，为沃尔玛的供应商提供与其可持续发展水平相挂钩的融资利率。在该项融资计划下，参与沃尔玛"10亿吨减排项目"或"可持续发展指数项目"并取得成效的供应商，可根据其可持续发展评级，向汇丰银行申请相应的优惠融资利率。[①]

（三）我国绿色零售业务日益兴起

在资产端，绿色零售信贷起步。国际上，绿色零售业务主要涉及绿色消费信贷，或者说绿色零售信贷。在国际消费信贷不断发展的过

[①] 中国金融新闻网. 汇丰银行联手沃尔玛推出"可持续供应链融资计划". 2019-04-20［2020-06-15］. https://www.sohu.com/a/309200283_175647.

程中，国际绿色消费信贷产品也随之出现。绿色消费信贷通过金融机构向个人消费者和家庭提供用于绿色消费的信贷工具，引导消费者形成绿色消费理念，实现经济的可持续发展。国外银行主要通过推出绿色消费信贷产品鼓励消费者购买绿色房屋、绿色汽车、对房屋进行节能改造、将环保行为纳入信用评分体系、依据减排贡献量抵扣或捐赠、利率优惠等方式推动绿色消费信贷发展。例如，汇丰银行推出首张绿色信用卡，客户可凭借积分兑换指定的环保礼品。汇丰银行捐出该卡签账额0.1%的款项用于汇丰"绿色学校屋顶"计划。花旗银行同夏普光电签署联合营销协议，为居民购置民用太阳能技术产品提供便捷的融资服务。

在国内，已经有部分银行正在从面向企业的绿色金融服务延伸至面向个人的绿色金融业务，绿色消费信贷是银行个人绿色金融业务最重要的方面。近几年，多家商业银行开始进行有益探索，针对不同类型的绿色产品及资金需求推出了相应产品种类，例如，为购买绿色建筑、被动式建筑和装配式建筑提供的绿色建筑按揭贷款；为购买节能型、新能源汽车等绿色交通工具提供的绿色汽车消费贷款；为购买具备绿色标识产品提供的绿色标识产品消费贷款；鼓励进行绿色消费的绿色低碳信用卡；为支持家庭安装分布式光伏发电设备而提供的绿色光伏贷款；为满足农户、林户生态化生产而提供的绿色普惠农林贷款等。

表2.3 部分商业银行的绿色零售产品

序号	名称	部分商业银行的产品实践与案例
1	绿色建筑按揭贷款	兴业银行的绿色建筑按揭贷款 马鞍山农商银行的绿色建筑按揭贷款
2	绿色汽车消费贷款	中信银行与特斯拉的汽车消费贷款 中信银行与新能源共享汽车的合作

续表

序号	名称	部分商业银行的产品实践与案例
3	绿色标识产品消费贷款	马鞍山农商银行绿色标识产品消费贷款
4	绿色低碳信用卡	兴业银行中国低碳信用卡 光大银行绿色零碳信用卡 中国农业银行金穗环保卡
5	绿色光伏贷款	华夏银行光伏贷 浙江金华成泰农商银行光伏贷 武义农商银行光伏贷 山东淄博邮政储蓄银行光伏小额贷
6	绿色普惠农林贷款	兴业银行首创的林权按揭贷款 马鞍山农商银行推出稻虾连作绿色贷款 中国农业银行江苏海门市支行发展生态农业信贷

资料来源：兴业研究根据公开材料整理。

总体来看，目前我国绿色消费信贷处于起步阶段。

首先，以商业银行的单个创新业务为主，仅在小规模范围内试点推广，尚未形成可推广、可复制的标准化产品。

其次，2020年前并没有针对全国绿色消费信贷规模数据的统计，由于缺乏数据统计，绿色消费金融具体规模尚不明确。后更新修订的绿色融资统计制度纳入了绿色消费信贷，但规模很小。

最后，银行需要提高发展绿色消费金融的意识，重视发展绿色消费金融业务。银行需要认识到，一方面，促进消费绿色转型，推动产业结构调整，是国家长期可持续发展的大势所趋；另一方面，在消费信贷出现两位数增长的背景下，绿色消费信贷同时适应了银行低资本消耗业务发展的趋势，未来银行资本消耗压力在增大，因此越来越需要银行重视轻资本经营，在资产投放上倾向于低资本消耗权重的业务，而包括绿色消费信贷在内的个人贷款、住房贷款、小微企业贷款等业务的风险权重在50%~75%，整体上低于对公贷款100%的风险权重，因此发展绿色消费信贷，有助于银行做大规模，增加收益，有望成为银行新的利润增长点。

在负债端，发行绿色存单。部分银行根据零售客户绿色需求，开始发行绿色存单。2018年，马鞍山农商银行发行绿金卡，除具备银行储蓄卡所有功能外，持有绿金卡银行账户的客户可享受由该行提供的绿色消费、绿色商品兑换、树苗认养等绿色金融和生活服务。同时该行通过绿色存款产品汇集客户的闲散资金，最终将用于支持绿色环保项目。2020年初，浙江省安吉农商银行推出绿色存单业务。通过绿色存单吸收的绿色存款将专项用于投向绿色信贷，支持县域绿色发展，促使绿色循环。该行还针对青少年推出"绿色童年"及"绿意存"等绿色存单，在吸收绿色存款的同时，还可以培养青少年从小关注绿色发展的理念。同时，绿色存款在银行产生的效益将回馈居民开展绿色生活的行为，用于奖励居民开展垃圾分类、低碳出行、绿色支付等积累的绿色价值，进而用于兑换礼品或进行场景消费。

绿色行为挂钩绿色零售产品。从蚂蚁金服推出的蚂蚁森林，到银行通过建立可捕捉个人绿色行为的系统挂钩绿色零售产品。例如，微众银行与北京环境交易所、北京绿普惠网络科技有限公司在2020年6月5日——世界环境日推出"绿色出行普惠平台"，运用区块链技术量化减排行为，鼓励大众绿色出行，帮助客户建立碳账户，用户根据自身的碳减排量获得碳积分，兑换奖品及服务或提现。安吉农商银行面向居民推出"两山绿币"，通过"绿色+科技+金融"的方式，使居民的绿色循环（主要指进行垃圾分类）、绿色出行（共享单车、公交车出行、新能源汽车出行、徒步出行等）、绿色支付（手机银行、第三方支持等）、绿色公益等绿色行为和绿色生活方式能够转化为价值，可以用于个人在银行的信用增信、享受金融业务优惠、实物兑换和场景消费。

该行充分利用"两山绿币"普及面广、受众对象多的优势，同步在资产端和负债端开发绿色零售类产品。例如，该行开发的"绿色信用贷"贷款利率直接与"两山绿币"值挂钩，"两山绿币"值越高则贷款利率越优惠，最低可执行 LPR（贷款市场报价利率），客户最高可获得 30 万元额度，并通过绿色专线渠道方式告知客户获得的绿色授信额度及利率定价，需要用信的客户直接登录手机银行便可进行额度申请、用信放款、提前还款等一体化操作。"绿色信用贷"鼓励客户开展绿色消费，引导客户购买环保材料、节能家电等绿色产品。"绿币"挂钩绿色存款产品，客户可以享受该行优惠的绿色存款产品。"绿币"还可以兑换银行礼品和在指定地点进行"1 绿币 =1 元"抵现场景消费。据统计，此产品目前吸纳了超 15 万名客户[①]，并以"绿币"为载体开展了"绿色金融助力全民健身徒步行""宝贝植树计划"等一系列绿色公益活动，有效提升了该行的绿色银行形象。

---

① 金芳.浙江安吉农商银行：创新"两山绿币"体系 赋能绿色生活有价值.中国农村金融杂志.2020-04-16［2020-06-15］.https://mp.weixin.qq.com/s/SoQe4NYvmVqem6uvr1VzAA。

第三章

绿色债券

一、国际绿色债券市场概况

气候债券倡议组织在 2021 年 1 月发布的全球绿色债券市场最新报告显示，2020 年全球绿色债券发行规模为 2 695 亿美元，在 2019 年的 2 665 亿美元（2018 年为 1 714 亿美元）的基础上继续增长，发行规模达到有史以来最高值。2011 年以来，全球绿色债券年发行量连续九年增长，特别是 2015—2020 年的年均增长率达到 60%，到 2020 年末，全球绿色债券的累计发行规模已超过 1 万亿美元。

2020 年，在全球绿色债券年发行规模前 20 名的国家中，美国再次领跑（511 亿美元），德国排名第二（402 亿美元），法国排名第三（321 亿美元），中国排名第四（172 亿美元），荷兰排名第五（170 亿美元）。法国继续保持了 2017—2019 年前三的地位，德国则首次跻身前三名。瑞典排名第六（133 亿美元），日本排名第七（103 亿美元），加拿大排名第八（90 亿美元），西班牙排名第九（87 亿美元）和挪威排名第十（56亿美元）。排名前20的国家绿色债券的总发行额为2 438亿美元。其余257亿美元的年发行额由许多其他国家组成。

从发行用途上来看，绿色债券主要投向能源、低碳建筑、低碳交通、水基础设施和土地使用领域。其中能源领域发行规模为936亿美元（占比35%），低碳建筑领域发行规模为706亿美元（占比26%），低碳交通领域发行规模为637亿美元（占比24%），水基础设施和土地使用领域发行规模分别为175亿美元（占比7%）和136亿美元（占比5%）。

二、中国绿色债券市场概况

根据2021年4月21日中国人民银行、发改委和证监会联合发布的《关于印发〈绿色债券支持项目目录（2021年版）〉的通知》（银发〔2021〕96号）中对绿色债券的最新定义，"绿色债券是指将募集资金专门用于支持符合规定条件的绿色产业、绿色项目或绿色经济活动，依照法定程序发行并按约定还本付息的有价证券，包括但不限于绿色金融债券、绿色企业债券、绿色公司债券、绿色债务融资工具和绿色资产支持证券"。

因此，在没有特殊说明的情况下，本处所指的中国境内市场绿色债券包括绿色金融债券、绿色企业债券、绿色公司债券、绿色债务融资工具和绿色资产支持证券。其中，绿色金融债券包括政策性金融债、商业银行债和其他金融机构债；绿色企业债为发改委主管企业债；绿色公司债为证监会主管公司债；绿色债务融资工具为银行间债券市场交易商协会主管，包括中期票据、短期融资券、定向工具等；

绿色资产支持证券包括银保监会主管的信贷资产证券化、交易商协会主管的资产支持票据和证监会主管的企业资产支持证券。同时，本处对中国境内市场绿色债券的统计与分析仅包括贴标绿色债券，由于我国还存在大量未贴标但实际投向了绿色项目的债券，部分机构开始关注非贴标绿色债券，如中央结算公司提出了"实质绿"债券的概念，但考虑到贴标绿色债券标准更加统一规范、易于统计，本处所指的绿色债券仅包括贴标绿色债券。

此外，近些年我国还出现了更多不同主题的可持续发展相关债券，其中部分属于绿色债券范畴，如碳中和债、蓝色债券，部分不完全属于绿色债券范畴，如可持续挂钩债券、转型债券，下文也将对这些债券进行介绍。

（一）一级市场发行情况

根据 Wind 数据库的统计，截至 2021 年 6 月末，我国境内市场贴标绿色债券累计发行规模达到 1.41 万亿元，存量规模为 1.05 万亿元，同期我国全部信用债市场[1]和政策性金融债市场[2]存量规模合计约为 60 万亿元，绿色债券存量规模占比为 1.7%，如果除去政策性金融债券，在全部信用债市场中，绿色债券余额占比仅为 2.4%。在绿色债券存量中，绿色金融债（包括绿色政策性金融债）存量规模最大，达 3 491.7 亿元，占比 33.3 %；绿色公司债、绿色债务融资工具、绿色企业债和绿色资产支持证券存量规模分别为 2 429.3 亿

---

[1] 包括商业银行债，不包括同业存单，下同。
[2] 绿色债券中包括政策性金融债，因此这里与全市场的比较基准选择全体信用债和政策性金融债。若无特殊说明，本部分所指金融债均包括政策性金融债。

元、1 873.6亿元、1 686.0亿元和1 004.7亿元,占比分别为23.2%、17.9%、16.0%和9.6%。

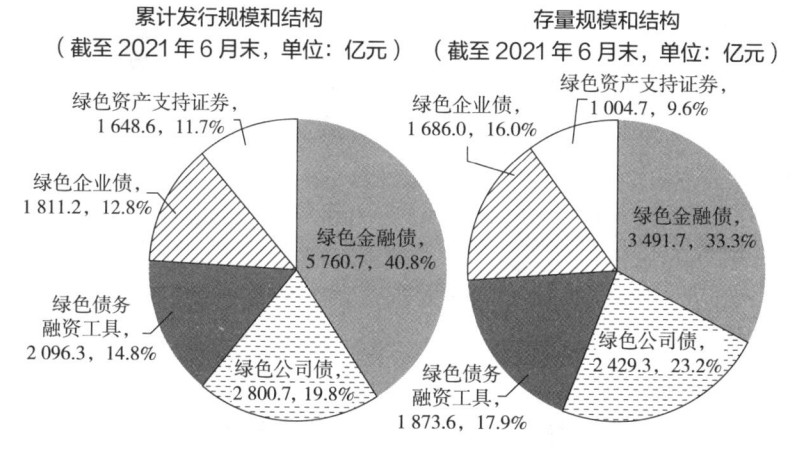

图 3.1 我国境内市场贴标绿色债券累计发行规模和结构以及存量规模和结构

资料来源:Wind,兴业研究。

近些年我国绿色债券发行规模保持了较快增长。2017—2019年,我国境内市场绿色债券年发行规模持续增长,受新冠肺炎疫情影响,2020年绿色债券发行速度有所放缓[①],全年绿色债券发行规模为2 293.1亿元,较2019年同比减少了24.2%。2021年以来,我国绿色债券发行迅速回暖,仅2021年上半年累计发行规模已经达到2 452.5亿元,比2020年全年发行规模还要高7%。其中,碳中和债券发行表现亮眼,2021年以来累计发行规模已达到1 406.4亿元,占到绿色债券发行规模的57.3%。

---

① 2020年我国发行了1万亿元抗疫特别国债,同时其他金融机构与企业也发行了大量"抗疫债",本处对中国绿色债券市场的统计仅包括贴标绿色债券,不包括"抗疫债"。

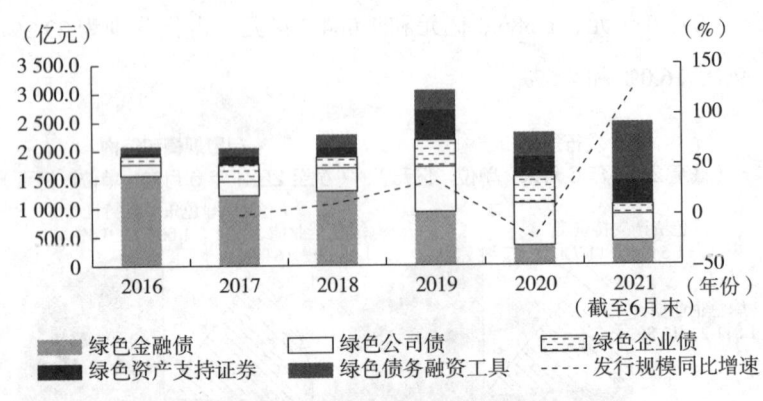

图 3.2 中国绿色债券年度发行情况

资料来源：Wind，兴业研究。

从债券类型来看，非金融企业绿色债券发行规模占比逐年提升，已超过绿色金融债券。在2018年及以前，我国绿色债券发行以金融机构为主导，绿色金融债发行规模占比均超过了50%，但2019年之后呈逐年下降趋势。2016—2020年，绿色金融债券发行规模占比从77.0%下降至14.7%；在非金融企业绿色债券中，发行规模占比提升最快的为绿色公司债，从8.9%上升至31.9%，其次为绿色企业债，从6.9%上升至21.1%，绿色债务融资工具和绿色资产支持证券发行规模占比也分别从4.0%和3.3%上升到了17.6%和14.7%。

2021年上半年，非金融企业绿色债券发行势头依然强劲，首先是绿色债务融资工具发行增长最为显著，上半年发行规模已经达到976.5亿元，占绿色债券发行总规模比例达到39.8%；其次是绿色公司债，发行规模为469.8亿元，占比为19.22%；再次是绿色资产支持证券和绿色金融债，发行规模分别为416.2亿元和402.0亿元，占比分别为17.0%和16.4%；最后是绿色企业债，发行规模为188亿元，占比为7.7%。

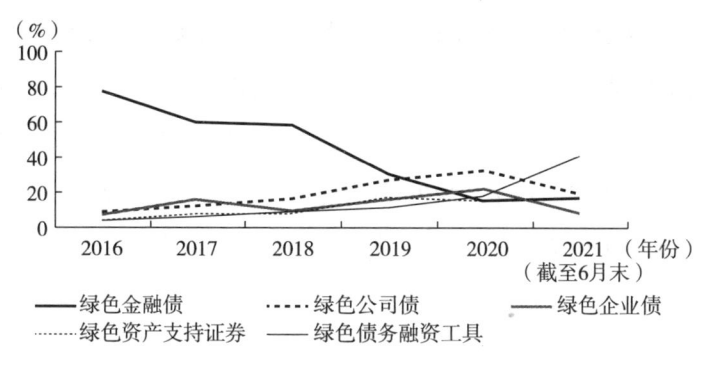

图 3.3　各类绿色债券在全部绿色债券中的发行规模占比

资料来源：Wind，兴业研究。

从各类绿色债券余额在全市场同类债券[①]余额中的占比来看，绿色企业债占比相对较高，而绿色债务融资工具占比相对较低。2016年以来，除绿色政策性金融债以外的绿色债券余额在全信用债市场余额中的占比持续提升，由2016年末的0.8%上升至2021年6月末的2.4%，但整体来看占比仍然较低。首先，在全市场同类债券余额中占比最高、占比提升速度也最快的为绿色企业债，2016年末，在全部企业债券[②]市场中，绿色企业债余额占比仅为0.4%，截至2021年6月末，这一占比已提升至7.5%，比2016年末大幅增长了7.1个百分点。其次，截至2021年6月末，非政策性绿色金融债在同类市场中的占比为3%，尽管该占比仅次于绿色企业债，但却是2016年以来占比唯一下降了的类别，2016年末非政策银行绿色金融债余额占全市场同类债券余额比例为3.7%，之后在2018年末一度增加了6.1%，但之后持续下降。再

---

① 全市场同类债券是指覆盖债券品种范围相同的全市场债券，如绿色金融债包括绿色政策性金融债、绿色商业银行债和绿色其他金融机构债，绿色金融债的全市场同类债券则包括全市场政策性金融债、全市场商业银行债和全市场其他金融机构债。

② 企业债券指发改委主管的企业债，下同。

次，2016年至2021年6月末，在全公司债券[①]市场中，绿色公司债余额占比稳步增长，已从2016年末的0.4%增长至2.6%。最后，绿色资产支持证券和绿色债务融资工具占比小幅提升，2021年6月末，在全资产支持证券[②]市场中，绿色资产支持证券余额占比为2.1%，在全非金融企业债务融资工具市场中，绿色债务融资工具余额占比为1.5%。

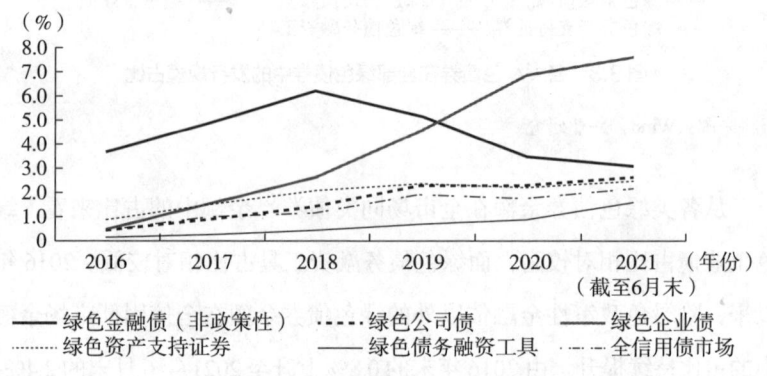

图3.4 各类绿色债券余额在全市场同类债券余额中的占比

资料来源：Wind，兴业研究。

从债券期限来看，截至2021年6月末，我国发行的绿色债券期限（不包括绿色资产支持证券）最多的是3年期和5年期，合计发行数量占比达到72.8%，其次是7年期和10年期，占比分别为11.3%和4.2%，其他期限还包括1年以内、1年、2年、4年、6年、8年、9年、15年、20年、27年。从2016年至2021年上半年的发展趋势来看，除2020年外，期限在5年以内（含）的绿色债券发行占比每年均在80%以上，2021年以来，短期限绿色债券发行占比有所提升，

---

① 公司债券指证监会主管的公司债，下同。
② 全资产支持证券包括银保监会主管的信贷ABS（资产证券化）、交易商协会主管的资产支持票据和证监会主管的ABS。

特别是期限在 2 年以内（含）的绿色债券发行占比有较大幅度提升，2021 年上半年达到 24.4%，而在 2019 年之前该比例一直未超过 3%，这主要是由于 2021 年以来，交易商协会推动绿色债务融资工具发行加速，特别是绿色短期融资券发行数量有较大幅度的提升。

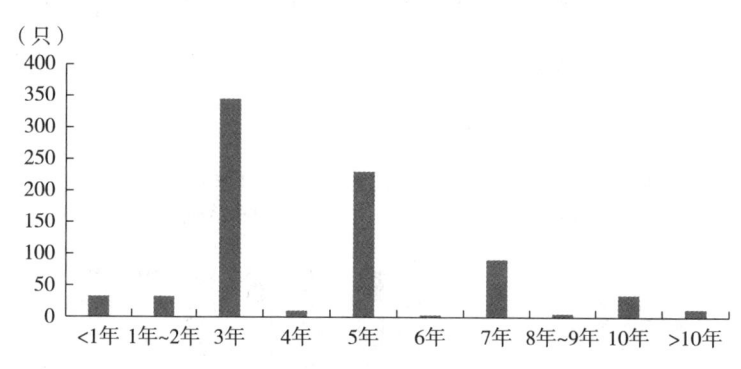

图 3.5　2016 年以来各期限绿色债券发行数量

资料来源：Wind，兴业研究。

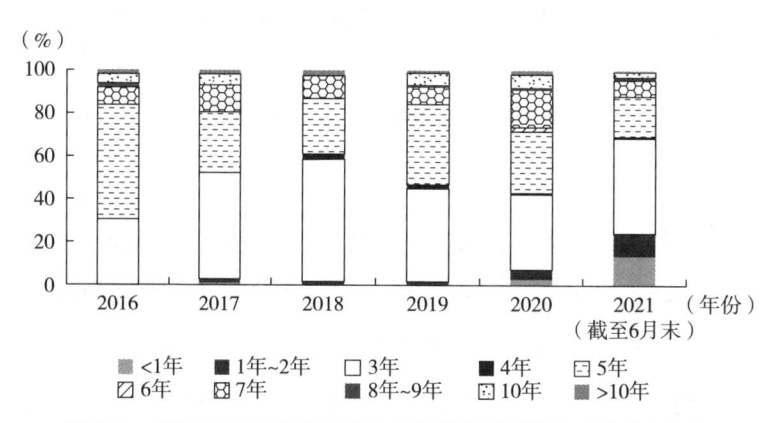

图 3.6　2016 年至 2021 年上半年各期限绿色债券发行规模分布情况

资料来源：Wind，兴业研究。

从债券评级来看，绿色债券整体债项评级较高，且高评级债券发行占比持续提升。截至 2021 年 6 月末，我国公募发行的绿色债券（不包括绿色资产支持证券和政策银行债）债项评级[①]为 AA 以上的占比超过 98%。其中，债项评级为 AAA、AA+ 和 AA 的绿色债券发行数量占比分别为 66.2%、22.5% 和 9.4%，评级为 AA- 和 A+ 的绿色债券发行数量占比分别为 1.2% 和 0.7%。从发展趋势来看，2017 年以来我国高评级绿色债券发行数量占比逐年提升，2017 年债项评级为 AAA 的绿色债券发行数量占比为 62.2%，2021 年上半年，该比例已提升至 83.5%。

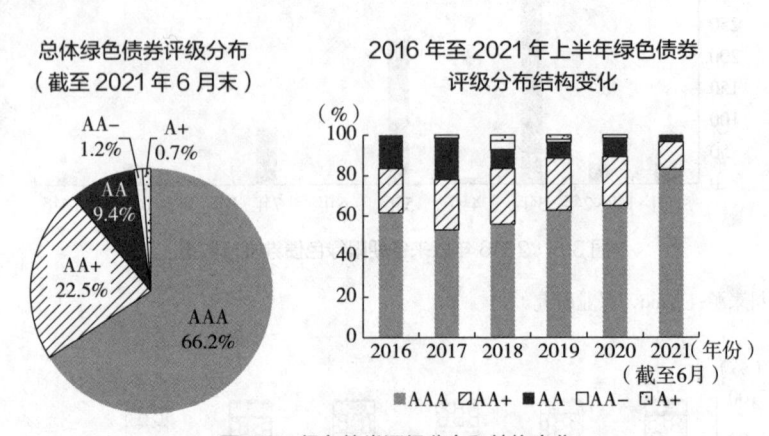

图 3.7　绿色债券评级分布和结构变化

资料来源：Wind，兴业研究。

从发行人角度来看，绿色债券发行利率具有一定优势。根据中诚信的统计[②]，2020 年在我国境内发行的可以找到可比债券[③]的所有绿色债券中，有 68.87% 的绿色债券具有低于同类债券的票面利率。单从发行利率来看，绿色债券的发行成本具有一定优势。我们统计了

---

① 绿色短期融资券和无债项评级的用主体评级代替。
② 和讯网．中诚信 2020 绿色债券年度发展报告．2021-01-26［2021-08-13］．http://bank.hexun.com/2021-01-26/202904968.html。
③ 可比债券为同类型、同期限、同债项评级、同主体评级，且在同一天、前后一周或前后两周内发行的债券。

2021年上半年公开发行的绿色债券的发行利率，在可以找到可比债券的93只绿色债券中，有超过60%的绿色债券的发行利率低于可比债券的平均发行利率，且平均低47个基点。较低的绿色债券发行利率对发行人发行绿色债券形成了一定的优势，但不利于回报要求较高的投资人。

从发行主体行业分布来看，截至2021年6月末，除绿色金融债以外，我国非金融企业绿色债券（不包含绿色资产支持证券）发行主体行业主要集中在电力（1 758.5亿元，98只）、建筑与工程（973.6亿元，132只）、公路与铁路基础设施运营（670.5亿元，50只）、综合类行业（584.4亿元，71只）、铁路运输（459亿元，27只）、新能源发电（416.4亿元，35只）、水务（342亿元，37只）行业。

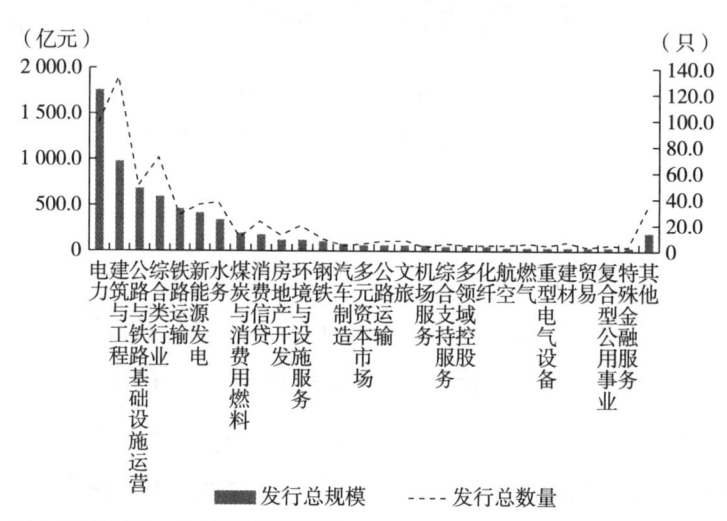

注：行业分类标准为Wind行业四级分类。

图3.8 绿色非金融债券发行主体行业分布情况

资料来源：Wind，兴业研究。

从发行主体所在地区分布情况来看，截至2021年6月末，我国绿色债券（不包括绿色资产支持证券）发行最多的地区为北京，共发行了145只总规模为3 694.3亿元的绿色债券。在绿色债券发行规模方面，福建和上海仅次于北京，分别发行了1 425.6亿元和1 130.9亿元，在绿色债券发行数量方面，排在北京之后的为江苏和浙江，分别发行了95只和80只。

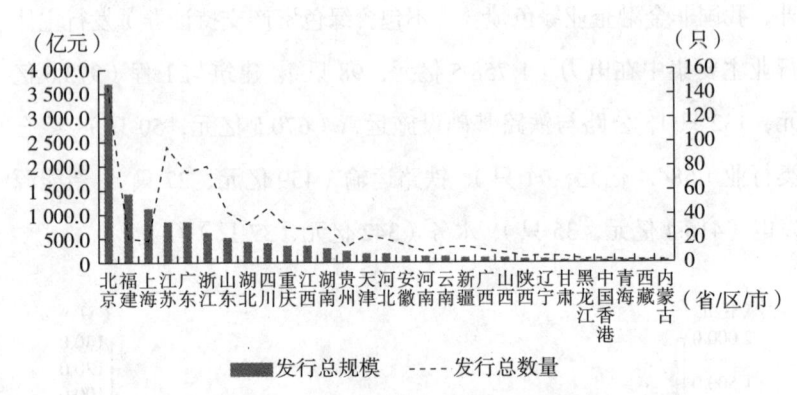

图 3.9　绿色债券发行主体区域分布情况

资料来源：Wind，兴业研究。

（二）二级市场流动性

在2018年上半年及以前，绿色债券二级市场流动性处于较低水平，从2018年下半年开始，流动性得到大幅提升，到2019年又稍有回落但月平均流动性仍然高于2017年。与全部信用债和政策性金融债市场[①]二级流动性相比，我国绿色债券二级市场流动性普遍偏低。2020年，我国境内绿色债券二级市场成交额为6 346.3亿元，同比增长3%，其中绿色金融债成交额为3 234.8亿元，占比达到51.0%。2021年上

---

① 全部信用债包括商业银行债，不包括同业存单。因为绿色债券中包括政策性金融债，所以这里与全市场的比较基准选择全体信用债和政策性金融债。下同。

半年，绿色债券成交额为3 654.5亿元，比2020年同期上升了20.8%，其中绿色金融债券成交额为1 355.0亿元，占比达到37.0%。

从换手率来看，绿色债券月换手率普遍低于全部信用债和政策性金融债市场月换手率；在各类绿色债券中，绿色债务融资工具和绿色金融债月换手率相对较高。2017年至2018年上半年，绿色债券月换手率的中枢区间在1.4%~8.3%，月平均换手率为4.1%，普遍低于全信用债和政策银行债市场月换手率（月平均换手率为11.3%）；2018年下半年，绿色债券月换手率中枢区间升高至4%~21%，月平均换手率为11.0%，同期全信用债和政策银行债市场月换手率为18.6%。2019年以来，绿色债券月换手率稍有回落，中枢区间在3.4%~11.1%，月平均换手率为6.4%，仍然低于同期全信用债和政策银行债市场月换手率（20.3%），但较2018年之前已有所提升。从不同券种来看，绿色债务融资工具和绿色金融债月换手率相对较高，而绿色资产支持证券月换手率相对较低。

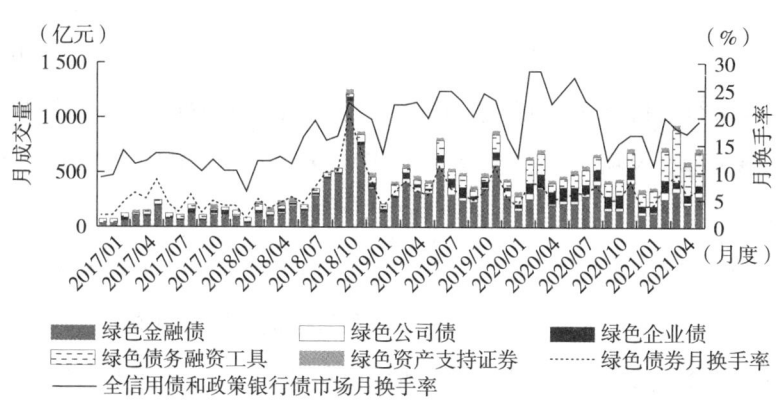

注：换手率计算公式为：换手率＝月成交量/债券余额。

图3.10　绿色债券成交量与月换手率统计

资料来源：Wind，兴业研究。

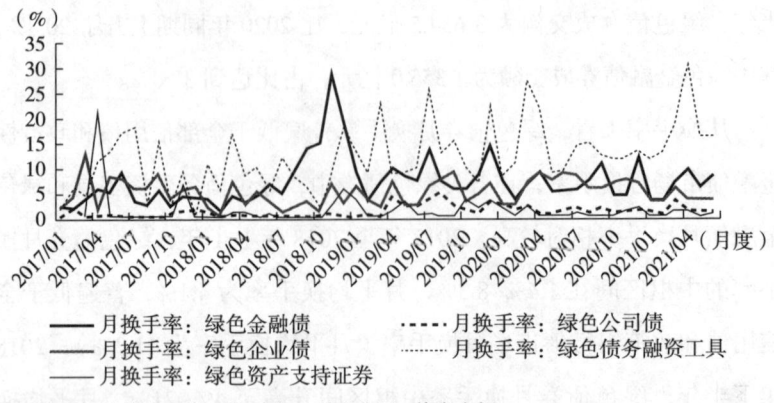

(%)
35
30
25
20
15
10
5
0

—— 月换手率：绿色金融债　　　┄┄┄ 月换手率：绿色公司债
—— 月换手率：绿色企业债　　　········ 月换手率：绿色债务融资工具
—— 月换手率：绿色资产支持证券

注：换手率计算公式为：换手率 = 月成交量 / 债券余额。

图 3.11　各类绿色债券月换手率统计

资料来源：Wind，兴业研究。

（三）碳中和目标下绿色债券品种创新不断

一是碳中和债券。自 2021 年以来，碳中和债券成为我国绿色债券市场的最大亮点，截至 2021 年 6 月末，碳中和债券累计发行规模已达到 1 406.4 亿元，占到 2021 年上半年我国境内绿色债券发行规模的 57.3%。2021 年 2 月 9 日，中国银行间市场交易商协会在中国人民银行的指导下，在绿色债务融资工具项下创新推出碳中和债券。上海证券交易所于 2021 年 2 月 25 日、深圳证券交易所于 2021 年 3 月 2 日也推出了专项用于碳中和的绿色债券。我国提出碳中和目标后，碳中和领域的投资机会受到了投资者的广泛关注，而碳中和债券的推出将有助于投资者识别出对碳中和目标贡献最大的领域，不仅能满足投资者的需求，也为我国实现碳中和目标吸引了更多的社会资金投入。

二是蓝色债券。在我国，海洋经济占据重要地位，海洋生产总值占国内生产总值的比重为 9.0%，占沿海地区生产总值的比重为

17.1%，同时海洋的可持续发展也与气候变化问题息息相关。为此，2018 年中国人民银行、银保监会、海洋局等八个部门联合印发了《关于改进和加强海洋经济发展金融服务的指导意见》。2020 年 1 月 3 日，银保监会发布的《关于推动银行业和保险业高质量发展的指导意见》中首次提出积极发展蓝色债券。纵观全球市场，蓝色债券目前尚处于起步阶段，虽然全球仅发行了几只蓝色债券，但已经引起了投资者的广泛关注，部分投资人认为蓝色债券市场是继绿色债券之后，可持续金融领域又一极具潜力的市场。2020 年，中资机构也实现了蓝色债券的落地。2020 年 9 月，中国银行发行中资及全球商业机构首只蓝色债券，募集资金用于支持中国银行已投放及未来将投放的海洋相关污水处理项目及海上风电项目等。① 2020 年 10 月，兴业银行香港分行在国际资本市场上成功发行了 3 年期美元固定利率蓝色债券，实现了中资股份制银行首单境外蓝色（海洋和水资源保护）债券发行。② 2020 年 11 月，由兴业银行独立承销的青岛水务集团 2020 年度第一期绿色中期票据（蓝色债券）成功发行，募集资金用于海水淡化项目建设，成为我国境内首单蓝色债券，也是全球非金融企业发行的首单蓝色债券。③

三是可持续挂钩债券。国际上，可持续发展挂钩债券最早出现于 2019 年的欧洲，国际资本市场协会于 2020 年 6 月推出指导性文

---

① 21 世纪经济报道. 又一新概念将火起来 中行发行的蓝色债券受热捧. 2020-10-16［2021-02-05］. http://bank.hexun.com/2020-10-16/202241000.html。

② 兴业银行官网. 兴业银行发行香港首单抗疫债券和中资股份行首单境外蓝色债券. 2020-11-02［2021-02-05］. https://www.cib.com.cn/cn/aboutCIB/about/news/2020/20201102.html。

③ 兴业银行官网. 兴业银行落地境内首单蓝色债券. 2020-11-04［2021-02-05］. https://www.cib.com.cn/cn/aboutCIB/about/news/2020/20201104.html。

件《可持续发展挂钩债券原则》,为可持续发展挂钩债券提供了具体的指导标准。目前国际可持续发展挂钩债券累计发行总额约180亿美元,发行人涉及电力、钢铁、水泥、建筑等多个行业。根据ICMA发布的原则,可持续发展挂钩债券具有一定的财务和/或结构特性,该财务和/或结构特性将会根据发行人是否实现其预设的可持续发展/ESG目标而发生改变。这意味着,发行人须明确(包括在债券文件中)承诺在预定时间内改善其在可持续发展方面的绩效表现。可持续发展挂钩债券是具有前瞻性的、基于绩效指标的债券工具。与绿色债券不同的是,其募集资金用于一般用途。2021年4月,中国银行间市场交易商协会表示推出可持续发展挂钩债券;2021年5月10日,中国华能、大唐国际、长江电力、国电电力、陕煤集团、柳钢集团、红狮集团等,在中国银行间市场成功发行首批七单可持续发展挂钩债券,发行金额73亿元。2021年上半年,可持续挂钩债券共发行12只,发行总额约184亿元。在债券结构设计方面,不设具体要求或限制,发行人可根据实际情况进行条款设计,可以包括但不限于票面利率调升(或调降)、提前到期、一次性额外支付等。例如,国电电力设置"2022年末发行人新增风力发电装机容量较2020年末增长比例不低于11.9%"作为挂钩目标,若未达到目标,第三年票面利率将调升20个基点。

四是绿色乡村振兴债券。2021年3月以来,交易商协会、交易所相继推出乡村振兴债券。部分债券同时贴标了乡村振兴和绿色债券,如2021年二季度发行的绿色债券有七只同时贴标乡村振兴债券。发行绿色乡村振兴债券,募集资金用途也需要同时满足乡村振兴债券和绿色债券的要求。如广东能源集团所属开发公司成功发行2021年第一期绿色中期票据(碳中和债+乡村振兴),发行金额5亿元,期限3年，票面利率3.12%。这是粤港澳大湾区首只"碳中和债+乡村振兴"双贴标绿色债券，也是全国首笔用于光伏建设的"碳中和债+乡村振兴"双贴标绿色债券。

（四）绿色债券指数及相关产品发展提速

2016年中国人民银行等七部委出台的《关于构建绿色金融体系的指导意见》中明确提出："支持开发绿色债券指数、绿色股票指数以及相关产品。鼓励相关金融机构以绿色指数为基础开发公募、私募基金等绿色金融产品，满足投资者需要。"随着我国绿色债券市场的快速发展，绿色债券指数及相关产品也在不断涌现。

1. 绿色债券指数与 ESG 债券指数

绿色债券指数通常以贴标绿色债券为样本，也有少数指数样本涵盖了非贴标绿色债券，据不完全统计，截至2021年8月初，我国已发布26只绿色债券指数，主要包括中债绿色债券系列指数、中证绿色债券系列指数、上证绿色债券系列指数、中财－国证绿色债券系列指数、CFETS（中国外汇交易中心）银行间绿色债券指数，以及1只气候债券指数（中债－中国气候相关债券指数）和2021年以来发布的4只碳中和债券指数。除绿色债券指数以外，2020年以来，我国还陆续发布了8只ESG债券指数。与绿色债券指数不同，ESG债券指数样本券是以债券发行主体的ESG表现为筛选标准，而绿色债券标准均是以债券募集资金投向为基础，要求募集资金投向相应的绿色项目，与该债券发行主体的绿色表现无关。

表 3.1 绿色债券指数与 ESG 债券指数一览

类别	指数	发布日期
绿色债券	中债－中国绿色债券指数	2016.4.15
	中债－中国绿色债券精选指数	2016.4.15
	中债－兴业绿色债券指数	2017.1.6
	中债－10 年期国债及政策性银行债绿色增强指数	2018.9.5
	中债－长三角绿色债券指数	2019.6.20
	中债－京津冀绿色债券指数	2019.10.30
	中债－粤港澳大湾区绿色债券指数	2021.1.13
	中债－中金公司绿色资产支持证券指数	2021.6.4
	中证交易所绿色债券指数	2017.6.19
	中证交易所高等级绿色债券指数	2019.1.31
	中证绿色债券指数	2019.1.31
	中证交易所绿色债券 AAA 指数	2019.1.31
	上证绿色债券指数	2017.6.19
	上证绿色公司债指数	2017.6.19
	上证绿色债券 AAA 指数	2019.6.27
	上证高等级绿色债券指数	2019.6.27
	上证绿色企业债指数	2019.6.27
	中财－国证高等级绿色债券指数	2017.3.20
	中财－国证高等级非贴标绿色债券指数	2017.3.20
	中财－国证高等级贴标绿色债券指数	2017.3.20
	CFETS 银行间绿色债券指数	2021.7.1
碳中和债券	中债－碳中和绿色债券指数	2021.3.17
	上海清算所碳中和债券指数	2021.3.18
	CFETS 银行间碳中和债券指数	2021.7.1
	中证碳中和债券指数	2021.8.12
气候债券	中债－中国气候相关债券指数	2016.9.2
ESG 债券	中债－华夏理财 ESG 优选债券策略指数	2020.9.28
	中债－ESG 优选信用债指数	2020.11.13
	中债－国寿资产 ESG 信用债精选指数	2021.6.29
	中证中财－苏农长三角 ESG 债券指数	2020.9.25
	沪深 300 ESG 债券指数	2020.10.21
	沪深 300 ESG 信用债指数	2020.10.21
	中证 800 ESG 债券指数	2021.3.25
	中证 800 ESG 信用债指数	2021.3.25

资料来源：兴业研究根据公开资料整理。

2. 绿色债券指数与 ESG 债券指数的收益情况

从绿色债券指数与 ESG 债券指数的收益情况来看，大部分指数已展现出一定的长期优势。以中债绿色债券系列指数和 ESG 债券指数为例，其年化收益率普遍高于同期中债信用债指数。如在绿色债券指数中，收益相对较高的中债－长三角绿色债券指数近 1 年、近 3 年和近 5 年的年化收益率分别为 1.78%、0.92% 和 −0.13%，收益相对较低的中债－中国气候相关债券指数近 1 年、近 3 年和近 5 年的年化收益率分别为 0.57%、0.85% 和 −0.99%；均高于同期中债信用债总指数的 −0.12%、0.06% 和 −1.10%。ESG 债券指数收益率也均高于同期中债信用债总指数。与此同时，绿色债券指数和 ESG 债券指数年化波动率也普遍高于中债信用债总指数。

表 3.2　绿色债券指数与 ESG 债券指数收益与风险情况（截至 2021 年 8 月 13 日）

	指数	年化收益率（%）			年化波动率（%）		
		近5年	近3年	近1年	近5年	近3年	近1年
绿色债券指数	中债－长三角绿色债券指数	−0.13	0.92	1.78	1.49	1.18	1.06
	中债－粤港澳大湾区绿色债券指数	−0.33	0.59	1.38	1.61	1.40	1.10
	中债－京津冀绿色债券指数	−0.55	1.09	1.03	2.11	1.56	1.00
	中债－中国绿色债券精选指数	−0.66	1.11	1.35	2.03	1.49	1.04
	中债－中国绿色债券指数	−0.70	1.06	1.30	1.96	1.47	1.02
	中债－兴业绿色债券指数	−0.79	0.30	0.34	1.53	0.98	0.69
	中债－中国气候相关债券指数	−0.99	0.85	0.57	2.17	1.43	0.91
ESG 债券指数	中债－国寿资产 ESG 信用债精选指数	1.90	1.16	1.61	1.35	1.29	0.91
	中债－ESG 优选信用债指数	0.82	0.82	0.57	1.14	1.14	0.81
	中债－华夏理财 ESG 优选债券策略指数	0.31	0.31	0.63	1.16	1.16	0.86
	中债信用债总指数	−1.10	0.06	−0.12	1.28	0.91	0.71

资料来源：Wind，兴业研究。

3. 绿色债券指数相关产品

我国绿色债券指数投资基金数量仍然较少。一方面，近些年我国绿色债券指数的发布越来越多，但以绿色债券指数为跟踪标的的基金数量仍然较少。2019年2月27日，首只含绿债中债指数ETF基金"新光中国10年期国债及政策金融附加绿债债券ETF"在台湾证券交易所挂牌上市。另一方面，投资于绿色债券的绿色债券投资基金数量也相对较少。2018年1月26日，国内成立了首只绿色债券公募基金——富国绿色纯债一年定开债基，该基金投资于债券资产的比例不低于80%，其中投资于绿债的比例不低于非现金资产的80%，截至2021年6月30日，该基金规模已达2.99亿元。2020年7月17日，兴业基金成立了兴业绿色纯债一年定期开放债券型证券投资基金，截至2021年6月30日，该基金规模为16.92亿元。

挂钩碳中和债券指数的产品开始出现。一是挂钩碳中和债券指数的结构性存款，2021年5月14日，兴业银行与上海清算所合作，面向企业客户成功发行了国内首笔挂钩碳中和债券指数的结构性存款，该产品收益分为固定收益和浮动收益两部分，其中，浮动收益与观察标的波动变化情况挂钩，挂钩标的为上海清算所碳中和债券指数[①]；同年6月3日，上海银行也面向企业客户发行了挂钩上海清算所碳中和债券全收益指数的结构性存款产品[②]。二是挂钩碳中和债券指数的收益互换交易，2021年7月26日，在中国外汇交易中心（以下简称"交易中心"）的指导下，国泰君安证券与中金公司通过银行间市场本币交

---

① 上海证券报．兴业银行发行国内首笔碳中和债券指数结构性存款．2021-05-14［2021-08-16］．https://www.sohu.com/a/466436283_120988576。

② 中国经济网．上海银行发行首支碳中和债券指数结构性存款．2021-06-04［2021-08-16］．http://finance.ce.cn/bank12/scroll/202106/04/t20210604_36619225.shtml?ivk_sa=1023197a。

易系统达成了首笔挂钩"CFETS 银行间碳中和债券指数"(以下简称"碳中和指数")的互换交易。碳中和指数互换是指交易一方支付固定利率,对手方支付碳中和指数在合约存续期内的总价值变化,可起到管理碳中和债券利率及信用风险、丰富交易策略等作用。通过交易系统开展指数互换业务,切实发挥了线上交易便利性、规范性等优势。[①]

三、中国绿色金融债券市场

相比其他绿色债券,尽管绿色金融债券的发行数量不多,但单笔发行规模较大,是我国绿色债券市场的主要券种,处于绿色债券市场的主导地位。

(一)总量与结构分析

根据 Wind 数据库的统计,截至 2021 年 6 月末,我国境内市场累计发行的绿色金融债券数量为 160 只,累计发行规模为 5 760.7 亿元,在总体绿色债券发行中的占比分别为 13.7% 和 40.8%;绿色金融债券存量余额为 3 491.7 亿元,占绿色债券总余额的比重为 33.3%。

从 2016 年至 2021 年上半年的发行情况来看,绿色金融债券年度发行量有下降趋势。其中,2020 年绿色金融债券发行数量和发行规模分别为 11 只和 337.0 亿元,较 2019 年分别下降了 64.5% 和 63.3%。2021 年上半年,绿色金融债券发行稍有回暖,共发行了 14 只,发行规模为 402 亿元,超过了 2020 年全年的发行水平,与 2019 年同期基本持平。

---

① 中国金融新闻网.国泰君安证券与中金公司完成首笔"CFETS 银行间碳中和债券指数"互换交易.2021-07-26 [2021-08-16].https://www.financialnews.com.cn/zq/qs/ 202107/t20210726_224389.html。

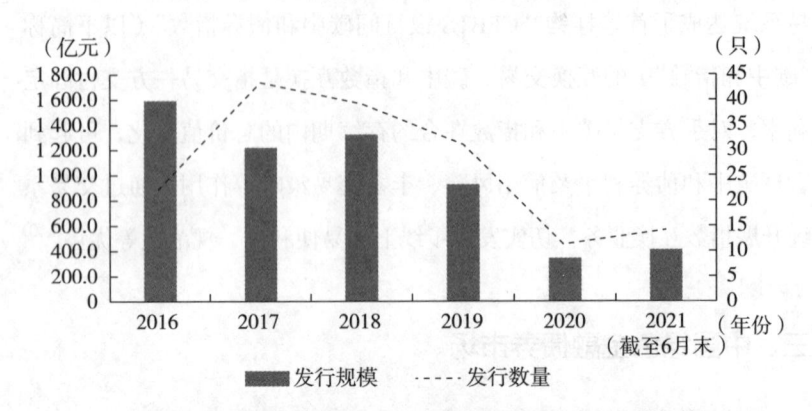

图 3.12 2016 年至 2021 年上半年绿色金融债券发行规模与数量

资料来源：Wind，兴业研究。

从债券期限来看，截至 2021 年 6 月末，我国发行的绿色金融债券期限以 3 年期为主，发行数量为 133 只，占比达到 83.1%；此外还包括 5 年期和 2 年期，发行数量分别为 24 只和 3 只，占比分别为 15.0% 和 1.9%。从 2016 年至 2021 年上半年的发展趋势来看，3 年期绿色金融债券发行占比逐年提升，2016 年占比为 50%，从 2020 年开始，境内发行的绿色金融债券期限均为 3 年。

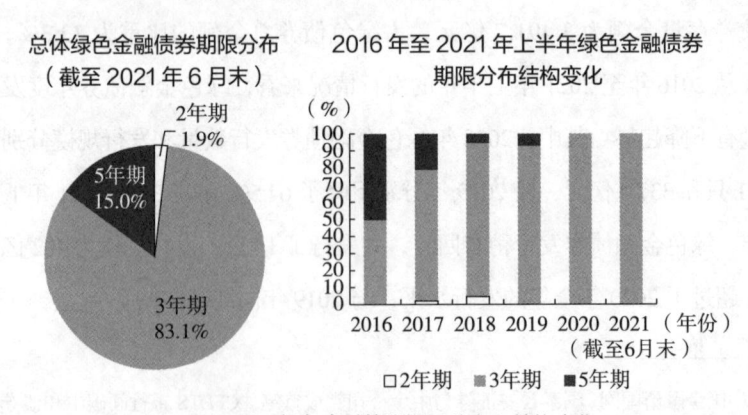

图 3.13 绿色金融债券期限分布和结构变化

资料来源：Wind，兴业研究。

从债券评级情况来看，绿色债券整体评级较高。截至 2021 年 6 月末，我国发行的绿色金融债（不包括政策银行债）项评级 AA 以上占比达到 92.3%。其中，债项评级为 AAA 级的绿色债券发行数量为 64 只，占比达 44.8%，评级为 AA+ 的绿色债券发行数量为 50 只，占比为 34.9%，评级为 AA 的绿色债券发行数量为 18 只，占比 12.6%，评级为 AA- 和 A+ 的绿色债券发行数量分别为 7 只和 4 只，占比分别为 4.9% 和 2.8%。从趋势来看，2018 年以来，评级为 AAA 的绿色金融债券比重在逐年上升。

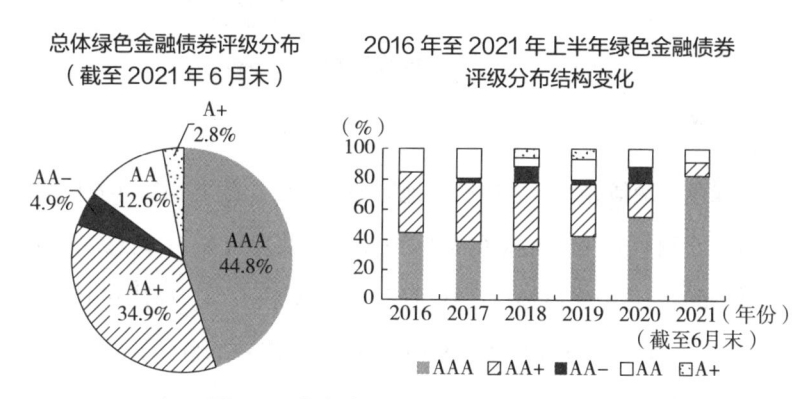

图 3.14 绿色金融债券评级分布和结构变化

资料来源：Wind，兴业研究。

（二）发行主体分析

从发行主体的性质来看，我国绿色金融债的发行主体以商业银行为主，其中发行数量以城市商业银行为主导，发行规模以股份制银行为主导。根据 Wind 绿色债券概念板块统计，截至 2021 年 6 月末，绿色金融债券发行数量最多的为城市商业银行，累计发行 83 只，占比高达 52%，其次为农商银行 29 只、政策性银行 17 只。从发行规模来看，股份制银行累计发行 1 950 亿元，占比 34%；城市商业银行累计发行1 885亿元，占比33%；政策性银行累计发行1 015亿元，占比约18%；国有商业银行累计发行500亿元，占比约9%。

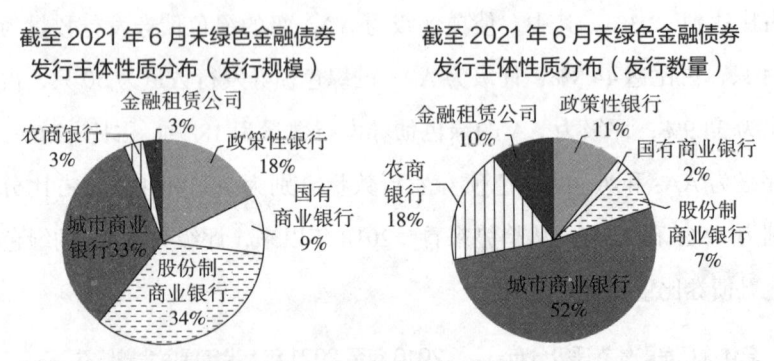

图3.15 绿色金融债券发行主体性质分布

资料来源：Wind，兴业研究。

从绿色金融债券发行主体所在地区分布来看，截至2021年6月末，我国绿色金融债券发行最多的地区为北京，共发行了21只总规模为1 415亿元的绿色金融债券。在绿色债券发行规模方面，福建和上海仅次于北京，分别发行了1 300亿元和1 060亿元，在绿色债券发行数量方面，排在北京之后的为浙江和广东，分别发行了16只和14只。

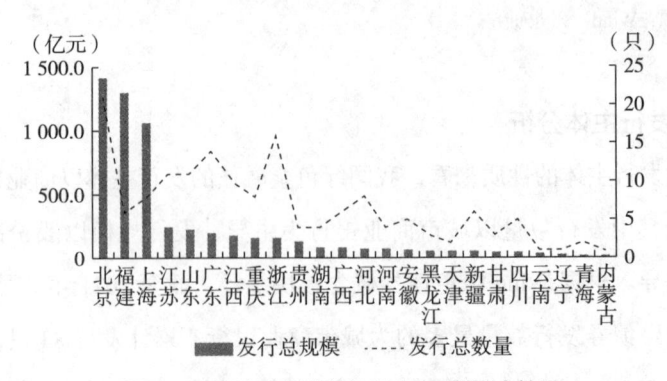

图3.16 绿色金融债券发行主体区域分布情况

资料来源：Wind，兴业研究。

四、中国绿色企业债券与绿色公司债券

（一）总量与结构分析

根据 Wind 数据库的统计，截至 2021 年 6 月末，我国境内市场累计发行的绿色公司债券和绿色企业债券数量分别为 283 只和 148 只，累计发行规模分别为 2 800.7 亿元和 1 811.2 亿元，存量余额分别为 2 429.3 亿元和 1 686.0 亿元。

从 2016—2019 年的发行情况来看，绿色公司债券发行量逐年增长，绿色企业债券在 2018 年发行规模虽稍有下降，但在 2019 年大幅提升。2020 年，绿色公司债券发行规模 732.1 亿元，同比下降了 8%，绿色企业债券发行规模 483.9 亿元，同比小幅增长了 2.3%。尽管绿色公司债券发行规模下降、绿色企业债券发行增速放缓，但相较于 2020 年整体绿色债券市场的发行情况（同比下降 24.2%），绿色公司债券和绿色企业债券的发行表现相对较好。2021 年上半年，绿色公司债券发行规模 353.7 亿元，已比 2020 年同期增长了 32.8%，而绿色企业债券发行速度则有所放缓，发行规模 188 亿元，较 2020 年同期下降了 19.1%。

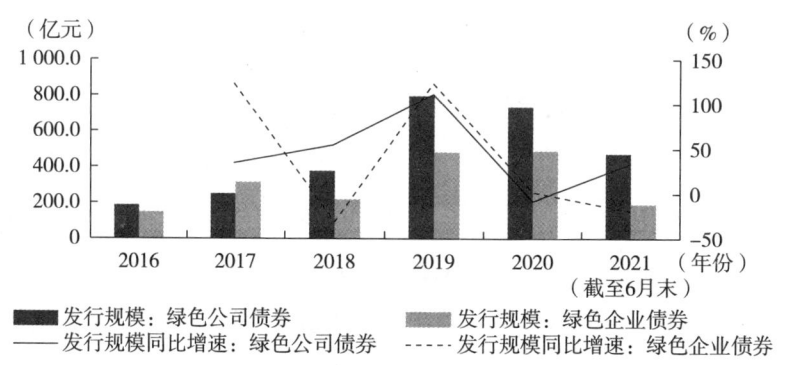

图 3.17　2016 年至 2021 年上半年绿色公司债券和绿色企业债券发行规模

资料来源：Wind，兴业研究。

从债券期限来看，绿色公司债券期限更为丰富，绿色企业债券的平均期限则更长。截至 2021 年 6 月末，我国发行的绿色公司债券期限以 3 年期和 5 年期为主，发行数量分别为 106 只和 124 只，合计占比达到 81.3%，绿色公司债券其他期限还包括 270 天、1 年、2 年、4 年、6 年、7 年、8 年、9 年、10 年、15 年、20 年和 27 年；绿色企业债券期限以 5 年、7 年和 10 年为主，发行数量分别为 31 只、78 只和 18 只，合计占比达到 85.8%，绿色企业债券其他期限还包括 3 年、4 年、6 年、8 年、9 年、15 年和 20 年。

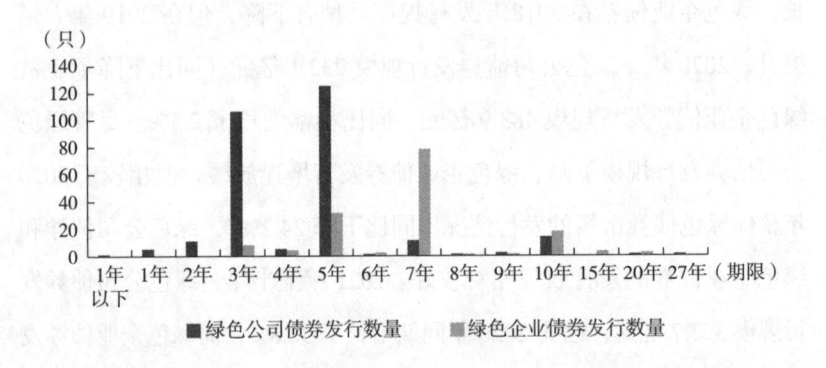

图 3.18　2016 年至 2021 年上半年绿色公司债券和绿色企业债券期限分布

资料来源：Wind，兴业研究。

从发行方式来看，绿色公司债券私募发行占比相对较高。2016—2019 年，绿色公司债券和绿色企业债券中私募发行的债券比例都有所上升，其中，绿色公司债券中私募发行数量占比从 7.1% 提升至 69.2%，绿色企业债券中私募发行数量占比则从 0 增长至 18.4%。2020 年以来，绿色公司债券和绿色企业债券中私募发行的债券比例有所下降，2021 年上半年分别为 50% 和 6.3%。

——绿色公司债券私募发行数量占比   ----绿色企业债券私募发行数量占比

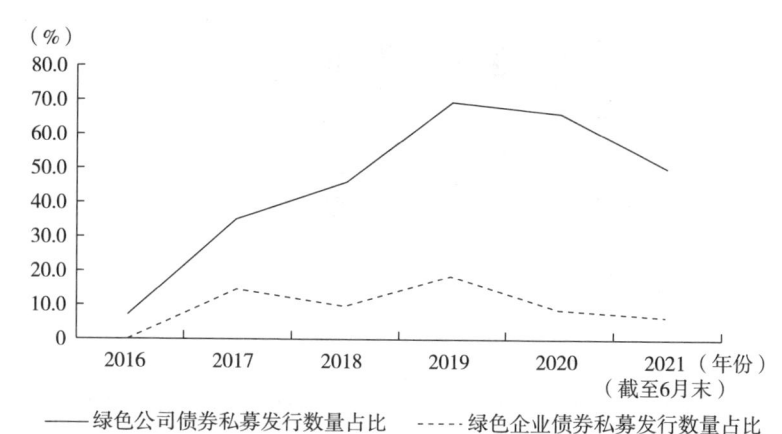

图 3.19　2016 年至 2021 年上半年绿色公司债券和绿色企业债券私募发行比例

资料来源：Wind，兴业研究。

从债券评级来看，绿色企业债券与绿色公司债券的债券评级均为较高水平。截至 2021 年 6 月末，我国发行的有评级的绿色公司债券和绿色企业债券的债项评级均在 AA 以上。其中，在有评级的绿色公司债券中，评级为 AAA、AA+ 和 AA 的绿色公司债券发行数量占比分别为 68.3%、21.2% 和 10.6%；评级为 AAA、AA+ 和 AA 的绿色企业债券发行数量占比分别为 52.7%、32.4% 和 14.9%。从 2016 年至 2021 年上半年的发展趋势来看，绿色公司债券在 2021 年上半年评级为 AAA 的债券发行数量占比有明显提升，在 2020 年发行的有评级的绿色公司债券中，评级为 AAA 的债券数量占比为 51.0%，2021 年上半年该比例提升至 82.9%；绿色企业债券评级则逐步下沉，评级为 AAA 的债券数量占比也在逐步下降，2019 年及之前维持在 60% 左右，2020 年和 2021 年上半年则分别下降至 40.4% 和 43.8%。

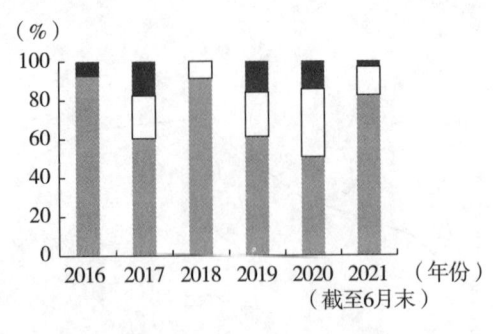

注：仅包括有评级的债券。

图3.20　2016年至2021年上半年绿色公司债券评级分布结构变化

资料来源：Wind，兴业研究。

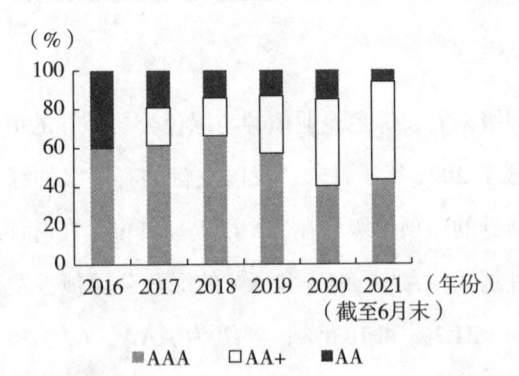

图3.21　2016年至2021年上半年绿色企业债券评级分布结构变化

资料来源：Wind，兴业研究。

（二）发行主体分析

从发行主体行业分布来看，截至2021年6月末，绿色公司债券发行主体所属行业主要集中在电力（40只，730.2亿元）、建筑与工程（65只，400.7亿元）、综合类行业（41只，398.3亿元）、新能源发电（18只，220.4亿元）、水务（16只、186.3亿元）和公路与铁路基础设施运营（14只，107.2亿元）。绿色企业债券发行主体所属行业则主要集中在建筑与工程（54只，500.7亿元）、公路与铁路基础设施运营（21只，371.3亿元）、电力（7只，170.4亿元）、铁路运输（5只，130亿元）和综合类行业（14只，126.6亿元）。

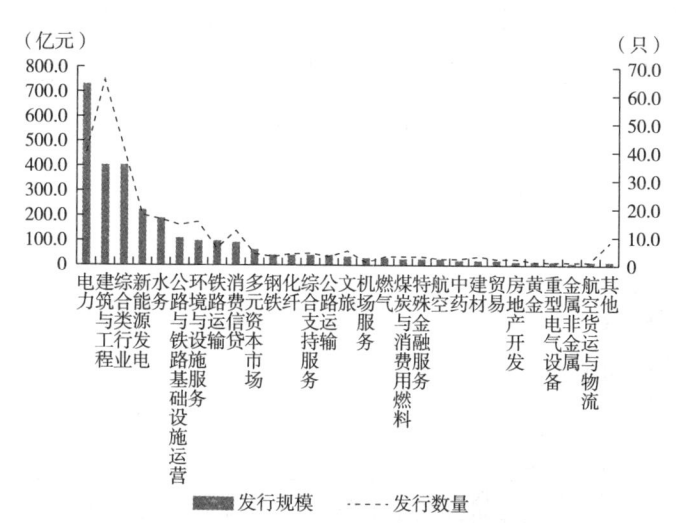

图 3.22　2016 年至 2021 年上半年绿色公司债券发行主体行业分布

资料来源：Wind，兴业研究。

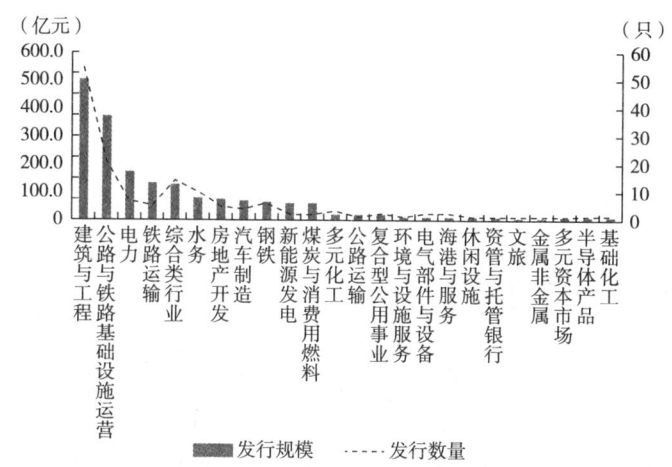

图 3.23　2016 年至 2021 年上半年绿色企业债券发行主体行业分布

资料来源：Wind，兴业研究。

从发行主体所在地区分布来看,截至 2021 年 6 月末,绿色公司债券发行最多的地区为北京,共发行了 67 只总规模为 1 169.4 亿元,远高于发行规模排在第二位的浙江(37 只,257.9 亿元);绿色企业债券发行地区分布则相对平均,发行最多的为广东,共发行了 26 只总规模为 331 亿元,紧随其后的为湖北、北京和江苏,发行数量分别为 20 只、7 只和 15 只,发行规模分别为 295 亿元、218.9 亿元和 217.7 亿元。

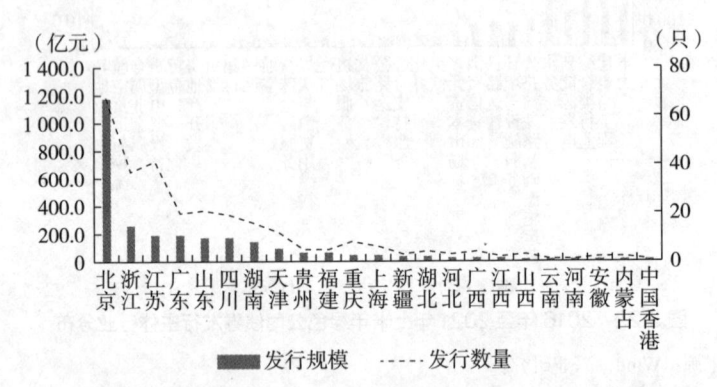

图 3.24 2016 年至 2021 年上半年绿色公司债券发行主体区域分布

资料来源:Wind,兴业研究。

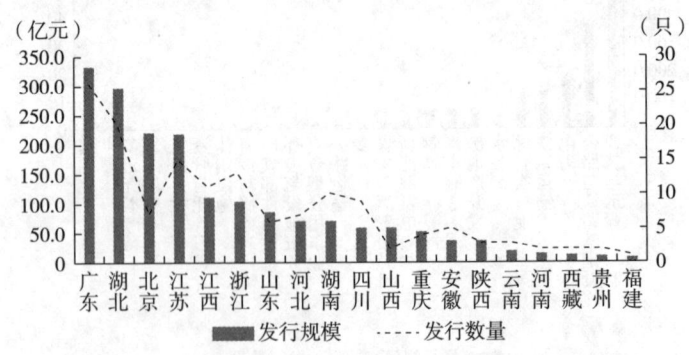

图 3.25 2016 年至 2021 年上半年绿色企业债券发行主体区域分布

资料来源:Wind,兴业研究。

五、中国绿色债务融资工具

（一）总量与结构分析

根据 Wind 数据库的统计，截至 2021 年 6 月末，我国境内市场累计发行的非金融企业绿色债务融资工具[①]数量为 195 只，累计发行规模为 2 096.3 亿元，存量余额 1 873.6 亿元。

从 2016 年至 2021 年上半年的发行情况来看，绿色债务融资工具发行量逐年增长。其中，2020 年，在绿色债券发行规模整体下滑的情况下，绿色债务融资工具发行仍然保持了较快的增长速度，发行数量为 40 只，较 2019 年增加了 13 只，发行规模为 403.0 亿元，较 2019 年增加了 22.9%。2021 年上半年，绿色债务融资工具发行大幅增长，半年发行规模达到 976.5 亿元，已是上一年全年发行规模的 2.4 倍。2021 年绿色债务融资工具发行规模的快速增长主要得益于中国银行间市场交易商协会率先在绿色债务融资工具下推出了碳中和债，在 2021 年上半年发行的绿色债务融资工具中，碳中和债的占比达到 62.3%。

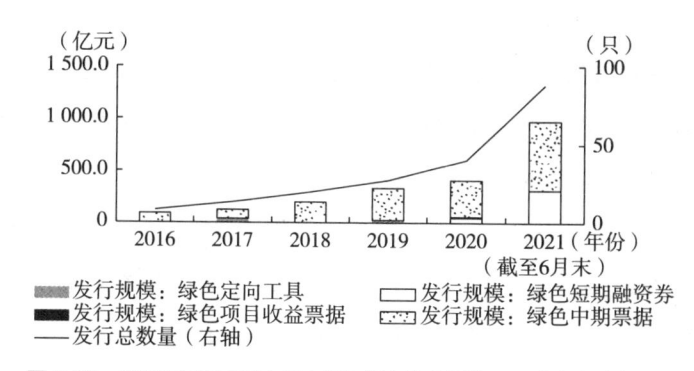

图 3.26 2016 年至 2021 年上半年绿色债务融资工具发行规模与数量

资料来源：Wind，兴业研究。

[①] 本处分析的非金融企业绿色债务融资工具不包括绿色资产支持票据。

绿色中期票据处于绿色债务融资工具市场的主导地位。目前发行的非金融企业绿色债务融资工具主要包括绿色短期融资券、绿色中期票据、绿色定向工具和绿色项目收益票据。截至2021年6月末，在国内共发行的195只绿色债务融资工具中，绿色中期票据占据主导地位，发行数量为144只，占比达到73.8%，发行规模为1 625.4亿元，占比达到77.5%；其次是绿色短期融资券，发行数量为32只，占比16.4%，发行规模为352.0亿元，占比16.8%；再次是绿色定向工具，发行数量为18只，占比9.2%，发行规模为106.9亿元，占比5.1%；绿色项目收益票据发行数量较少，仅发行了1只，规模为12.0亿元。

而在全市场债务融资工具的发行中，短期融资券占据了主导地位，2016—2019年，短期融资券的发行数量和发行规模在所有债务融资工具中的占比维持在60%左右，其次是中期票据，占比20%~30%，最后是定向工具，占比10%~20%。绿色债务融资工具与全市场债务融资工具这种结构上的差异与绿色环保企业的发展特点相关，环保、新能源等绿色行业一般具有重资产、建设周期长的发展特点，因此其需要的是较长期限的融资，而短期融资券的期限为1年以内，对于绿色行业来说期限过短，绿色环保企业的需求不大，因此绿色短期融资券的发行数量相对较少。

从债券期限来看，由于大部分的绿色债务融资工具是中期票据，所以债券期限集中在3年期和5年期。截至2021年6月末，3年期绿色债务融资工具共发行了94只，占比达到48%；5年期绿色债务融资工具共发行了51只，占比达到26%；1年期以下绿色债务融资工具共发行了31只，占比16%。此外，期限为2年、15年、1年和10年的绿色债务融资工具分别发行了11只、5只、2只和1只。从

2016年至2021年上半年的趋势来看，短期限绿色债务融资工具发行占比正在逐步提升，2016—2019年几乎没有1年期以下绿色债务融资工具，2021年上半年占比已提升至26%，而5年期及以上绿色债务融资工具发行数量占比由2016年的75%下降至2021年上半年的17%。

总体绿色债务融资工具期限分布（截至2021年6月末）
- 1年以下：15.9%
- 1年：1.0%
- 2年：5.6%
- 3年：48.2%
- 5年：26.2%
- 10年：0.5%
- 15年：2.6%

2016年至2021年上半年绿色债务融资工具期限分布结构变化

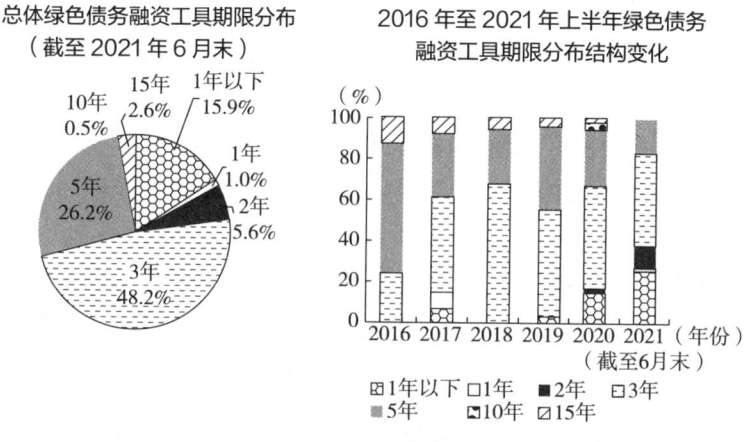

图3.27 绿色债务融资工具期限分布和结构变化

资料来源：Wind，兴业研究。

从债券评级来看，绿色债务融资工具债项评级处于较高水平。截至2021年6月末，我国发行的有评级的绿色债务融资工具的债项评级均在AA以上。其中，评级为AAA、AA+和AA的绿色债务融资工具发行数量占比分别为72%、13%和6%。从2016年至2020上半年的发展趋势来看，评级为AAA的绿色债务融资工具数量占比有上升趋势，2016年评级为AAA的债券占比为50%，2020年该比例已大幅上升至80%，2021年上半年该比例进一步提升至84%。

总体绿色债务融资工具评级分布（截至2021年6月末）

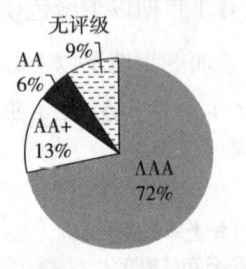

无评级 9%
AA 6%
AA+ 13%
AAA 72%

2016年至2021年上半年绿色债务融资工具评级分布结构变化

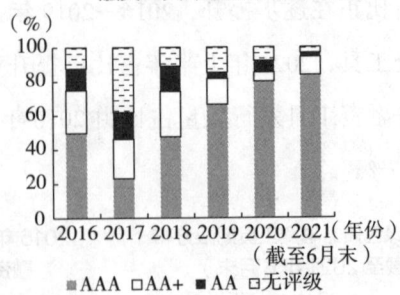

■AAA □AA+ ■AA 无评级

注：短期融资券以主体评级代替。

图3.28 绿色债务融资工具评级分布和结构变化

资料来源：Wind，兴业研究。

（二）发行主体分析

从发行主体行业分布来看，截至2021年6月末，绿色债务融资工具发行主体所属行业主要集中在电力（51只，857.9亿元）、铁路运输（16只，234.0亿元）和公路与铁路基础设施运营（15只，192.0亿元）。

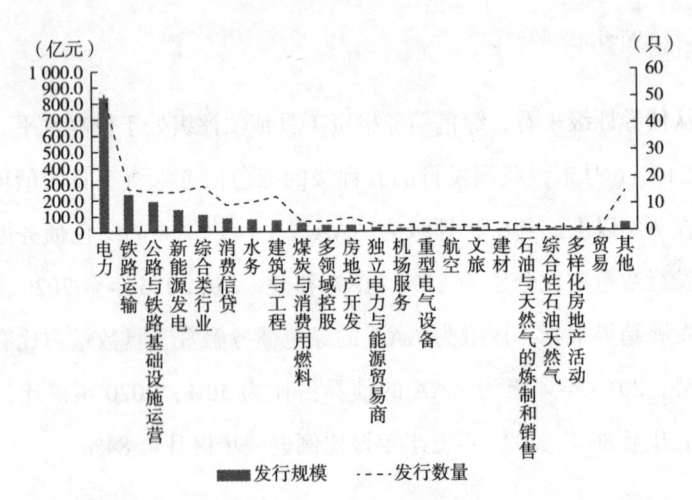

图3.29 2016年至2021年上半年绿色债务融资工具发行主体行业分布

资料来源：Wind，兴业研究。

从发行主体所在地区分布来看，截至2021年6月末，绿色债务融资工具发行数量最多的地区为北京，共发行了46只总规模为891.0亿元；其次为江苏，共发行了28只总规模为192.1亿元；紧随其后的为四川和广东，发行数量分别为12只和15只，发行规模分别为136.0亿元和125.5亿元。

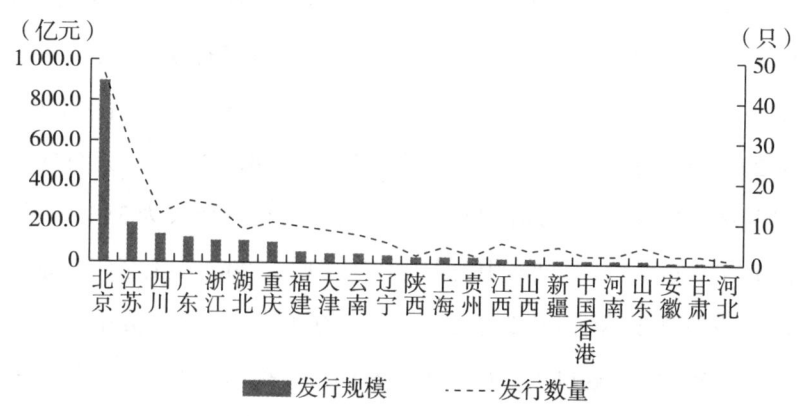

图3.30 2016年至2021年上半年绿色债务融资工具发行主体区域分布

资料来源：Wind，兴业研究。

六、中国绿色资产支持证券

（一）总量与结构分析

根据Wind数据库的统计，截至2021年6月末，我国境内市场累计发行的绿色资产支持证券数量为128只，累计发行规模为1 648.6亿元，存量余额为1 004.9亿元。

2016—2019年，绿色资产支持证券发行量逐年增长，其中，2019年发行规模为509.5亿元，较2018年大幅增加了195%；2020年在绿色债券市场发行整体低迷的情况下，绿色资产支持证券发行规模也同比下降了 33.8%；2021 年上半年，绿色资产支持证券发行逐渐回暖，发行数量和发行规模分别达到 28 只和 416.1 亿元，发行规模已达到 2020 年全年发行规模的 1.2 倍。

企业 ABS 和 ABN（资产支持票据）处于绿色 ABS 市场的主导地位，而信贷 ABS 的发行数量相对较少。截至 2021 年上半年，在国内发行的绿色 ABS 中，企业 ABS 累计发行规模最大，达到 875.4 亿元，占比 53%；其次是资产支持票据，累计发行规模为 562.3 亿元，占比 34%；而绿色信贷 ABS 仅发行了 201.9 亿元，占比 13%。从 2016 年至 2021 年上半年的发展趋势来看，绿色 ABN 的发行规模和占比在快速增长。2018 年，绿色 ABN 发行规模仅为 33.1 亿元，在所有绿色资产支持证券中的占比仅为 19%；2021 年上半年，绿色 ABN 发行规模达到 177.5 亿元，在所有绿色资产支持证券中的占比已增长至 43%，这也主要得益于交易商协会推出的碳中和债券，在 2021 年发行的绿色 ABN 中碳中和债券占比达到 74%。

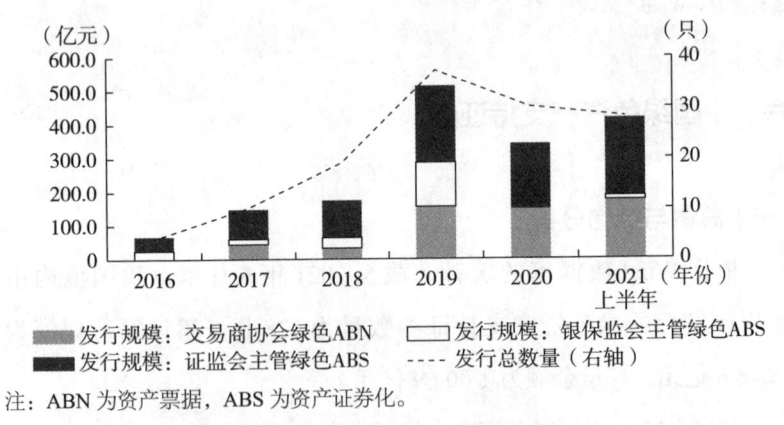

注：ABN 为资产票据，ABS 为资产证券化。

图 3.31　2016 年至 2021 年上半年绿色资产支持证券发行规模与数量

资料来源：Wind，兴业研究。

（二）发行主体分析

从发行主体行业分布来看，截至 2021 年 6 月末，除绿色信贷 ABS 外的绿色资产支持证券发行主体所属行业主要集中在电力（21只，264.2 亿元）、特殊金融服务（10 只，149.1 亿元）和综合类行业（9 只，137.9 亿元）。

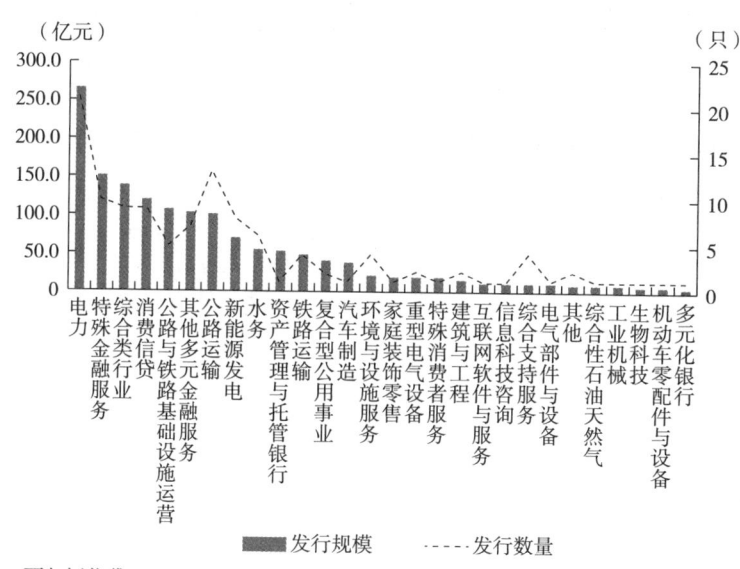

图 3.32　2016 年至 2021 年上半年绿色资产支持证券发行主体行业分布

资料来源：Wind，兴业研究。

从发行主体所在地区分布情况来看，截至 2021 年 6 月末，绿色资产支持证券发行最多的地区为北京，共发行了 26 只总规模为 608.7 亿元；其次为广东，共发行了 14 只总规模为 224.3 亿元；紧随其后的为上海和江苏，发行数量分别为 13 只和 15 只，发行规模分别为 188.2 亿元和 121.6 亿元。

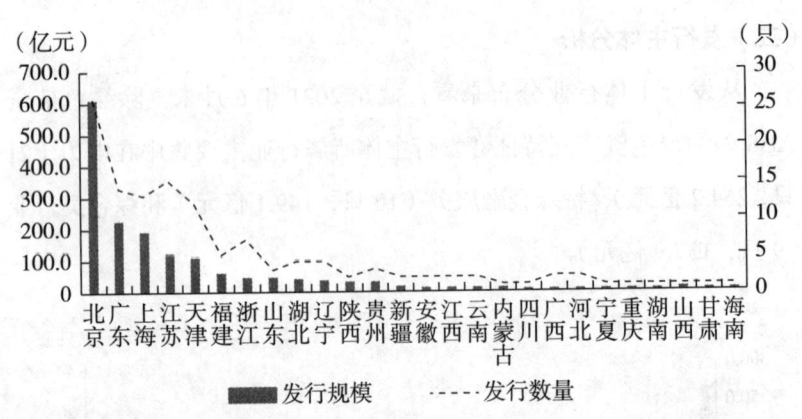

图 3.33 2016年至2021年上半年绿色资产支持证券发行主体区域分布

资料来源：Wind，兴业研究。

第四章

可持续投资与 ESG

一、国际可持续投资概况

（一）国际可持续投资发展迅速

根据全球可持续投资联盟 2019 年的数据，2018 年，全球可持续投资五大主要市场的规模达 30.7 万亿美元。可持续投资资产规模在全球范围内持续增长，过去两年日本的增长幅度最大，超过 300%。在美国，2016—2018 年的增长速度略快于前两年。在其他地方，可持续投资资产规模继续增长，但增速均低于 2014—2016 年。

表 4.1 2014—2018 年各国家 / 地区以本币计算的可持续投资资产增长情况

国家和地区	2014 年	2016 年	2018 年	增长率		年均复合增长率
				2014—2016 年	2016—2018 年	2014—2018 年
欧洲	€9 885	€11 045	€12 306	12%	11%	6%
美国	$6 572	$8 723	$11 995	33%	38%	16%

续表

国家和地区	2014年	2016年	2018年	增长率		年均复合增长率
				2014—2016年	2016—2018年	2014—2018年
加拿大	$1 011	$1 505	$2 132	49%	42%	21%
澳大利亚	$203	$707	$1 033	248%	46%	50%
日本	¥840	¥57 056	¥231 952	6 692%	307%	308%

注：表中资产规模单位均为十亿。
资料来源：《2018年全球可持续投资回顾》，兴业研究整理。

欧洲：欧洲的可持续投资长期被广为实践和广泛接受。根据欧洲基金和资产管理协会2018年的报告，2016—2018年，欧洲可持续投资保持了稳步增长，但不及欧洲专业管理资产的总体增长速度（总规模已达到创纪录的25.2万亿欧元）。

目前欧洲的可持续投资有两个特点：首先，投资者必须进行某种形式的ESG整合，ESG整合策略是2018年发展速度最快的战略；其次，股东主张策略作为一种更为积极的管理趋势，在欧洲发展强势，这一策略在两年内已经从很高的基数上又增长了14%，企业股东和生产商越来越觉得他们应该更多地展示自己对于ESG的声音和参与情况。

美国：美国的可持续投资继续保持健康增长。根据美国SIF（可持续和责任投资论坛）2018年的趋势报告，使用责任投资策略管理的美国注册资产总额从2016年初的8.7万亿美元增长到2018年初的12.0万亿美元，增长了38%，占美国所有专业管理投资资产总额的26%。其中，11.6万亿美元由资产管理公司和社区投资机构持有，它们在筛选投资分析和投资组合时主要使用ESG整合策略和负面筛选策略。

美国 SIF 于 2018 年确定,有 365 名基金经理和 1 145 家社区投资机构将 ESG 标准纳入其投资分析和决策过程,同时涉及广泛的投资工具和资产类别。在 11.6 万亿美元的责任投资中,机构投资者管理 8.6 万亿美元,占比 74.14%;个人投资者管理 3.0 万亿美元,占比 25.86%。

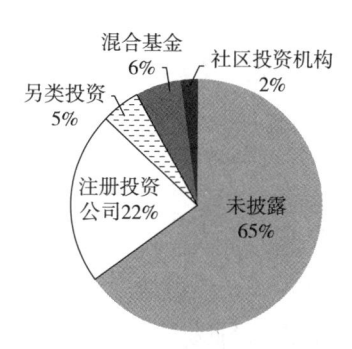

图 4.1 美国可持续投资工具占比

资料来源:《2018 年全球可持续投资回顾》,兴业研究整理。

日本:日本的责任投资资产在 2016—2018 年翻了两番,从该国专业管理资产总额的 3% 增长到 18%。这一增长使日本成为继欧洲和美国之后的第三大责任投资中心。该国领先的责任投资战略是股东主张策略,管理资产总额为 141 万亿日元,其次是 ESG 整合策略,管理资产总额为 122 万亿日元。

日本责任投资在近两年快速发展的主要原因有两个:一是安倍政府持续鼓励私人投资机构进行责任投资;二是日本两大机构投资者[GPIF(政府养老投资基金)和养老基金协会]分别于 2015 年和 2016 年签署了 RPI(责任投资原则),这使日本的投资者逐渐认识到进行责任投资的重要性。

加拿大:责任投资在加拿大持续快速增长。对 100 多名资产管理者、资产所有者和公开来源收集的调查数据表明,加拿大投资者越来越多地将ESG因素视为其投资决策的重要组成部分。加拿大运用责任投资策略管理的资产从2016年初的1.5万亿加元增长到2018年初的2.1万亿加元,增长了42%。责任投资目前占所有加拿大专业管理资产的51%,高于两年前的38%。这是加拿大责任投资历史和发展的一个里程碑。

以资产加权计算,加拿大最突出的责任投资策略是ESG整合策略,该策略应用于1.9万亿加元的资产。第二突出的责任投资策略是股东主张策略。

澳大利亚:澳大利亚责任投资协会2018年的调查显示,系统地考虑整个投资组合的ESG和/或道德因素的责任投资方法是澳大利亚金融部门进行责任投资的最低标准。澳大利亚首次成为责任投资资产占管理总资产比例最大的地区,澳大利亚63%的资产采用责任投资的方式。

(二)PRI签署机构逐年增加

PRI是一个致力于了解环境、社会和治理因素的投资影响,并支持其投资签署方将这些因素纳入其投资和决策的国际网络。截至2021年8月末,全球PRI签署机构已超过4 200家[1],这些机构所管理的资产规模已超过120万亿美元,其中,中国香港有70家机构签署了PRI,中国大陆有68家机构签署了PRI,包括50家资产管理机构、15家服务商和3家资产所有者。

---

[1] UNPRI官网.Signatory Directory.2020-12-02〔2020-12-02〕. https://www.unpri.org/signatories/signatory-resources/signatory-directory。

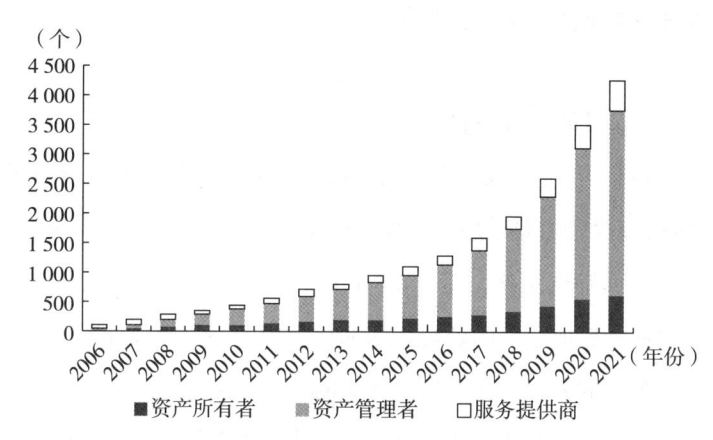

图 4.2 责任投资原则签署机构数量逐年增长（截至 2021 年 8 月）

资料来源：联合国责任投资原则官网，兴业研究。

（三）全球投资者对 ESG 投资的热情提升

新冠肺炎疫情暴发后全球投资者对 ESG 投资的热情提升，晨星公司发布的数据显示，在新冠肺炎疫情暴发后，欧洲投资者对 ESG 投资的兴趣日益提升，2020 年第二季度，流入可持续 ESG 基金的资金规模强势反弹，比第一季度增加了一倍多，达到 546.0 亿欧元。[①] 在欧洲，将 ESG 标准纳入证券筛选关键步骤的基金数量已从 3 月底的 2 584 只跃升至 6 月末的 2 703 只，此外，资产管理公司正在"绿化"它们的产品，在 2020 年第二季度中，有 40 只传统基金转变为可持续基金[②]。

---

① Hortense Bioy. Sustainable Fund Flows Hit Record in Q2.Morningstar.2020-08-04 ［2020-12-02］. https://www.morningstar.co.uk/uk/news/204525/sustainable-fund-flows-hit-record-in-q2.aspx.

② Sam Meredith. Sustainable investment funds just surpassed \$1 trillion for the first time on record. CNBC. 2020-08-11 ［2020-12-03］.https://www.cnbc.com/2020/08/11/coronavirus-esg-and-sustainable-funds-surpass-1-trillion-for-the-first-time.html.

二、可持续投资的投资策略

（一）可持续投资七大投资策略

根据国际可持续投资联盟发布的《2018年全球可持续投资报告》，可持续投资主要采用七大投资策略：

一是负面筛选策略，基于ESG准则，以"黑名单"的形式避免投资于对社会造成危害的公司，如烟草公司、不重视环保的公司、不重视劳工关系的公司、从事赌博行业的公司等。

二是正面筛选策略，基于ESG准则，以"白名单"的形式仅投资于那些对社会有贡献、在行业中ESG评分靠前的公司。

三是标准筛选策略，基于国际通行的最低标准企业行为准则来筛选投资标的，剔除那些严重违反标准的公司。常参考的国际标准有联合国全球契约、经济合作与发展组织跨国企业准则，国际劳工组织的跨国企业和社会政策的三方原则宣言等。

四是ESG整合策略，系统化地将环境保护、社会责任和公司治理三个要素融入传统财务和估值分析过程。

五是可持续性主题投资策略，专门投资与可持续性发展主题相关的资产，比如清洁能源、绿色科技、可持续农业等。

六是社区投资。这是传统慈善与责任投资的结合。为了解决相关环境和社会问题，以私人投资形式有针对性地向传统金融服务难以覆盖的社区投资，例如提供金融服务给低收入户，提供资金给中小企业，提供诸如孩童照料、平价住房及医疗照顾等社区服务。在这种策略下，资金主要投向四类社区发展机构：社区发展银行、社区发展贷款基金、社区发展信用合作社和社区发展风险投资基金，且被投资对象需要报告相应的社会和环境目标达成情况。

七是股东主张策略，基于 ESG 理念充分行使股东权力，通过参加股东大会、与董事会或管理层交流、提出议案、代理投票，甚至召集特别股东大会等方式，影响并纠正公司的行为，促使公司更加注重环保、承担社会责任或改进公司治理。

全球最大的可持续投资策略仍然是负面筛选策略，使用该方法管理的资产总额为 19.8 万亿美元。其次是 ESG 整合策略，使用该方法管理的资产总额在过去两年中增长了 69%，达到 17.5 万亿美元。负面筛选是欧洲使用最多的策略，而 ESG 整合策略则覆盖了美国、加拿大、澳大利亚和新西兰的大部分资产。同时，股东主张策略构成了日本的主导战略。

（二）可持续投资的绩效

实证研究显示，在国际上责任投资的回报率要优于传统基金。根据韦伯和费尔特马特所著的《可持续银行业》，他们分析了 140 多只责任基金，结果无论是在牛市还是在熊市，这些基金等财务收益的表现都优于传统基金。

新冠肺炎疫情防控期间，全球 ESG 投资展现出了自身的韧性。此前已有研究显示，ESG 表现好的企业更不易受到系统性市场冲击（外部冲击）的影响：MSCI 在 2017 年发表的一份报告中，利用 MSCI 世界指数成分股中 1 600 只股票的 MSCI ESG 评级数据和 2007 年 1 月至 2017 年 5 月的市场表现，对上市公司 ESG 评分和股票估值、风险和收益之间的关系进行了实证研究，该报告按照 ESG 得分从低到高将股票分为 Q1~Q5 五组，实证结果显示，ESG 评级越高的公司越不容易受到系统性市场冲击的影响，ESG 评级越高的股票组合的平均系统性波动率越低（Giese 等，2017）。此次新冠肺炎疫情的冲击是一次最新的检验，从2020年第一季度四种标准全球MSCI ESG指数相对MSCI ACWI（MSCI全球基准指数）指数的表现来看，第一季度MSCI ACWI指数下跌了21.3%，而四种MSCI ESG指数中下跌幅度最大的为MSCI ACWI ESG Focus指数，一季度下跌了20.6%，下跌幅度最小的为MSCI ACWI ESG SRI指数，一季度仅下跌了18.4%，四种ESG指数的表现均优于MSCI ACWI指数（Nagy和Giese，2020）。

ESG投资基金的表现同样展现出了较强的韧性。国际评级机构晨星公司的研究显示，2020年一季度，在美国市场206支ESG开放式股权基金和ETF中，有44%的市场表现居于其同类可比基金市场的前1/4。而在全球26只ESG ETF中，有24只跑赢了传统大盘指数基金。其中，美国市场中的12只ESG ETF，一季度平均收益率为-18.51%，损失小于标普500经典指数基金iShares Core S&P 500 ETF的-19.6%。这已经是在扣除了ESG基金较高费用比率基础上的数据了。此外，在美国以外的发达市场中，11只ESG ETF的一季度收益均好于全球市场核心指数基金iShares Core MSCI EAFE ETF。前者的平均收益率为-21.63%，后者则为-23.52%（吴渊，2020）。

国际可持续投资案例

贝莱德集团在2008年10月7日正式签署PRI原则，致力于可持续投资。由贝莱德集团发行的iShares ESG MSCI USA ETF（ESGU）旨在跟踪具有积极的环境、社会和治理特征的美国公司，因此ESGU由高ESG评分的大中型美国股票构成，评估方法运用的是MSCI的ESG评估体系。基于MSCI ESG研究分析与组合公司碳排放的参考基准相比，每投资于ESGU的100万美元可在每年减排10吨二氧化碳当量。同时，ESGU符合五个联合国可持续发展目标，在可持续发展和责任投资方面做出了贡献。

ESGU 于 2016 年 12 月 1 日正式上线，截至 2019 年 7 月 10 日，涨幅达到 43.74%，年化收益率达到 16.79%。同期 iShares Core S&P 500 ETF 的涨幅为 33.69%，年化收益率为 12.93%。ESGU 2021 年初至 6 月的收益率为 20.87%，比 iShares Core S&P 500 ETF 同期涨幅高 1.63%。由此可见 ESGU 收益明显高于基准线。其主要原因在于在 ESG 筛选过程中过滤掉了一些风险较大的公司。这些风险不只是财务风险，也可能是一些潜在的影响公司正常经营的环境或社会风险。

三、中国可持续投资发展

（一）可持续投资产品日渐丰富

在绿色公募基金方面，根据财新数据，截至 2020 年 9 月底，国内有近 1/3 的公募基金管理人关注并参与了权益类 ESG 公募基金投资，累计资产管理规模超过 1 230 亿元，几乎是去年同期管理规模的两倍（财新智库，2020）。

在绿色私募基金方面，根据中国证券投资基金业协会公示的私募基金，按关键词检索结果，截至 2020 年 12 月 2 日，我国绿色私募基金设立数量合计 697 只，其中冠名绿色、环保、新能源、节能、循环经济、低碳和防疫的基金分别为 105 只、156 只、360 只、44 只、16 只、8 只和 4 只。2020 年以来新设立的基金数量为 64 只，是 2019 年全年新设立只数的 84%。可以看到，2017 年第四季度以来，绿色私募基金设立数量明显减少，主要原因有两个，一是 2017 年以来，对地方政府债务的严监管加强了对政府出资产业基金的规范，二是 2018 年

《关于规范金融机构资产管理业务的指导意见》(银发〔2018〕106号,简称《资管新规》)及配套细则的出台,限制了金融机构投资于产业基金。

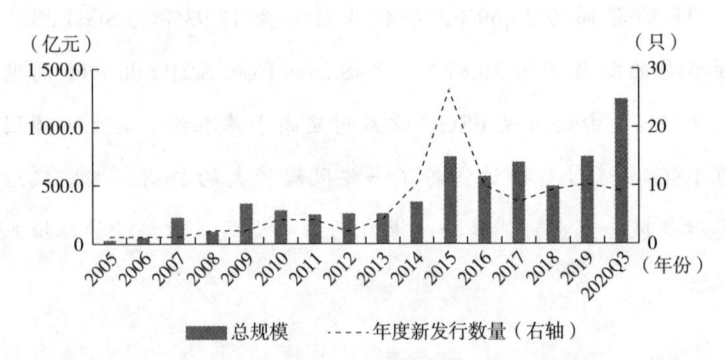

图4.3　ESG主题公募基金规模变化及发行情况

资料来源:财新数据(财新智库,2020),兴业研究。

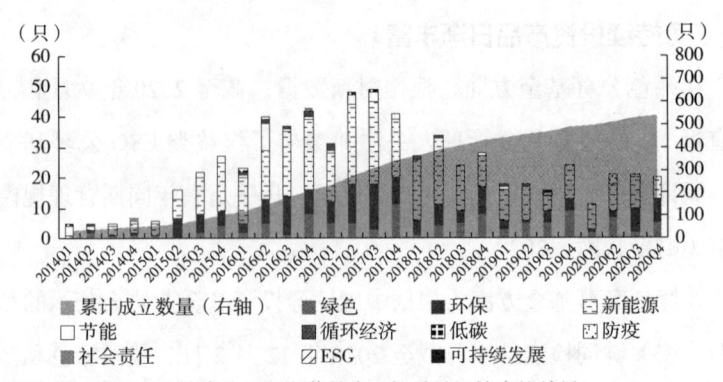

图4.4　绿色私募基金设立情况

注:图中所示为基金业协会公示的私募基金,按关键词检索的结果。

资料来源:中国证券基金业协会,兴业研究。

近些年,我国ESG股票指数发布数量快速增加,但相关基金产品规模仍然较小。据不完全统计,截至2020年5月末,我国发布的ESG类股票指数共25只。其中,近两年ESG股票指数发布数量明显增多，2019年发布了5只，2020年截至5月末已新发布了5只。然而目前我国以这些ESG股票指数为跟踪标的的指数投资基金仍然非常少，截至2020年5月末，ESG股票指数投资基金规模仅为9.62亿元。

表4.2 我国ESG股票指数一览

主题	指数	发布日期
可持续发展/ESG	国证治理指数	2005.12.12
	深证治理指数	2006.1.24
	上证公司治理指数	2008.1.2
	上证180公司治理指数	2008.9.10
	深证企业社会责任指数	2009.8.3
	上证社会责任指数	2009.8.5
	国证责任指数	2009.11.4
	中证ECPI ESG可持续发展40指数	2010.9.17
	上证可持续发展产业主题指数	2011.8.22
	中小板治理指数	2012.8.20
	中小板企业社会责任指数	2012.8.20
	中证财通中国可持续发展100（ECPI ESG）指数	2012.10.16
	央视财经50治理领先指数	2013.6.6
	央视财经50责任领先指数	2013.6.6
	中证180 ESG指数	2018.12.10
	中证ECPI ESG 80指数	2019.2.27
	中证中财沪深100 ESG领先指数	2019.6.27
	碧桂园 美好中国ESG100指数	2019.8.20
	碧桂园 沪深ESG100优选指数	2019.8.20
	中证可持续发展100指数	2019.11.15
	中证ESG120策略指数	2020.4.30
	中证华夏银行ESG指数	2020.4.30
	沪深300 ESG价值指数	2020.4.30
	沪深300 ESG领先指数	2020.4.30
	沪深300 ESG基准指数	2020.4.30

资料来源：兴业研究整理。

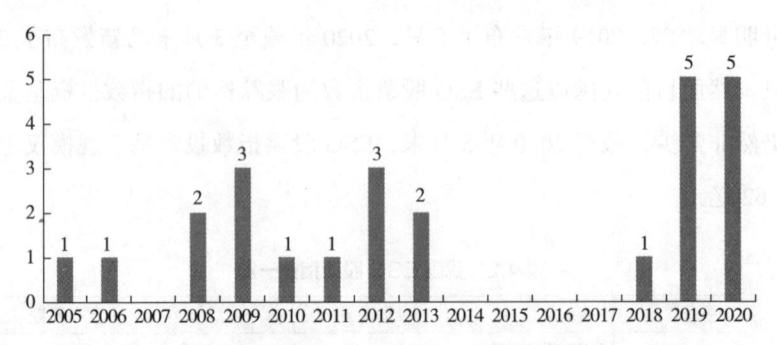

图 4.5　我国 ESG 股票指数年度发布数量（截至 2020 年 5 月末）

资料来源：Wind，兴业研究。

表 4.3　我国 ESG 股票指数基金规模（截至 2020 年 5 月末）

ESG 股票指数	相关基金总规模（亿元）
上证 180 公司治理指数	5.72
中证财通中国可持续发展 100（ECPI ESG）指数	2.33
上证社会责任指数	1.57
合计	9.62

资料来源：Wind，兴业研究。

银行绿色投资开始兴起，绿色理财产品不断推出。随着各家银行对绿色投资与绿色资管的日益重视，中国境内除了华夏银行资管部加入了 PRI 外，很多银行的理财子公司也在申请加入，国内银行不断推出绿色理财产品，绿色金融不断从企业端向个人端延伸。目前部分商业银行推出了以"ESG"和"绿色"为主题的理财产品，这些理财产品将重点投资于绿色债券、绿色资产支持证券以及 ESG 表现良好企业的债权类资产等。根据中国责任投资论坛和商道融绿共同发布的《中国责任投资年度报告 2020》[1]，2020 年商业银行的 ESG 理财成为

---

[1] 新浪财经.商道融绿张睿：《中国责任投资年度报告 2020》.2020-12-02 [2020-12-03]. https://finance.sina.com.cn/esg/sr/2020-12-02/doc-iizncтke4407307.shtml?cref=cj.

另一种非常重要的 ESG 投资类型，截至目前，已有十家商业银行共发行了 47 只 ESG 主题的理财产品，保守估计超过了 230 亿元人民币。

表 4.4　部分商业银行和银行理财公司的绿色理财产品

年份	银行/银行理财公司	绿色理财产品
2016	兴业银行	"万利宝－绿色金融"开放式理财产品
2019	中国银行	绿色证券主题理财产品
2019	农银理财	绿色金融（ESG）产品
2019	邮政储蓄银行	推出该行首款"绿色主题"公募净值型理财产品——邮银财富·瑞享一年定开 2 号（绿色金融）
2019	华夏银行	以"ESG"为主题的理财产品，2019 年累计发行 11 期
2019	浙江德清农商银行	"绿芽－绿色金融"封闭净值型人民币理财产品

资料来源：兴业研究根据公开材料整理。

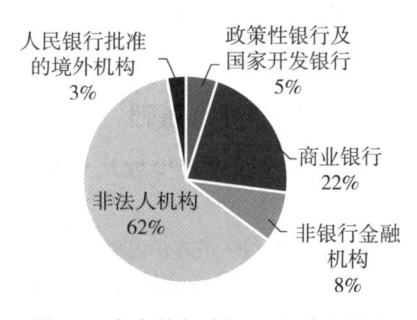

此外，根据上海清算所公布的绿色债务融资工具投资人结构数据，银行也是我国绿色债务融资工具的主要投资人，截至 2019 年末，政策性银行及国家开发银行和商业银行的绿色债务融资工具投资占比为 27%，除非法人机构外占比最大，而非法人机构则主要为各类理财产品，其中商业银行理财产品也占据了较大比例，因此，综合来看银行也是我国绿色债务融资工具最大的投资方之一。

图 4.6　绿色债务融资工具投资人结构

资料来源：Wind，兴业研究。

国家绿色发展基金成立。2020年7月15日，由财政部、生态环境部和上海市人民政府共同发起设立的国家绿色发展基金股份有限公司（以下简称"国家绿色发展基金"）在上海市揭牌运营，首期募资规模为885亿元。其中，财政部和长江沿线11个省市出资286亿元，各大金融机构出资575亿元，部分国有企业和民营企业出资24亿元，充分体现了政府引导市场化运作的特色。基金将重点投资污染治理、生态修复和国土空间绿化、能源资源节约利用、绿色交通和清洁能源等领域。①

保险业积极参与绿色投资。近些年，越来越多的保险机构积极参与绿色可持续投资，2018年6月，中国保险资产管理业协会发布《中国保险资产管理业绿色投资倡议书》，引导和倡导各保险机构发挥金融服务供给侧结构性改革的积极作用，践行"创新、协调、绿色、开放、共享"的新发展理念，推动建立保险资金绿色投资新体系。根据中国保险资产管理业协会发布的数据，截至2020年9月底，保险资金实体投资项目中涉及绿色产业的债权投资计划登记（注册）规模达9 646.65亿元。其中直接投向的重点领域包括：交通2 905.22亿元、能源2 757.38亿元、水利688.04亿元、市政521.17亿元等。保险资金还以股权投资计划、私募股权基金、股权直接投资等形式进行绿色投资，如投资环保类、新能源类企业股权等。②

（二）信息披露是ESG投资的核心基础

新冠肺炎疫情防控期间我国仅有少数几只ESG股票指数表现优

---

① 新华网. 国家绿色发展基金股份有限公司在沪揭牌 首期募资885亿元. 2020-07-15 [2020-12-03] http://www.xinhuanet.com/fortune/2020/07/15/c_1126242830.htm。

② 新浪财经. 曹德云：中国保险资产管理业的ESG投资实践与探索. 2020-12-02 [2020-12-03]. https://finance.sina.com.cn/esg/sr/2020-12-02/doc-iiznezxs4752221.shtml?cref=cj。

于大盘表现。从 2020 年一季度我国市场已发布的 25 只 ESG 股票指数走势来看，抗击新冠肺炎疫情防控期间跌幅不超过沪深 300 指数的 ESG 股票指数仅有 5 只，其中，表现最好的为中小板治理指数，跑赢了沪深 300 指数近 4 个百分点。而剩余的 20 只 ESG 股票的指数在抗击新冠肺炎疫情防控期间跌幅均超过了沪深 300 指数。

表 4.5　2020 年一季度我国部分 ESG 股票指数表现

股指	2020 年一季度涨幅
中小板治理指数	−6.1%
中小板企业社会责任指数	−8.8%
深证企业社会责任指数	−8.9%
中证中财沪深 100 ESG 领先指数	−9.8%
上证综指	−9.8%
中证 ESG120 策略指数	−10.0%
沪深 300	−10.0%

资料来源：Wind，兴业研究。

我国 ESG 指数表现与国际 ESG 指数表现存在差异的主要原因可能是我国 ESG 投资相关制度并不完善，特别是 ESG 相关信息披露制度不完善，所以无论是在 ESG 指数编制还是在进行 ESG 投资的过程中，对被投资企业的 ESG 评价都不一定能够反映其真实的 ESG 表现。

中国上市公司 ESG 信息披露整体比例有待提高。尽管国内上市公司 ESG 信息披露比例有所上升，但仍然偏低。中国责任投资论坛和商道融绿发布的《中国责任投资年度报告 2019》显示，在国内，企业社会责任报告是获取公司 ESG 相关信息的主要来源。近些年，A 股上市公司企业社会责任报告发布数量持续增长，但发布报告的公司仍为少数。截至 2019 年 9 月 24 日，沪深两市 A 股上市公司共计 3 702 家，其中发布企业社会责任报告的公司数为945家，仅占全部上市公司的26%。

上市公司信息披露质量有待提高。证券基金业协会发布的《2019中国上市公司ESG评价体系报告》分别从E（环境）、S（社会）、G（公司治理）三个方面对我国上市公司信息披露质量进行了评估，结果显示：ESG风险相对较高的行业ESG信息披露质量则相对较低。该报告分别将我国上市公司在E、S、G三个方面的评级结果分为了A（优秀类，约占20%）、B（正常类，约占60%）、C（关注类，约占15%）、D（不合格类，约占5%）四类。其中，在环境信息披露质量方面，得分最高的前100家上市企业中，ESG风险相对较低的战略性新兴产业和金融业上市公司占比最高，分别有32家和27家，而ESG风险相对较高的传统行业和ESG高风险行业则分别仅有20家和13家企业进入前100；在社会责任表现方面，ESG风险相对较低的金融业、房地产业和战略性新兴产业上市公司表现相对较好，在本行业中评分结果进入A类的上市公司比例分别达到62.6%、34.2%和24.1%，而在ESG高风险行业和传统行业中评分结果进入A类的上市公司比例仅为19.3%和14.2%；在公司治理表现方面，金融业和战略性新兴产业上市公司表现相对较好，在本行业中评分结果进入A类的上市公司比例分别达到40.7%和22.0%，而在传统行业和高ESG风险行业中评分结果进入A类的上市公司比例仅为18.9%和15.2%。①

从发展趋势来看，ESG信息披露的要求将日益提高，有助于国内ESG投资的发展。环境信息披露从自愿性逐渐到"不披露就解释"

---

① 在社会责任和公司治理评分中，信息披露质量为重要的指标之一，因此评分结果也可以在一定程度上反映上市公司在社会责任和公司治理方面的信息披露质量。

再到强制性过渡，要求和标准逐步提高。2017年，七部委《关于构建绿色金融体系的指导意见》的分工方案已经明确，要建立强制性上市公司披露环境信息的制度，证监会的上市公司环境信息披露工作实施方案分为三步：第一步为2017年底修订上市公司定期报告内容和格式准则，要求进行自愿披露；第二步为2018年强制要求重点排污单位披露环境信息，未披露的须做出解释；第三步为2020年12月前强制要求所有上市公司进行环境信息披露。与此同时，生态环境部向证监会提供有关上市公司环境违法行为、查处工作进展等信息，约束上市公司按照规定披露环境信息。2019年12月18日，香港联合交易所正式刊发《环境、社会及管治报告指引咨询总结》及发行人披露环境、社会及管治常规情况的审阅报告，公布了新版《环境、社会及管治报告指引》（以下简称"新版ESG指引"）以及相应的《主板上市规则》和《GEM上市规则》。新版ESG指引及相关上市规则将于2020年7月1日或之后开始的财政年度生效。与此前的ESG指引相比，新版ESG指引在ESG管治、风险管理、报告边界、环境及社会范畴方面均新增了多项强制性披露要求，原来的多项"建议披露"指标也升级为"不披露就解释"的半强制披露。从研究的角度，我们也期待监管部门能够出台一个针对上市公司的相对统一、指标完备的ESG披露指引，从而指导和加强上市公司的ESG信息披露工作。

投资人ESG信息披露制度建设与被投资人ESG信息披露制度建设需要协同推进。被投资企业ESG信息披露工作的完善是投资人开展绿色投资、可持续投资的基础，然而目前我国绝大部分投资机构的ESG投资意识和能力与国际投资机构相比尚有差距。根据中国基金业协会2019年对我国公募、私募证券投资机构进行的调查结果，在324

个调查对象中,尽管有 87% 的机构对 ESG 投资有所关注,但其中只有 16% 的机构开展了相关实践,71% 的机构尚未采取行动,并且还有 13% 的机构仍然不了解 ESG 投资。推进投资人 ESG 投资相关信息披露制度的完善,一方面将有助于推动 ESG 投资的发展,另一方面也将有助于提升投资人对 ESG 相关风险的认识,而当投资人 ESG 投资意识显著提升后,也将倒逼被投资人 ESG 信息披露的完善,因为被投资人的 ESG 信息披露质量将直接影响投资人对其的价值评估。①

2018 年 11 月,中国证券投资基金业协会正式发布的《绿色投资指引(试行)》是对基金管理人 ESG 投资信息披露制度建设迈出的重要一步,该指引要求基金管理人应于每年 3 月底前将上一年度自评估报告连同《基金管理人绿色投资自评表》以书面形式报送中国证券投资基金业协会,目前,首次自评估已顺利完成,第二次自评估通知已于 2020 年 6 月下发。除基金管理人外,银行保险业金融机构也是我国金融市场中的重要投资机构,近些年,我国针对银行保险业金融机构的 ESG 相关信息披露制度建设已取得了一定进展,原中国银监会于 2007 年发布的《关于加强银行业金融机构企业社会责任的意见》,要求主要银行业金融机构应定期发布社会责任年度报告,要求报告要据实阐述履行社会责任的理念;在 2009 年,中国银行业协会制定颁发了《中国银行业金融机构企业社会责任指引》,说明了金融机构的经济责任、社会责任、环境责任、企业社会责任管理等内容,并要求建立企业社会责任披露制度,为中国银行业金融机构的 ESG 工作和 ESG 信息披露工作指明了方向;2020 年 1 月,银保监会发布《关于推动银行业和保险业高质量发展的指导意见》,提出:"银行业金融机构

---

① 中国金融新闻网.上市公司环境信息披露全面升级.2018-02-09[2020-06-15]. https://www.sohu.com/a/221820556_175647。

要建立健全环境与社会风险管理体系，将环境、社会、治理要求纳入授信全流程，强化环境、社会、治理信息披露和与利益相关者的交流互动。"

（三）ESG 评级和评价制度需要不断完善

参与 ESG 评级的国际机构数量不断增长。近些年，越来越多的国际机构参与到 ESG 评级产品的研发之中，影响力较大的包括明晟、富时、彭博、汤森路透、意大利 ECPI 和标准普尔公司等。在国际上，ESG 评级更多是作为一种投资理念或投资指导，为其投资组合提供更完善的决策。据统计，目前 79% 的全球发行人使用 ESG 金融工具，66% 的投资者参与 ESG 投资。[①] 评级机构会根据企业 ESG 披露做出适当的 ESG 评级，评级指数的表现进而影响着投资者决策，各主要国际机构发布的 ESG 披露指引以及各交易所的参与，逐步建立起了 ESG 框架，并形成了披露、评估和投资的有机衔接过程。

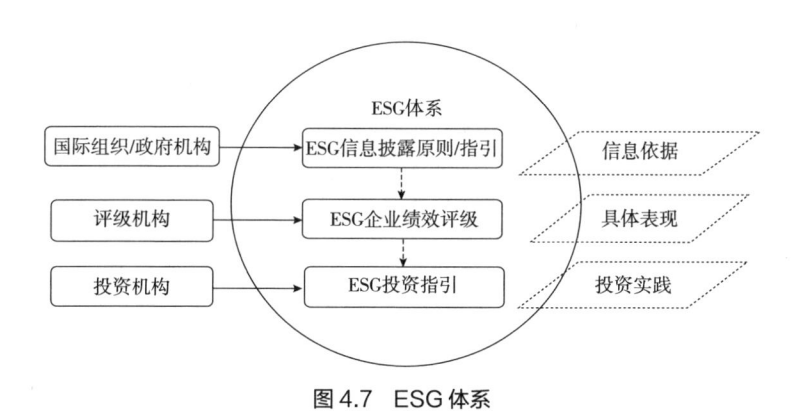

图 4.7　ESG 体系

资料来源：陈宇和孙飞（2019），兴业研究。

---

① 腾讯网．安永：ESG 信息披露是趋势．2019-04-02［2020-06-15］．https://page.om.qq.com/page/OjC5YAGXG5Z6cyYo-khWkccQ0。

其中 MSCI 全球及新兴市场 ESG 指数覆盖全球 6 000 余只证券，编制 100 多只 ESG 指数，是较为全面的 ESG 评估体系（张佳康，2019）。以 MSCI ESG 评级为例，MSCI 的 ESG 评级分为七个等级：领先水平的 AAA 和 AA，平均水平的 A、BBB 和 BB，以及落后的 B 和 CCC。MSCI ESG 评级的编制是基于 1 000 个公司披露数据点以及其他替代数据，覆盖每周审核的 37 个 ESG 关键议题。MSCI 采用人工智能和机器学习技术，加之内部由 200 多人组成的专业团队持续监测和更新公司动向，以提供相关的 ESG 分析见解。MSCI ACWI 指数逾 2 800 家公司的 MSCI ESG 评级将可通过其官网上的搜索工具获得。MSCI ESG Research 计划于 2020 年公开 MSCI ACWI 可投资市场指数 7 500 只成分股的 MSCI ESG 评级。

表 4.6　MSCI ESG 评级体系

三大核心	十项主题	35 个关键议题	
环境	气候变化	碳排放 产品碳足迹	融资的环境影响 气候变化脆弱性
	自然资源	水资源压力 生物多样性和土地利用	原材料采购
	污染与排废	有毒物质排放及废弃 包装材料和废弃物	电子废弃物
	环境机会	清洁技术机会 绿色建筑机会	可再生能源机会
社会	人力资源	劳工管理 健康和安全	人力资源发展 供应链劳工标准
	产品责任	生产安全与质量 化学品安全 金融产品安全	隐私和数据安全 负责任投资 保障健康和人口风险
	利益相关者反对	争议处理	社区管理
	社会机会	沟通 融资	卫生保健 营养与健康机遇

续表

三大核心	十项主题	35个关键议题	
治理	公司治理	董事会 薪酬	所有权 会计
	公司行为	商业道德 反竞争实践 税收透明度	腐败和不稳定 财务系统不稳定性

资料来源：MSCI（2019），兴业研究。

中国ESG的第三方评价评级体系还需要进一步完善和发展。虽然我国已有越来越多第三方ESG评级机构，同时也有越来越多的机构投资者开始构建自身的ESG评分体系，但由于信息披露不完全，同时各家机构的评级标准体系差异较大，各家机构根据有限的信息按照自己的评级标准体系对同一家企业的ESG评级结果可能出现较大差异，以商道融绿和社会价值投资联盟对我国部分上市银行的ESG评级为例，如表4.7所示，两家机构对所列出的24家上市银行的ESG评级结果存在较大的差异，部分商道融绿ESG评级最高的银行在社会价值投资联盟ESG评级的结果甚至是最低的。

表4.7 我国部分上市银行ESG评级结果对比

银行	商道融绿 ESG评级	社会价值投资 联盟ESG评级	银行	商道融绿 ESG评级	社会价值投资 联盟ESG评级
工商银行	B+	A	北京银行	B	BBB+
建设银行	B+	BBB+	农业银行	B	AA
交通银行	B+	AA−	光大银行	B	BBB+
招商银行	B+	A+	中国银行	B	BBB+
平安银行	B+	A−	贵阳银行	B	BBB+
中信银行	B+	D	张家港银行	B−	B−

续表

银行	商道融绿 ESG 评级	社会价值投资联盟 ESG 评级	银行	商道融绿 ESG 评级	社会价值投资联盟 ESG 评级
宁波银行	B	BBB+	青农商银行	B−	BB
浦发银行	B	D	华夏银行	B−	BBB+
民生银行	B	A	杭州银行	B−	BBB
江苏银行	B	BBB+	南京银行	B−	A−
西安银行	B	BBB+	上海银行	B−	A
兴业银行	B	AA−	长沙银行	B−	BBB

资料来源：Wind，兴业研究。

第五章

绿色保险

一、环境与气候变化对保险业产生重大影响

目前全球风险格局正在发生转变，环境与气候变化相关风险的影响越来越大。WEF（世界经济论坛）在2019年发布的《2018年全球风险报告》中回顾了2008—2018年全球风险的演变，发现在前五大风险中，环境与气候变化相关风险在近些年占据的比例越来越高。2010年之前，从风险发生的可能性和影响程度两方面来看，经济金融风险在前五大风险中均占据较大比例，而2016年之后，环境、气候变化和社会责任相关风险则占据了80%的比例。其中，2018年排名前三的风险分别是：极端天气事件、减缓气候变化失败、重大自然灾害。人为的环境破坏和灾害（如油气泄漏、放射性污染等）、生物多样性减少和生态系统崩溃（陆地或海洋）以及水资源危机也赫然出现在前十大风险之中。

保险业作为专业管理风险的行业，全球风险格局发生重大转变对其来说既是机遇也是挑战。根据国际保险监督官协会的报告，环境和

气候变化给保险公司带来的影响主要有物理风险和转型风险。

物理风险：指由气候变化（天气变化、海平面上升）和事件（自然灾害、极端天气）等物理现象造成的损失。对于保险公司来说，认识到这些极端事件的动态变化情况尤为重要。这有利于保险公司及时修改合同条款。然而，物理气候风险并无规律可言，不相关事件的巧合有可能导致一连串的高额赔偿。2017年与气候相关的自然灾害造成的保险损失创下新高。目前来看，与气候相关的保险保护差距仍然很大，大约70%的损失没有保险。这导致很多家庭、企业和政府暴露在巨大的风险之中。在宏观经济层面，没有被保险保护的物理风险损失可能影响跨部门的资源可用性、经济生产力、企业和个人资产的盈利能力，造成供应链中断，并最终影响保险市场的需求。物理风险引起的未保险损失可能会对整个金融系统产生连锁影响，包括投资公司和银行。

转型风险：由与向低碳经济过渡相关的中断和转变引起的，可能影响资产价值或提高公司开展业务的成本风险。转型风险可能受到政策变化、市场动态、技术创新或声誉因素的推动。公共当局和中央银行已经认识到的影响转型风险的关键因素包括影响碳密集型行业的政策变化和监管改革，包括能源、运输和工业转型。政策和监管措施可能会影响保险公司投资一些金融资产。如果没有实施适当的风险缓解策略，社会运动和民间社会活动可能会给公司带来声誉受损的风险。转型风险也可能影响公司对保险产品和服务种类的需求，其中包括新技术、产品和服务。这些新的保险产品可能会破坏传统工业组织、商业模式和附属风险承保的需求。例如，在某些市场上，某些类型的可再生能源技术已经比传统发电技术便宜。虽然这种变化可能会是保险公司的机会，但也可能产生风险，特别是在政策突然发生变化从而影响保险资产的风险状况或限制市场增长时。

因此，对于保险业来说，环境与气候变化无论是对保险业的资产端还是负债端来说都将产生巨大的影响。与此同时，如果保险业机构能够立即采取行动开始发展绿色保险，也将从资产端和负债端两方面对绿色发展形成强大助力。在资产端，作为最大的长期资产所有者之一，保险业能够通过保险资金的绿色投资，为绿色产业提供长期限的资金支持；在负债端，作为专业的风险管理机构，保险业可以不断创新绿色保险产品与服务，在加强环境风险管理、助力绿色产业发展、助力绿色技术创新成果的市场化应用、加强生态环境保护、参与由极端天气导致的自然灾害的风险管理等方面发挥作用（蔡宇，2018）。

二、资产端：绿色保险投资

（一）绿色金融期限错配问题严重，需要长期限的资金投入

自 2016 年中国人民银行等七部委联合发布《关于构建绿色金融体系的指导意见》以来，我国绿色金融市场迎来了快速发展，绿色信贷余额突破 10 万亿元，绿色债券发行规模全球领先，我国已经一跃成为全球绿色金融发展的引领者。然而，纵观我国绿色金融的融资结构，银行仍然是主要参与方，绿色信贷余额占全体绿色融资余额的比例超过 90%。以我国近些年发展最为迅速的绿色债券市场为例，截至 2019 年上半年，我国 21 家主要银行的绿色信贷余额达 10.6 万亿元[1]，而同期我国境内绿色债券余额仅为 7 087.8 亿元，考虑到银行发行绿色金融债券融得的资金主要用来发放绿色信贷，剔除绿色金融债

---

[1] 中国金融信息网.银保监会：国内 21 家主要银行上半年绿色信贷余额 10.6 万亿元.2019-10-23［2019-12-15］. http://greenfinance.xinhua08.com/a/20191023/1894434.shtml.

券后,非金融企业绿色债券余额则仅为 2 939.6 亿元,不及绿色信贷规模的 3%,其他绿色融资方式的规模更小。

上述情况意味着,如果未来继续呈现这种结构,对我国绿色金融的可持续发展来说,商业银行的资本充足率将是一个无法回避的约束。不仅如此,大部分绿色项目投资周期较长,需要银行提供长期贷款,而银行的平均负债期限较短,期限错配问题严重。

绿色融资结构的不平衡导致我国绿色金融发展面临着期限错配的问题,但同时也意味着,未来我国绿色金融的发展仍然具有进一步实现新突破、新发展的潜力,这个新突破即来自长期限资金的进入。在提供长期限资金方面,绿色产业发展基金、绿色保险资金均是较好的长期限资金来源,但是自 2017 年以来,我国对政府债务风险的控制使得政府出资设立绿色产业发展基金受到了比过去更多的约束,同时,《关于规范金融机构资产管理业务的指导意见》(以下简称《资管新规》)的出台虽未直接覆盖到绿色产业发展基金,但却对过去其主要的资金来源之一——商业银行理财施加了明确的约束,这些新规都令我国绿色产业发展基金发展速度大大放缓,甚至暂时陷入了停滞。在此背景下,引导保险资金进入绿色发展领域对于填补绿色金融长期限资金需求显得弥足珍贵。

保险业提供长期限绿色资金潜力巨大。绿色产业很多是中长期项目,项目投资回收期可能需要 10 年、15 年甚至更长,而目前中国的银行系统平均负债期限只有 6 个月,提供中长期贷款的能力非常有限[1],截至 2018 年末,国内发行的绿色债券平均期限也仅为 4.12 年,而保险资金投资期限明显更长,2017 年,我国险资基础设施债权投

---

① 上海环境能源交易所.马骏:绿色金融已渐成金融发展的主流趋势.2018-11-16 [2019-12-15].https://www.sohu.com/a/275986472_808781。

资计划平均期限达7.3年[①]。尽管如此，目前我国保险资金投向绿色领域的比例仍然较低，根据银保监会公布的数据，截至2019年9月末，我国保险行业资金运用余额为17.78万亿元，其中以债权投资计划形式进行绿色投资的总体注册规模余额为8 390.06亿元，通过保险私募基金的方式投向绿色环保等产业的基金规模为430亿元[②]，保险资金直接投向绿色领域的规模占全体保险资金余额的比例仅为4.96%，未来绿色保险的发展潜力巨大。

（二）国内外绿色保险发展已起步

1. 国际绿色保险发展进展

在2012年联合国可持续发展大会上，联合国环境署金融倡议组织制定的PSI《可持续保险原则》正式发布，该原则是保险业应对环境、社会和治理风险和机遇的全球框架。PSI包括以下四项原则：

- 将ESG问题纳入保险公司的决策和业务流程；
- 与客户和业务合作伙伴共同努力，加深对ESG问题的认识，管理风险并制定解决方案；
- 与政府、监管机构和其他主要利益相关方合作，加强在ESG问题上的广泛行动；
- 建立问责制和提高透明度，定期公开披露实施原则方面的进展。

---

① 中国证券报. 截至2017年末保险资金运用余额14.92万亿元 较年初增长11.42%. 2018-08-15［2019-12-15］. https://www.chinairn.com/news/20180815/113628541.shtml.

② 中国财富网. 周延礼：中国保险业要稳步推进绿色投资.2019-10-25［2019-12-15］. http://finance.sina.com.cn/money/insurance/bxdt/2019-10-25/doc-iicezuev4822250.shtml.

全球有 120 多家机构采用了四项 PSI。采用 PSI 的保险公司占全球保险费收入的 25% 以上，管理资产达 14 万亿美元。同时，PSI 还是道琼斯可持续发展指数和富时社会责任指数系列中保险行业标准的一部分。虽然目前中国只有香港鼎睿再保险有限公司一家保险机构签署了 PSI，但我国已有两家保险机构采纳了联合国责任投资原则，分别是中国平安与中国人寿旗下的资产管理公司国寿资产。

国际上已有众多养老金、保险机构将可持续发展纳入自身发展战略。全球最大的养老基金——日本政府养老金投资基金在 2017 年 7 月宣布，将把 3% 的被动式国内股票投资（约 88 亿美元）转换为 ESG 指数，并于 2018 年 1 月宣布将 3% 的 ESG 投资比例增加至 10%。安盛和安联两家全球最大的保险公司都明确提出了自身应对气候变化的战略。安盛在 2019 年 11 月宣布了其气候战略新阶段，该阶段的目标是根据《巴黎协定》，到 2050 年将安盛投资的"升温潜力"降低到 1.5 摄氏度以下，同时到 2023 年实现绿色投资目标翻倍，达到 240 亿欧元，并逐步实现完全退出煤炭行业。安联在 2018 年宣布了一项在未来几十年内支持向低碳经济转变的承诺，计划在 2040 年前逐步淘汰对煤炭业务的专有投资和此类风险的保险，同时还承诺将在未来 20 年内减少其业务运营的碳足迹。

2. 中国绿色保险发展进展

近些年，国家政策正逐步引导保险资金投向绿色领域。2016 年中国人民银行等七部委发布的《关于构建绿色金融体系的指导意见》明确提出：鼓励养老基金、保险资金等长期资金开展绿色投资，鼓励投资人发布绿色投资责任报告。银保监会于 2018 年 10 月发布的《保险资金投资股权管理办法（征求意见稿）》中明确提出：保险资金投资企业股权，应当遵守本办法及相关规定，承担社会责任，恪守道德规范，充分保护环境，做负责任的机构投资者。同时，该征求意见稿还强调保险资金不得用于投资高污染、高耗能或产能过剩、技术附加值较低、未达到国家节能和环保标准的企业。

表5.1 保险行业绿色投资相关政策

年份	政策	内容
2014	《保险业服务新型城镇化发展的指导意见》（保监发〔2014〕25号）	加大保险资金投资基础设施建设和运营力度。发挥保险资金优势，积极支持铁路、地下管网、污水和生活垃圾处理、公共交通系统、城市配电网等基础设施建设，提高城市综合承载能力。加大基础设施债权投资计划发展力度，探索项目资产支持计划、公用事业收益权证券化、优先股以及股债结合、夹层基金等新型投资工具和方式，满足基础设施建设多元化的融资需求
2015	《关于保险业履行社会责任的指导意见》（保监发〔2015〕123号）	提出现代保险服务业应坚持绿色发展思维，保护环境建设生态文明。落实企业环境管理责任、在保险产业链中梳理绿色导向、发展绿色保险促进环境保护、利用科技保险支持环保科技创新
2016	《关于构建绿色金融体系的指导意见》（银发〔2016〕228号）	鼓励养老基金、保险资金等长期资金开展绿色投资，鼓励投资人发布绿色投资责任报告
2017	《关于债权投资计划投资重大工程有关事项的通知》（保监资金〔2017〕135号）	在风险可控的前提下，支持保险资金投资对宏观经济和区域经济具有重要带动作用的重大工程
2018	《保险资金投资股权管理办法（征求意见稿）》（保监发〔2010〕79号）	保险资金开展一般股权投资和重大股权投资，所投资的标的企业不得存在以下情形：高污染、高耗能或产能过剩、技术附加值较低、未达到国家节能和环保标准。保险资金投资企业股权，应当遵守本办法及相关规定，承担社会责任，恪守道德规范，充分保护环境，做负责任的机构投资者

资料来源：俞春江等（2018），兴业研究。

保险行业自发绿色投资倡议热情渐起。2018年6月19日，中国保险资产管理业协会发布《中国保险资产管理业绿色投资倡议书》[①]，旨在凝聚行业力量，推动保险资金绿色投资持续健康发展，支持我国经济绿色转型，该倡议主要包括六个方面：一是践行绿色投资发展理念，引导保险机构形成"长期、有价值、可增长"的绿色投资文化，鼓励保险机构发布绿色投资责任报告；二是打造绿色投资特色体系，引导保险机构根据保险资金运用特性，搭建"间接投资＋直接投资"的绿色投资体系；三是制定绿色投资行业标准，鼓励保险机构积极参与行业绿色标准制定，探索创建具有我国特色的保险资金绿色投资指引，建立健全保险资金绿色投资内外部评价体系，逐步形成绿色产业投资激励机制，加速行业绿色项目库建设；四是推动绿色投资能力建设，鼓励保险机构创新业务途径，改进技术手段，加强绿色投资工具建设，加速绿色投资专业人才培养；五是防范绿色投资各类风险，推动保险机构不断提升绿色投资风控水平，加强绿色资产风险分析能力，及时开展环境压力测试，完善绿色信用体系建设，加强绿色投资信息披露，严防绿色项目杠杆率过高、资本空转和"洗绿"等问题；六是深化绿色投资国际合作，鼓励国内外机构加强合作交流，配合"一带一路"倡议等国际合作机制，充分利用国内外各类投资平台，稳步探索保险资金绿色产业投资跨境合作，有效提升行业国际影响力。

《绿色投资指引》为保险资管机构绿色投资提供指引。2018年7月12日，中国证券投资基金业协会发布了《绿色投资指引（试行）》（以下简称《指引》），对证券投资基金的绿色投资活动进行了规范，

---

① 中国保险资产管理业协会.中国保险资产管理业绿色投资倡议书.2018-06-21 [2019-12-15]. https://www.sohu.com/a/237040061_756396。

并鼓励各类专业机构投资者开展绿色投资,为我国保险资产管理机构的绿色投资提供了导向性指引。该《指引》强调为境内外养老金、保险资金、社会公益基金及其他专业机构投资者提供受托管理服务的基金管理人应发挥负责任投资者的示范作用,积极建立符合绿色投资或ESG投资规范的长效机制。同时,《指引》也对基金管理人进行绿色投资的目标原则、基本方法以及监督管理等方面进行了详细的规范,将有助于推动保险资产管理机构绿色投资的实践与发展。

三、负债端:加强我国环境气候相关风险管理能力

(一)环境污染责任保险持续推进

长期以来,我国的绿色保险主要就是指环境污染责任保险(以下简称"环责险"),环责险是指以企业因污染环境对第三者造成损害依法应承担的赔偿责任为标的的保险,不仅可以通过保险机制提高企业环境风险承载能力,更能通过保险费率与环境风险相挂钩的方式,倒逼企业的绿色低碳转型发展。

2007年,原国家环保总局和保监会联合下发《关于环境污染责任保险工作的指导意见》(环发〔2007〕189号),湖南、江苏等省市被确定为环责险试点地区,标志着我国正式启动将商业保险引入环境污染风险管理的探索(李琼,2016)。2013年,原环保部、原保监会联合发布《关于开展环境污染强制责任保险试点工作的指导意见》(环发〔2013〕10号),要求各地开展环境污染强制责任保险试点。2015年9月,党中央、国务院印发的《生态文明体制改革总体方案》明确提出:"在环境高风险领域建立环境污染强制责任保险制度。"2016年8月,中国人民银行等七部委联合发布的《关于构建绿

色金融体系的指导意见》中提出要在环境高风险领域建立环境污染强制责任保险制度。2018年5月，在北京召开的生态环境部部务会议上审议并原则通过了《环境污染强制责任保险管理办法（草案）》，我国环境污染强制责任保险制度完善工作持续推进。

截至2019年7月，我国环境污染责任保险试点省（自治区、直辖市）共计31个，试点涉及重金属、石化、危险化学品、危险废物处置、电力、医药、印染等20余个高环境风险行业。2018年，我国环境污染责任保险实现保单保费收入3.09亿元，提供风险保障326.58万亿元（中国人民银行研究局，2019）。

（二）绿色保险产品和服务创新不断

广义的绿色保险包括与环境风险管理有关的各种保险，近年来除了环境污染责任保险以外，其他各类绿色保险产品和服务创新涌现，丰富了我国绿色保险体系，也对我国的生态文明建设起到了积极的作用。例如，在绿色农业保险方面，2017年财政部、农业部、保监会在13个粮食主产省选择200个产粮大县启动大灾保险试点；在巨灾保险方面，2016年广东省首创的巨灾指数保险正式落地，围绕台风、强降雨等重点灾害，以触发巨灾的参数如连续降雨量、台风等级等作为支付赔偿的依据，2018年巨灾指数保险试点进一步扩大到广东省14个地市；在气候保险方面，我国绿色金融改革创新试验区之一的南昌市赣江新区于2019年首创柑橘"气象+价格"综合收益保险，以期转移果农因气象变化（干旱、冻灾）及农产品市场价格波动风险而承担的一系列风险，为农户综合收益提供切实有效的风险保障，进一步提升抗风险能力。

（三）在各类保险产品设计的精算模型中纳入对环境风险因素的考量

除了开发各类直接针对环境、气候风险的保险产品外，从长期来看，保险机构还需将环境风险因素纳入各类保险产品设计的风险评估模型中。正如前文所述，环境与气候变化除了会产生直接的物理风险外，还可能间接地改变各类其他事件的风险分布情况，例如，环境与气候风险长期加剧可能对不同地区的人类平均寿命产生影响，这对于寿险产品设计十分重要。因此，保险机构应加快开展环境风险与其他各类风险之间相关性的研究，提升识别环境风险的能力，同时尽早将环境风险因素纳入各类保险产品设计的风险评估模型中。

第六章

碳市场与碳金融

一、国际主要碳市场

（一）碳市场的开启与定义

《京都议定书》催生了国际碳市场。继签订《联合国气候变化框架公约》（以下简称《公约》）之后，1997年12月11日在日本京都召开的《公约》缔约方第三次大会上通过了具有量化目标和法律约束力的《京都议定书》。作为《公约》的补充条款，《京都议定书》规定，2008—2012年，所有发达国家缔约方的二氧化碳等六种温室气体的排放量，要在1990年水平的基础上减少5.2%。同时，《京都议定书》规定了发达国家缔约方的温室气体减排目标，并允许它们采取两种方式经济有效地实现其目标，一种方式是直接开展减排活动，另一种方式是购买减排量。此外，《京都议定书》还设立了三种灵活的市场机制：清洁发展机制、联合履约机制和国际排放贸易机制，允许温室气体排放减排量在缔约方之间进行交易，从而催出以二氧化碳排放权为标的资产的政策性的全球碳市场。

碳市场是指将二氧化碳排放权作为资产标的进行交易的市场，是一个由政府政策主导的，旨在通过市场机制有效减少温室气体排放，实现经济的可持续发展和人类生存环境优化的人为市场。政府首先按照特定的分配方式将碳排放配额发放给控排企业并规定履约期限，控排企业在保证自己能够按时履约的情况下可自主出售手中富余的碳排放配额，碳排放配额不足的企业可在碳市场上购买。在此过程中，高耗能企业受到激励实现自身减排目标，承担自身的社会责任，投资机构和个人投资者的碳交易行为也促进了这一市场目标的实现。这种通过交易实现碳定价的方式是低碳经济的产物，是目前减排成本最低、效率最高、最具可操作性的减排方式，这种方式正在被越来越多的国家所接受。

全球碳市场主要由配额市场和基于项目的市场两部分构成。配额市场基于总量控制与交易机制，即市场内的每一成员都有温室气体排放量上限，某一成员可根据单位减排成本用自己的减排量额度与其他成员进行交易。具有代表性的市场有EU-ETS（欧盟碳排放交易体系）、CAT-ETSC（美国加利福尼亚州碳排放交易体系）、中国全国碳市场和地方试点碳市场等。基于项目的市场是将某一项目产生的温室气体减排量用于交易。这一市场主要包括清洁发展机制（在发达国家与发展中国家之间进行）和联合履约机制（在发达国家和中东欧经济转型国家之间进行）。其中，清洁发展机制最具代表性。

碳市场的分类：在交易环节当中，碳市场由两个部分构成，即碳排放交易的一级市场和二级市场。一级市场是指配额被政府或监管当局创造并引入市场，政府以免费分配或拍卖的方式在市场中将配额出售；二级市场是指不同的市场参与者，以不同的交易方式，对不同的碳排放交易产品进行交易。二级市场的参与者主要包括履约企业、中介机构以及个人投资者等。交易产品则包括配额本身和配额的衍生产品。

```
                    ┌─── 清洁发展机制
         基于项目的市场 ┤
         │          └─── 联合履约机制
碳交易市场 ┤
         │          ┌─── 欧盟碳排放交易体系
         基于配额的市场 ├─── 美国加利福尼亚州碳排放交易体系
                    └─── 中国全国碳市场和地方试点碳市场
```

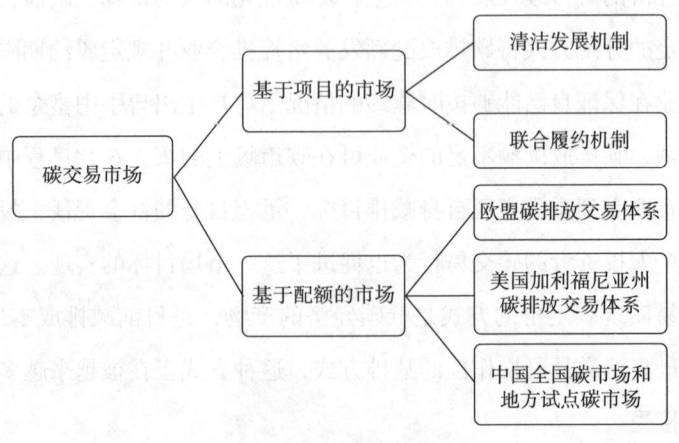

图 6.1 碳交易市场结构

资料来源：兴业研究。

根据交易产品的不同，碳排放市场又可以分为配额现货交易市场和配额衍生品市场。配额一般是在现货交易市场根据现货买卖价格进行交易，企业或者个人通过与经纪商或碳交易所进行间接互相买卖，或者通过场外市场进行直接相互买卖。配额衍生产品则以碳配额期货、期权、远期合约和互换掉期产品等形式在交易所或场外市场进行交易，并由清算机构负责交割和清算。在欧盟和美国的碳市场当中，碳配额的拍卖、现货和期货产品都已经上线交易。

（二）国际碳市场发展概况

为降低减排成本，2005年欧盟启动欧盟碳排放交易体系，成为全球最早、发展最成熟的碳排放权交易机制。此后，碳排放权交易机制因其灵活性较高和减排成本有效性而被多个国家和地区所采用。

ICAP（国际碳行动伙伴组织）在 2021 年 3 月发布了《全球碳市场进展：2021 年度报告》，回顾了过去一年全球碳排放权交易的主要进展。报告指出，截至 2021 年 1 月末，全球有 33 个不同级别的行政区域正在运行着 24 个碳排放交易体系（ETS），包括 EU-ETS、8 个国家市场（中国、德国、哈萨克斯坦、墨西哥、韩国、新西兰、瑞士、英国）以及 18 个省和州、6 个城市碳市场；这些区域的人口约占全球总人口的 1/3，GDP 占全球 GDP 的 54%，正在运行的碳市场覆盖的排放量占全球碳排放总量的 16%。此外，还有 8 个碳市场正在计划实施，预计将在未来几年内启动运行。

近些年，以欧盟为代表的发达国家（集团）对现有碳市场进行全面改革，新兴经济体逐渐成为全球碳市场的主力军，碳市场之间的合作和连接也有加深的趋势。这些进展凸显出碳排放交易体系将在全球应对气候变化行动、实现《巴黎协定》减排目标中持续发挥关键作用（ICAP，2019）。目前，世界发展较为成熟的主要碳市场有 EU-ETS、美国加利福尼亚州碳市场、加拿大魁北克碳市场（已与美国加州碳市场实现连接）、韩国碳市场等。

（三）欧盟碳排放交易体系

EU-ETS 建于 2005 年，是全球首个国际碳排放交易体系。目前它依然是世界最大的碳排放交易体系，占国际碳交易总量的 3/4 以上。EU-ETS 在 30 个国家运行（包括 27 个欧盟国家，加上冰岛、列支敦士登和挪威），限制了超过 11 000 座高能耗设施（发电厂和工业厂房）以及在上述国家内运营的航空公司的温室气体排放，覆盖欧盟约45%的温室气体排放[①],是其他国家和地区进行碳市场建设的主要借鉴对象。

1. 欧盟碳市场的发展历程

EU-ETS 以 2003 年出台的《欧盟排放体系规则》为依据,配合《金融市场工具指令Ⅱ》等一系列金融监管法律,为碳市场交易提供法律保障,并于 2005 年 1 月 1 日正式开始运作。其目的是将环境"成本化",借助市场的力量将环境转化为一种有偿使用的生产要素,通过建立 EUA(碳排放配额)交易市场,有效地配置环境资源、鼓励节能减排技术发展,实现在气候环境受到保护的情况下,使企业经营成本最小化。EU-ETS 采取总量控制与交易机制:确定纳入限排名单的企业根据一定标准免费获得或者通过拍卖有偿获得 EUA,而实际排放低于所得配额的企业可以在碳交易市场出售 EUA,超过则必须购买 EUA,否则会受到严厉的惩罚。

欧盟碳排放交易体系的发展历程可分为四个阶段,第一阶段试验时期(2005—2007 年)、第二阶段改革时期(2008—2012 年)、第三阶段深化时期(2013—2020 年)和第四阶段常态时期(2021—2030 年)。

第一阶段(2005—2007 年),主要通过探索实践、总结经验,成员国制定各自国家的碳排放量分配计划,配额分配以免费分配为主。该阶段所限制的温室气体减排许可交易仅涉及二氧化碳,行业覆盖能源、石化、钢业、水泥、玻璃、陶瓷、造纸,以及部分其他具有高耗能生产设备的行业,并设置了被纳入体系的企业的门槛,20 兆瓦以上燃烧装置,约有 11 000 个工业设施。该阶段覆盖的行业占欧盟

---

① Emissions-EUETS.com.European Union Emissions Trading System (EU ETS).2015-06-25 [2021-01-15]. https://www.sohu.com/a/237040061_756396.

总排放的50%。EU-ETS成立元年，实现了3.6亿吨二氧化碳当量的EUA现货交易，金额超过72亿欧元。而期货、期权的交易规模则更为可观。

然而，由于没有历史数据并且缺乏分配经验，欧盟免费分配的EUA总量远超过实际排放量，配额供大于求直接导致2005年底到2006年初EUA期货价格从30欧元/吨跌至10欧元/吨。此外为了稳定碳市场，欧盟决定对第二阶段的年排放权总量进行重新设置，第一阶段各行业配额盈余全部作废，导致EUA期货价格到2007年底基本跌至零。

第二阶段（2008—2012年），排放限制扩大到其他温室气体（二氧化硫、氟氯烷等）和其他产业（交通），时间跨度与《京都议定书》首次承诺的时间保持一致。在第二阶段结束时，欧盟委员会发布的报告显示2012年的排放总量相较于1980年，减排幅度达19%，而经济总量增幅达45%，单位GDP能耗降低近50%。

这一阶段开放了配额的跨期结转，同时配额分配总量下降了6.5%。在第二阶段之初，EUA价格逐步回升至30欧元/吨。但受2008年全球金融危机的影响，欧盟经济衰退、生产收缩，加上欧洲主权债务危机爆发，欧盟能源消费量骤减，控排企业对EUA的需求自然减少，EUA价格接连下跌，在2012年跌至7欧元/吨左右。

第三阶段（2013—2020年），减排目标设定为总量同比减排21%（2020年相比2005年），年均减排1.74%，所覆盖的产业范围也进一步扩大。其中最引人注目的是航空业被正式纳入EU-ETS的覆盖范围，且不论是欧洲的航空公司还是其他地区的航空公司，只要航班进入欧洲即需要执行相关规定，该法案受到国际航空业的强烈反对。

欧盟继续推行 EU-ETS 改革，采用统一的欧盟范围内的排放上限，每年对排放上限下调 1.74%，逐渐增加配额拍卖比例。但 2013 年 4 月欧盟议会否决了折量拍卖方案，EUA 价格跌到第二阶段最低点的 2.5 欧元/吨左右。2015 提出的 MSR（市场稳定储备机制）使得 EUA 价格回升到 8 欧元/吨左右。在《巴黎协定》下，承诺至 2030 年减排 40% 的目标。通过推迟配额拍卖和建立市场稳定储备机制减少市场的过剩配额，从而稳定碳价格。由于配额的持续收紧和市场对 MSR 的良好预期，2018 年，EUA 价格明显提升，最高达 25 欧元/吨。

第四阶段（2021—2030 年），欧盟委员会在 2018 年 2 月对 EU-ETS 立法框架进行了修改，新法规定：一是从 2021 年起碳配额发放的上限将从逐年下调 1.74% 提升至逐年下调 2.2%，并巩固 MSR；二是继续免费分配配额，以保障具有碳泄漏风险的工业部门的国际竞争力，并将更新行业基准值和生产因子，以提高免费分配的针对性；三是建立若干低碳融资机制，如创立现代化基金和创新基金等，助力企业创新，推动市场向低碳经济转型。预计这一阶段碳市场将步入常态化。

值得注意的是，MSR 将进行改良并得到加强。在 2019—2023 年，如果市场中的配额超过 8.33 亿吨，MSR 从市场中撤回配额的比例将由 12% 提升到 24%。① MSR 将成为一个有效的价格缓冲器，以事先设定的"触发"门槛为基础去除欧盟碳市场中过多的排放额度，并将其放入储备中。该机制也能在市场额度过少的时候将储备中的额度重新

---

① European Commission.Market Stability Reserve.2021-01-15［2021-01-15］. https://ec.europa.eu/clima/eu-action/eu-emissions-trading-system-eu-ets/market-stability-reserve_en#tab-0-0.

调回到系统中。2017年欧盟议会和理事会通过"取消机制"作为MSR的补充，规定从2023年起，储备配额规模不能超过上一年度拍卖的配额总量，超出部分将被取消。[1] 预计在2023年，MSR将取消约20亿吨碳的配额。这些措施反映了欧盟决策者对《巴黎协定》承诺的认真落实。

表6.1 EU-ETS四阶段的主要内容

阶段	减排目标	总量设定	拍卖比例	分配方法	覆盖范围
第一阶段 2005—2007年	实验《京都议定书》的目标	22.36亿吨/年	最多5%	历史法	二氧化碳，包括电力、炼油、炼焦、钢铁、水泥、玻璃、陶瓷、造纸等
第二阶段 2008—2012年	在2005年基础上减排6.5%	20.98亿吨/年	最多10%	历史法	2012年新增航空业
第三阶段 2013—2020年	在1990年基础上减排20%	2013年上限为20.8亿吨/年，此后每年下调1.74%	最少30%，2020年70%	基线法	新增一氧化二氮、六氟化硫、全氟碳化合物等其他温室气体，行业新增化工、石化、合成氨、有色和炼铝、己二酸等
第四阶段 2021—2030年	2030年排放比2005年降低43%[2]	配额上线每年下调2.2%	57%	基线法	同上

资料来源：兴业研究整理。

---

[1] Council of the European Union "Proposal for a Directive of the European Parliament and of the Council amending Directive 2003/87/EC to enhance cost-effective emission reductions and low-carbon investments = Analysis of the final compromise text with a view to agreement", Brussels 17 November 2017 (OR.en) 14395/17, Interinstitutional File: 2015/0148 (COD, 2017).

[2] 2020年12月11日，欧洲理事会就2030年减排目标从比2005年下降43%提升至下降55%，并达成协议，欧盟委员会将在2021年6月之前提出EU-ETS修正案。

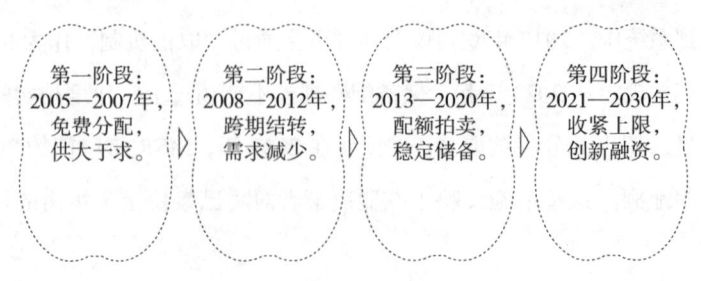

第一阶段：2005—2007年，免费分配，供大于求。

第二阶段：2008—2012年，跨期结转，需求减少。

第三阶段：2013—2020年，配额拍卖，稳定储备。

第四阶段：2021—2030年，收紧上限，创新融资。

图6.2 欧盟碳市场各阶段特点

资料来源：兴业研究整理。

2. 欧盟碳市场交易情况

2020年，欧盟碳市场开盘于24.2欧元/吨，在新冠肺炎疫情的冲击下一度跌至16.0欧元/吨。此后，欧盟碳市场表现出了很强的韧性。受益于MSR，欧盟配额拍卖量小于企业整体的配额缺口，欧盟碳价在6月底恢复到年初的价格。2020年第四季度，受2021年免费配额分配时间推迟、欧盟达成55%新减排目标和英国（碳配额净出口国）脱离欧盟碳市场等因素的影响，欧盟碳市场再次开启上涨行情，年底收盘于32.0欧元/吨，相比年初上涨了32%。进入2021年，欧盟碳价延续上涨趋势，屡创新高，截至2021年3月11日，已达到41.85欧元/吨。

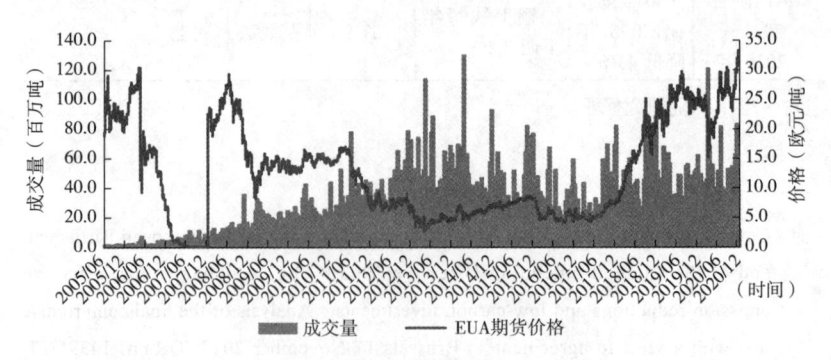

图6.3 欧盟碳配额期货市场交易情况

资料来源：Wind，兴业研究整理。

3. 欧盟碳市场交易机制

在 EU-ETS 的四个阶段中，其交易覆盖的国家、行业与企业范围逐渐扩大，在配额分配的过程中拍卖的比例逐渐提高，免费配额的分配方式也从"历史法"过渡到"基线法"，体现出 EU-ETS 的不断完善。

覆盖范围：在第一阶段，EU-ETS 所限制的温室气体减排许可交易仅涉及二氧化碳，行业覆盖能源、石化、钢业、水泥、玻璃、陶瓷、造纸，以及其他具有高耗能生产设备的部分行业，并设置了被纳入体系的企业的门槛，最终纳入 25 个欧盟成员国约 45% 的温室气体排放。在第二阶段，EU-ETS 覆盖范围扩大至欧盟 27 个成员国（2007 年罗马尼亚和保加利亚加入欧盟）以及三个非成员国——冰岛、挪威、列支敦士登，排放限制扩大到其他温室气体（二氧化硫、氟氯烷等）和其他产业（交通），从 2012 年开始把航空业也纳入 EU-ETS，第二阶段的时间跨度与《京都议定书》首次承诺的时间保持一致。在第三阶段，EU-ETS 进一步对覆盖范围进行了扩大和优化，一是纳入之前未覆盖的行业活动，包括石油化工制品及其他化学品、氨、铝等，同时航空业也被正式纳入 EU-ETS 的覆盖范围；二是通过取消原有部分覆盖行业的限制而纳入的行业，包括石膏、有色金属、白云石煅烧等。

总量设置与配额分配机制：在第一、第二阶段，EU-ETS 采用"自下而上"的分配方式，欧盟各成员国按照欧盟排放交易指令中确定的标准和原则，自行确定本国计划用于分配的碳排放权总额，以及向企业分配的具体方法，制定国家分配方案并向 EU-ETS 管理委员会上报。同时，总量设置主要采用"历史法"，配额分配以免费分配为主，在第一、第二阶段的拍卖比例上限分别是 5% 和 10%。从第三阶段开始，EU-ETS进行了改革，将设定排放配额总量的权力集中至欧盟委员会，由其制定欧盟整体的排放配额总量，并向各国分配，要求各成员国遵照执行。此外，对各成员国国内的分配方式也做出了规定，要求各国增加拍卖分配的配额占比；同时也要求对免费发放的配额以符合"基线法"的方式来计算并分配。

MRV管理机制：该机制是通过第三方审核机构对排放主体的实际碳排放量进行监测（Monitoring）、报告（Reporting）、核查（Verfication），为碳交易市场的良好运行提供重要的数据支持，同时也是EU-ETS监管与执行惩罚的基础。每年度结束后，EU-ETS下的相关企业必须报告其当年的二氧化碳排放情况，具有资质的独立核查机构会依据欧盟颁布的相关法规对报告进行核准。成员国应保证各排放设施经营者监测日历年内设施的碳排放情况，并在各年结束后向管理机构报告。

强制履行机制：欧盟颁布相关法律法规规定，若相关企业在履行约定时，实际的碳排放量超过了所获配额，那么将会受到100欧元/吨的行政处罚，同时未能履行约定的排放主体的名称也将被公开，成员国还可以对其他形式的违规行为实施不同的惩罚。通过这种惩罚机制来约束企业的碳排放量，并且使企业增强节能减排的意识。

抵消机制：欧盟规定企业可通过在碳交易市场上购买其他企业未使用的剩余配额，也可以购买清洁发展机制下的项目以及联合履行机制下的项目减排量，但数量受到限制，在履行约定之时可抵消其超过配额的部分，这样的机制极大程度地促进了企业碳排放的剩余配额在市场上的流通，并让企业获得了更多可以实现履行约定的渠道。

与其他碳市场的连接：从第三阶段开始，欧盟碳市场对于其他碳市场的连接持更开放的态度，而其他国家和地区碳市场的陆续建立也提供了更多建立连接的机会。然而，EU-ETS 与其他碳市场连接的进展比较缓慢。在经过了长达 10 年的谈判后，欧盟和瑞士在 2019 年 12 月 12 日宣布批准了两国碳排放交易体系间的连接协议，并于 2020 年 1 月 1 日起生效，两个系统所覆盖的排放主体能够使用任何一种碳排放交易体系提供的配额进行履约。根据中创碳投发布的数据，瑞士 2020 年 11 月拍卖 9 万吨配额，以 23.31 欧元/吨的价格全部成交；同年 12 月拍卖 19.65 万吨配额，以 26.50 欧元/吨的价格全部成交。由于连接了碳价更高的欧盟碳市场，加之瑞士 2020 年拍卖总量大幅减少，拍卖成交价相比上一年上涨超过 50%。

解决碳泄漏问题：为了应对碳泄漏问题，欧盟委员会于 2008 年 1 月提出了两种解决方案：一是向特定的国内生产商免费分配碳排放配额；二是建立有效的碳平衡体系，即要求进口商以不低于欧盟企业的条件来获得和提交碳排放配额，如征收碳关税。欧盟在第三阶段规定了在碳泄漏的情况下支持高能耗工业的措施，并规定了评估面临碳泄漏风险部门的两种测量方法：一是"分散法"，如果执行 EU-ETS 规定所产生的直接或间接额外成本之和使生产成本明显提高超过 30%，或者与第三国贸易强度超过 30%，则该部门是面临碳泄漏风险的；二是"复合法"，如果一个部门的生产成本因执行 EU-ETS 的规定提高超过 5% 而且贸易强度超过 10%，则该部门是面临碳泄漏风险的，这些部门将免费获得配额。

4. 欧盟碳市场的启示

配额的初始分配方式对市场的有效性、平稳性和可持续性都起着决定性影响。从根本目的上看，碳排放配额的初始分配需要实现环境目标与经济目标之间的平衡、配额供给的平稳性与应对外部冲击的灵活性之间的平衡、优化市场效率与降低交易成本之间的平衡。从EU-ETS的经验可以看到，在市场建设初期采用以免费分配为主的配额分配方式，一定程度上补偿了控排企业的竞争力损失，是降低"漏出"、鼓励减排的有效手段。但随着碳市场覆盖范围逐渐提高、交易规则逐渐成熟、市场预期逐渐收敛，再过渡到以拍卖为主的分配方式，能够更充分地发掘碳市场的减排效应。针对免费分配的方法，"基线法"在鼓励更积极的减排行动、提高配额分配公平性等方面优于"历史法"。EU-ETS在开始阶段也考虑采用基线法，但考虑到"基线法"对数据和信息要求较高，最终还是放弃在第一阶段和第二阶段采用"基线法"分配配额，以避免不合理的基线反而削弱企业减排积极性情况的发生。直到第三阶段，欧盟委员会积累了各行业和企业大量的技术、生产以及能耗和碳排放特征信息后，才开始大规模采用"基线法"。相比于欧洲，我国的能耗与排放统计基础更薄弱、信息成本也更高，因此也应先以"历史法"为主，在部分有条件的行业施行"基线法"，并随着试点的推进以及信息的积累再逐渐扩大应用范围。特别需要注意的是要着力完善碳信息系统，这对初期的信息积累有着非常重要的作用。

引入配额供给总量调整的灵活机制，维持市场平衡。配额总量调整机制主要具有两方面功能：一是当市场出现预期外的波动（如金融危机）导致需求不足、配额大量剩余时，可以适当减少配额总量，维持市场平衡；二是应对新增企业进入市场对配额的需求，从而保持新设企业与其他企业相对公平的竞争环境。在这两个方面，相比于欧美市场，我国都面临着更大的系统性风险和更多无法预料的情况，因而对配额总量调整机制的灵活性有着更强的需求。首先，我国参与国际产业链分工不断深化，经济对外依存度和全球市场一体化的程度也在逐渐加深。其次，国内区域间发展阶段和经济增长路径差异较大，这些因素都给全国和地区经济的平稳性带来了潜在的影响。最后，我国正处于经济高速发展与转型阶段，企业周转速度较快，每年会诞生一大批新生企业与行业，替代一大批旧的企业与行业。因此，应当设定配额动态调整机制，在市场供需过紧时增发配额，而在市场过度宽松时回购配额。同时预留一定量的配额，并针对各行业具体技术和生产情况设定基线，作为向新增企业分配排放配额的依据。例如，EU-ETS就引入了MSR，从而有效改善了市场配额供给过剩的问题。

需要注意引入外部减排手段的比例与节奏。EU-ETS覆盖下的企业除了通过自主减排或购买配额的方式完成减排任务之外，还可以使用CDM（清洁发展机制）产生的CER（核证减排单位），或JI（联合履约机制）产生的ERU（减排单位）抵减自身排放。CER与ERU在EU-ETS市场上与EUA有同等效力，即建立了一个抵消机制。由于在第一阶段期间发展中国家CDM项目供给量规模巨大，所以EU-ETS配额供给超过预期，进一步增加了第一阶段原本已经过剩的配额供给。从第二阶段开始，欧盟开始限制《京都议定书》下外部市场减排指标的使用数量，规定EU-ETS覆盖企业使用CER和ERU总量平均不能超过总配额的13.5%。第二阶段未使用的CER和ERU在第三阶段仍可以使用，只是要计入第三期信用牌照使用限制数量中。将CER和ERU等减排指标纳入EU-ETS对碳市场的积极作用在于，降低了EUA的市场价格，即企业的履约成本。对全球总体而言，将CDM-JI市场与EU-ETS连接，为欧洲以外的地区推进减排提供了现实激励，在全球产生了显著的减排效应。然而市场连接带来的主要问题在于放松了配额总量的供给，削弱了欧洲本土的减排效果。此外，由于CER与ERU的供给外生于EU-ETS，所以会对交易市场的价格稳定性产生冲击。引入外部减排手段，一定要控制好抵消信用的使用量，过多或过少使用抵消信用，都不利于充分发挥抵消机制的作用。

碳交易政策与体系需要不断推进、完善。碳交易机制政策和体系相对复杂，需要较长周期的发展和完善。多年来，欧盟不断总结经验教训，不断推进、完善和加强其碳交易制度的设计和运行，进行大力改革，包括从免费配额发放到引入配额拍卖，再到不断提高拍卖配额比例，逐渐扩大行业覆盖范围，增加温室气体覆盖范围，逐渐稳步削减配额上限，严格配额分配，完善测量报告与核查、建立市场调节机制，不断加强市场监管等。

（四）加利福尼亚州碳市场

1. 加利福尼亚州碳市场的历史沿革

美国加利福尼亚州政府一直在为应对气候变化做出努力，2006年出台的《全球变暖解决方案法案》（AB 32 法案）作为对2020年温室气体进行总量控制的法律，设定了2020年温室气体排放下降到1990年水平的减排目标。为了达到这一目标，该法案同时授权加利福尼亚州空气资源委员会（ARB）制定相关政策。随后，该委员会推出了一揽子帮助加利福尼亚州实现减排的政策，如可再生能源配额制、低碳燃油标准以及碳交易。

2013年，加利福尼亚州的总量控制与交易计划（以下简称"加州碳市场"）正式启动，以加利福尼亚州碳限额排放及交易项目的形式对温室气体排放进行控制，纳入年排放达到2.5万吨二氧化碳当量的企业共600家，覆盖六种温室气体，占加利福尼亚州温室气体总排放的85%，由加利福尼亚州空气资源委员会进行管理。加州碳市场采用市场机制奖励减轻污染的企业，确保加利福尼亚州以尽可能低的成本，实现其减少温室气体排放的目标。

2016年9月30日，加利福尼亚州通过了SB32法案，该法案是用来接替AB32法案的，提出到2030年将加利福尼亚州的温室气体排放在1990年的基础上减少40%，并到2050年实现加利福尼亚州温室气体排放量在1990年的基础上减少超过80%。

2017年7月，加利福尼亚州议会通过了AB398法案和AB617法案，意味着加州碳市场的实施期限将被延长到2030年。加州碳市场采用配额拍卖与免费分配相结合的方式进行配额分配，拍卖资金被用于加利福尼亚州温室气体减排基金，服务于碳减排行动。

加利福尼亚州碳排放权交易除了第一阶段以外，一个正常履约周期为3年。第一阶段（2013—2014年）纳入了发电行业和工业排放源，年度排放上限约1.6亿吨二氧化碳当量，占加利福尼亚州温室气体排放总量的35%左右；第二阶段（2015—2017年）增加了交通燃料、天然气销售业等部门，2015年的排放上限增加至3.95亿吨二氧化碳当量，占总排放量的比例上升至80%左右；第三阶段（2018—2020年）各年度排放上限分别为3.58亿吨、3.46亿吨和3.34亿吨二氧化碳当量，总共约覆盖加利福尼亚州温室气体排放的85%。

2.加利福尼亚州碳市场交易情况

加利福尼亚州碳市场不断扩大与北美碳市场的合作。2014年1月，美国加利福尼亚州碳市场与加拿大魁北克省碳市场实现连接，两者进行联合拍卖和履约。2017年7月，加利福尼亚州议会通过了AB398法案和AB617法案，增强了市场参与者对西部倡议下相互连接的碳市场的信心。2017年11月，加利福尼亚州空气资源委员通过了《总量控制与交易条例》草案。2018年1月1日，加拿大安大略省将其总量控制与交易体系与美国加利福尼亚州及加拿大魁北克省的碳市场建立连接，形成了继欧盟和中国之后的全球第三大碳市场。

加利福尼亚州－魁北克碳市场的初始配额发放以拍卖为主，每个季度进行一次拍卖。2020年，加利福尼亚州－魁北克碳市场四次拍卖共成交21 547万吨配额，虽然受新冠肺炎疫情影响，第二季度配额拍卖成交惨淡但全年拍卖成交均价相对稳定，均保持在17美元/吨左右。

3. 加利福尼亚州碳市场的交易机制[①]

参与者主要有三类：一是每年排放相当于2.5万吨以上二氧化碳当量的所有工厂、供电商和燃料供应商，纳入管制的行业范围涵盖了大部分碳排放较高的工业领域。主要包括：工业经营设施（包括水泥生产、发电、玻璃生产、制氢业、钢铁生产、石油提炼、造纸业等12种行业）；一级电力运输企业（包括发电企业和电力进口商）；天然气供应企业；液态石油、二氧化碳供应企业。二是对年排放未达到2.5万吨二氧化碳当量，并且经过加利福尼亚州空气资源委员会执行官审批后，自愿为其排放承担合规义务的任何工厂。三是有意参与碳排放权交易配额的购买、出售或持有的任何第三方（经纪人、投资者等不承担合规义务的公司，可通过拍卖会或二级市场参与碳排放权的买卖）。

设定配额总量：加利福尼亚州为地区排放权的总量设定了限额，旨在到2020年把加利福尼亚州温室气体排放量降低到1990年的水

---

① 碳排放交易网. 加州碳排放权交易的启示. 2018-10-10 [2021-01-15]. http://www.tanpaifang.com/tanguwen/2018/1010/62361_4.html。

平——相当于减少15%。加利福尼亚州碳排放权交易设定了从2013年到2020年每年的配额总量：2013—2014年二氧化碳排放总量设定为1.63亿吨；2015—2017年二氧化碳排放总量设定从3.95亿吨降至3.7亿吨；2018—2020年二氧化碳排放总量设定从3.58亿吨降至3.34亿吨。

碳排放权配额分配：碳排放权配额分配方式主要有两种。第一种，初期将配额免费发放给承担强制减排义务的企业，这是开始阶段最主要的配额分配方式，目的是维持工业企业的竞争力，具体为大型工业企业在项目开始之初可获得免费的排放权配额，但是在项目后期必须购买拍卖的配额；工业部门的配额量按照该行业平均排放水平的90%进行分配，并逐步下降。这个排放平均水平是基于企业的能效水平对标计算得出的，从而能够奖励高能效的企业。按照企业的产量和效率水平，每年对企业的配额数量进行调整和更新。电力公司可获得免费的配额，以避免由于碳交易带来的电费突增，配额的额度按照近年来平均排放水平的90%设定，但电力公司必须拍卖所有配额，其拍卖所得必须返还电力消费者。第二种，通过拍卖对配额进行有偿分配，鼓励企业通过技术创新实现减排。此外，加利福尼亚州空气资源委员会还设置预留配额，用于调节碳市场价格的波动。碳配额拍卖每季度举行一次，加利福尼亚州空气资源委员会对于拍卖的最低价格做出了10美元/吨的限定，并且逐年提高5%。二级市场交易可以在固定场所交易，双方也可以协商交易，而在加利福尼亚州的大多数二级市场中，交易都是通过洲际交易所（隶属纽约证券交易所）进行的。

灵活机制：加利福尼亚州碳市场的灵活机制包括三个方面的内容：一是配额价格控制储备机制，在该机制下，只有履约实体才能参与购买出售的储备配额，储备的配额以固定价格出售，用以调控配额价格（相当于一个软的价格天花板）；二是设置不同的账户类型，加利福尼亚州碳市场的账户类型分为履约账户和持有账户，一旦配额进入履约账户，就只能用于履约，而持有账户中的配额则可以进行自由买卖和交易，但持有账户受到持有限制的约束，设计持有限制的目的在于防止个体因获得过多配额而操纵市场；三是配额的存储和借贷，加利福尼亚州碳市场允许配额存储，且不会过期，但数量会受到持有限制的约束，同时加利福尼亚州碳市场还允许进行配额借贷，但所借贷的未来年份的配额仅被允许在配额短缺时用于履约（齐绍洲等，2019）。

核定企业碳排放量：履约企业要定期向核查机构提交碳排放报告，核查机构完成核查后将核查报告提交给企业及加利福尼亚州空气资源委员会，进而确定企业的碳排放量。当企业不报告，或者没有及时递交核查报告，或不同意核查机构的意见时，可向加利福尼亚州空气资源委员会申诉，或当加利福尼亚州空气资源委员会审计核查报告发现问题时，由委员会决定企业的碳排放量。

企业碳排放权的核销：加利福尼亚州的碳排放权交易量履约期一般为三年，在一个履约周期内，前两年每年核销碳排放的30%，最后一年进行剩下的履约。当履约企业的碳排放量超过配额量时，需要在碳排放权交易市场上进行购买（一级市场主要是拍卖模式，二级市场为配额现货模式）或者通过抵消机制来抵扣超出配额部分的碳排放量。

抵消机制：根据加利福尼亚州碳交易制度设计，抵消机制主要包括：美国森林项目抵消机制、城市森林项目抵消机制、畜牧业项目抵消机制和臭氧层消耗物质抵消机制。上述四种抵消机制必须源于美国境内尚未通过立法控制碳排放总量的区域，未来可能扩展到加拿大和墨西哥，目的是鼓励加利福尼亚州之外的地区共同致力于碳减排，有利于培育强制减排市场外的自愿减排市场发展，有效控制更大区域的碳排放总量。但规定了抵消额度的上限，最多不得超过其排放量的 8%。

加利福尼亚州碳排放权交易市场规定排放权补偿必须是额外的、可量化的、真实的、可核查的、可实施的及永久性的。排放权补偿项目必须满足加利福尼亚州认可的条款要求，并通过获得加利福尼亚州公认的第三方验证机构的核查，其份额不能超过总减排义务的 8%。

违规处罚：如果履约企业没有在履约期内履行减排义务，可以被处以未及时缴纳配额量四倍的处罚；此外，如果该企业没有在处罚生效 30 日内履行义务，则将被加利福尼亚州空气资源委员会处以超出配额部分每个配额每 45 天 2.5 万美元的罚款。同时，根据加州碳市场相关法规的规定[①]，加利福尼亚州空气资源委员会还有权对有减排义务企业的碳排放账户采取暂停、撤销、限制等措施。

4. 加利福尼亚州碳市场的启示

一是通过立法来明确碳市场发展的长期性，市场预期明确。2006 年出台的 AB32 法案设定了 2020 年温室气体减排目标，为碳市场奠定了法律基础，设定了 2020 年温室气体减排目标，为碳市场启动奠定了法律基础；到 2016 年 9 月 30 日，加利福尼亚州通过了 SB32 法案，接替 AB32 法案，提出到 2030 年以及到 2050 年的温室气体减排目标；2017 年 7 月，加利福尼亚州议会通过了 AB398 和 AB617 法案，意味着加州碳市场的实施期限将被延长到 2030 年。这一系列法案不仅向市场传递了积极的信号，增加了投资者的信心，同时也增强了市

---

① 《加利福尼亚州法规》中的第十章"气候变化"中第 95800~96023 条均是关于碳排放总量控制与交易机制的法规。

场未来发展的可预见性。

二是通过免费分配与配额拍卖相结合的方式。初期配额免费发放给承担强制减排义务的企业，可以维持企业的竞争力，避免由于碳交易带来的电费突增，推动行业低碳转型；同时在碳配额分配的过程中采取拍卖的方式，促进市场的流动性，也为低碳发展筹集资金。在配额分配的初始阶段，有10%的配额是通过拍卖的方式完成的，并在之后逐步提高配额拍卖的比重。加利福尼亚州还在某些重点行业采取了委托拍卖的方式，规定有资格获得免费配额的机构，例如，配电公司和天然气供应商，需要将免费配额（对天然气供应商是部分配额）进行委托拍卖。拍卖分配可以帮助发现价格，确立合理的配额供需，从而降低配额发行过量发生的概率。通过拍卖分配配额不仅有助于增强碳市场的流动性，并尽早确定一个满足供需平衡的合理碳价，同时也可以为低碳发展筹集资金，并用于低碳项目建设。拍卖收入被放入专门的温室气体减排基金，用于建设加利福尼亚州低碳交通轨道、社区节能节水设施、湿地和森林恢复等低碳项目。

三是加利福尼亚州碳市场采取了通过设定碳价上限和下限来提高市场的稳定性，并建立了配额价格抑制储备。加利福尼亚州碳市场在拍卖中通过设定价格限定——设定碳价的下限和一个灵活的上限——来明确市场信号，并避免价格大幅度波动对市场交易和经济产生的干扰。在碳交易开始实施时，拍卖价格下限设定为10美元/吨，每年增长5%（外加通货膨胀率）。同时，将价格的上限设定在40美元/吨~50美元/吨。通过价格限定来缩小碳价波动的空间，既可以避免碳价过低导致市场低迷，也可以防止碳价过高干扰宏观经济发展。当碳价超过价格上限时，管理部门将放出预留的配额来平稳价格，即加利福尼亚州碳市场设定了配额价格抑制储备。管理部门每年按照规定留存一定量的配额,当配额市场价格超过一定预设水平时,管理部门会把一部分配额拍卖,从而稳定碳价。

(五)其他碳市场

1. RGGI(区域温室气体倡议)

RGGI 是美国第一个基于市场的强制性的区域性总量控制与交易的温室气体排放交易体系,由美国东北部和大西洋中部的十个州共同签署建立、联合运行,于 2009 年正式启动,主要针对电力部门,旨在到 2018 年将每个州发电部门的碳排放减少到比其 2009 年的配额低 10%[①],到 2020 年相对于 2005 年削减 50%,到 2030 年相对于 2020 年削减 30%。RGGI 覆盖了装机容量在 25 兆瓦以上的火力发电厂产生的二氧化碳排放,目前分为 2009—2011 年、2012—2014 年、2015—2017 年和 2018—2020 年四个履约期。RGGI 的初始配额发放以拍卖为主,拍卖配额约占配额总量的 90%,每个季度举行一次拍卖。2020 年,RGGI 四次拍卖共成交配额 6 497 万吨,12 月拍卖成交价格为 7.41 美元/吨,较上一年同期 5.61 美元/吨的价格上涨了 32%。

2. 韩国碳市场

韩国是温室气体排放量增长速度非常快的国家,其排放主要来自化石能源消费,人均温室气体排放量接近世界平均水平的三倍。为此,韩国政府于 2010 年颁布了《低碳绿色增长基本法》,设定了到 2020 年温室气体排放比"趋势照常情景"减少 30% 的目标,并提出

---

① RGGI 官网. Elements of RGGI.2021-01-15 [2021-01-15]. https://www.rggi.org/program-overview-and-design/elements。

采用以"总量控制与交易"形式的碳排放权交易机制为主要手段实现减排目标。韩国碳市场在2015年1月正式启动，覆盖了六种温室气体，以及电力、工业、交通、建筑业等六大行业的23个子行业，约占全国温室气体排放总量的70%。第一履约期为2015—2017年，配额总量为16.85亿吨二氧化碳当量，纳入企业592家。第二履约期为2018—2020年，覆盖范围扩大至64个子行业，纳入企业增加到约610家，年度排放上限为5.48亿吨二氧化碳当量，这一阶段还增加了强制配额拍卖、储存规则、抵消规则以及配额分配等新要求。

3．加拿大魁北克省碳市场

加拿大魁北克省于2012年建立碳交易体系，2013年1月正式运行。目前年度配额总量5 685万吨二氧化碳当量，占其温室气体排放总量的80%~85%。魁北克省碳交易体系覆盖化石燃料燃烧、电力、建筑、交通和工业等行业排放的包括二氧化碳在内的多种温室气体，该交易体系已经实施了三个履约期，分别为2013—2014年、2015—2017年、2018—2020年。魁北克省碳市场与加利福尼亚州碳市场于2014年1月起实现连接，两者进行联合拍卖和履约。加利福尼亚州－魁北克碳市场从设计之初就做好了市场连接的准备，在实现连接后，两个碳市场在管理上仍然保持相互独立，同时，为了促进碳市场连接的协调过程，加利福尼亚州和魁北克省碳市场连接的要素分为三类。

一是需要完全一致的要素：如配额的共同拍卖以及为了防止操纵市场的配额购买和持有限制。同时，配额在两个体系间所有的转移都需要在共同的注册系统中进行，相关规则也应该完全相同。

二是不需要完全相同但产生的结果需相似的要素：如MRV，以保证伙伴地区的1吨温室气体排放和伙伴关系中任何地方的1吨温室气体排放是相同的。

三是允许保持不同的要素：例如，在加利福尼亚州碳市场之前就已经开始了的对资源抵消项目的温室气体减排的认定，以及在魁北克碳市场启动之前对自愿温室气体减排行动的认定。

二、中国碳市场

（一）中国碳市场发展：从地方试点起步

2011年，国家发改委批准在北京、天津、上海、重庆、广东、湖北和深圳（深圳碳市场独立于广东碳市场）等七个省市进行碳排放权交易试点，充分积累经验，发现和解决问题，为建设和实施全国碳排放权交易体系奠定了基础。七个试点在2013—2014年陆续开始交易，之后市场建设稳步推进，2016年12月四川和福建两个非试点地区碳市场也先后启动。各试点地区横跨了我国东部、中部、西部地区，区域经济差异较大，制度设计上也有区别。

1. 覆盖范围

目前我国七个试点碳市场交易的配额都只针对二氧化碳，但由于各市场均接受CCER（中国核证自愿减排量）项目，而根据国家发改委《温室气体自愿减排交易管理暂行办法》第二条的规定，CCER项目覆盖六类温室气体（二氧化碳、甲烷、氧化亚氮、氢氟碳化物、全氟碳化物、六氟化硫），并按照其升温强度折算成二氧化碳当量来核算减排量。因此实际上这六类温室气体减排项目均可以参与我国碳交易市场。

值得注意的是，我国试点碳市场对企业电力消费所对应的间接碳排放也计入企业碳排放量加以约束。这样的方式会出现重复计算问题，即同一度电，在发电环节由发电企业支付了碳排放成本，而后在工业企业使用时，需要再次支付相应的碳排放成本。这样的设置主要是考虑到在我国目前的管制电价下，上游发电环节所承担的碳排放成本无法向下游电力消费企业传导。在这样的条件下，如果只对发电环节碳排放进行核算，则工业企业的用电成本将不受影响，也就无法对终端电力消费行为进行调节，从而削弱了减排政策的有效性。此外，由于试点阶段碳交易仅覆盖非常有限的局部地区，且部分试点地区（以上海为代表）间接排放达到了其总排放的80%以上，如果只核算直接排放，这些地区可以通过增加电力消费、减少直接排放的方式将碳排放外移，从而导致"碳泄漏"问题，违背了减排政策的公平性。因此，我国试点碳市场目前均将企业电力消费所对应的间接碳排放纳入覆盖范围，即按照各试点地区电力生产的平均碳排放量核算电力"隐含碳排放"，据此核算企业电力消费所对应的碳排放量。通过这样的方法，可以直接将碳排放成本计入企业用电成本，调节电力消费行为、降低电力需求，同时避免"碳泄漏"。由此可见，纳入间接排放是在我国电力市场不完善的背景下做出的一个折中方案。

试点碳市场覆盖行业基本包括电力、热力、钢铁、水泥、石油、化工、制造业等传统高能耗、高排放行业。这些行业具有排放量大、减排潜力大、企业规模大、数据基础好等特点，便于试点期间的监管。除工业外，北京、上海、深圳这几个发达地区还根据地区经济结构特点，将交通、建筑和服务业等非工业部门纳入碳交易覆盖范围。尽管目前这些行业的碳排放占比相对较低，但在工业化和城市化快速发展的背景下，未来它们对能源消费的需求将不断上升。此外，这些地区已逐渐进入工业化发展的后期，工业部门企业数量有限且规模都较大，如果不纳入其他部门会导致市场交易主体过少，不利于试点碳市场的健康发展。

对于具体控排企业的标准，各试点碳市场的设定也有所区别。其中天津、上海、重庆、广东均将标准设定为年排放2万吨二氧化碳当量；北京和深圳较低，分别为5 000吨和3 000吨；而湖北设置的初始标准较高，为6万吨，体现了湖北工业企业数量多、规模大的特征。上海将工业企业纳入标准设定为2万吨二氧化碳当量，将非工业企业设定为1万吨二氧化碳当量；北京控排企业纳入门槛从1万吨二氧化碳当量调整至为5 000吨；湖北则从6万吨二氧化碳当量逐渐调整至1万吨，体现了试点碳市场控制碳排放的决心和为之而采取的行动。同时为进一步扩大市场范围做准备，各试点市场还设定了一档标准，满足该标准的企业虽然不需要参与交易，但是仍需要按期对其碳排放数据进行报告。

表6.2 试点碳市场行业与企业覆盖范围

试点市场	覆盖行业	控排企业年排放标准	报告企业标准	企业数量
北京	热力、电力、水泥、石化、其他工业和服务业	1万吨	综合能耗0.2万吨标煤	843家（2019年）
天津	钢铁、化工、电力和热力、石化、油气开采	2万吨	年排放1万吨	104家（2020年）
上海	工业：钢铁、石化、化工、电力、有色、建材、纺织、造纸、橡胶、化纤；服务业：航空、机场、港口、铁路、酒店、商业和零售业、金融业	工业：2万吨 非工业：1万吨	年排放1万吨	314家（2020年）
重庆	工业	2万吨	—	197家（2018年）

续表

试点市场	覆盖行业	控排企业年排放标准	报告企业标准	企业数量
湖北	电力、热力及热电联产、钢铁、水泥、化工、石化、汽车制造、有色、玻璃和建材、造纸、化纤、制药、食品、饮料	6万吨（2014—2015年）1万吨（2016—2019年）	综合能耗0.8万吨标煤	373家（2019年）
广东	电力、水泥、钢铁、石化	2万吨	年排放1万吨	245家（2020年）
深圳	制造业（26个行业）、大型公共建筑	工业：0.3万吨公共建筑：2万平方米机关建筑：1万平方米	年排放0.1万吨	721家（2019年）

资料来源：兴业研究根据公开资料整理。

2. 配额总量及分配方式

碳排放权初始配额总量设定及分配方式对于碳市场的有效性起着基础性的作用，因此设计合理的配额分配方案是碳交易机制设计的核心。与国外市场相比，我国试点碳市场的配额总量设定及分配方案的设计都具有更大的挑战性。一方面，我国的减排目标是以强度指标的形式设定的，因此包含未来经济增长的不确定性。另一方面，我国经济尚处于相对高速的增长阶段，经济总量与结构变化速度较快，技术进步以及政策变化也频繁发生。这些都会给我国未来的排放轨迹带来较大的不确定性，在配额总量设定与分配过程中需要加以考虑。为此，七个碳市场在试点过程中都采取了柔性的配额结构，设置了"初始分配配额"、"新增预留配额"和"政府预留配额"，在控制现有设施排放的同时，为未来的经济增长以及政府的市场干预预留了空间。

各试点市场碳配额的初始分配均采取了"以免费分配为主、有偿分配为辅"的做法。尽管拍卖分配能够有效地发现市场价格、降低管理成本、减少"寻租"行为，但会提高企业履约成本，加大建立碳市场的阻力。因此不论是国际还是国内，拍卖分配都处在辅助地位，并逐渐提高了拍卖占比。例如，广东省规定2013—2014年配额的3%通过拍卖的方式有偿分配，其余97%免费分配；在2020年的最新分配方案中，年度配额总量为4.65亿吨，其中，控排企业配额4.38亿吨，储备配额0.27亿吨，涉及新建项目企业有偿配额和市场调节配额，包括电力企业的免费配额比例为95%，钢铁、石化、水泥、造纸企业的免费配额比例为97%，航空企业的免费配额比例为100%。

对免费分配的部分配额，最主要的分配方式包括历史排放法和行业标杆法。历史排放法以企业过去的碳排放数据为基础进行分配，数据需求较低、操作简单，是目前各试点碳市场免费配额分配的主要方式。但是该方法忽略了企业前期开展的减排行动，可能造成"鞭打快牛"的现象，不利于鼓励企业尽早落实减排工作。为此，部分试点碳市场在设定分配方案时引入调整因子，以期部分弥补历史排放法的缺陷，例如，上海市设置"先期减排配额"，向在2006—2011年实施节能技术改造或合同能源管理项目，获得国家或本市有关部门认可的控排主体进行发放。行业标杆法则以行业平均水平，或者先进水平为依据，根据企业预期产出设定其所得的配额量。一般认为行业标杆法具有更高的科学性，且能够鼓励企业加速减排。但设定行业标杆需要了解详细的行业、企业排放和经营数据，因而限制了其应用范围。在目前我国试点的碳市场中，行业标杆法仅应用于新增设施以及电力、航空、建筑物等产品较为单一的行业部门。

除了上述传统的分配方法外，湖北省采用了滚动基准年法对历史排放法进行修正。对企业而言，履约时排放数据越低，所需的履约配额就越低，履约成本也较低；但是较低的排放数据在滚动基准年法下，会降低下一年分配到的配额。因此，这样的机制实际上形成了一种制衡机制，倒逼企业报出客观的数据，有助于减轻市场信息不对称造成的不利影响。此外，重庆市试点碳市场采取了"企业自主申报"的方式。这样的方式直接造成了重庆市试点碳市场配额大量剩余，市场交易陷入停滞。

从国际经验可以发现，配额过剩是碳市场交易初期最容易出现的问题。而允许碳配额的跨期储存是平滑各期配额价格的有效手段。此外，允许配额储存对于企业跨期进行碳资产管理、降低减排成本具有重要的作用，因此各试点碳市场均允许控排主体跨期储存配额。需要指出的是，湖北省试点碳市场规定，控排企业通过直接分配得到的免费配额在履约期后会被注销，而通过交易市场购入的配额则可以储存至下一履约期使用。因此企业如果要储存配额，就需要先将自己剩余的配额出售后，重新购入。这样的规定在一定程度上提高了湖北省试点碳市场交易的总体流动性。

3. 抵消机制

根据《温室气体自愿减排交易管理暂行办法》，自愿减排项目实现的减排量，经主管部门核证并在"国家自愿减排交易登记系统"进行备案后可获得CCER。CCER可以在碳排放配额交易市场上进行交易，用以抵消控排企业的排放量。试点碳市场接纳CCER有利于鼓励非试点地区开展节能减排行动，同时也为试点碳市场向全国性的统一碳市场转换提供了过渡手段。然而对试点碳市场而言，CCER的成本较低，会对市场价格造成影响。七个试点碳市场均对CCER的使用做了一定的限制，包括对使用比例、项目类型和完成时间的规定，以及对CCER项目的本地化要求。

2015年1月中国国家自愿减排和排放权交易注册登记系统正式上线，自愿减排项目供给大幅提高，低成本的CCER大量涌入试点碳市场。在吸取了 EU-ETS 的教训后，各试点碳市场相继出台相关规定限制 CCER 的使用，提高了 CCER 的准入门槛，包括设定使用限额、时间和地域限制，以及项目类型限制。在抵消比例上，湖北、深圳、广东、天津和重庆较为宽松，规定各企业用 CCER 进行履约的用量不得超过该企业自己的年度配额或排放量的 10%；上海和北京较为严格，设定为不超过 5%。而在本地化要求上，作为中西部地区的湖北和重庆要求最为严格，要求仅本地项目产生的 CCER 才能够用于交易；北京和广东分别要求 CCER 使用量的 50% 和 70% 来自本地项目。设置本地化要求的目的在于促进本地非控排企业的减排行动，便于本地区完成减排目标。与此同时，各试点碳市场也在探索通过 CCER 进行跨区域合作，接受周边地区，以及与本地区签订碳市场合作协议的省区的 CCER。此外，2013 年以前的项目的交易将受到限制；水电项目受到限制，而林业碳汇和农业减排项目则普遍受到鼓励。

表6.3 试点碳市场用 CCER 履约的限制

市场	使用限额	CCER 项目类型限制	CCER 项目地域限制	CCER 项目年份限制
上海	当年配额的 5%	无	无	2013 年后
湖北	当年配额的 10%，且不超过 5 万吨	非水电项目	碳市场合作协议的省市	已备案无限制，未备案的 2013 年后
天津	当年排放量的 10%	仅二氧化碳减排项目，不包括水电	优先使用京津冀（至少 50%）及其他碳交易试点省市的 CCER	2013 年后
重庆	当年排放量的 8%	节约能源、提高能效；非水可再生能源；碳汇；能源活动、工业过程、农业、废弃物处理等领域减排项目	无	2011 年后林业碳汇不限

续表

市场	使用限额	CCER 项目类型限制	CCER 项目地域限制	CCER 项目年份限制
北京	当年配额的 5%	二氧化碳、甲烷减排项目；非水电项目	京外项目 CCER 不得超过当年配额的 2.5%	2013 年后
广东	上一年排放量的 10%	二氧化碳、甲烷减排项目；新能源发电、供热和余能利用（非CDM）	至少 70% 为本省 CCER	无
深圳	当年排放量的 10%	风电、光伏项目；垃圾、生物质和沼气发电项目；清洁交通项目；海洋固碳项目；林业碳汇项目；农业减排项目	本省内项目；本省企业省外投资项目；与本省签署碳交易区域战略合作协议的其他省份或地区；林业碳汇和农业减排不限	无

资料来源：兴业研究根据公开资料整理。

4. 市场主体与准入规则

除控排企业外，引入机构和个人投资者对提高市场流动性、强化价格发现能力都有一定的作用，但是这些投资者没有对碳排放配额的实际需求，参与市场以投资和投机为目的。

目前国内碳市场均允许机构投资者参与，包括进行配额交易，以及开展经纪业务。在七个试点碳市场中，只有上海市是在完成了第一个履约周期后，才于 2014 年 9 月向机构投资者开放的，其他试点碳市场均是在上市交易之初便引入了机构投资者，但实际上机构和个人投资者是在 2015 年第二个履约期之后，才逐渐开始积极参与市场交易的。

各试点碳市场对机构投资者的准入条件各有不同，其中天津的准入门槛最高，除要求全国营业网点不少于20家外，综合类会员的注册资金不低于1亿元，经纪类会员的注册资金不低于5 000万元；上海设定的注册资金要求为不低于100万元；深圳、湖北两地市场的准入门槛最低，没有注册资金的最低要求。尽管各交易所在相关规定中没有对经纪类、综合类会员的企业性质做特别的规定，但碳交易业务会员资格均采取单独审核，就目前的情况看，经纪类和综合类会员以商业银行和券商等金融机构为主，尚未出现咨询公司、财务公司以及能源服务公司和其他非金融企业。此外，目前在我国试点碳市场中仅深圳允许境外机构投资者参与，深圳于2014年8月获准向境外投资者开放。

对于自愿参与碳交易的参与者或其他自营类机构，北京设置的门槛最高，注册资金要在300万元以上，另外六个试点碳市场注册资金都在100万元以下或者无要求；对于自然人或限制参与者，也是北京的要求最高，自然人不仅要求金融资产不少于100万元，还对交易人户籍做出了一系列限制，而限制的参与者包括交易场所工作人员、第三方核查名单的核查人员和政策制定有关人员。

5. 履约机制

截至2020年，我国七个试点碳市场已经经历了七次履约过程。各控排企业在履约前，需要经过第三方核查机构的碳排放核查，确定其排放量，并以此为依据确定需要缴纳多少配额用于履约。可见核查机构在碳市场中扮演了非常重要的角色，其核查报告的科学性、准确性和权威性，是碳交易市场有序运行的基础要件。大部分试点碳市场通过政府出资，为企业分配相应的核查机构。这样的方式在碳市场运营初期能降低企业的参与成本，提高企业参与碳市场的积极性，同时也避免企业与核查机构的利益关联，保证核查的客观性、独立性和公正性。深圳率先采取了企业出资，自主选择核查机构的方式，北京在2015年也采取了该方式分配核查机构。企业自主选择的机制提高了对核查机构的核查能力、报告质量、数据准确性等的要求，有助于促进碳交易体系进一步向市场化的方向发展。

对于未按期报告以及未按期履约的企业，各试点碳市场也规定了相应的处罚机制，包括罚款、扣减下期配额等。例如，北京市规定重点排放单位超出配额许可范围进行排放的，由当地应对气候变化主管部门责令限期履行控制排放责任，并可根据其超出配额许可范围的碳排放量，按照市场均价的3~5倍予以处罚。未按规定发送碳排放报告（仅有报告义务的企业）和第三方核查报告（重点排放单位）的，处以5万元以下罚款。天津市规定纳入企业未履行遵约义务，差额部分在下一年度分配的配额中予以双倍扣除。上海市规定纳入配额管理的单位违反报告、核查义务且逾期未改正的，处以1万元以上3万元以下的罚款。未履行清缴义务的，由市相关部门责令履行配额清缴义务，并可处以5万元以上10万元以下的罚款。广东省规定未足额清缴配额的企业，由主管部门责令履行清缴义务；拒不履行清缴义务的，在下一年度配额中扣除未足额清缴部分两倍配额，并处5万元罚款。深圳市规定未在规定时间内提交足额配额或者核证自愿减排量履约的，由主管部门责令限期补交与超额排放量相等的配额；逾期未补交的，由主管部门从其登记账户中强制扣除，不足部分由主管部门从其下一年度配额中直接扣除，并处超额排放量乘以履约当月之前连续六个月碳排放权交易市场配额平均价格三倍的罚款。湖北省规定未按期履约的企业由主管部门按照当年度碳排放配额市场均价，对差额部分处以一倍以上三倍以下，但最高不超过15万元的罚款，并在下一年度配额分配中予以双倍扣除。

表6.4 试点碳市场履约规则与违约处罚

试点市场	主管部门	排放报告期限	配额清缴期限	违约处罚
广东	地方生态环境局	3月15日	6月20日	罚款并扣减下一期配额
湖北		2月最后一个工作日	5月最后一个工作日	罚款并扣减下一期配额
上海		3月31日	6月1日—6月30日	罚款
天津		4月30日	5月31日	扣减下一期配额
深圳		3月31日	6月30日	罚款并扣减下一期配额
北京		4月15日	6月15日	罚款
重庆		2月20日	6月20日	罚款

资料来源：兴业研究根据公开资料整理。

（二）中国试点碳市场交易情况

1. 中国试点碳市场碳配额成交量情况

目前我国七个试点碳市场均设定6月末为履约期，要求控排企业清缴配额，并发放下一年度的配额。而在实际履约过程中由于种种问题，常常将期限延后至7月末。因此，我们可以以7月末为界划分时间，即一个履约年度为每年8月1日至次年7月31日，其中6月、7月为履约时间。

在七个试点碳市场中，北京、上海、广州、深圳和天津已完成了七次履约，湖北和重庆则完成了六次履约。在前四个履约年度中，市场总体成交量稳步提升，在第五个履约年度（2017—2018年）交易量小幅下降后，第六个履约年度交易量大幅提升了60%达到7314万吨，成为交易量最大的一个履约年度，之后随着全国碳市场建设的启动，部分重点排放企业被纳入全国碳市场，试点碳市场的成交量有所下降（如图6.4所示）。

```
                            (百万吨)                          (%)
                         80.0                              80.0
                         70.0                              70.0
                         60.0                              60.0
                         50.0                              50.0
                         40.0                              40.0
                         30.0                              30.0
                         20.0                              20.0
                         10.0                              10.0
                          0.0                               0.0
                    2013—2014  2015—2016  2017—2018  2019—2020
                         2014—2015  2016—2017  2018—2019  2020—2021 (履约年度)
```

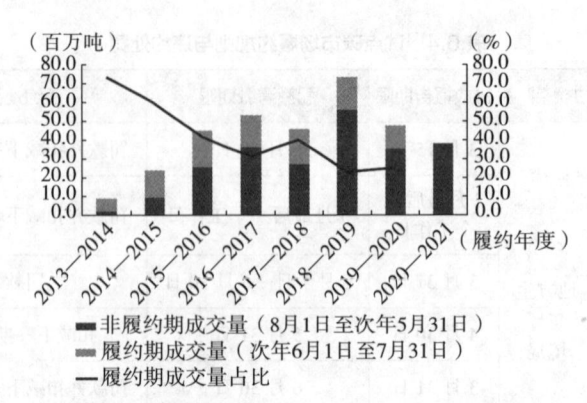

■ 非履约期成交量（8月1日至次年5月31日）
■ 履约期成交量（次年6月1日至7月31日）
— 履约期成交量占比

注：仅包括交易所挂牌交易数据。

图 6.4　中国试点碳市场按履约周期计年交易量

资料来源：Wind，兴业研究。

从成交的时间分布来看，在前五个履约年度中，市场主体关注的焦点依然集中在履约期，即在 6 月、7 月两个月进行交易，成交量占全年总量的 30% 以上。这表明我国试点碳市场的参与者普遍以履约需求作为主要的交易动机。由于市场交易的存续时间依然较短，市场主体尚未形成对碳价格的合理判断和预期，所以在非履约期交易相对较少。控排企业在履约期集中进行交易，导致配额的市场价格大幅上涨，而在履约期结束后又大幅下跌，这一特征在 2014—2015 年履约期中表现得尤为明显，由于低成本的 CCER 在 2015—2016 年履约期大量进入市场，所以配额价格大幅下跌。这在一定程度上提高了企业的履约成本，弱化了碳市场降低总体减排成本的有效性。

不过这一现象随着市场主体交易经验的积累，以及交易制度的完善，正在不断好转，在 2018—2019 年和 2019—2020 年两个履约年度中，履约期成交量占比已下降至低于 30%。同时，如图 6.5 所示，尽管各年成交均集中在 6 月和 7 月，但对比 2014—2015 年、2015—2016 年和 2019—2020 年三个履约年度成交情况可以发现，2019—

2020年市场分布相对平均，市场活跃度显著提高。这表明随着市场的有效预期逐渐形成，市场不断趋向成熟，越来越多的企业选择提前布局为履约做准备，从而降低履约成本。

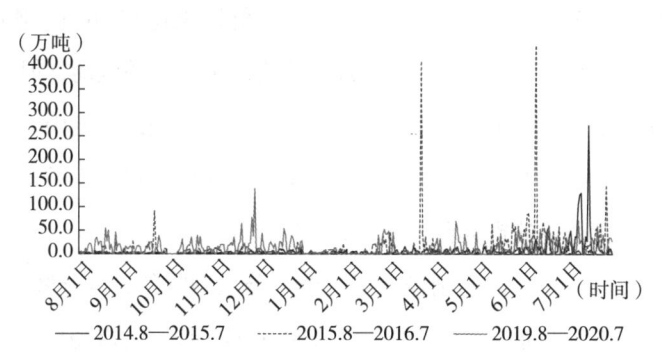

图6.5 中国试点碳市场当日总成交量

资料来源：Wind，兴业研究。

如果按照自然年度来划分，2017—2019年，试点碳市场年度成交量持续上升，分别达到4 967万吨、5 908万吨和7 090万吨，2020年度成交量有所下降，为5 883万吨，同比下降17%。

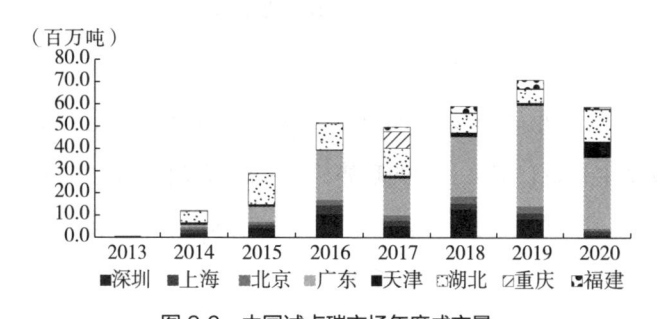

图6.6 中国试点碳市场年度成交量

资料来源：Wind，兴业研究。

2.中国试点碳市场碳配额价格波动情况

碳排放配额价格的波动在不同的履约周期中呈现出不同的特征。

以深圳碳市场为例,在第一个履约周期中(2013年8月—2014年7月)价格波动非常剧烈,深圳碳市场价格从最初的30元/吨飙升至接近150元/吨,此后虽然回落,但价格波动性始终较大。在第二个履约周期(2014年8月—2015年6月)价格维持在30元/吨附近,相对较为平稳,直到履约期(6月)价格出现一定的波动,但是相比于此前一个履约期依然非常稳定。而在之后几个履约周期中,碳配额价格又出现了相对较大的波动,主要原因在于各市场引入了机构、个人等非控排企业的投资者,市场流动性提高。

各市场的价格之间则经历了一个从分散到收敛,再分散的过程。在试点碳市场开始交易的初期,由于尚未形成稳定的市场预期,各市场价格变化幅度较大,且市场间价格差异也较大。经过第一次履约期(2014年7月)后,各市场价格逐渐收敛,尤其是临近第二个履约期(2015年6月—2015年8月)时,七个试点碳市场配额价格均集中在30元/吨左右。从三个履约年度(2015年8月)起,北京碳市场价格出现了震荡上行的趋势;上海碳市场价格则是从四个履约年度(2016年6月)后开始出现明显上升趋势的;深圳碳市场价格在小幅震荡上行了一段时间后,进入了长期震荡下行的趋势,直到2020年有所反弹;广东碳市场在2015—2018年碳价基本稳定在10~20元/吨,2019年开始有震荡上升的趋势;湖北碳市场价格在2015年6月—2018年6月经历了长期的震荡下行,之后迅速上涨,到2019年中期一度超过50元/吨,后期有所回落。

从2020年各试点碳市场运行情况来看,北京碳市场的碳价最高,全年最高成交价为102.96元/吨,最低成交价为62.58元/吨,均价为87.13元/吨;其次为上海碳市场,全年最高成交价为49.93元/吨,最低成交价为28.6元/吨,均价为39.98元/吨;广东碳市场,全年最高成交

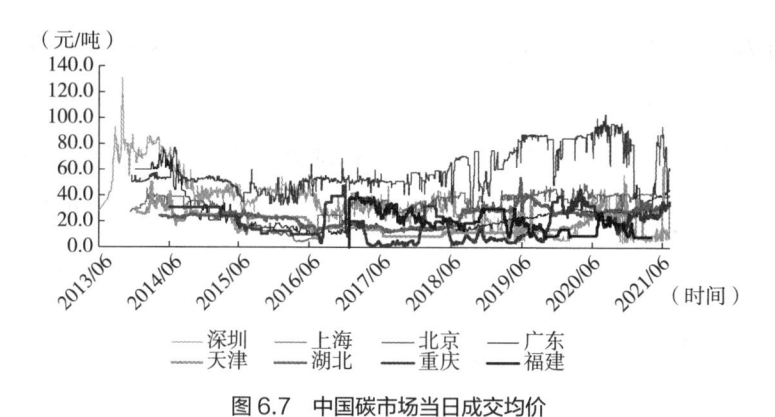

图 6.7 中国碳市场当日成交均价

资料来源：Wind，兴业研究。

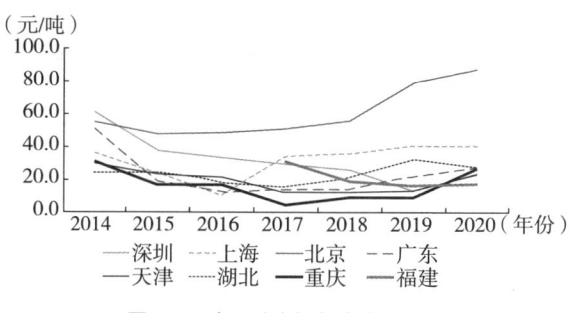

图 6.8 中国碳市场年度成交均价

资料来源：Wind，兴业研究。

价为 31.71 元 / 吨，最低成交价为 8.75 元 / 吨，均价为 27.22 元 / 吨；湖北碳市场，全年最高成交价为 31.56 元 / 吨，最低成交价为 22.96 元 / 吨，均价为 27.22 元 / 吨；天津碳市场，全年最高成交价为 27 元 / 吨，最低成交价为 15 元 / 吨，均价为 22.55 元 / 吨；重庆和深圳碳市场碳价波动较大，其中重庆碳市场全年最高成交价为 44.86 元 / 吨，最低成交价为 11.15 元 / 吨，均价为 26.46 元 / 吨；深圳碳市场全年最高成交价为 42.27 元 / 吨，最低成交价为 3.19 元 / 吨，均价为 23.45 元 / 吨；福建碳市场全年最高成交价为 27.10 元 / 吨，最低成交价为 8.27 元 / 吨，均价为 17.34

元/吨。试点市场碳配额价格的分离一定程度上体现了不同地区配额总量的宽松程度、试点市场对"自愿减排项目"产生的低成本CCER的接受程度，以及金融机构、个人等非控排企业参与市场的规模。而与国际上其他主要碳市场相比，我国试点碳市场碳价仍处于较低水平。

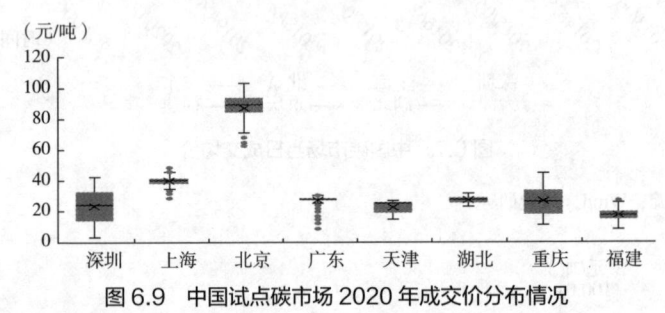

图6.9 中国试点碳市场2020年成交价分布情况

资料来源：Wind，兴业研究。

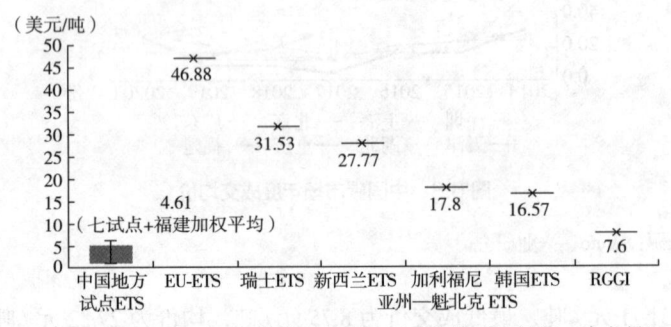

图6.10 2021年3月10日中国试点碳市场碳价与其他碳市场碳价对比

注：图中均为2021年3月10日的价格，若当日无成交价则取最近一个交易日成交价或拍卖价，均以3月10日的汇率换算。

资料来源：ICAP，兴业研究。

3. 中国试点碳市场碳配额成交额

按履约年度划分，2013年以来，前五个履约年度市场成交总额均不超过10亿元，分别为3.63亿元、6.12亿元、9.26亿元、8.49亿元、9.52亿元。从第六个履约年度（2018—2019年）开始，总成交额有明显上升，达到 14.36 亿元。随后的一个履约年度（2019—2020年）总成交额有所下降，为 12.12 亿元。

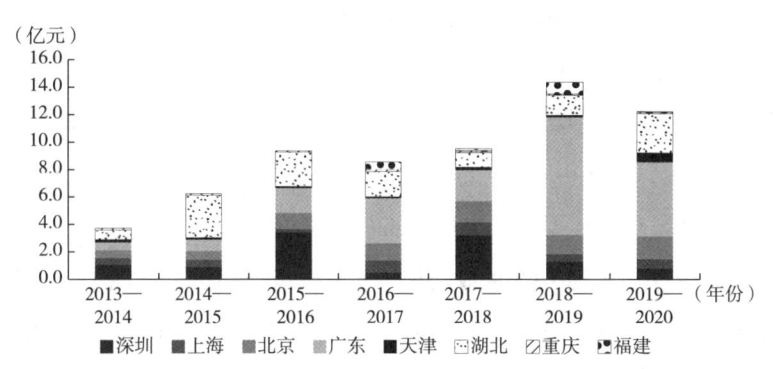

注：仅包括交易所挂牌交易数据。

图 6.11　中国试点碳市场按履约年度成交额

资料来源：Wind，兴业研究。

按自然年度划分，2013—2016 年试点碳市场年度总成交额逐年上升，2016 年总成交额达到 9.24 亿元。2017 年试点碳市场总成交额有所下降，之后，2018—2020 年试点碳市场总成交额持续上升，到 2020 年达到 16.13 亿元，为目前年度最高成交额。

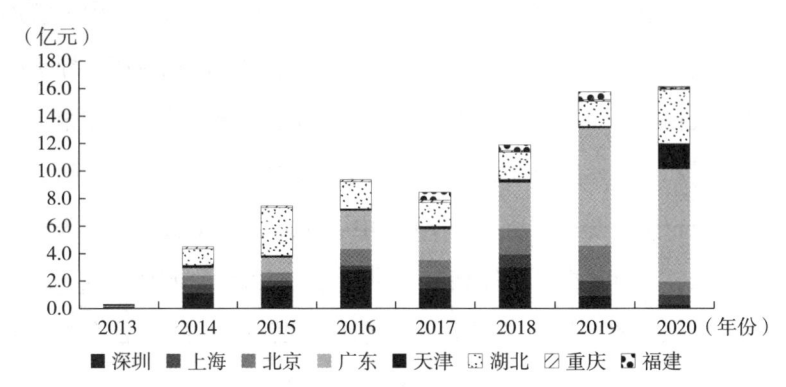

注：仅包括交易所挂牌交易数据。

图 6.12　中国试点碳市场年度成交额

资料来源：Wind，兴业研究。

4. 中国试点碳市场 CCER 交易情况

目前在所有试点碳市场中，上海碳市场 CCER 成交量最大。根据上海环境能源交易所公布的数据，2019 年，上海碳市场 CCER 交易量为 1 512.52 万吨，同比增长 27.85%，占全国 CCER 年度总成交量的 35%（2019 年全国总成交量约为 4 320 万吨），交易量持续保持全国第一。截至 2019 年底，上海碳市场 CCER 累计交易量为 8 889.24 万吨，占全国 CCER 累计成交量的 43%，继续位居全国首位。

2019 年，上海 CCER 成交均价（有效成交均价）呈现年初震荡，5—8 月大幅上扬，9—12 月小幅下跌的态势，长期在 4~7 元 / 吨的价位运行。全年成交额为 5 467.25 万元。其中，2019 年，上海碳市场 CCER 交易几乎均为协议转让，这是因为上海碳市场有着灵活的 CCER 协议转让规则，使交易双方能够便捷地实现约定价格和数量的线上协议交易。

（三）中国碳市场发展：从试点走向全国

1. 我国碳市场制度建设进展

在七个试点碳市场启动后，2013 年 11 月党的十八届三中全会进一步提出"推行全国碳排放权交易"，2014 年中央深化改革领导小组的办事机构——中央全面深化改革委员会办公室更是将"建立全国碳排放总量和分解落实机制，制定全国碳排放权交易管理办法，建立国家碳排放权交易登记注册系统"作为国家发展和改革委员会牵头的重点改革任务进行督办，国家碳市场的建设进程紧锣密鼓地推进。2014 年底，国家发改委发布《碳排放权交易管理暂行办法》，首次明确了全国统一碳排放交易市场的基本框架。

2017 年 12 月 18 日，国家发改委印发《全国碳排放权交易市场建设方案（发电行业）》（以下简称《方案》），标志着全国碳市场正式启动。《方案》提出了全国碳市场建设的重点任务，包括三个方面的主要制度和四个支撑系统：碳排放 MRV 制度、重点排放单位的配额管理制度，以及市场交易的相关制度；碳排放的数据报送系统、碳排放权注册登记系统、碳排放权交易系统，以及结算系统。湖北和上海将分别牵头碳配额管理和交易系统的建设。

2019 年 4 月 3 日，生态环境部发布关于公开征求《碳排放权交易管理暂行条例（征求意见稿）》（以下简称《条例》）意见的通知，《条例》明确了其立法目的、适用范围、基本原则和职责分工等内容，并对包括重点排放单位、配额分配、监测报告核查等在内的碳排放权交易市场建设相关内容进行了全方位的规范。《条例》是我国碳排放权交易市场运行的法律基础，正式出台后将加快我国碳市场建设的相关工作。

2019 年 12 月 23 日，财政部发布关于印发《碳排放权交易有关会计处理暂行规定》（以下简称《暂行规定》）的通知（财会〔2019〕22 号），明确了碳排放权交易的会计处理以及相关信息披露要求，虽然在 2016 年 9 月，财政部曾发布了《碳排放权交易试点有关会计处理暂行规定（征求意见稿）》，但正式稿却一直未公布。因此，此次《暂行规定》的出台对于统一规范参与碳排放权交易机制企业的会计核算具有重要意义。

2020 年 12 月 14 日，生态环境部发布关于公开征求《企业温室气体核查指南（试行）》意见的通知，以规范企业温室气体排放的核查工作，核查是保障碳排放权交易数据质量的重要环节，也是提升数据质量的有效手段。

2020 年 12 月 25 日，生态环境部部务会议审议通过了《碳排放权交易管理办法（试行）》（以下简称《管理办法》），并于2021年1月5日对外公布，自2021年2月1日起施行。《管理办法》包括总则、温室气体重点排放单位、分配与登记、排放交易、排放核查与配额清缴、监督管理、罚则、附则共八章四十三条，对全国碳排放权交易及相关活动进行了全面规范。《管理办法》对标习近平总书记关于二氧化碳排放达峰目标和碳中和愿景的重要宣示，进一步加强了对温室气体排放的控制和管理，为新形势下加快推进全国碳市场建设提供了更加有力的法治保障。

2020年12月30日，生态环境部发布了关于印发《2019—2020年全国碳排放权交易配额总量设定与分配实施方案（发电行业）》《纳入2019—2020年全国碳排放权交易配额管理的重点排放单位名单》并做好发电行业配额预分配工作的通知。实施方案包括纳入配额管理的重点排放单位名单、纳入配额管理的机组类别、配额总量、配额分配方法、配额发放、配额清缴、重点排放单位合并、分立与关停情况的处理及其他说明等八部分内容。根据筛选结果，2019—2020年全国碳市场纳入发电行业重点排放的单位共计2 225家。

2021年1月5日，生态环境部举办碳排放权交易管理政策媒体吹风会介绍：从2021年1月1日起，全国碳市场首个履约周期正式启动，标志着全国碳市场的建设和发展进入了新的阶段。下一步，生态环境部将加快推进全国碳排放权注册登记系统和交易系统建设，逐步扩大市场覆盖行业范围，丰富交易品种和交易方式，有效发挥市场机制在控制温室气体排放、促进绿色低碳技术创新、引导气候投融资等方面的重要作用。

2021年3月29日，生态环境部发布了《关于加强企业温室气体排放报告管理相关工作的通知》并随文发布了《企业温室气体排放核

算方法与报告指南 发电设施》，对重点排放行业企业以及控排企业的温室气体排放数据报告、核查、报送、配额核定和清缴履约、监督检查等内容做出了相应的安排。

2021年5月17日，生态环境部发布了《碳排放权登记管理规则（试行）》《碳排放权交易管理规则（试行）》和《碳排放权结算管理规则（试行）》，分别对全国碳排放权登记、交易、结算活动进行了规范。

2021年7月16日，全国碳排放权交易在上海环境能源交易所正式启动。

表6.5 全国碳市场相关制度

政策内容	发布时间	政策文件
总体要求		
管理办法/条例	2021年3月30日	《碳排放权交易管理暂行条例（草案修改稿）》征求意见稿（尚未出台正式稿）
	2021年1月5日	《碳排放权交易管理办法（试行）》（生态环境部令 第19号）
管理规则		
配额分配	2020年12月30日 国环规气候〔2020〕3号	《2019—2020年全国碳排放权交易配额总量设定与分配实施方案（发电行业）》
		《纳入2019—2020年全国碳排放权交易配额管理的重点排放单位名单》
登记	2021年5月17日生态环境部 公告2021年第21号	《碳排放权登记管理规则（试行）》
交易		《碳排放权交易管理规则（试行）》
结算		《碳排放权结算管理规则（试行）》
核算与报告	2021年3月29日	《关于加强企业温室气体排放报告管理相关工作的通知》（环办气候〔2021〕9号）
		《企业温室气体排放核算方法与报告指南 发电设施》
核查	2021年3月29日	《企业温室气体排放报告核查指南（试行）》（环办气候函〔2021〕130号）

续表

政策内容	发布时间	政策文件
会计处理	2019年12月23日	《碳排放权交易有关会计处理暂行规定》（财会〔2019〕22号）
配套规则		
交易规则（上海环境能源交易所）	2021年6月22日	《关于全国碳排放权交易相关事项的公告》（沪环境交〔2021〕34号）

资料来源：兴业研究根据公开资料整理。

2. 全国碳市场的总体设计与初期要素安排

生态环境部在2020年末发布的《碳排放权交易管理办法（试行）》（以下简称《管理办法》）明确了全国碳市场的总体设计，同时其他政策文件如《全国碳排放权交易市场建设方案（发电行业）》（以下简称《方案》）、《2019—2020年全国碳排放权交易配额总量设定与分配实施方案（发电行业）》[以下简称"2019—2020年配额总量与分配方案（发电行业）"]，也对全国碳市场建设初期的部分要素进行了明确。

在覆盖范围方面，覆盖行业首批仅纳入发电行业，全国碳市场规划初期提出将钢铁、有色、石化、化工、建材、电力、民航和造纸八大行业纳入碳市场。其中，发电行业产品单一，且能源消费与碳排放数据基础完善可靠、透明度高，同时排放规模占比较大，为碳配额的分配、管理，以及碳排放的核查核算提供了便利。因此，全国碳市场首批仅纳入发电行业。在发电行业碳市场稳定运行的前提下，将逐步扩大市场覆盖范围，丰富交易品种和交易方式。在覆盖企业标准及排放范围上，首批纳入的发电行业企业（含其他行业自备电厂）排放标准为年度温室气体排放量达到2.6万吨二氧化碳当量（综合能源消费量约1万吨标准煤）及以上。同时，根据2019—2020年配额总量与分配方案（发电行业），目前覆盖的温室气体类型仅为二氧化碳，同时包括化石燃料消费产生的直接二氧化碳排放和净购入电力所产生的间接二氧化碳排放。

在配额总量设置及分配方式方面，根据《管理办法》，全国碳市场的碳排放配额分配以免费分配为主，可以根据国家有关要求适时引入有偿分配。同时，《管理办法》还提出，鼓励重点排放单位、机构和个人，出于减少温室气体排放等公益目的自愿注销其所持有的碳排放配额。自愿注销的碳排放配额，在国家碳排放配额总量中予以等量核减，不再进行分配、登记或者交易。根据2019—2020年配额总量与分配方案（发电行业），2019—2020年配额实行全部免费分配，并采用基准法核算重点排放单位所拥有机组的配额量。

在交易产品和市场参与主体方面，根据《管理办法》，全国碳排放权交易市场的交易产品为碳排放配额，生态环境部可以根据国家有关规定适时增加其他交易产品。在市场参与主体上，重点排放单位以及符合国家有关交易规则的机构和个人，是全国碳排放权交易市场的交易主体。

在MRV制度方面，根据《管理办法》，重点排放单位应当根据生态环境部制定的温室气体排放核算与报告技术规范，编制该单位上一年度的温室气体排放报告，载明排放量，并于每年3月31日前报生产经营场所所在地的省级生态环境主管部门。省级生态环境主管部门应当组织开展对重点排放单位温室气体排放报告的核查，可以通过政府购买服务的方式委托技术服务机构提供核查服务。

在履约机制方面，根据《管理办法》，重点排放单位应当在生态环境部规定的时限内，向分配配额的省级生态环境主管部门清缴上一年度的碳排放配额。清缴量应当大于等于省级生态环境主管部门核查结果确认的该单位上一年度温室气体实际排放量。重点排放单位未按时足额清缴碳排放配额的，由其生产经营场所所在地的市级以上地方生态环境主管部门责令限期改正，处2万元以上3万元以下的罚款；逾期未改正的，对欠缴部分，由重点排放单位生产经营场所所在地的省级生态环境主管部门等量核减其下一年度碳排放配额。根据2019—2020年配额总量与分配方案（发电行业），2019—2020年，为降低配额缺口较大的重点排放单位所面临的履约负担，在配额清缴相关工作中设定配额履约缺口上限，其值为重点排放单位经核查排放量的20%，即当重点排放单位配额缺口量占其经核查排放量比例超过20%时，其配额清缴义务最高为其获得的免费配额量加20%经核查排放量。

在抵消机制方面，根据《管理办法》，重点排放单位每年可以使用国家核证自愿减排量抵销碳排放配额的清缴，抵销比例不得超过应清缴碳排放配额的5%。用于抵销的国家核证自愿减排量，不得来自纳入全国碳排放权交易市场配额管理的减排项目。

此外，在碳交易市场基础设施建设方面，2019—2020年配额总量与分配方案（发电行业）明确由湖北和上海分别牵头承建碳排放权注册登记系统和交易系统，而北京、天津、重庆、广东、江苏、福建和深圳等省市共同参与系统建设和运营。此前，国家发改委针对九大试点市场开展了"全国碳排放权注册登记系统和交易系统建设运维方案"的招标评选，综合各试点市场方案内容和市场实际运行效果，经专家评审最终确定由湖北和上海分别牵头承建两大核心系统。

在碳市场建设初期，市场机制尚未完善。为防止碳配额价格出现大幅波动、对控排企业正常生产经营造成冲击，2019—2020年配额总量与分配方案（发电行业）还提出要建立市场风险防控机制，由碳市场主管部门放松或收紧发放配额的数量来对市场价格进行调节：当配额价格超过预期上限时，增加发放配额的数量；反之则减少发放配额的数量，以控制碳配额价格在合理的区间内运行。但目前，具体的风险防控机制尚未公布。

3. 全国碳市场启动初期的市场表现

全国碳市场启动交易首月末（2021年7月30日），全国碳市场CEA（碳排放配额）收盘价为54.17元/吨，较启动首日（2021年7月16日）的开盘价48元/吨，上涨了12.85%。全国碳市场启动上线交易首月，碳配额价格经历了一周的持续上涨后有所回落，期间最高价曾达到了61.07元/吨。成交量方面，截至7月30日，累计成交量为595.19万吨，其中挂牌协议交易成交量累计501.19万吨，大宗协议交易成交量累计90万吨，除首日外，碳配额挂牌协议交易的日成交量在4.0万~16.2万吨。如果按目前的日均成交量来估算，全年碳配额交易比例可能不足5%，后续临近履约期成交量可能会出现增长，但总体来看交易比例可能仍然相对较低。

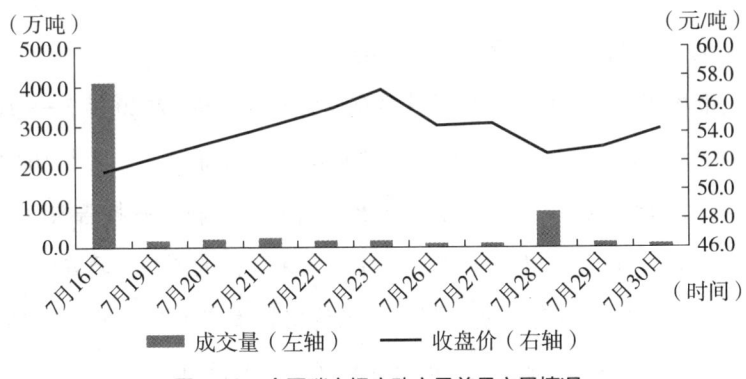

图6.13 全国碳市场启动交易首月交易情况

资料来源：上海环境能源交易所，兴业研究。

在地方碳市场试点期间，2013年首个试点启动交易以来，地方碳市场碳价最高时为130元/吨，最低时为1元/吨，但除北京外，其他地方碳市场碳价在绝大多数时间都处于45元/吨以下。包括福建在内的八个地方碳市场上线交易以来的加权平均碳价约为23元/吨。与地方碳市场相比，全国碳市场启动上线交易以来碳配额价格已处于相对较高水平，除了北京碳市场以外，CEA上线以来的价格已超过其他所有地方碳市场的配额价格。

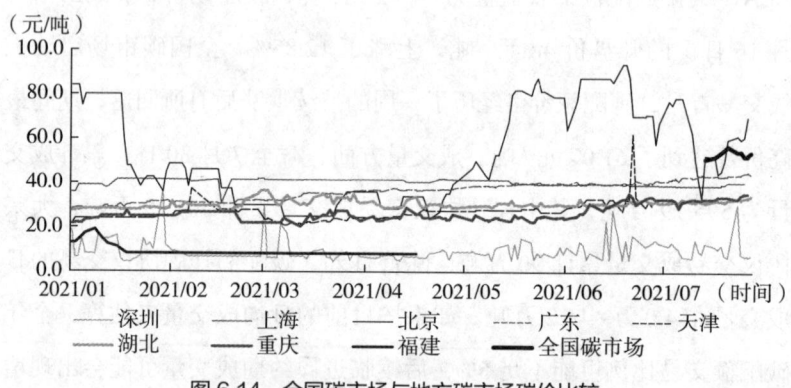

图6.14 全国碳市场与地方碳市场碳价比较

资料来源：Wind，上海环境能源交易所，兴业研究。

4. 全国碳市场碳价会持续上涨吗

市场普遍认为我国碳价后续会有较大上涨空间。2020年7—8月，中国碳论坛、ICF国际咨询公司和中创碳投联合开展了一项中国碳价调查，并于2020年12月发布了《2020年中国碳价调查报告》，该项调查收集了500多位利益相关方对中国未来碳价的预期，调查结果显示，绝大多数受访者预期全国碳市场价格将稳步上升，平均预期价格2020年为49元/吨，到2030年将升至93元/吨，到21世纪中叶将升至167元/吨。市场对我国碳价长期上涨预期的原因可以归纳为两个方面：一是我国自身气候目标的推进，配额总量预期将会持续下降；二是预期碳价将国际趋同，而目前与国际上其他地区碳市场相比，我国碳价仍处于相对较低的水平，根据ICAP（国际碳行动伙伴组织）发布的2021年6月初全球主要碳市场碳价，我国试点碳市场碳价在0.83~5.7美元/吨，而在国际其他主要碳市场中，欧盟碳市场碳价超过了60美元/吨，碳价相对较低的美国RGGI碳价也达到了7.6美元/吨，高于我国所有试点碳市场的碳价。

那么未来我国碳价会持续上涨吗？事实上，碳价受到多种因素的影响，不仅包括碳市场本身的制度设计因素，如配额总量、市场灵活机制等，还涉及宏观层面的经济增长水平、利率水平、技术进步等因素，这些因素都会影响碳市场的供需情况，并最终反映在碳价上。

（1）碳配额价格的影响因素

① 碳市场制度设计因素

首先是配额总量的设定与分配方式，以及气候政策。

这是影响碳配额价格最直接的因素。碳排放权交易市场是一种基于"总量管制与交易"的机制，因此，总量管制是碳市场的基础，配额总量决定了碳市场的总供给。在其他条件相同的情况下，若配额总量设置趋紧，则配额总供给将会减小，配额将更加稀缺，碳价也会随之上升，反之碳价则会下降。此外，配额的分配方式也会对碳价有所影响，通常在其他条件相同的情况下，免费分配比例越高，碳价相对越低。

除了碳市场直接设定的配额总量外，气候政策也会影响对未来配额总量的预期，尤其是减排目标的设定决定了长期的减排需求，也会对碳价格产生影响，在碳配额总量设置与气候目标挂钩的情况下，这种影响更加显著。以欧盟碳市场为例，2008年，欧盟宣布了较为激进的减排政策：到 2020 年实现"三个 20% 目标"，即可再生能源电力占比提高到 20%、能效提高 20%、碳排放量比 1990 年减少 20%，碳价进入上升通道。2015 年末，在各界都寄予众望的巴黎气候大会上，《巴黎协定》最终没能达成一个强制性减排目标，而只是建立了减排合作意向，这对市场造成了一定的打击，碳价也转而急转直下。2020 年末，欧洲理事会就 2030 年减排目标从比 2005 年下降 43% 提升至下降 55% 并达成协议，随着更高气候目标的提出，欧盟碳价再度持续上涨，创出了新高。

其次是市场灵活调控机制设置，主要包括三大类。

一是抵消机制，在碳配额清缴中，通常允许使用一定比例的减排项目产生的碳信用进行抵消。通过调整抵消比例（数量）限制和抵消项目要求（质量），调节可用于抵消的碳信用供给。当抵消比例越大、对抵消项目的限制越少时，可用于抵消的碳信用越多，对碳市场上交易的配额需求就会越小，在其他条件相同的情况下，碳配额价格可能会越低。

二是配额的储存与借贷机制。碳配额储存是指允许本履约期的碳配额存储至下一期使用，因此在预期未来碳配额价格会上涨的情况下，交易机构会倾向于将富余的碳配额储存而不是在当期卖出，这既会减少当期碳配额的供给，也会增加未来碳配额的供给。碳配额的借贷是指允许借用未来的碳配额用于当期的履约，因此在当期配额需求较大、碳价过高且减排成本较高时，交易机构将会选择借用未来的碳配额进行当期履约，对当期和未来碳配额的供给影响与碳配额储存则刚好相反。由此可见，配额的储存与借贷机制在一定程度上可以平抑跨期碳价的波动。

三是市场稳定机制。市场稳定机制是防范碳配额价格异常波动风险、防止市场失灵的有效手段，目前全球大部分碳市场均设置了市场稳定机制，主要包括市场稳定储备、成本控制储备、设置价格上下限、拍卖保留价等。例如，欧盟碳市场在2019年1月启动了MSR，即在市场过度下跌的时候回购配额，在价格过高时卖出，以此来稳定碳配额价格。大部分有拍卖方式的碳市场均设置了拍卖保留价格。美国RGGI建立了CCR（成本控制储备）机制，防止配额价格过高，CCR由配额总量之外的固定数量的配额组成，只有在配额价格高于特定价格水平时才能被出售，当CCR被触发时，CCR配额将以不低于CCR触发价格的水平出售（齐绍洲等，2019）。

② 宏观经济与技术因素

首先是经济增长水平。经济增长水平越高，企业生产活动水平就越高，在其他条件相同的情况下，碳排放量也会更大，碳配额的需求量将增加，从而带动碳价的上涨，反之在经济萧条期则往往伴随着碳价的下跌。仍以欧盟碳市场为例，2008年全球金融危机和2011年欧洲主权债务危机两次连续的冲击，都使碳价大幅度下跌。2016年英国全民公投决定脱欧之后，市场担心经济走弱，并且英国作为欧盟最大的配额净买方离开欧洲市场，可能降低EU-ETS主体市场的需求，这也导致碳价出现下跌。而在2019年之后，尽管欧盟提高了气候目标，对配额总量设置了明确的长期年度递减计划，并且启动了市场储备机制，给欧盟碳市场碳价带来了一波持续上升的动力，但2020年初暴发的新冠肺炎疫情还是阻断了欧盟碳价的上涨势头，碳价再次出现大幅下跌，从新冠肺炎疫情暴发前的25欧元/吨左右最低下跌到了15.24欧元/吨，下跌幅度约为40%。

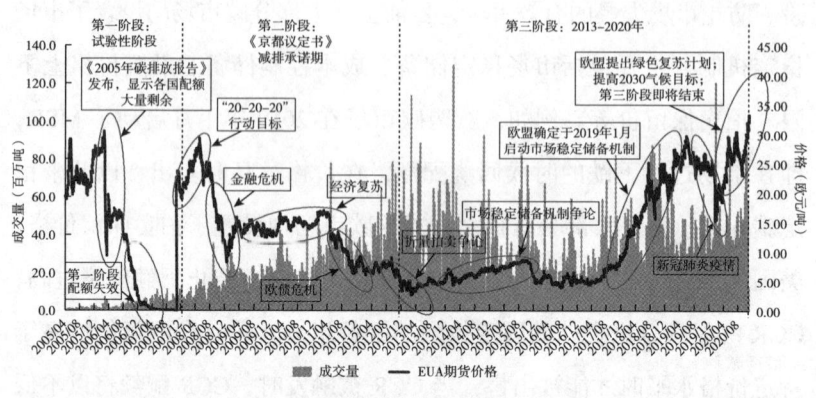

图 6.15 欧盟碳价走势

资料来源：Wind，兴业研究。

其次是利率水平。当利率水平提高时意味着企业的减排成本也在提升，相应的碳价可能也会上升。

最后是技术因素。如果低碳技术在短期内取得突破，企业减排成本大幅下降，那么企业的排放水平也会大幅下降，碳配额需求降低，此时若碳市场未及时调控或调整排放基准值水平，则可能出现碳价的大幅下跌。

③ 其他短期影响因素

首先，影响化石能源消费量波动的短期因素可能会对配额价格产生一定的影响。化石能源消费量增加，碳排放量会增加，碳配额的需求也会提升，反之则会下降。如天气因素，冬季供暖需求会使化石能源使用量大幅增加，同时阴雨天可能会降低可再生能源产量，化石能源使用量也会增加，相应的碳排放量会增加，碳配额价格可能会提升。又如化石燃料的价格因素，短期内燃料价格的波动也会对化石能源使用量产生影响，从而影响碳排放量和配额需求。

其次，当临近履约期时，碳配额的需求可能会有所提升，相应地碳价也可能有所上升。

(2) 我国碳市场碳价一定会与国际碳市场碳价接轨吗

市场上一种普遍的观点认为我国碳市场碳价未来将与国际碳市场碳价实现接轨。一方面，在全球应对气候变化的背景下，未来实现不同碳市场之间的连接并逐步形成一个全球性的碳市场被认为是提升全球碳市场的流动性与有效性的重要方向，而一旦实现连接，不同碳市场中的碳价将会实现对接与趋同。另一方面，欧盟、美国等发达国家和地区已开始着手实施碳关税等机制，我国碳价低于国际其他碳市场碳价或将使我国的高碳出口企业在未来处于较为被动的地位。

然而，我们认为与国际碳市场碳价接轨并非必然。

首先，目前全球碳市场连接面临挑战，而在尚未实现连接的情况下，国际碳市场碳价难以实现接轨。要实现全球碳市场的连接，需要各地政府对其碳市场的设计要素进行调整，共享对碳市场的管理机制，这可能意味着放弃一部分管辖权。此外，本国或本地区的企业在碳市场连接后购买其他地区的碳配额，意味着将为这些来自外部地区的减排行动提供资金支持，而非在本地实现减排（ICAP，2016）。因此，目前全球碳市场的连接面临着较大挑战。而在未实现连接的情况下，各个国家或地区的碳市场碳价仍然主要取决于当地碳市场的自身制度设计与市场供需情况，国际碳市场碳价难以实现接轨。事实上，从目前全球已有的碳市场实际运行情况来看也是如此，自2005年全球首个碳市场EU-ETS启动运行至2021年1月31日以来，全球共有24个运行中的碳市场，全球碳市场连接尚未取得实质性进展，而从主要碳市场碳价的历史走势来看，也未实现接轨。

其次，即使我国碳市场实现了与国际碳市场的连接，碳市场的碳价也未必能够实现与国际接轨，这还要取决于与其他碳定价机制的协同。目前全球主要的碳定价机制包括碳市场和碳税，当碳市场与碳税制度并存时，碳配额价格和碳税共同构成了实际的碳价格（碳排放成本），此时即使全球碳市场实现了连接，碳市场的配额价格也未必能够实现接轨，还要取决于各个地区碳税制度的安排，最终实现的是碳排放成本的趋同。在此背景下，"碳税＋差别定价的全球连接碳市场"恰恰是一种能够更好地执行"共同但有区别的责任"原则的模式，但目前欧盟等发达地区已经开始酝酿碳边境调节机制，以应对国际贸易中各地区企业排放成本的差异，而这实际上违背了"共同但有区别的责任"原则，除非发达国家将征收的碳关税用于帮助发展中国家实现低碳减排，因此，有学者提出我国应对出口至发达国家的商品征收一定水平的碳税，从而将这部分税收留在国内，用于支持中国的低碳事业发展（徐忠，2021）。总体而言，在"共同但有区别的责任"原则下，"碳税＋差别定价的全球连接碳市场"或许是一种更好的方式，一方面，发展中国家碳市场碳价低于发达国家符合不同发展阶段的需求，而对出口企业补征碳税则可以确保各国企业在国际贸易中面临相同的减排成本，保证国际贸易中的公平竞争，同时碳税收入也可以用于发展中国家自身的低碳减排；另一方面，差别定价的全球连接碳市场可以吸引发达国家企业在发展中国家碳市场中购买价格相对较低的碳配额进行履约，这也为发达国家向发展中国家的低碳发展提供了一种资金支持渠道，以更好地执行"共同但有区别的责任"原则。

（3）全国碳市场碳价如何走

在全国碳市场现有制度安排下，我国碳配额价格会如何走呢？这主要取决于未来全国碳市场的供需变化。

根据生态环境部2020年12月公布的《2019—2020年全国碳排放权交易配额总量设定与分配实施方案（发电行业）》，"对2019—2020

年配额实行全部免费分配，并采用基准法核算重点排放单位所拥有机组的配额量。重点排放单位的配额量为其所拥有各类机组配额量的总和"，"采用基准法核算机组配额总量的公式为：机组配额总量=供电（供热）基准值×实际供电量×修正系数+供热基准值×实际供热量"。其中，供电（供热）基准值可以理解为单位供电（供热）量的二氧化碳排放量（以下简称"发电碳排放强度"），修正系数是考虑到机组固有的技术特性等因素，用于进一步提高同一类别机组配额分配的公平性，暂未考虑地区修正系数。

从全国碳市场的总供给，即配额总量设定来看，主要取决于两个因素：一是生态环境部确定的碳排放基准值，基准值越高，配额总量越大；二是发电企业的实际供电量和供热量，实际供电量和供热量越高，配额总量越大。而影响企业配额缺口的主要是碳排放基准值，若企业实际发电碳排放强度低于基准值，则会产生配额盈余，若高于基准值，则会产生配额缺口。因此，基准值的高低将直接决定碳市场的实际供需情况，在其他条件相同的情况下，基准值越高，企业盈余的配额越多，缺口越小，配额价格则会相对较低。

一方面，在目前全国碳市场的基准值下，初始配额分配还不是非常紧张。根据国际能源署的测算，如果各重点排放单位均实测其燃料排放因子，那么大部分煤电厂的平均二氧化碳强度将低于全国碳市场的基准值，配额分配相对宽松（IEA，2020）。根据国内相关机构的对比，与现有的上海、广东、湖北、福建四大地方碳市场的燃煤机组供电排放基准值相比，2019—2020年全国碳市场的配额基准明显偏高，比试点区域平均基准高了约10%，供热基准值也要高于上海、福建的碳市场（碳市场深度观察，2021）。未来预期基准值将会有所下降，但对未来配额松紧程度的影响取决于基准值下降的幅度与速度，在目前的基准法分配方案下，碳市场将激励发电企业提高效率。一是提高能效、降低实际燃料碳排放因子，二是优先选择能效更高、排放更低的机组进行发电。因此，随着国家减排工作的推进，以及发电行业效率的提升，预计未来发电行业碳排放基准值将逐步下降，但这并不一定意味着未来碳价的提升，还要取决于未来基准值下降的节奏相对于发电行业实际效率提升的节奏是更快还是更慢。

另一方面，从发电行业企业端的碳配额供给和需求来看，在当前制度安排下需求可能大于供给。根据生态环境部于2021年3月发布的《碳排放权交易管理暂行条例（草案修改稿）》征求意见稿，"重点排放单位足额清缴碳排放配额后，配额仍有剩余的，可以结转使用"，尽管正式文件尚未出台，但该版征求意见稿与2019年公开征求意见的第一版草案中均提到配额可以结转使用，并且在地方试点市场的实践中也可以结转使用，因此预计全国碳市场配额可以结转使用，即重点排放单位的剩余配额可以结转到下一年继续使用。在配额可以结转使用的情况下，具有履约义务的发电企业对于碳配额的购买意愿要大于卖出意愿。一是当前国家尚未公布未来碳配额总量以及碳排放基准值变化的规划，发电企业缺乏明确的预期，因此当有盈余配额时企业可能倾向于长期持有以应对未来的不确定性；二是市场预期未来配额分配会逐步收紧，同时碳价可能会持续上涨，因此企业当前对于碳配额的购买意愿也会大于卖出意愿。此外，可用于抵消配额清缴的CCER最大比例仅为5%（试点地区比例为5%~10%），且相关细则尚未出台，而CCER一级市场的备案签发也已于2017年暂停，尚未重启，因此目前CCER的供给有限，而从需求端来看，我国火电发电量仍在持续上涨。由此来看，尽管根据相关机构的测算，目前全国碳市场配额分配偏松，但市场中仍然可能是需求大于供给。

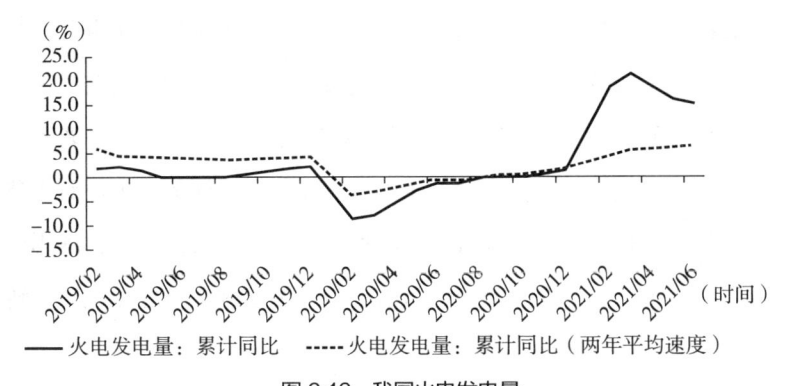

图 6.16　我国火电发电量

资料来源：Wind，兴业研究。

但是，碳配额的需求并非没有上限。基于上述分析，若碳配额需求持续上升，碳配额价格也将具有持续上涨的动力，但碳配额的需求并非没有上限。

首先，国家设定了配额履约缺口上限，根据《2019—2020年全国碳排放权交易配额总量设定与分配实施方案（发电行业）》，"为降低配额缺口较大的重点排放单位所面临的履约负担，在配额清缴相关工作中设定配额履约缺口上限，其值为重点排放单位经核查排放量的20%，即当重点排放单位配额缺口量占其经核查排放量比例超过20%时，其配额清缴义务最高为其获得的免费配额量加20%的经核查排放量。为鼓励燃气机组发展，在燃气机组配额清缴工作中，当燃气机组经核查排放量不低于核定的免费配额量时，其配额清缴义务为已获得的全部免费配额量；当燃气机组经核查排放量低于核定的免费配额量时，其配额清缴义务为与燃气机组经核查排放量等量的配额量"。这意味着，当燃气机组出现配额缺口时，不需要额外购买配额进行履约清缴；当燃煤机组出现配额缺口时，需要额外购买用于履约清缴的配额量最大为实际排放的20%。

其次，企业配额缺口与自身机组效率以及供电（热）量有关，当履约成本高于减排成本时，企业可以通过技术创新、管理创新、工艺创新、设备创新等方式来提升机组效率，或者发展低碳的新能源发电，以降低配额缺口。而在当前碳达峰、碳中和目标下，企业对于节能减排的重视程度已明显提升，同时低碳技术也在快速发展，减排成本也将逐步下降，因此未来企业可能逐步从被动减排降低配额缺口转向主动减排，从而减少配额需求。

综合来看，在当前的制度安排下，全国碳市场交易主体基本都为配额需求方，持有的配额将会主要以履约为目的，市场活跃度或将面临挑战，但需求也并非没有上限，短期内预计碳价将维持稳定。长期来看，全国碳市场的碳价走势仍然受到经济增长、技术进步、碳市场制度变化等多种因素的影响，预计碳价会长期处于波动状态。

三、从碳市场到碳金融

（一）碳市场向碳金融体系的演进

1. 碳金融体系的基础逻辑

碳交易的直接功能是实现经济系统的减排成本最小化。静态地看，控排企业在碳市场中通过交易，能够实现边际减排成本均等化，从而使全系统的总体减排成本最小化。动态地看，企业的碳排放并非时时受控，而是在固定的履约期对一年的碳排放进行清算，并清缴相应数量的配额进行履约。控排企业碳配额的获得与履约之间存在时间差，真实的供需仅在履约期得以充分表达，从而形成有效的碳价格。而在非履约期，企业没有履约需求。此时，预期配额剩余的企业为降低履约风险，不愿意提前出售配额；预期配额短缺的企业，由于现货交易资金占用大、价格风险高，也不愿意提前购入配额。可见，在以控排企业为主要交易主体的碳现货交易市场中，谨慎避险的需求抑制了控排企业在非履约期的交易动机，导致市场无法形成有效的价格，产生市场价格预期的断链。

需要指出的是，尽管碳交易的履约具有周期性，但减排项目的投资却是随时发生的，并且在投资和获得减排收益之间往往存在较长的时间差。企业在进行投资决策时，需要根据碳配额的市场价格核算预期回报，并据此决定是否进行减排投资。一方面，价格预期的断链使得碳市场即便在履约期也需要更长的"试错"过程、经历更加剧烈的波动，才能使价格波动逐渐收敛，增加了碳市场的价格风险；另一方面，企业的减排行动需要持续的资金投入，在无法获得连续有效的价格预期时，会强化企业的避险倾向，进一步抑制其参与交易的动机，甚至削弱企业推进减排的积极性。因此，保证在非履约期碳价的平稳和有效性，是促进低碳投资的关键。从这个角度看，构建碳金融体系的目的，很大程度上旨在借助多样化的金融工具、引入多元化的交易主体，填补非履约期的交易动机，保证碳价格，尤其是在非履约期保持持续、平稳有效，从而形成和揭示有效的、连续的市场预期或是在无法影响碳价格的情况下，尽量降低碳价格波动对企业的影响。这对于提高碳市场运行的平稳性，激发企业加快减排都有积极的意义，而这也是在碳交易市场的基础上，进一步发展碳金融体系的核心目标。从这些要求出发，在成熟的碳市场中形成了碳远期、期货、期权等衍生交易工具，以及更复杂的、结构化的衍生品，可以用来锁定价格，控制风险；另外，还产生了碳资产管理和涉碳融资等碳金融服务业务，以实现碳资产的保值增值，确保企业能够获得合理的减排收益。

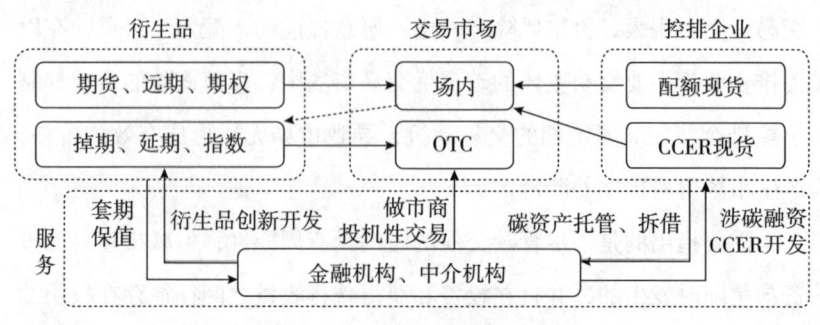

图 6.17 碳金融体系结构示意

资料来源：兴业研究。

更进一步看，碳金融衍生交易工具与碳金融衍生服务具有内在的关联，两者相辅相成：衍生品的产生便于金融机构参与交易、控制风险，可以更好地提供碳资产管理服务，而反过来，更可靠的碳资产管理，也使企业更愿意提供自己的配额，从而增加市场的流动性。一个健康、完备的碳金融体系，需要上述两方面均衡发展，互相支撑。

2．碳金融市场的发展层级和现状

从金融市场发展的视角，纵观国际国内碳市场，可以看到不同的层级：从简单的减排项目市场零散的、双边的交易，到碳配额和减排量现货市场连续的、集中的交易，再到包含各种碳衍生产品交易工具和金融服务的碳金融体系，等等。

碳金融市场的发展层级，即主（参与机构）客（交易工具）体的结构，具有内在的演进规律：主体产生需求，需求催生客体，而客体的发展及所带来的获利空间则吸引着新的主体进入，并产生新的需求……如此循环往复，推动市场结构逐步演进，而这一过程也带来碳市场流动性在数量级上的提升。

碳市场的基础结构由简到繁大致可以分为以下几个层级：

- 项目市场：碳市场发端于最简单的减排项目市场，控排企业为唯一的主体，开发减排量。金融机构和中介机构提供场外的融资和咨询服务，交易仅是零散地以双边形式进行。典型的例子是 CDM 市场。

- 现货市场：随着全面控排措施的落实，更多控排企业参与减排行动，同时也获得了碳配额这一资产，因而产生了更普遍、经常性的碳交易需求，交易机构的参与使现货市场应运而生。在现货市场上，碳配额和核证减排量是主要的交易标的，控排企业以及交易机构则构成了重要的主体，中介机构在场外提供排放核查，银行则为交易所提供货币结算等服务。碳现货市场连续、集中地进行交易，交易的目的为满足控排企业的实际需求，因此会呈现明显的"潮汐"特征，即交易集中在履约期前后。我国试点碳市场，以及美国的 RGGI 市场即属于此类。

- 基础性衍生品市场：由于配额发放和交割履约之间存在时间差，所以控排企业产生了套期保值，以及碳资产优化管理的需求。一方面，催生了碳中远期、期货合约，同时也吸引了金融机构的参与，提供碳资产管理服务；另一方面，金融机构在碳资产管理过程中，同样需要对冲风险，并且其灵活性的要求，以及对衍生品的开发、应用和管理能力的要求都较高，从而催生了期权、掉期等更加复杂的衍生产品。从市场流动性看，一方面，金融机构参与中远期、期货、期权、掉期等衍生品交易，使碳市场总体流动性大幅提高；另一方面，碳市场提供了套期保值和碳资产管理的功能，提升了企业参与交易的能力与意愿，现货交易的流动性也会因此提升。

EU-ETS 经过多年的发展，其目前的形态比较接近此类市场。
- 泛金融化碳市场：与以能源为代表的其他大宗商品市场不同，碳市场的供给与需求具有潮汐性特征，即在非履约期，以实需为目的的交易活跃度较低。而金融机构的参与带来的资金体量，需要足够的流动性和足够的交易对手，才能形成有效的流转，发挥金融市场价格发现的作用。在这样的条件下，非实需（投机性）交易主体便成为市场进一步发展不可或缺的重要部分。通过引入投机性需求，以及具有公益性的碳中和需求，实际上引入了对碳资产异质化的价值判断，从而产生了交易的动力。而碳市场的金融属性也由此进一步彰显，并可能与其他金融市场产生协同效应（比如作为对冲石油价格风险的工具，甚至形成了"碳货币"等）。成熟的全球性大宗商品市场，如石油等，都已经实现了泛金融化的发展，而在碳市场领域，EU-ETS 第二阶段早期（2008 年金融危机爆发之前的近一年时间里），欧洲碳市场呈现出泛金融化发展的态势，但在金融危机、碳价暴跌后便偃旗息鼓。

碳金融市场的实际发展状况有时并不能严格划定，可能处在上述某两个层级的中间状态；也有可能在特别的市场机制和政策导向下，取得某些方面的超前发展；即便在相同的发展层级，不同地区的市场也可能存在不同的侧重。但从"需求推动"的逻辑出发，可以看到碳金融市场的发展需要与政策目标、实体经济发展水平、碳市场基础制度和能力建设水平，以及金融市场总体成熟度相匹配，而各个层级之间的每一次跃进，都面临着一些关键问题，需要相应的体制机制作为保障。

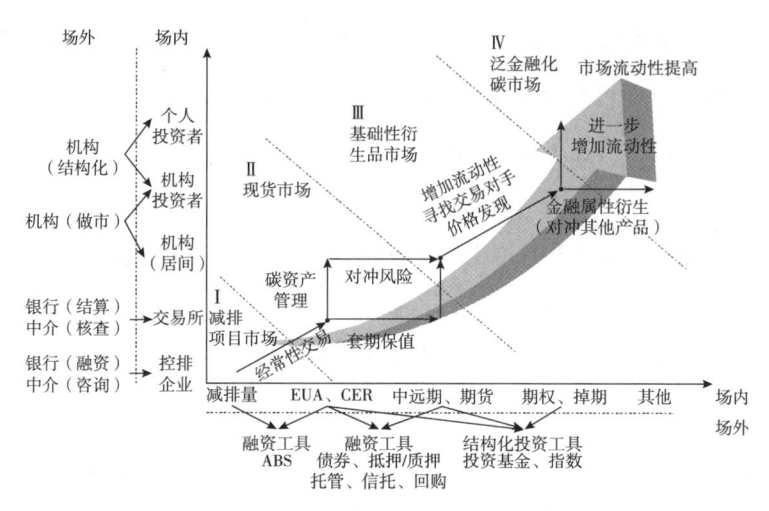

图 6.18 碳市场向碳金融体系的演进

资料来源：兴业研究。

（二）金融机构参与碳金融市场的模式与作用

在所有碳金融市场主体中，金融机构扮演着多样且重要的角色，包括碳市场的做市商、碳资产的中间商、作为政府机构的碳资产运营平台，或联合相关企业成立碳基金等。此外，金融机构还可以通过股权投资的形式，与交易所、碳资产开发咨询机构合作；设计碳交易金融产品，比如将期货交易、期权交易等与碳市场相结合，甚至参与推动相关金融政策的制定。

根据国际经验，金融机构参与碳市场的模式主要包括以下几类。

1. 做市商模式

做市商是指由金融机构作为特许交易商，向市场报出特定金融产品的买卖价格（双向报价），并在该价位接受买卖要求，以其自有资金和头寸与投资者进行交易，通过买卖差价获得利润。在做市商交易模式下，买卖双方不需要等待交易对手出现，只要由做市商出面担任交易对手方即可达成交易，适用于流动性不高、成交不活跃的市场，能够缓解市场信息不对称造成的影响，增加流动性。

在碳市场上，由于控排企业排放规模、经营状况等参差不齐，其参与碳交易的能力和意愿也存在较大差异。作为碳市场的做市商，金融机构可以利用自身客户优势，撮合交易市场难以消化的大宗碳配额交易，或为小规模控排企业提供交易，批量集中小企业的配额进行打包交易等。这种交易模式为线上交易提供了有益的补充，能够满足各类企业的不同需求。目前在欧洲碳市场，通过做市商完成的场外碳配额交易占碳市场总交易量的四成左右，规模不容忽视。

由于市场供需并不能保证实时出清，所以作为做市商的金融机构需要持有一定的头寸，用于满足随时出现的交易需求。就做市商而言，不仅需要有畅通的渠道获得头寸，同时也需要有灵活的手段对冲自有头寸的风险敞口。其中，前者对现货市场流动性提出了更高的要求，而后者则直接对应于远期、期货、期权等衍生品交易的需求。

2. 涉碳融资模式

碳市场的设立给金融机构带来的业务空间不仅限于直接参与交易的方式。碳交易机制给碳排放配额赋予了直接的市场价值，实际上产生了一种新的价值不定的无形资产。而如何盘活碳资产，在保证履约的前提下优化资产收益，既是控排企业参与全国碳市场机制面临的新的课题，也是金融机构面对的新机遇。2016年以来，我国七个试点碳市场中出现了碳配额抵押/质押贷款、碳回购等涉碳融资业务，以及碳配额托管、碳信托等碳资产管理业务。这些与碳资产挂钩的融资业务不仅能够活跃碳交易市场，还可以为社会资金投至碳资产提供渠道，对金融机构而言，也可以带来中间业务收入。

考虑到全国碳市场建立之初市场波动和风险较大，控排企业风险管理的需求较高，并且非试点地区的企业对碳交易的认识较为局限，急需借助金融机构的服务提升碳资产的管理能力。在这样的背景下，涉碳融资和碳资产管理等碳金融服务将迎来快速增长。

由于涉碳融资业务往往以碳资产作为抵押或质押，所以提供涉碳融资服务的金融机构便会持有相应的碳资产，产生风险敞口。对于不参与投机性交易的金融机构而言，就需要借助衍生品进行反向操作，对冲风险。

3. 中介服务模式

碳市场的交易标的除了配额，还包括减排量。从试点市场交易情况看，CCER 的成交量已经接近总成交量的一半。从某种意义上看，CCER 本身就具有期货的特征：企业从投资减排项目，到成功注册备案，再到建成投产，正常运行后才能获得相关的收益。

在这个过程中，金融机构可以提供融资、咨询等中介服务，获得全部或部分 CCER 对应的收益，或者以此为担保进行融资。但碳价的波动会给买方或卖方造成一定的风险。而这些风险都可以通过设计对冲性的金融产品得到化解，使碳交易更加活跃和具有弹性。

（三）我国金融机构参与碳金融市场的实践与建议（以商业银行为例）

1. 我国商业银行参与碳金融市场的实践

我国试点碳市场以现货交易为主，碳金融衍生品开发数量较少，还未形成真正的碳金融市场。但是随着国内碳交易市场的发展，商业银行以碳减排指标、碳配额为标的，相继开展了一系列对碳金融产品和服务的探索。不过，大多的碳金融创新还都处于示范性质，形成规模化交易的尚不多，也并未形成标准化的交易体系。

在我国试点碳市场的实践中，商业银行提供的碳金融产品与服务可以分为碳金融基础服务、碳融资服务、碳资产管理服务三大类。

碳金融基础服务	碳融资服务	碳资产管理服务
·银行端一站式开户 ·场内交易结算 ·交易资金监管 ·协议转让和第三方存管	·碳资产抵押、质押融资 ·碳资产回购 ·碳债券（包括ABS） ·碳基金等	·碳信托 ·碳托管 ·碳拆借 ·碳金融理财、咨询、财务顾问等

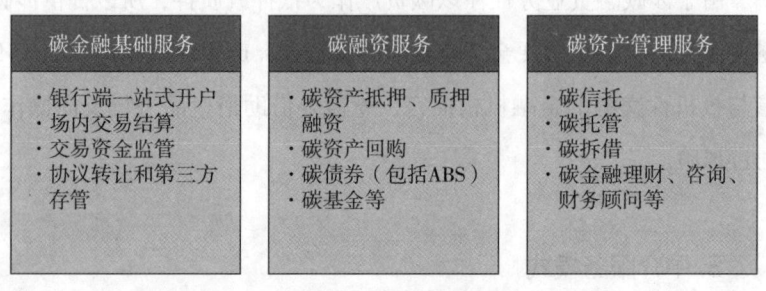

图 6.19　我国商业银行现有碳金融产品与服务分类

资料来源：兴业研究。

（1）碳金融基础服务

碳金融基础服务是指支持碳金融市场运转的基础服务，包括银行端一站式开户、场内交易结算、交易资金监管、协议转让和第三方存管等。

以兴业银行为例，兴业银行与北京、上海、天津、重庆、广东、湖北、深圳等七个碳交易试点地区签订战略合作协议，实现了与国家碳排放交易试点合作的全覆盖，提供碳交易制度设计咨询、交易系统开发、碳交易资金清算存管、碳资产质押授信、节能减排融资、自愿减排交易咨询代理等一揽子金融服务。经过多年的发展，兴业银行在国内碳金融业务领域已经具有一定优势。

兴业银行—深圳排放权交易所实现异地开户。2014年11月，兴业银行正式上线全国首个基于银行系统的碳交易代理开户系统，成为深圳排放权交易所首家利用银行网上平台进行碳交易代理开户的商业银行，参与碳交易市场的国内机构和个人可通过兴业银行个人网银直接开通深圳排放权交易所账户。①

（2）碳融资服务

碳交易机制给碳排放配额赋予了直接的市场价值，实际上产生了一种新的价值不定的无形资产，由此催生了以碳资产作为抵押、质押或与碳资产收益挂钩的涉碳融资服务，如碳抵押贷款、碳质押贷款、碳资产回购、碳债券等。

① 碳资产抵押、质押融资

在试点碳市场阶段，国内商业银行参与碳金融市场进行较多尝试的是提供碳资产抵押或质押融资。企业将自身碳资产或未来碳资产收益作为抵押或者质押，商业银行根据相关流程为其提供贷款，从而盘活企业碳资产，促进资金融通。全国碳市场启动后，我国也有商业银行已落地全国碳市场配额抵押、质押融资业务。

兴业银行全国首单碳资产质押贷款项目案例

2014年9月9日，全国首单碳资产质押贷款项目在湖北签约。湖北宜化集团以自有的213万吨碳排放配额为质押，获得兴业银行武汉分行4 000万元贷款。兴业银行通过对碳排放权进行价值评估，为湖北宜化集团发放贷款，帮助企业进行资金融通，盘活了企业的碳资产。②

---

① 兴业银行官网.兴业银行：念好专业经 打好"绿色"牌.2015-02-05[2021-01-15].
https://www.cib.com.cn/cn/aboutCIB/about/news/2015/20150205_1.html.
② 新华网.全国首单碳资产质押贷款项目成功签约.2014-09-10[2021-01-15].
http://energy.people.com.cn/n/2014/0910/c71661-25632491.html.

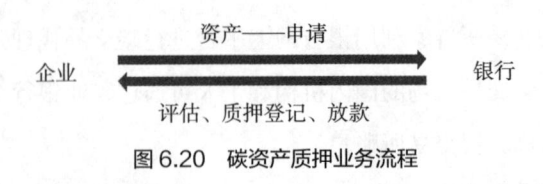

```
        资产——申请
企业  ←──────────→  银行
        评估、质押登记、放款
```

图 6.20　碳资产质押业务流程

资料来源：兴业研究。

浦发银行国内首单 CCER 融资项目案例

2015 年 5 月，浦发银行与上海置信碳资产管理有限公司签署了国家 CCER 质押融资贷款合同，该笔碳资产质押融资业务是国家碳交易注册登记簿系统上线后发放的国内首单 CCER 融资，交易双方完成了 CCER 在整个交易、融资环节的确权、估值、质押、放款等流程。[①]

全国碳市场配额质押融资业务案例

2021 年 7 月 16 日，全国碳市场开市交易首日，兴业银行哈尔滨分行、杭州分行分别为黑龙江省某热电联产企业、浙江省某环保能源公司提供碳排放配额质押贷款 2 000 万元、1 000 万元。两笔贷款的贷款人均为全国碳市场重点排放单位，以企业碳排放配额作为质押物，兴业银行根据全国碳市场开市首日交易价格、企业自身生产经营情况等因素，综合为企业核定碳排放配额质押额度，在当地人民银行分支机构的指导下，通过人民银行征信中心动产融资统一登记公示系统（中登网）进行质押登记和公示，有效打通了碳排放配额质押的各环节和流程，盘活了企业的碳排放配额资产，是碳金融支持碳达峰、

[①] 和讯网. 浦发银行签署首单 CCER 质押融资. 2015-05-29 [2021-01-15]. https://www.sohu.com/a/16857955_115052。

碳中和的有益探索和创新实践。[1]

② 碳资产回购

碳资产回购业务是指碳资产持有者向碳市场其他参与方出售碳资产，并约定在一定期限后按照约定价格回购所售碳资产，从而获得短期资金融通。

兴业银行碳资产售出回购业务案例

2016年3月，兴业银行上海分行、春秋航空和上海置信碳资产管理有限公司，在上海环境能源交易所正式签署《碳配额资产卖出回购合同》完成50万吨2015年度碳配额交易过户登记，这是国内航空业参与的首单以碳配额为标的的碳资产管理创新业务——碳资产售出回购产品。春秋航空根据合同约定向置信碳资产卖出50万吨2015年度的碳配额，在获得相应配额转让资金收入后，将资金委托兴业银行上海分行进行管理。约定期限结束后，春秋航空再回购同样数量的碳配额，并与置信碳资产分享兴业银行对该笔资金进行财富管理所获得的收益。本单碳资产售出回购业务，既保证了控排企业可以无风险地完成履约，又可以盘活碳配额资产，在获得融资的同时，实现对碳配额资产的高效管理。这种方式可以充分发挥控排企业、碳资产管理公司和商业银行各自的市场功能，实现共赢。

注：兴业银行上海分行完成50万吨碳额度交易过户登记. 新浪网. 2016-05-18［2021-08-15］. http://sh.sina.com.cn/news/jr/2016-05-18/detail-ifxsenvn7317411.shtml。

---

[1] 央广网. 全国碳市场启动首日 兴业银行落地两笔碳排放配额质押融资业务. 2021-07-16［2021-08-15］. https://baijiahao.baidu.com/s?id=1705434482732650753&wfr=spider&for=pc。

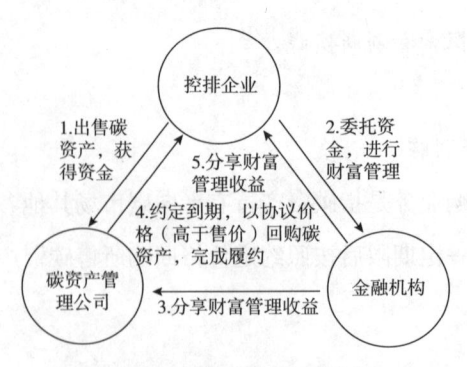

图 6.21 碳资产售出回购示意

资料来源：兴业研究。

③ 碳债券

碳债券是指企业为筹集低碳项目资金而向投资者发行的、承诺在一定时期支付利息和到期还本的债务凭证，其核心特点是将低碳项目的碳资产收入与债券利率水平挂钩。

国家开发银行、浦发银行主承销首支碳债券案例

中国第一只碳债券名为中广核风电有限公司 2014 年度第一期中期票据，2014 年 5 月，中广核风电有限公司在银行间市场发行了规模 10 亿元、期限 5 年的附加碳收益中期票据。主承销商为浦发银行和国家开发银行，由中广核财务及深圳排放权交易所担任财务顾问。债券利率采用"固定利率＋浮动利率"的形式，其中浮动利率部分与发行人下属五家风电项目公司在债券存续期内实现的碳资产收益正向关联，浮动利率的区间设定为 5~20 个基点。[①]

---

① 中国广核集团有限公司. 中广核风电成功发行国内首单"碳债券". 国资委官网. 2014-05-13［2021-08-15］. http://www.sasac.gov.cn/n2588025/n2588124/c4005415/content.html.

（3）碳资产管理服务

碳资产管理服务指商业银行等金融机构作为第三方机构，为客户提供碳信托、碳托管、碳拆借、碳理财、碳咨询等碳资产管理服务。而目前由于商业银行无法直接参与碳市场交易，其直接提供的碳资产管理服务的类型较少，主要的实践案例为碳资产结构性理财产品，其中涉及的碳配额资产也是采用第三方代持的方式。

兴业银行碳资产结构性理财案例

碳资产结构性理财是指通过为企业提供资金和配额组合运营管理，为企业提供可选择的结构性收益组成的金融理财产品。2014年11月，兴业银行成功落地国内首笔绿色结构性存款，由惠科电子（深圳）有限公司通过在该行深圳分行认购1 000万元。在获得常规存款利息的同时，在结构性存款到期日，还将获得不低于1 000吨的深圳市排放权配额。兴业银行碳资产结构性存款产品仍然以银行结构性存款作为基础产品，对企业到期的收益部分进行重新划分，将一部分利息收入转化为配额收益，并支付至控排企业配额账户。

注：兴业银行推出国内首单绿色结构性存款 存款可获碳配额．一财网．2014-12-02［2021-08-15］．https://www.yicai.com/news/4047433.html。

2. 我国商业银行参与碳金融市场的问题与建议

（1）我国商业银行推动碳金融发展存在的问题与挑战

第一，碳交易市场规模和成熟度有限，商业银行参与碳市场的基础不足。开展碳金融业务的基础是碳市场，目前国内碳市场成熟度有限，商业银行不敢贸然参与。从规模上讲，试点碳市场的发展规模仅局限于当地省市，难以为碳金融市场提供良好的基础支持；全国碳市场处于启动交易初期,仅纳入发电行业,市场活跃度面临挑战。从制度上讲,初始配额分配是碳市场的重要环节,初始配额总量决定了配额的稀缺性,从而决定了未来碳配额的价值和碳价高低,因此,明确的碳排放配额总量控制目标及相应的动态调控机制对稳定市场预期十分重要,目前全国碳市场尚未对其进行明确。在全国碳市场运行初期,商业银行或持观望态度,有限参与。

第二,相关管理部门对碳金融市场的认知理念有待提升,商业银行参与热情不足。一是金融监管机构对于碳市场的认知有待提升,也缺乏专业人才储备对商业银行碳金融业务进行审批和监管。二是管理部门对碳期货规避风险、套期保值和价格发现的作用不够重视。碳市场管理部门主张在碳现货市场基础成熟后再推出碳期货,因此国内碳市场仍以现货交易为主,并未进行碳期货交易。而 EU-ETS 的成功实践则是在市场启动伊始便将碳期货与碳现货协同发展,且碳期货的交易总量占总成交量的 90% 以上。三是碳金融政策激励措施不足。碳金融的发展需要财税、环保等各项配套政策的大力扶持。然而目前相关管理机构还没有出台系统性的引导政策,导致商业银行参与碳金融的外部激励动力不足,国内商业银行的参与热情有限。

第三,商业银行无法直接参与碳市场交易,限制了碳金融业务的发展。全国碳市场建立之初市场波动和风险较大,控排企业风险管理的需求较高,而且非试点地区的企业对碳交易的认识较为局限,急需借助商业银行的服务来提升碳资产的管理能力。只有允许商业银行直接参与碳市场交易才能更好地提供涉碳融资和碳资产管理服务。涉碳融资业务往往以碳资产作为抵押或质押,因此提供涉碳融资服务和碳资产管理服务的商业银行通常会持有相应的碳资产,产生风险敞口,能够参与碳市场交易是商业银行管理碳资产风险敞口的前提与基础。

（2）对商业银行推动碳金融市场发展的建议

第一，加快健全碳金融法律法规，完善配额分配方式，稳定市场预期。一是推进碳金融市场相关立法建设，规范碳金融产品发展，并保持政策的延续性。二是碳金融创新需要较强且较完善的碳现货市场作为支撑，应设立明确的碳排放配额总量控制目标及相应的动态调控机制，这是碳现货市场交易长期平稳有效运行的重要条件。三是以发电行业为切入口，逐步扩大行业覆盖范围，并尽快将CCER等抵消机制纳入全国碳排放权交易体系中，为金融机构开展碳金融业务提供广泛的行业基础。

第二，相关管理部门应提升对碳金融市场的认知理念，多方协作，推动碳金融市场的发展。一方面，相关监管机构可加强相关人才队伍建设，提高对碳金融市场业务的审批和监管能力。另一方面，在全国碳市场建设初期，循序渐进地开展碳期货交易，在碳期货的基础上进行碳金融衍生品创新并实现规模化，为碳金融市场的发展与创新提供合适的外部环境。这就需要生态环境部与"一行两会"等金融监管机构进行合作沟通，多方协作划定各自的监管职责，协同监管，使碳金融市场的发展规范化、低风险化。

第三，适当放松机构准入，鼓励商业银行等金融机构参与碳市场。金融机构参与碳市场，尤其是参与碳金融衍生品市场的交易，不仅可以为碳金融市场带来巨大的流动性，强化价格发现功能、平抑价格波动，更重要的是能够促进金融机构开发涉碳融资等创新性的金融衍生品，有助于碳金融体系的深化和多元化发展。因此，建议碳市场放松金融机构准入，同时监管机构可以制定相应的激励政策，鼓励商业银行等金融机构参与碳市场，如与财政部门、中央银行、银保监会等多部门协作制定碳金融市场发展指引，对金融机构开展碳金融业务进行税收减免等。

第七章

碳中和时代的金融机构管理创新

一、气候与环境风险管理情景分析与压力测试

全球气候与环境风险正在日益显现，而金融机构所面临的气候与环境风险也在日益提升。在我国提出 2030 年前碳达峰和 2060 年前碳中和的目标后，金融机构所面临的气候和转型风险显著提升，因此，金融机构亟须建立相应的风险管理机制，其中，对气候与环境风险的量化评估是进行风险管理的关键一环。由于气候与环境风险带有区别于传统金融风险的独特特征，所以具备前瞻性的情景分析与压力测试成为评估气候与环境风险的主要工具。本章以 NGFS（央行监管机构绿色金融网络）于 2020 年 9 月发布的《金融机构环境风险分析综述》和《金融机构环境风险分析案例集》两份重量级报告为基础，对金融机构开展气候与环境风险情景分析与压力测试的主要原理和流程进行梳理，以期为金融机构进行相关实践提供借鉴。

（一）气候与环境风险评估的重要工具：情景分析与压力测试

情景分析与压力测试的结合在进行前瞻性风险分析中得到了广泛的应用。压力测试是一种具有前瞻性的尾部风险分析工具，用于评估一个特定事件或一组财务变量的变动对企业造成的潜在影响。作为一种极端风险度量工具，压力测试能够评估单个金融机构或整个金融体系的脆弱性，在全球金融监管框架中占据重要地位。在我国，原银监会在 2007 年发布了《商业银行压力测试指引》并于 2014 年进行了修订，要求我国商业银行定期开展压力测试。压力测试通常分为敏感性分析和情景分析两类，其中，情景分析能够充分考虑冲击的来源（或压力事件）及其对金融风险因子的影响，以及多个风险因子的内在关联性，适合对那些中长期或者影响时间不确定，并且复杂难以评估的风险进行分析。

气候与环境风险的独特性和情景分析与压力测试的适用情境十分吻合。气候与环境风险具有区别于传统金融风险的独有特点，主要体现在以下四个方面：长期存在并会产生长期的影响、前所未有且具有不确定性、变化非线性且具有不可逆性、会产生复杂的系统性影响（TCFD，2020）。因此，传统风险管理的方法不再适用于管理气候与环境风险。首先，传统风险管理的 VaR（风险价值模型）方法是基于历史数据来进行模拟的，并且假设风险冲击属于正态分布。而对于气候与环境风险，如前所述，大部分风险在历史上几乎还未出现。其次，气候与环境风险通常符合厚尾分布并且集中在 VaR 方法所不考虑的 1% 的置信水平。最后，气候与环境风险具有较大的不确定性，并且涉及复杂的动态和连锁反应（Bolton 等，2020），传统风险管理的分析方法难以评估。而情景分析与压力测试则恰好可以解决这些障碍，正如前文所述，情景分析法适合评估那些中长期或者影响时间不确定，并且复杂难以评估的风险，而压力测试则是尾部风险分析工具，可以量化评估极端情况或重大突发事件产生的影响。

（二）金融机构开展气候与环境风险情景分析与压力测试的方法与流程

1. 气候与环境风险的传导机制

金融机构进行气候与环境风险情景分析与压力测试的核心是构建气候与环境风险的传导模型，以评估气候与环境风险如何传导至金融机构。在大多数情况下，气候与环境风险都是现有风险的驱动因素（TCFD，2020），因此，金融机构对气候与环境风险的评估首先可以将其映射到现有的金融风险类别中（如信用风险、市场风险、流动性风险、操作风险等），然后再基于现有的风险评估模型进行评估。而其中需要解决的关键问题就在于，气候与环境风险是如何转化到现有的金融风险类型中的。虽然金融机构可能直接暴露于某些气候与环境相关风险之中，但在更多的情况下是间接地通过金融机构的客户或投资标的传导而来的。首先是转型风险，一方面，会通过影响企业的经营情况和家庭的财富情况，从而给它们的债权人和投资人带来金融风险；另一方面，会通过投资、生产率和相对价格等渠道影响更广泛的宏观经济，尤其是在转型导致大量资产搁浅的情况下，这也将进一步影响各类金融风险。其次是物理风险，其影响包括两种，一是短期影响，如突发的极端天气事件等，这些事件可能直接导致业务中断并造成财产损失，从而增加保险公司的承保风险、损害资产价值，尽管这类风险的影响被认为是短暂的，但随着全球气候变暖的加剧，这些事件发生的可能性也将大大提升；二是长期影响，特别是来自气温升高、海平面上升和降水的影响，这些长期的变化可能影响劳动力、资本和农业生产力,需要企业、家庭和政府的大量投资和适应(NGFS,2020)。

2.气候与环境风险的传导与评估模型

基于气候与环境风险向金融风险的间接传导机制,可以构建具体的气候与环境风险传导与评估模型。以间接传导机制为基础的评估模型的构建可分为两个模块。第一个模块是气候与环境–经济模型,评估气候与环境风险对公司(金融机构的客户或投资标的)的财务影响,该模块通过输入各类气候与环境风险因素来评估由这些因素驱动的公司层面的财务影响,并输出经气候与环境风险因素调整后的公司财务指标。第二个模块是金融风险模型,由上一模块输出的调整后的公司财务指标作为金融风险模型的输入,来评估各类相应的金融风险情况并输出金融风险度量指标,该模块一般采用金融机构传统的金融风险评估模型。

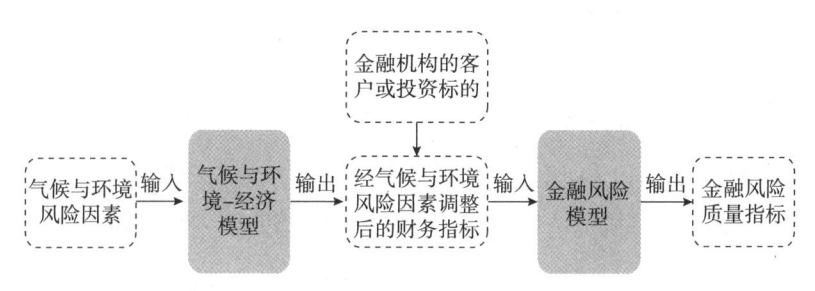

图 7.1 气候与环境风险传导与评估模型构建原理

资料来源:兴业研究。

总结现有的金融机构气候与环境风险模型构建理论与实践情况发现,绝大多数模型的构建都基本遵循以上原则,不同之处在于所采用的具体的气候与环境–经济模型和金融风险模型有所不同,相应地所选取的风险因素指标、企业财务指标以及金融风险度量指标也有所不同。

（1）气候与环境-经济模型

气候与环境-经济模型评估气候与环境风险对公司（金融机构的客户或投资标的）的财务影响，是整个气候与环境风险评估模型中最核心的部分，根据气候与环境风险的类别可以分为物理风险模型和转型风险模型。

在物理风险模型中，气候或环境突发事件一方面可能直接造成企业的财产损失，这可以直接反映在企业的财务报表中；另一方面可能造成业务中断或经济活动减少，从而导致企业的生产和需求放缓，这将间接地对企业的收入、成本、利润等财务指标造成影响。物理风险模型的构建通常以巨灾模型为基础，随着气候风险的提高，一些新的模型开始将气候变化情景整合进巨灾模型。

转型风险模型通常量化转型过程中的转型政策（如环保政策或能源转型政策）和技术变化（如新能源技术、碳捕获技术等）对高碳行业或高污染行业公司的收入和成本造成的影响。在构建转型风险模型时通常可以考虑两种情景：一是基于温度的情景，二是基于事件的情景（Wyman，2019）。目前，整个金融业正越来越关注长期的、有序的、以温度为基础的情景。基于温度的情景假设由一些底层模型作为支撑，这些模型一般以《巴黎协定》为导向，以全球或各个国家设定的减排目标为基准，评估基于实现控制全球 2 摄氏度或 1.5 摄氏度温升的碳排放路径目标或是国家自主减排目标的气候情景下社会经济系统的变化，这些变化以一些量化指标（如能源价格、能源需求、碳价、土地利用等）形式作为底层模型的输出。然后利用这些模型输出的社会经济变量来评估其对各行业（特别是高碳行业）企业财务状况关键驱动因素（如产量、单位成本、资本支出等）的影响，再基于这些驱动因素的变化估计后续金融风险模型所需要的一系列经调整后的企业财务指标。

（2）金融风险模型

金融风险模型基本采用传统的金融风险评估模型，主要依据不同金融机构的类型或风险暴露资产的类型，此外，不同的金融风险类型也有不同的风险模型。

商业银行机构在实践中通常是评估气候与环境风险对其贷款业务信用风险产生的影响，因此通常选择与传统的贷款相关的信用风险模型。将前述气候与环境－经济模型以输出的调整后贷款企业财务指标作为信用风险模型的输入，首先评估这些财务指标的变化对信用风险模型解释变量（风险因子）的影响，再通过传统信用风险模型生成最终的信用风险度量指标，如违约率、违约损失率、信用评级等。针对商业银行的证券和投资业务的气候与环境风险评估模型与资产管理机构相一致。

资产管理机构在实践中通常是评估气候与环境风险对其投资组合中股票、债券、房地产和基础设施等资产估值的影响，金融风险模型的选择通常以传统的估值模型或风险价值模型为主。将前述气候与环境－经济模型输出的调整后投资企业或投资组合财务指标作为估值模型的输入，首先评估这些财务指标的变化对估值模型的直接决定因素（通常是未来股息或现金流的现值）的影响，再通过传统估值模型生成并输出资产管理机构资产或投资组合估值的变化，或输出风险价值度量指标。

保险机构的业务分为承保业务和投资业务两大类。针对承保业务，保险机构主要评估由于物理风险而增加的负债风险，大部分保险机构（特别是财产险、意外险和再保险公司）通常使用巨灾模型来估计潜在的损失和溢价，首先通过巨灾模型量化被保险资产的物理风险，即被保险人资产在风险中的预期损失金额，然后依据保险精算模型来估算总保险损失。针对投资业务，保险机构的模型与前述资产管理机构是一致的（NGFS，2020）。

3. 气候与环境风险情景分析与压力测试的步骤

以商业银行为例，气候与环境风险情景分析与压力测试流程与传统压力测试基本一致，可以归纳为以下五步。

第一步，确定气候与环境风险情景分析与压力测试的目标和风险因素。商业银行首先需要基于对未来气候与环境风险的预期，以及自身业务的风险暴露情况确定本次压力测试的对象、目标与风险因素。包括测试的业务类型，如信贷业务或投资业务；测试的业务范围，如针对单个行业或多个行业业务进行测试；测试的最终目标，如测试气候与环境风险对该业务信用风险的影响或是资产估值的影响；气候与环境风险因素，如物理风险因素、转型风险因素或是综合考虑多种风险因素。

第二步，设置压力情景与压力指标。根据第一步确定的气候与环境风险因素设置压力情景，通常包括一个基准情景和若干个不同程度的压力情景，假设情景的设计应从前瞻性视角出发，即使最大限度的压力情景也应反映极端但可能发生的情况。在设置压力情景时，需要确定相应的压力指标作为后续风险量化传导模型的输入。

第三步，构建气候与环境风险传导模型。根据第一步确定的测试业务类型和目标，以及第二步设置的压力情景与压力指标，采用前述气候与环境风险的传导与评估模型的构建原理，构建本次测试的模型。首先，根据压力情景与压力指标构建气候与环境-经济模型，在具体实践中可以参考已被广泛应用的其他学者和机构开发的模型。其次，构建金融风险模型，根据本次测试目标与对应的金融风险类型选择具体的金融风险模型与承压指标，即最终输出的风险度量指标（如违约率、违约损失、估值变动等）。

第四步，实施压力测试。收集相应的测试数据，基于第三步构建的模型进行压力测试，并输出压力测试结果。

第五步，结果分析与应对措施。基于第四步输出的压力测试结果，分析本次测试的气候与环境风险因素对银行业务产生的影响，并给出相应的应对措施。

（三）结论

一方面，目前大部分商业银行等金融机构仍然缺乏对气候与环境风险管理的主要工具的认识；另一方面，这些压力测试模型在实际应用中仍然存在诸多障碍，如缺乏对气候与环境风险及其相关性的认识、相关数据不足、气候与环境风险评估方法开发能力有限等。此外，气候与环境相关风险对整个社会和经济系统的影响是十分复杂的，在对未来进行情景假设以及气候与环境风险传导建模的过程中，以当下的认知可能仍然难以完全刻画出这种系统性的变化，未来技术革新的可能也难以预测。受制于这些局限性，金融机构在进行情景分析和压力测试时，即使在相同的假设前提下，如果选择了不同的模型、参数、数据来源，也可能会得到迥然不同的量化测试结果。但正如诺德豪斯所说，考虑到气候变化这个赌注实在太大，我们等不起，因此，秉持"干中学"的思路，金融机构积极探索开展气候与环境风险情景分析与压力测试，应该能够促进相关风险建模方法的不断优化、相关数据质量的不断提升，使其能够真正为金融机构业务的长期可持续发展提供前瞻性、实质性的指导。

二、气候与环境信息披露制度

当前，可持续发展已成为全球共同的愿景，应对气候与环境变化则是其中最紧迫的任务之一，碳中和已成为全球趋势。在此背景下，国内外绿色金融、可持续金融迅速发展，有力地支持了全球的可持续发展进程和应对气候与环境变化行动，今天，全球绿色金融已呈现主流化发展态势，而气候与环境信息披露是绿色金融领域的重要方面，也是重要基础。在绿色金融发展过程中，信息不对称是其面临的主要障碍之一，而信息披露则是破除绿色金融市场信息透明度障碍的重要基础。信息披露可以让资本市场充分识别哪些企业和项目是绿色的，由此吸引更多社会资本投入绿色领域。因此，近些年来气候与环境信息披露越来越受到国内外的重视，不断推出相关的披露框架和制度。

与此同时，随着全球绿色金融发展的不断深入，关于气候与环境变化对金融系统具有潜在破坏性影响的观点已被越来越多的金融机构及监管者所接受，银行保险业等金融机构也会受到气候与环境风险所带来的物理风险、转型风险和责任风险的影响，因此银行保险业等金融机构的气候与环境信息披露也开始受到关注。

对于银行保险业金融机构来说，做好气候与环境信息披露的意义重大。首先，气候与环境信息披露是其自身识别和防范气候与环境风险的基础。与传统的金融风险不同，气候与环境风险往往并无规律可循，同时其所带来的影响在短期内可能不会显现，但相关风险事件一旦发生，其影响的广度和程度都将更加深远，甚至具有不可逆性。由于气候与环境风险的影响在短期内无法显现，通常会被企业所忽略，因而做好相关信息披露是让银行保险业等金融机构认识自身所面临的气候与环境风险的第一步。在信息披露不断完善的过程中，银行保险业等金融机构还可以逐步建立起自身的气候与环境风险管理流程，这对于银行保险业等金融机构自身的可持续发展具有重要意义。

其次，银行保险业等金融机构做好气候与环境信息披露是顺应监管趋势、避免监管风险的需要。从目前国际和国内的趋势来看，针对上市公司ESG信息披露的规范和制度日趋严格，政府或金融监管机构通过明确的法律、法规或者披露指引、披露规范等方式引导并规范上市公司披露ESG信息，甚至强制披露部分信息，而大部分银行保险业等金融机构属于上市公司。在中国，近些年来对上市公司ESG信息披露的要求也日渐严格，特别是七部委在2016年联合发布的绿色金融纲领性文件《关于构建绿色金融体系的指导意见》中明确指出："逐步建立和完善上市公司和发债企业强制性环境信息披露制度。"

最后，从投资者角度来说，银行保险业等金融机构气候与环境信息的披露将直接影响公司的价值评估。自2006年联合国支持的责任投资原则发布以来，全球越来越多的投资者，特别是机构投资者开始关注ESG风险，并将ESG纳入投资分析、评价和决策中。2018年11月，中国证券投资基金业协会正式发布了《绿色投资指引（试行）》，对基金管理人开展绿色投资活动进行了全面的指导、规范和鼓励，并要求基金管理人每年对机构的绿色投资情况开展一次自评估工作。随着投资机构对企业ESG表现的关注度日益提升，上市公司ESG信息披露做得如何，可能将直接影响对公司价值的评估。特别是近些年来，很多国际、国内的第三方服务机构，如明晟、富时、彭博、中诚信等纷纷开展对企业的ESG评级评价工作。从目前已有的ESG评价体系来看，企业ESG信息披露情况及披露质量直接影响到企业的ESG评级结果，同时也成为投资机构进行企业ESG评估的重要指标，而已有众多研究和实证结果显示，企业ESG表现与其财务绩效之间呈正相关关系，因此ESG信息披露情况可能会直接影响投资人对银行保险业机构的估值。

然而，尽管目前我国在气候与环境信息披露制度建设方面已取得了一定进展，但尚未形成针对银行保险业等金融机构的气候与环境信息披露的统一制度安排，基于此，接下来将对国际、国内银行保险业等金融机构气候与环境信息披露框架与制度的发展现状和实践进行梳理，最后对我国银行保险业等金融机构的气候与环境信息披露制度建设提出相应的建议。

（一）国际气候与环境信息披露框架制度与发展

1. 国际组织制定和发布的主流气候与环境信息披露框架

近些年来，越来越多的国际组织陆续制定和发布气候与环境等绿色信息披露框架，目前主流的框架包括：TCFD（气候相关财务信息披露工作组）、CDSB（气候披露标准委员会）、CDP（碳信息披露项目）、GRI、绿色保险原则、负责任银行原则、PCAF（碳核算金融合作伙伴关系）等组织发布的披露框架。这些主流的披露框架大都采用自愿披露原则；在披露信息方面，主要涵盖绿色战略、公司治理、风险管理，以及各类目标和指标，如温室气体排放等；在目标受众方面，主要针对投资者及其他利益相关者；在披露形式方面，较多采用年度报告、ESG报告、可持续发展报告或社会责任报告的形式。接下来，本文将以GRI、TCFD、PCAF为例进行分析。

（1）全球报告倡议组织可持续报告标准

第一个，同时也是被最广泛采用的全球可持续报告标准就是 GRI 发布的可持续性报告标准。

GRI 是 1997 年由 Ceres（美国非营利组织）和联合国环境计划署发起成立的国际性的非营利组织，旨在帮助企业、政府以及其他机构认知并传达其业务活动对关键的可持续发展问题的影响，如气候变化、人权、治理和社会福祉等。[①] 该组织制定的《可持续发展报告指南》为企业描述自身对可持续发展的贡献和不足提供了全面的帮助，也为包括政府部门和社会公众在内的利益相关者了解企业相关情况的进展提供了渠道。

2000 年，GRI 发布了第一版《可持续发展报告指南》，经过多次更新后在 2013 年发布了第四版《可持续发展报告指南》，是当时世界各国采用 GRI 指南的企业所广泛使用的版本。2016 年，GRI 公布了更新版的可持续发展报告架构：GRI 标准于 2018 年 7 月 1 日取代第四版《可持续发展报告指南》，成为全世界 CSR 报告的新标准。该标准旨在向利益相关者披露企业改善和管理经济、环境和社会治理业绩的行为及其后果，以及未来的改进策略，是第一个也是全球应用最广泛的可持续发展信息披露规则和工具。目前，已被来自 90 多个国家和地区的上万家机构应用，全球最大的 250 家公司中有 93% 报告了其可持续发展绩效。

具体来看，GRI 标准分为"通用标准"和"议题专项标准"两个部分，其中，"通用标准"在以"GRI 101 基础 2016"作为基本说明书的基础上，分开发行了"GRI 102 一般披露 2016"和"GRI 103 管

---

① GRI 官网.2020-08-15［2020-08-15］.https://www.globalreporting.org/.

理方法 2016"两份档案;"议题专项标准"包含"GRI 200 经济议题披露标准""GRI 300 环境议题披露标准"与"GRI 400 社会议题披露标准"等档案群组,一个议题有一份专属文档。各项披露项目分为报告要求、建议与指引三大项。其中,"要求"为必要说明部分;"建议"为鼓励采取的行动,但非必要;"指引"则包括背景信息、解释及例子,来帮助组织更了解"要求"。这些相互关联的模块化 GRI 标准旨在配套使用,来编制侧重于实质性议题的可持续发展报告。三项通用标准可供每个编制可持续发展报告的组织使用,各组织也可从议题专项标准中进行选择,来报告其经济、环境或社会领域的实质性议题。GRI 还为金融服务业补充了相关指南,金融服务业披露指南包含了所有组织在金融服务领域可使用的信息披露内容。披露的内容包括与金融服务业相关业务及可持续发展绩效指标的重要方面,以及在第四版《可持续发展报告指南》中未充分涵盖的部分。该指南适用于任何金融服务业机构,主要分为消费金融、企业金融、资产管理和保险业务。

(2) 气候相关财务信息披露工作组披露建议

2015 年 12 月,鉴于市场及社会对气候变化潜在财务影响的信息需求,金融稳定理事会成立了 TCFD,致力于为金融机构和非金融机构制定一套自愿的披露建议,其 32 个成员来自不同的组织,包括大型银行、保险公司、资产管理公司、养老基金、大型非金融公司、会计师事务所、咨询机构以及信用评级机构。

2017 年 6 月 TCFD 发布《气候相关财务信息披露工作组建议报告》,为各机构提供了一个框架,以披露气候相关风险和机遇对其战略规划、风险管理及财务状况的影响。截至 2020 年 10 月,全球有超过 1 500 家机构支持 TCFD 建议,包括超过 1 340 家总市值达到

12.6 万亿美元的公司、管理着价值 150 万亿美元的金融机构,以及超过 110 个监管机构和政府实体,同时新的支持机构还在不断增加。TCFD 的报告就机构该如何对气候变化带来的风险和机遇披露明确、可比较和一致的信息提出了建议,这有利于机构对与气候变化相关的市场机遇和主要风险进行评估,从而有助于机构把握气候变化等带来的机遇与风险,提高各组织机构对其治理结构、战略和风险管理活动的透明度。TCFD 建议披露的框架主要围绕四个核心要素:

- 治理,即机构关于与气候有关的风险和机遇的治理。
- 战略,即与气候有关的风险和机遇对机构的业务、战略、财务规划的实际和潜在影响。
- 风险管理,即机构识别、评估和管理气候相关风险的流程。
- 指标和目标,用以识别和管理与气候有关的风险和机遇的指标和目标。

围绕这四个核心要素,TCFD 分别提出了 11 项具体的建议披露的信息内容。此外,TCFD 针对建议披露的信息分别提出了针对所有部门的通用指导意见和针对特定部门的补充指导意见。其中,TCFD 为金融部门制定的补充指导意见包括四个主要行业类别,分别是银行(贷款)、保险公司(承保)、资产管理人(资产管理)和资产所有人(投资,包括公共部门和私人部门的退休金计划、养老金及基金会)。

(3)碳核算金融合作伙伴关系

PCAF 是一项由金融行业主导的全球性碳核算项目,协调金融机构衡量和披露其投资的温室气体排放量,目标是标准化投融资碳排放的核算和披露,并协助金融部门与《巴黎协定》保持一致,银行和投资机构可以使用 PCAF 评估其投融资排放，以此作为其他有关气候行动的起点，并使投资组合与《巴黎协定》保持一致。

PCAF 最早由 14 家荷兰金融机构在 2015 年发起创立，2018 年 PCAF 扩展到了北美洲，在美国联合银行的主导下，12 家北美洲金融机构加入 PCAF。随着全球金融机构越来越关注对其贷款和投资的温室气体排放进行透明和统一的评估，PCAF 决定面向全球所有的金融机构启动全球倡议，截至 2019 年，全球已有 50 多家金融机构加入。

PCAF 专注于金融机构融资碳排放核算方法学的研究，在金融机构碳足迹中，融资碳排放占据了最高比例，因此对金融机构融资碳排放的核算将是其进行气候相关信息披露的基础。此外，相较于其他国际气候相关信息披露框架，PCAF 并不是一个综合性的信息披露框架，而是为金融机构披露气候关键信息——融资碳排放量提供方法学支撑，而融资碳排放的测算则可以成为金融机构进行气候情景分析、设定气候相关目标、行动和信息披露的基础，所以 PCAF 其实与其他国际披露框架并不冲突，反而可以成为它们的重要补充。PCAF 碳核算方法区分不同的资产类别，荷兰 PCAF 和北美 PCAF 已经开发了包括项目融资、企业贷款、住房按揭贷款、公司债券等多个资产类别的区域方法学，PCAF 全球标准已经制定并发布。

2．部分国家和地区政府与交易所推行的气候与环境信息披露制度

在气候等绿色信息披露制度方面，许多国家和地区逐渐建立起相关制度，包括英国、欧盟、新加坡等。以欧盟为例，在气候等绿色信息披露制度方面，欧盟一直走在世界前列，2018 年 3 月 8 日欧盟委员会基于欧盟可持续金融专家组针对欧盟可持续金融发展提出的若干

重要建议发布了《可持续发展融资行动计划》，该行动计划主要内容涵盖了三大目标、十项行动，以及 22 条具体行动计划，详细说明了欧盟委员将会采取的可持续金融行动、实施计划和时间表。其中的第三个目标即为鼓励长期行为及透明度的提升，涉及信息披露的行动为加强可持续性信息披露和会计准则制定：评审和修订现有非财务信息披露政策，要求资产管理者披露其在制定投资战略和决策时考虑可持续性因素。

作为欧盟委员会《可持续发展融资行动计划》的一部分，欧洲议会和理事会于 2019 年 12 月 9 日发布了关于《欧盟金融服务领域可持续相关信息披露条例》，该条例要求金融市场参与者和财务顾问披露其在投资决策、保险或投资建议中是如何考虑可持续性风险的（ESG风险），并于 2021 年 3 月起生效。该条例主要涉及两个方面：一是在决策或投资建议流程中整合和考虑可持续性风险以及不利的可持续性影响；二是提供与金融产品有关的可持续性信息。该条例规定的披露义务适用于所有金融市场参与者，特别是 AIFM（另类投资基金管理人）、UCITS（欧盟可转让证券集合投资计划）管理公司、提供投资组合管理的保险和信贷机构以及提供投资和 / 或保险建议的金融顾问。根据该条例，金融市场参与者必须进行披露。

EBA（欧洲银行管理局）于 2019 年 12 月发布了《可持续金融行动计划》，概述了针对环境、社会和公司治理因素，EBA 将开展的相关任务及时间表。EBA 关于可持续金融的工作计划将首先侧重于支持银行绿色战略、关键指标和披露，然后研究对风险权重进行调整的证据。EBA 按照风险管理与战略、关键指标与信息披露、压力测试与情景分析以及审慎规则的顺序和角度重点说明了 EBA 将 ESG 因素纳入金融管理体系的方向和任务。其中，在关键指标与信息披露方面，EBA 的具体任务为确定关键指标，包括定性以及相关的信息披露，ESG 相关的披露将基于现有的工作，例如《欧盟非财务报告指南：报告气候相关信息的补充指南》、《欧盟分类法》和《金融稳定委员会关于气候相关财务信息披露（TCFD）建议》等。在压力测试与情景分析方面，EBA 将制定适当的定性和定量标准，如压力测试流程和情景分析，以评估不同严重程度情景下 ESG 风险的影响；EBA 目标是制定一项专门的气候变化压力测试，主要目的是确定银行对气候相关风险的脆弱性，并量化可能受到物理风险和转型风险影响的风险敞口的相关性；敏感性分析将有助于对银行持有的棕色和绿色风险敞口数量提供初步估计；EBA 将为银行和监管机构提供有关银行压力测试的指导。

（二）我国气候与环境信息披露制度发展现状与问题

1. 我国气候与环境信息披露制度现状

（1）我国持续出台气候与环境信息披露政策

近些年来，我国持续发布了与企业的气候与环境信息披露相关的政策和制度，如《关于企业环境信息公开的公告》《上海证券交易所上市公司环境信息披露指引》《中华人民共和国环境保护法》《生态文明体制改革总体方案》《关于构建绿色金融体系的指导意见》《公开发行证券的公司信息披露内容与格式准则第 2 号——年度报告的内容与格式（2017 年修订）》《上市公司治理准则》（证监发〔2018〕29 号）等。如 2018 年《上市公司治理准则》明确了 ESG 信息披露的基本框架，明确规定："上市公司应当披露环境信息、履行扶贫等社会责任相关情况以及公司治理相关信息。"这些政策和法规的颁布，使得企业对环境、社会等信息的披露有了依据和方向。同时随着我国绿色金融的快速发展，中国环境信息披露的要求也日益提高。

表 7.1 我国气候与环境信息披露相关政策

发布时间	发布机构	文件名称	环境披露相关内容
2003.9	国家环保局	《关于企业环境信息公开的公告》	要求一些被列入名单的重污染企业进行环境披露,这是我国第一个关于企业环境信息披露的规范
2006.9	深圳证券交易所	《上市公司社会责任指引》	要求上市公司应当根据其对环境的影响程度制定整体环境保护政策,指派具体人员负责公司环境保护体系的建立、实施、保持和改进等
2007.2	国家环保局	《环境信息公开办法(试行)》	要求重污染企业公开主要污染物的排放方式、排放浓度、超标情况等,非重污染企业若自愿公开环境信息,环保部门将对其给予一定奖励
2008.5	上海证券交易所	《上海证券交易所上市公司环境信息披露指引》	要求被列入环保部门的污染严重企业名单的上市公司披露环境相关信息;披露上市公司发生与环境保护相关的重大事件;上市公司可以根据自身需要,在公司年度社会责任报告中披露或单独披露环境信息
2014.4	全国人大常委会	《中华人民共和国环境保护法》	要求重点排污单位应当如实向社会公开其主要污染物的名称、排放方式、排放浓度和总量、超标排放情况,以及防治污染设施的建设和运行情况,接受社会监督
2015.9	中共中央、国务院	《生态文明体制改革总体方案》	要求资本市场建立上市公司强制性环保信息披露制度
2016.8	人民银行、国家发改委、环保部等七部委	《关于构建绿色金融体系的指导意见》	要求逐步建立和完善上市公司和发债企业强制性环境信息披露制度,加大对伪造环境信息的上市公司和发债企业的惩罚力度,培育第三方专业机构为上市公司和发债企业提供环境信息披露服务的能力

续表

发布时间	发布机构	文件名称	环境披露相关内容
2017.12	证监会	上市公司年报和半年报内容与格式	重点排污单位的公司或其重要子公司，应按照规定披露主要环境信息；重点排污单位之外的公司参照要求披露，不披露的，应当充分说明原因；鼓励公司自愿披露有利于保护生态、防治污染、履行环境责任的相关信息
2018.9	证监会	修订《上市公司治理准则》	增加了环境保护与社会责任的内容，明确了上市公司对利益相关者、员工、社会环境方面的责任，确立 ESG 信息披露基本框架
2020.1	银保监会	关于推动银行业和保险业高质量发展的指导意见	要求银行业金融机构强化环境、社会、治理信息披露和与利益相关者的交流互动

资料来源：兴业研究整理。

（2）金融业 ESG 信息披露工作取得进展

首先，在监管层面，对金融业的气候与环境等 ESG 信息披露要求日益提高。2007 年中国银保监会发布了《关于加强银行业金融机构企业社会责任的意见》（银监办发〔2007〕252 号），明确要求："主要银行业金融机构应定期发布社会责任年度报告。报告要据实阐述履行社会责任的理念，明确在相关利益者权益保护、环境保护、公共利益保护等方面的目标和措施，体现企业战略与社会责任、企业成长与和谐社会的一致性，充分发挥银行业金融机构在生态文明建设、服务公众、回报社会中的带动和影响作用。"2009 年，中国银行业协会发布《中国银行业金融机构企业社会责任指引》，说明了金融机构的经济责任、社会责任、环境责任、企业社会责任管理等内容，并要求建立企业社会责任披露制度，为中国银行业金融机构的 ESG 工作和 ESG 信息披露工作指明了方向。目前主要银行制定和发布的银行社会责任报告，均将此指引作为最重要的参照之一。2020年1月，银保监会发布《关于推动银行业和保险业高质量发展的指导意见》（银保监发〔2019〕52号）提出："银行业金融机构要建立健全环境与社会风险管理体系，将环境、社会、治理要求纳入授信全流程，强化环境、社会、治理信息披露和与利益相关者的交流互动。"

其次，我国在绿色债券环境信息披露方面要求比较明确。中国人民银行、沪深交易所及银行间市场交易商协会先后公布了关于绿色债券信息披露的相关标准，其中绿色金融债券的信息披露要求比较明确，其他绿色债券的信息披露要求还有待完善和加强。2018年3月8日，中国人民银行发布《中国人民银行关于加强绿色金融债券存续期监督管理有关事宜的通知》（银发〔2018〕29号），并以附件的形式发布了《绿色金融债券存续期信息披露规范》和绿色金融债的信息披露报告模板。按照其规定，绿色金融债在存续期内，将需按季度披露募集资金的使用情况，包括但不限于新增绿色项目投放金额及数量、已投放项目到期金额及数量、报告期末投放项目余额及数量以及闲置资金的管理使用情况等，并对期末投放项目余额及数量进行简要分析；在年报中披露投放项目实现的环境效益（包括节约标煤、减少温室气体排放量、减少化学需氧量、减少氨氮排放量、减少二氧化硫排放量等），以及所涉企业和项目的污染责任事故或其他环境违法事件等，同时鼓励发行人在年度报告中披露环境效益、测算方法和评估机构。

最后，在实践的层面，也有越来越多的金融机构开始进行气候与环境相关信息披露。在银行业机构方面，我国国有银行和大中型商业银行会按照《绿色信贷指引》等制度的要求在其年报、可持续发展报告或社会责任报告中披露绿色信贷的总体战略、目标、发展规模以及案例等情况，部分银行还披露了其绿色信贷所实现的环境社会效益。

在保险业机构方面，有越来越多的保险公司开始发布社会责任报告，进行相关信息披露。2020年9月，在中国银保监会的指导下，中国保险行业协会首次组织编写并发布了行业社会责任报告《2019年中国保险业社会责任报告》。该报告主要围绕国家、社会、行业、环境、个人五个方面，展现2019年保险业在社会责任领域的实践和绩效，包括了180家会员单位的350个实践案例。此外，由中国绿色金融专业委员会牵头，部分中英金融机构开展的环境信息披露试点工作取得了一定进展。目前自愿加入这项试点工作的金融机构从10家扩展到了13家，中方金融机构9家，包括中国工商银行、兴业银行、江苏银行、湖州银行、华夏基金、易方达基金、人保财险、平安集团和中航信托，英方金融机构4家，包括汇丰银行、Aviva、爱马仕投资管理公司和Brunel养老金管理公司，试点机构涵盖了银行、信托、保险、基金等各类金融机构。

2．中国气候与环境信息披露框架的典型实践情况

（1）中英两国气候与环境信息披露试点

在2017年12月举行的第九次中英经济财金对话上，中英两国政府同意加强在绿色金融领域的合作，鼓励两国金融机构共同开展气候与环境信息披露试点，随后绿金委和伦敦金融城联合发起了气候与环境信息披露试点项目，试点项目为期四年，包括一年基础工作、三年行动计划。根据《中英金融机构气候与环境信息披露试点2018年进展报告》，中英双方试点工作组达成了三项共识：一是气候与环境因素正在对金融机构的市场和风险产生越来越大的影响，中英金融机构气候与环境信息披露试点的目标是促进全社会对金融机构气候与环境信息披露意义和作用的了解，形成推动绿色金融各项工作的良好社会

环境；二是在不占用财政资源的条件下，引导更多金融资源进入绿色领域，抑制金融资源进入污染和高碳行业，推动经济向绿色化转型；三是帮助金融机构识别、量化和规避各类与环境相关的金融风险，增强金融机构抵御风险的能力，进而提升金融系统的稳健性。

在共识的基础上，中英双方联合发布了《中英金融机构气候与环境信息披露试点工作组行动方案》，鼓励试点金融机构开展气候与环境信息披露工作。其中，英方试点金融机构的行动计划是制定实施 TCFD 建议的多年路线图。中方的行动方案区分了中国商业银行气候与环境信息披露行动计划和中国资产管理机构行动计划。同时，中方试点机构在借鉴 TCFD 框架，结合中国实际情况的基础上，经过多次讨论最终确定中方试点机构的目标框架。根据目标框架，中方试点机构制定了一系列定性和定量的指标，定性指标集中在治理、战略、政策制度、风险管理、绿色金融创新和实践案例等方面；定量指标集中在机构经营活动对环境产生的影响，以及投融资活动对环境产生的影响及情景分析和压力测试。该试点分别在 2019 年和 2020 年发布了《中英金融机构气候与环境信息披露试点 2018 年度进展报告》《中英金融机构气候与环境披露试点 2019 年度进展报告》。

目前，中英试点项目都已取得了一定的进展，但仍然存在披露信息可比性不强等问题。英方的披露方案仅围绕气候变化进行，中方商业银行信息披露计划则较为详细，并设置了定性和定量指标，同时中方试点方案将气候与环境风险情景分析和环境压力测试放在了突出位置。但是，无论是中方还是英方的试点单位，披露信息的可比性仍然不强，英方参与试点的机构，不管是银行、保险公司还是投资机构，基本是按照 TCFD 的框架进行的披露，主要围绕气候变化风险和机遇进行披露，并进一步披露了信贷和投资组合的碳强度层面，披露的详细程度有一定差异。从中方试点银行披露的2018年度和2019年度环境信息情况来看，各家试点银行根据自身的情况，进行了差异化的披露。总体来看，该披露试点是一个自愿性的披露，并且各试点单位达成了"试点机构基于各自实际情况进行披露，不做统一要求"，同时各参与试点的单位发展阶段不同、对披露框架的认可程度可能也存在差异，因此从目前的披露情况来看，差异性比较大，可比性还不强。

（2）港交所ESG披露规则和情况

港交所于2019年5月发布有关"检讨《环境、社会及管治报告指引》及相关《上市规则》条文"的咨询文件，并于2019年12月确定新版《环境、社会及管治报告指引》（以下简称《指引》）内容，进一步扩大了强制披露的范围，从"不披露就解释"和"建议披露"两种披露责任升级成了强制披露和不披露就解释，持续提升对在港上市公司的ESG信息披露要求。新版《指引》计划于2020年7月1日之后开始的财政年度实施。它第一次将"强制披露"要求纳入港股ESG信息披露的要求，反映了港交所从"不披露就解释"阶段升级到"强制披露"阶段。新版《指引》就ESG管治架构、汇报原则和汇报范围提出了强制披露建议，同时从环境、社会和治理三个维度修订了多项关键披露指标，并强调重要性、量化和一致性的披露原则。新版《指引》主要框架如下表所示。

表7.2 港交所新版《环境、社会及管治报告指引》框架

披露要求	披露内容	披露细则、关键绩效指标
强制披露	管制架构	有董事会发出的声明，当中载有下列内容： （1）披露董事会对ESG事宜的监管；（2）董事会的ESG管理方针及策略、评估、优次排列及管理重要的ESG相关事宜的过程；（3）董事会如何按ESG相关目标检讨进度，并解释它们如何与发行人业务进行关联

续表

披露要求	披露内容	披露细则、关键绩效指标
强制披露	汇报原则	描述或解释在编制 ESG 报告时如何应用下列汇报原则： **重要性**：ESG 报告应披露（1）识别重要 ESG 因素的过程及选择这些因素的准则；（2）如发行人已进行持份者参与，已识别的重要持份者的描述及发行人持份者参与的过程及结果。 **量化**：有关汇报排放量 / 能源耗用（如适用）所用的标准、方法、假设及 / 或计算工具的资料，以及所使用的转换因素的来源应予披露。 **一致性**：发行人应在 ESG 报告中披露统计方法或关键绩效指标的变更情况（如有）或任何其他影响有意义比较的相关因素
	汇报范围	解释 ESG 报告的汇报范围，及描述选择哪些实体或业务纳入 ESG 报告的过程。若汇报范围有所改变，发行人应解释不同之处及变动原因
不遵守就解释	A 环境	
	层面 A1：排放物	A1.1 排放物种类及相关排放数据
		A1.2 直接（范围 1）及能源间接（范围 2）温室气体总排放量（以吨计算）及（如适用）密度（如以每产量单位、每项设施计算）
		A1.3 所产生有害废弃物总量（以吨计算）及（如适用）密度（如以每产量单位、每项设施计算）
		A1.4 所产生无害废弃物总量（以吨计算）及（如适用）密度（如以每产量单位、每项设施计算）
		A1.5 描述所订立的排放量目标及为达到这些目标所采取的步骤
		A1.6 描述处理有害及无害废弃物的方法，及描述所订立的减废目标及为达到这些目标所采取的步骤
	层面 A2：资源使用	A2.1 按类型划分的直接及 / 或间接能源（如电、气或油）总耗量（以千个千瓦时计算）及密度（如以每产量单位、每项设施计算）
		A2.2 总耗水量及密度（如以每产量单位、每项设施计算）
		A2.3 描述订立的能源使用效益目标及为达到这些目标所采取的步骤
		A2.4 描述求取使用水源上是否存在任何问题，以及所订立的用水效益目标及为达到这些目标所采取的步骤

续表

披露要求	披露内容	披露细则、关键绩效指标
不遵守就解释	层面A2：资源使用	A2.5 制成品所用包装材料的总量（以吨计算）及（如适用）每生产单位占量
	层面A3：环境及天然资源	A3.1 描述业务活动对环境及天然资源的重大影响及已采取管理有关影响的行动
	层面A4：气候变化	**A4.1 描述已经及可能会对发行人产生影响的重大气候相关事宜及应对行动**
	B 社会（雇用及劳工常规）	
	层面B1：雇用	B1.1 按性别、雇用类型（如全职或兼职）、年龄组别及地区划分的雇员总数
		B1.2 按性别、年龄组别及地区划分的雇员流失比率
	层面B2：健康与安全	B2.1 过去三年（包括汇报年度）每年因工亡故的人数及比率
		B2.2 因工伤损失工作日数
		B2.3 描述所采纳的职业健康与安全措施，以及相关执行及监察方法
	层面B3：发展及培训	B3.1 按性别及雇员类别（如高级管理层、中级管理层等）划分的受训雇员百分比
		B3.2 按性别及雇员类别划分，每名雇员完成受训的平均时数
	层面B4：劳工准则	B4.1 描述检讨招聘惯例的措施以避免雇用童工及强制劳工
		B4.2 描述在发现违规情况时消除有关情况所采取的步骤
	B 社会（营运惯例）	
	层面B5：供应链管理	B5.1 按地区划分的供货商数目
		B5.2 描述有关聘用供货商的惯例，向其执行有关惯例的供货商数目，以及有关惯例的执行及监察方法
		B5.3 描述有关识别供应链每个环节的环境及社会风险的惯例，以及相关执行及监察方法
		B5.4 描述在选择供应商时促使多用环保产品及服务的惯例，以及相关执行及监察方法
	层面B6：产品责任	B6.1 已售或已运送产品总数中因安全与健康理由而须回收的百分比
		B6.2 接获关于产品及服务的投诉数目以及应对方法

续表

披露要求	披露内容	披露细则、关键绩效指标
不遵守就解释	层面B6：产品责任	B6.3 描述与维护及保障知识产权有关的惯例
		B6.4 描述质量检定过程及产品回收程序
		B6.5 描述消费者数据保障及隐私政策，以及相关执行及监察方法
	层面B7：反贪污	B7.1 于汇报期内对发行人或其雇员提出并已审结的贪污诉讼案件的数目及诉讼结果
		B7.2 描述防范措施及举报程序，以及相关执行及监察方法
		B7.3 描述向董事会及员工提供的反贪污培训
	B 社会（社区）	
	层面B8：社区投资	B8.1 专注贡献范畴（如教育、环境事宜、劳工需求、健康、文化、体育）
		B8.2 在专注范畴所动用的资源（如金钱或时间）

注：加粗内容为新版《指引》新增内容。
资料来源：联交所官网《环境、社会及管治报告指引》（2019年）《主板上市规则修订》附录27《环境、社会及管制报告指引》。

近些年来，国际上各个交易所对上市公司ESG信息披露程度的要求逐渐加强，而港交所是全球主要的证券交易所之一，对我国内地证券交易所的影响也很大，此次港交所新版《指引》ESG信息披露升级，将原来所有的"建议披露"指标调整为"不遵守就解释"，其ESG信息披露要求跃升到国际领先地位。并且，新版《指引》所展示的ESG报告披露形式更加丰富，逐步融入国际化的参考指引，环境和社会范畴信息披露翔实程度提升并趋于稳定，在强监管要求下，港交所上市公司在ESG信息披露方面对《指引》遵循的整体情况势必将有较大改善。新版《指引》有效规范了企业的ESG信息披露，这将有利于评级机构和投资机构获得更加完善、真实且可比的ESG信息，从而有利于评级机构和投资机构更好地评价企业ESG表现，有利于倒逼企业高质量发展并最终实现长期可持续发展。港交所的实践为内地资本市场建设ESG信息披露体系提供了很好的政策启示。

3. 目前实践中存在的主要问题

第一，中国整体上市公司的ESG关键指标披露率仍然偏低。在我国，上市公司主要通过可持续发展报告或企业社会责任报告对ESG相关信息进行披露，尽管近些年来A股上市公司发布的可持续发展报告和社会责任报告数量在逐步增加，但总体来看，截至2019年底，沪深两市A股上市公司发布可持续发展报告和社会责任报告的公司仅占全部上市公司的三成左右。同时，ESG关键指标的披露率也偏低，特别是环境和社会因素的关键定量指标披露率不甚理想（商道融绿，2019）。

第二，气候等ESG信息披露质量有待提高。证券基金业协会发布的《2019中国上市公司ESG评价体系研究报告》分别从E（环境）、S（社会）、G（公司治理）三个方面对我国上市公司信息披露质量进行了评估，结果显示：ESG风险相对较高的行业ESG信息披露质量相对较低。该报告分别将我国上市公司在E、S、G三个方面的评级结果分为A（优秀类，约占20%）、B（正常类，约占60%）、C（关注类，约占15%）、D（不合格类，约占5%）四类。其中，在环境信息披露质量方面，得分最高的前100家上市企业中，ESG风险相对较低的战略性新兴产业和金融业上市公司占比最高，分别有32家和27家，而ESG风险相对较高的传统行业和ESG高风险行业则分别仅有20家和13家进入前100。

第三，不同机构之间ESG信息披露表现差异较大。以银行业机构为例，不同类型上市银行的ESG信息披露程度存在一定差距，大型国有银行与股份制银行的 ESG 信息披露程度要大大高于城商银行与农商银行。根据中央财经大学国际绿色金融研究院的研究，根据银行性质的划分，按照中央财经大学设计的 ESG 评价标准，2018 年作为评分样本的 33 家上市银行中有 6 家大型银行、8 家股份制银行、12 家城商银行和 7 家农商银行，总体上，大型银行在 ESG 信息披露方面的表现优于股份制银行，股份制银行优于城商银行，而城商银行又优于农商银行，其中城商银行的 ESG 信息披露表现差异较大，而农商银行 ESG 信息披露总体表现较差。

（三）对银行保险业等金融机构气候与环境信息披露制度建设的建议

1.对我国金融机构气候与环境信息披露制度框架建设的建议

首先，我国金融机构气候与环境信息披露制度的建设已具备良好的基础，一方面，中国绿色金融制度日趋完备，为银行保险业绿色金融信息披露制度的建设奠定了坚实基础；另一方面，有主流气候与环境信息披露框架可提供借鉴。近些年来，中国绿色金融制度建设已经取得长足发展，对信息披露的要求也越来越高，因此，我们建议根据我国绿色金融制度和信息披露制度以及实践情况，包括《绿色信贷指引》(2012 年)、绿色信贷统计制度、《关于构建绿色金融体系的指导意见》(2016 年)、绿色金融评价制度如《绿色信贷实施情况关键评价指标》(2014)、《银行业存款类金融机构绿色信贷业绩评价》(2018)等，同时吸收借鉴目前气候与环境（绿色金融）信息披露的主流框架和实践，如 TCFD 披露建议、GRI 标准、港交所 ESG 信息披露指引、中英环境信息披露试点的实践等，建设中国银行保险业气候信息披露制度。

其次，针对气候信息披露制度的框架内容，我们提出以下初步设想。在披露原则方面，建议遵循真实与可核实性、准确与客观性、具体与完整性、连续与一致性、及时性和清晰易理解等原则。在披露方针方面，本着循序渐进、日趋严格的原则，建议初步设置强制披露、建议披露（不披露就解释）和鼓励披露三个层次的披露责任。在披露形式方面，建议为可持续发展报告、社会责任报告、ESG报告、企业年报等，并鼓励具有更多主动性的专项主题报告，如应对气候变化专题报告、金融机构绿色金融专项报告等。在披露框架和具体内容方面，建议分为组织管理（治理与战略），政策、制度与流程，目标与指标三个方面。一是组织管理（治理与战略），即披露银行保险业金融机构在绿色金融业务发展，气候、环境与社会风险管理以及自身绿色表现方面的组织管理机制，以及所制定的战略目标与规划，建议该部分主要为强制披露。二是政策、制度与流程，披露银行保险业金融机构在绿色金融业务发展，气候、环境与社会风险管理以及自身绿色表现方面制定的政策、制度与流程，建议该部分主要为建议披露或鼓励披露。三是目标与指标，即披露银行保险业金融机构在绿色金融业务发展，气候、环境与社会风险管理以及自身绿色表现方面设定的具体目标与定性和定量指标，建议部分指标强制披露，其他指标建议披露或鼓励披露。

2. 对我国银行保险业等金融机构气候与环境信息披露制度实施路径的建议

（1）现阶段银行保险业等金融机构气候与环境信息披露制度实施的重点和难点

现阶段我国银行保险业等金融机构绿色金融发展显著分化，对绿色金融、气候与环境社会风险的重视程度不一,这将对一个统一的气候与环境(绿色金融)信息披露制度的实施与落实形成阻力。若是考虑到仍有众多金融机构的绿色金融发展尚处于起步阶段,将大部分信息披露要求设置为建议披露和鼓励披露,那么该信息披露制度将缺乏约束力,也无法提升这些机构发展绿色金融并进行气候与环境社会风险管理的意识。而若是设置较多强制披露的要求,又会给这些处于起步阶段的机构造成较大负担。如果大部分机构无法按要求进行披露,则该制度或将面临流于形式的风险。因此,如何平衡一个统一的气候与环境(绿色金融)信息披露制度在实施初期的推进速度与强度是一个重点与难点。

(2)现阶段银行保险业等金融机构气候与环境信息披露制度实施路径建议

实施初期,以鼓励披露为主,并注重与现有信息披露制度的协同。银行保险业等金融机构气候与环境(绿色金融)信息披露制度实施初期的重点在于构建一个统一的、可执行的银行保险业等金融机构气候与环境信息披露框架,提升银行保险业等金融机构对绿色金融的重视程度,加强对气候与环境社会风险的管理意识。因此,在制度实施初期,建议以鼓励披露为主,并且重点关注在现有信息披露制度基础之上的披露要求,如银行业绿色融资统计制度中的统计指标,以确保银行保险业等金融机构在制度实施初期能够按要求进行披露,从而平稳地向更高要求的信息披露制度过渡。同时,在制度实施初期,可以选择部分在绿色金融以及相关信息披露方面已有成熟经验的机构,鼓励它们按照更高的要求进行披露,对其他机构形成示范作用。

在实施中后期,逐步提高强制披露比例,并提升气候与环境风险管理相关信息的披露要求。在气候与环境(绿色金融)信息披露制度实施的中后期，应逐步凸显该制度区别于其他现有信息披露制度的重要作用，逐步提高强制披露比例，并提升气候与环境风险管理相关信息披露要求，以推动所有银行保险业等金融机构建立自身的气候与环境风险管理机制，适时要求银行保险业等金融机构展开气候与环境风险情景分析及压力测试，并对相关流程和结果进行披露，以提升全银行保险业抵御气候与环境风险的能力。

3. 对披露相关主体的建议

（1）对金融监管机构的建议

首先，建议监管部门构建统一的银行保险业气候与环境信息披露框架及制度，并制定完整的信息披露制度实施时间表与路线图。为了不断提高气候及绿色金融发展的透明度，构建统一的信息披露框架及制度的任务越来越紧迫，建议监管机构构建统一的气候与环境（绿色金融）信息披露框架，为银行保险业金融机构提供指引，同时需要构建完善的配套制度，以保障信息披露制度的顺利实施，并在气候与环境（绿色金融）信息披露制度建设初期明确其推进路径与时间计划，以确保信息披露制度能够以循序渐进的步伐不断完善。

其次，建议金融监管机构在银行保险业信息披露的基础上，适时开展全行业气候与环境风险压力测试研究，并确保在适当情况下对气候与环境因素建立审慎的监管或法律框架。气候与环境风险是金融不稳定的来源之一，而维护金融系统的稳定性是金融监管机构的重要职责之一，因此，随着全球气候与环境风险的不断增加，监管机构需要在金融机构气候与环境风险信息披露的基础上，逐步开展对金融系统气候与环境风险压力测试的研究，以深化监管机构对金融系统抵御气候与环境风险的能力的认识，同时能够尽早采取相应措施来增强金融系统面对气候与环境风险的韧性，如对气候环境因素建立审慎的监管或法律框架等。

（2）对银行保险业信息披露的建议

第一，建议银行保险业机构基于气候与环境信息披露框架要求，尽可能多地进行主动披露。做好气候与环境相关信息披露是银行保险业机构识别与防范气候与环境相关风险的基础，进行主动披露的过程中，也是银行保险业机构对自身环境与气候风险的一次重新审视。与此同时，更高质量、更完整的信息披露不仅能够帮助银行保险业机构在信息披露监管要求趋严的情况下，还能更加从容地应对监管环境的变化，并将有利于投资人对机构自身的价值评估。

第二，建议银行保险业机构适时开展气候与环境情景分析。评估气候相关的风险和机遇对银行保险业机构的影响是一项重要挑战。气候变化对金融影响的时间和规模是不确定的，受到从政策决定到地球气候系统物理等众多因素的影响。气候情景不是对未来的预测，而是随着特定变量的变化，经济和气候系统各要素之间会相互作用。对于整个银行保险业来说，采用情景分析的方法能够更好地理解转型风险和物理风险的含义，其中，物理风险的情景分析方法与模型可以充分借鉴保险业金融机构多年来在巨灾保险业务方面积累的实践经验。在初始阶段，建议银行保险业金融机构设定明确的目标，并确定情景分析行使的范围，以确保产出与业务需求相关。通常情况下，情景是为决策者而不是金融机构设计的。因此，鼓励银行保险业机构根据自身需要调整情景，并研究气候变化对与其业务模式直接相关指标的影响。情景分析通常最适合作为一项跨职能的工作，涉及来自整个业务的内部利益相关者，包括但不限于风险管理、投资和可持续发展等职能，因此建议银行保险业金融机构设立跨职能的部门或团队，共同研究情景分析下的气候风险管理框架,并与公司业务进行有机整合。

第三,建议银行保险业机构适时将重要的环境气候等ESG因素系统地整合到业务流程中,从而进行有效的ESG风险管理,并提升机构ESG绩效。首先,从董事会和管理层开始制定明确的任务和战略,以确定重大ESG因素并将其纳入核心信贷或保险业务流程。其次,为员工提供ESG教育、培训、工具和信息,以培养适当的技能。需要在整个组织和组织单位(如保险机构的承销、产品开发、索赔管理、销售和营销、投资管理、企业责任、投资者关系)之间有效地沟通ESG信息。再次,审查业务部门的业务流程指南,并整合重要的ESG因素。然后,审查产品渠道,评估ESG相关产品的潜力。最后,评估和监控银行保险业机构自身的ESG绩效(直接)以及机构的信贷项目、保险和再保险组合、投资组合和供应链(间接)的ESG绩效。

三、绿色金融激励约束机制

(一)降低绿色融资的资本要求

1. 绿色融资缺口与银行的作用

G20绿色金融综合报告指出:"环境可持续发展需要大量的投资。国际能源机构、世界银行、OECD,以及世界经济论坛的研究报告所提供的一些相关估算表明,在未来十年内,全球主要绿色领域(如建筑、能源、基础设施、水以及污染治理等)的投资需求将达数十万亿美元。"(G20绿色金融研究小组,2016)虽然近些年来绿色领域的投资规模快速增长,但目前的绿色投资量与达到理想的低碳经济模式所需的资金量之间仍然存在巨大缺口。

银行信贷是绿色投资的重要来源，而新兴经济体更是最为主要的资金来源，新兴经济体往往处在金融市场不完善的发展阶段，在发展初期，由于资金稀缺，需要国家为企业的发展提供低成本的资金，因而政府和银行在资金资源的分配使用上起到了主导作用。而绿色融资恰恰在新兴经济体中的缺口更大，因为这些地区的空气污染尤其严重，在各种疾病和伤害中承担着最大的环境负担，并且新兴经济体的绿色融资需求不仅关系到环境气候治理需求，还关系到基础设施和能源需求、改善健康、提高效率等一系列需求（Forstater 等，2016）。但由于绿色项目投资收益率不高，投资回收期长，还需要对绿色项目进行额外认证（由此也面临额外的成本和监管风险），银行向绿色项目提供贷款、进行绿色投资的动力严重不足。上述报告指出，在目前少数几个已对绿色信贷有明确定义的国家中，只有约 5%~10% 的贷款是"绿色"的。

2．激发银行的绿色投资动力

针对银行绿色投资动力不足的问题，银行监管政策可以发挥重要作用，亚历山大（2016）在一份向 G20 绿色金融研究小组提供的报告中指出：可以通过银行监管政策来支持银行将信贷和资本重新分配给经济的可持续部门。

（1）《巴塞尔协议Ⅲ》缺乏对环境风险因素的考量

作为全球银行业监管现实执行方案模板的《巴塞尔协议Ⅲ》，并没有将环境因素纳入考虑范围。CISL 和 UNEP FI[①]（2014）经过研究

---

① CISL 为银行业环境倡议组织，UNEP FI 为联合国环境规划署金融倡议组织。

发现,《巴塞尔协议Ⅲ》缺失了对环境风险问题的考虑,它们指出,虽然系统性环境风险会直接和间接地影响银行业稳定,而《巴塞尔协议Ⅲ》的首要目标也是确保银行业的稳定发展,但《巴塞尔协议Ⅲ》并未明确考虑环境这个极其重要的风险来源。不仅如此,利布里希和麦克龙(2013)、考尔德科特和麦克丹尼尔斯(2014)以及坎皮格里奥等人(2017)还进一步认为,《巴塞尔协议Ⅲ》的第一支柱,即最低资本要求,实际上抑制了银行的绿色投资,因为银行提供的绿色贷款大多为不附追索性的长期项目融资,而巴塞尔框架下长期项目融资的风险权重更高。

(2)降低绿色资产的资本要求以促进银行提供绿色融资

近些年来,已有不少学者和国际机构提出放宽第一支柱、激励绿色融资的建议。坎皮格里奥(2015)提出,可以根据银行机构的特点和所提供的贷款类型,要求不同的资本充足率以支持绿色投资。不仅如此,坎皮格里奥(2015)和罗森贝格(2013)还都建议引入差别准备金率以鼓励绿色融资。但报告指出,在限制银行放贷方面,资本要求可能比流动性更有效。因此,通过降低资本充足率要求,可以更加有效地引导信贷更多地流向绿色部门。

舍恩马克等人(2016)指出,传统金融关注的重点是短期的经济和金融风险,而由环境生态驱动的金融风险通常在中长期内出现,因此,金融机构往往会忽视这类风险,即使考虑到了环境风险,通常也是低估的。当整个市场都未将环境风险纳入风险定价时,即使个别金融机构有这方面的意识也无法采取有效的行动,因为它将在竞争中面临"劣币驱逐良币"的巨大挑战,文章将这种情形称为竞争中的"生态失衡"。为抑制这种"生态失衡"的发生,文章建议了一些监管工具,第一个就是资本工具——调整风险权重,即通过提高碳密集型资产的风险权重来降低其对金融机构的吸引力；同样，也可以降低无碳排放资产的风险权重。文章认为，这是一个非常合适的工具，因为它可以很好地促使金融机构将"碳风险"纳入整体的风险回报评估中。

沃尔兹（2017）在讨论中央银行如何促进绿色金融发展的问题时也提到，调整资本充足率的最低要求或不同资产的风险权重，将直接影响银行创造信贷的能力，参照《巴塞尔协议Ⅲ》中降低对中小企业贷款的资本要求，同样可以通过降低绿色贷款的风险权重来促进绿色项目融资。

（3）放宽绿色资本监管要求的实践

诸多学者或国际组织所提出的降低资本要求以促进绿色投资、有效内化长期内银行业所面临的系统性风险的建议，逐渐被一些富有前瞻性的监管当局所关注。

比如，2017年12月12日，欧盟委员会副主席东布罗夫斯基斯在"一个星球"气候行动融资峰会上发表的演讲中提到：欧盟正在考虑引入"绿色支持因素"来推动绿色投资和贷款，在第一阶段可以通过降低某些环境友好型投资的资本要求加以实现。[①] 事实上，欧盟已在2016年底建立了一个可持续金融专家组——HLEG（High Level Expert Group on Sustainable Finance），来帮助欧盟制定一个全面的可持续金融发展路线图，东布罗夫斯基斯提到的"绿色支持因素"正是HLEG在2017年的一份中期报告中提出来的。2018年1月，HLEG

---

① European Commission 官网."Greening finance for sustainable business"–Speech by Vice-President for the Euro and Social Dialogue. Financial Stability and Financial Services Valdis Dombrovskis.2017-12-12［2018-11-15］.https://ec.europa.eu/commission/presscorner/detail/en/SPEECH_17_5235。

发布了最终报告，分析了欧盟在制定可持续金融政策方面所面临的挑战和机遇，提出了支持可持续金融体系的战略建议，其中就包含了对引入"绿色支持因素"的深入讨论。报告明确支持引入"绿色支持因素"，即降低绿色债券、绿色贷款等绿色资产的最低资本要求，其主要论据有两点：一是绿色项目能够降低长期的系统性环境风险，可以通过引入绿色支持因素整合这种正外部性；二是在多年以来资本监管要求收紧的背景下，绿色支持因素可能会给银行业一个强有力的政策信号，加强其对绿色经济的借贷功能。

但报告同时也指出，金融的稳定性是可持续性的先决条件，为了保障这两点，资本要求必须以风险为基础，因此引入"绿色支持因素"必须满足五个关键的条件：

- 需要有一个对应不同资本要求的明确的"绿色"资产类别，或者是"棕色"资产类别，并且对于有资格获得较低资本要求的绿色资产的认定必须由官方公共机构而非银行本身来进行。
- 应该有微观层面上的证据证明绿色资产确实有较低的风险，即在风险评估中可以量化的依据。
- 为避免因市场扭曲产生"绿色泡沫"，应该对可以获得较低风险权重的绿色资产的范围进行严格限制。
- 房地产抵押贷款已经具有较低的风险权重，杠杆率较高，因此，必须对此类绿色资产的风险权重进行严格监控和管理。
- 绿色资产和其他（棕色）资产之间很可能存在有效的风险差异，虽然目前这种差异并未反映在资本框架中，但可以通过前瞻性情景分析来构建这种绿色、棕色资产的风险差异。

2018年3月，欧盟委员会在HLEG建议的基础上发布了可持续金融行动计划，委员会将从风险的角度探讨重新调整银行资本要求（所谓的绿色支持因素）的可行性，同时确保金融稳定得到保障。这表明，如果经验数据支持，欧盟很有可能在不久之后将降低绿色投资或绿色贷款的最低资本要求付诸实践。

（4）对降低绿色融资资本监管要求的一些质疑

对于欧盟委员会提出降低绿色资产资本要求的想法，欧洲银行联盟（2017）表示了赞同。但是，市场中也有部分研究者对此做法提出了质疑。

西尼·马蒂凯宁（2017）表示，应该对欧盟的"绿色支持因素"持谨慎态度，虽然为银行和金融市场创造激励机制来促进绿色投资对于可持续发展是有利的，但是应该谨慎使用那些旨在降低金融系统风险的监管政策来调动绿色投资。她指出，绿色行业并不一定比棕色行业更安全，因为在低碳转型中，无论是低碳行业还是碳密集型行业都会发生技术转型等重大变化，也都会有赢家和输家。

勒文等人（2018）则认为，尽管"绿色支持因素"提议的目的是值得肯定的，但它可能会削弱本已脆弱的银行体系；相比之下，他们认为提高"棕色"贷款的资本要求才是更好的做法。

马丁尼等人（2018）认为，在微观审慎框架中引入"绿色支持因素"来促进绿色投资和贷款并不是最好的方法，而应该在宏观而非微观审慎的层面解决向可持续经济过渡的问题。主要原因有三点：

- 绿色信贷的界定仍不明确，不能凭经验来确定绿色信贷的风险较小。

- 引入"绿色支持因素"将减少银行的审慎资本,这与大多数专家认为的欧洲银行业应该更加具有弹性的观点相悖,欧洲银行应该持有更多的审慎资本,而不是更少。
- 向可持续经济过渡并不仅仅意味着更多地投资于可再生能源或任何其他"绿色部门",而是需要改变资金的流向,因此,只有在伴随着棕色惩罚因素的情况下才有可能考虑引入"绿色支持因素"。

综观这些质疑的声音,其核心焦点均在于绿色项目的风险是否真的比棕色项目更低,如果不是,那么降低其风险权重将违背《巴塞尔协议Ⅲ》对资本管理的内在要求,也将削弱金融系统的稳定性。

3. 绿色项目的风险:基于跨期视角的再认识

对绿色项目的风险是更高还是更低的争议,本质上来自短期视角与长期视角之间的差异。环境问题往往可能只在长期出现,而金融系统的传统决策视野则更多围绕着短期框架,对长期风险的分析关注不足,由此,环境风险也就在金融决策中被有意无意地忽视了。而实际上,2008年全球金融危机之后,全球的监管者在反思之后意识到,银行的系统性风险才是监管者最需要关注的根本性问题,而系统性风险通常是跨周期的,经过更长时期的累积后爆发的问题,因此需要一个有效的逆周期框架加以监管(IMF,2011)。

从短期来看,绿色项目相较其他项目似乎并无特别优势,但短期对环境风险的持续忽略却会累积成长期的系统性风险。2021年4月,法国央行行长在监管机构国际气候风险会议上发表演讲时指出①，从长期来看，气候变化不仅会带来物理风险，还会带来过渡风险。在物理风险方面，极端天气事件发生的频率和严重程度的增加，如果导致经济活动受到抑制和失业率上升，则可能会增加银行的信贷风险；所谓过渡风险，则是指向低碳经济转型带来的相关风险，政策调整、转型成本以及转型过程成功与否所带来的不确定性，都会导致强烈的市场波动，前几年的德国公共事业企业受能源政策影响损失巨大就是一个现实的例子②，由于国家调整能源政策，大量传统发电厂被迫关闭，并且企业还要支出大笔费用购置二氧化碳排放许可证。

从长期来看，绿色项目由于考虑并排除了环境风险，应该比其他存在环境风险的项目更安全、信用风险更低，这一观点获得了经验上的支持。

首先，大量研究表明，从长期来看，企业的ESG表现与企业绩效呈正相关性，即更加注重环境、社会和治理的企业往往绩效更好，投资这些企业风险更低。2017年，吉泽等人根据摩根士丹利全球股指MSCI中1 600多只股票在2007—2017年的ESG表现，将其划分成了五组，实证发现ESG得分越高的组在2007—2017年企业的利润和股息均更高，特别是ESG得分最高组与得分最低组之间的差距十分显著。他们特别强调，股息收益率在此分析中至关重要，因为随着投资期限的延长，股息对投资组合回报的贡献程度越来越高（Gupta等，2016），而可持续投资者往往拥有长期的投资视野，该实证结果

---

① François villeroy de Galhau . Green Finance – A New Frontier for the 21st Century.Banque de France.2018-04-06［2018-11-15］.https://www.banque-france.fr/en/intervention/green-finance-new-frontier-21st-century.
② 驻德国经商参处 . 德公共事业企业受能源政策影响损失巨大 . 环球网 .2014-03-05［2018-11-15］.https://china.huanqiu.com/article/9CaKrnJEsUJ。

也证实了 ESG 表现更好的企业的长期股息收益率确实更高。

2015 年德意志资管公司和汉堡大学曾有过一项关于 ESG 的全面文献综述，其在梳理了超过 2 000 篇研究报告后得出结论：无论是从定性的角度还是从定量的角度，多数研究都显示了 ESG 指标与绩效之间呈正相关性。他们还以不同的资产类型作为变量，对 ESG 指标与绩效的相关性进行了分类研究。按资产类型分，无论是关于股权、债券、还是房地产的研究，绝大部分结果都显示 ESG 指标与绩效呈正相关性，而仅有极少一部分（4.4%）的股权类资产为负相关性。另外，在不同区域，ESG 指标对于绩效的影响也存在差异，与发达国家相比，ESG 指标对于绩效的影响在新兴市场国家更为显著。

2016 年，康桥汇世公司通过对比 MSCI 与全球 ESG 指数 MSCI ESG，新兴股指 MSCI EM 与新兴 ESG 指数 MSCI EM ESG 在 2013—2016 年的表现也发现：在新兴市场，ESG 指标和绩效的相关性更加显著。通过 ESG 筛选排除评分低的，尤其是公司治理差的企业，可以使投资组合获得更高的收益率。

中央财经大学绿色金融国际研究院 2018 年发布了《中国上市公司 ESG 表现与企业绩效相关性研究》报告，该报告创新开发了绿色评估体系和 ESG 评估体系，通过定性与定量指标的结合，突出环境风险和 ESG 风险的量化，并对企业全生产周期进行评价，依据该评价体系的评价结果，报告对上市公司 ESG 和绿色表现与企业绩效相关性展开了研究，研究结果显示：企业 ESG 绩效、绿色绩效与企业财务绩效、企业股票收益呈正相关性，与企业市场风险呈负相关性。

2017 年，华夏基金在跟踪了 2010—2017 年的数据后发现，ESG 因子能在 A 股市场产生超额收益。在其测试结果中，高 ESG 策略组合和低 ESG 策略组合在跟踪期间的累计收益率分别为 55.0%

和 –1.8%，夏普比率分别为 0.24 和 –0.01，高 ESG 策略相对低 ESG 策略的年化超额收益率达到 6.5%，高 ESG 选股策略整体表现优于低 ESG 组合策略。

其次，绿色信贷的不良贷款率更低，根据我国市场实践，截至 2017 年 6 月，绿色信贷不良率为 0.37%，远低于同期贷款的总体不良率水平的 1.69%；反过来，涉及落后产能、环境违法违规、安全风险问题的企业，其贷款不良率都超过了 4%。从这个角度看，银行给绿色项目提供的信贷融资实际上具有较低的信用风险，对其设定更低的风险权重符合风险资本管理的内在要求。

综上，全球绿色转型愿景及绿色金融所面临的挑战，需要为绿色融资提供有效的激励相容机制。在基于风险的讨论层面，绿色项目长期的低风险特性与金融监管的逆周期监管思想，有着完美的内在一致性。

（二）货币政策、审慎监管与气候变化

气候变化已经成为 21 世纪人类面临的最大挑战之一，向低碳经济转型已成为全球共识，同时，人们也日益认识到金融体系需要将气候与环境风险纳入考量。在此背景下，世界上越来越多国家的央行和金融监管机构开始认识到自身在应对气候变化中应该发挥积极作用。

2015 年，时任英国央行行长的马克·卡尼在劳埃德发表了主题为"地平线的悲剧"的演讲，提到了气候变化带来的当前和潜在的金融稳定风险，并指出金融决策者必须采取行动以确保金融体系对这些气候变化带来的物理风险和转型风险具有弹性，并可以有效地为低碳转型提供资金。此次演讲具有标志性意义，在此之后，关于央行和金融监管机构在应对气候变化中采取行动的讨论数量显著增多。

2017年12月,法国、中国、荷兰等八个国家的央行和监管机构联合发起成立了央行与监管机构绿色金融合作网络,以探索各国央行和监管机构推动绿色金融发展的政策共识,截至2021年4月30日,已经包括90个成员和14个观察员。

全球央行日渐关注气候变化问题,并对此展开研究。

1. 气候变化趋势下的中央银行和金融监管机构

目前已有众多学者和机构对中央银行和金融监管机构为何需要在应对气候变化中发挥作用进行了探讨,沃尔兹(2017)将这些原因归纳为三大论据:金融和宏观经济风险论、市场失灵和政府失灵论、中央银行作为可信的和强有力的行动者的论点。与此同时,这三大论据也可以比较全面地反映央行在应对气候变化中的职责。

(1) 金融和宏观经济风险论

这一类论据的主要逻辑是气候变化可能会对宏观经济和金融系统的稳定性构成风险,而维护金融和宏观经济稳定性是央行和金融监管机构的重要职责,因此,央行和金融监管机构必须将气候变化因素纳入考量。

① 气候变化将对经济产出造成冲击

已经达成共识的是气候变化将对经济产出产生重要影响,2020年BIS(国际清算银行)将气候变化对经济社会带来的冲击总结为需求冲击和供给冲击。需求冲击包括气候变化对私人或公共的消费、投资和国际贸易产生的影响,如气候变化给人们带来的灾难和破坏可能会抑制消费,气候变化带来的对未来需求和增长前景的不确定性可能会抑制商业投资(Hallegatte,2009),气候变化带来的运输系统和经济活动的变化可能会带来贸易格局的变化等。供给冲击则包括劳动力、实物、资本和技术的供给冲击，影响经济的生产能力。例如，温度升高会降低工人和农业的生产力（IPCC，2019），气候变化导致资源从生产性资本投资和创新转向适应气候变化领域（Batten，2018）。

表 7.3　气候变化相关的冲击和影响

冲击类型		来自普遍的全球变暖的影响	来自极端天气事件的影响
需求	投资	未来需求和气候风险的不确定性	气候风险的不确定性
	消费	消费模式的改变（如为困难时期增加储蓄）	海平面上升导致住宅物业被水淹没的风险增加
	贸易	由于运输系统和经济活动的变化而引起的贸易格局的变化	由于极端天气事件而造成进出口流量中断
供给	劳动力供给	由于极热天气而损失的工时。气候变化引发大规模人口流动，从而带来劳动力供应冲击	自然灾害造成的工时损失，极端情况下造成的死亡。移民带来的劳动力供应冲击
	能源、食品和其他投入	农业生产率下降	粮食和其他投入短缺
	资本存量	将资源从生产性投资转向适应资本	由于极端天气造成的损坏
	技术	资源从创新转向适应资本	把资源从创新转向改造和替代

资料来源：BIS，兴业研究。

② 气候变化将影响价格稳定性和金融稳定性

前述气候变化对经济产出造成的这些冲击都会对价格稳定性和金融稳定性产生重大影响。

首先，气候变化是货币不稳定的一个来源。气候变化可能通过供给侧和需求侧冲击对价格产生影响。其中，最容易受到影响的是农产品和能源的价格，根据联合国网站的数据，气温每上升 1 摄氏度，粮食产量就下降约 5%（UN，2020），而由气候变化导致的洪水、干旱等自然灾害频发，也将直接影响农业产出，这些都将进一步影响粮食价格。在能源方面，减缓气候变化行动可能会影响到能源结构和能源生产模式，进而影响能源价格。除了短期的价格压力，气候变化带来的冲击还会降低经济体的生产能力（BIS，2020）。因此，气候变化最终可能会使通货膨胀和产出往相反的方向发展，进而导致央行在稳定通货膨胀和稳定产出波动之间进行权衡（Debelle，2019），此外，如果与气候相关的风险最终会影响生产率和经济增长，这可能会对实际利率的长期水平产生影响，这是货币政策中的一个关键考虑因素（Brainard，2019）。

其次，气候变化是金融不稳定的一个来源。近些年来，气候变化对金融系统存在潜在破坏性影响的观点已经为越来越多的央行行长及金融监管者所接受，央行与监管机构绿色金融合作网络也承认了气候相关风险是金融风险的一个来源，因此，央行和监管机构有责任确保金融体系能够抵御这些风险（NGFS，2018）。气候变化对金融系统稳定性的影响可以分为以下三类风险，其中以转型风险和物理风险为主。

- 转型风险，即快速低碳转型可能带来的不确定性导致的金融风险，包括政策变化、技术突破或限制，以及市场偏好和社会规范的转变等。特别是快速向低碳经济转型意味着大部分已探明储量的化石燃料将成为搁浅资产，可能给金融体系带来系统性后果（BIS，2020）。转型风险具体体现在金融机构的资产方面。如果金融机构向业务模式不符合低碳排放经济学的公司提供贷款，那么它们就会蒙受损失。例如，由于政策行动、技术变革以及消费者和投资者对应对气候变化政策的支持，化石燃料公司可能会面临收益下降、业务中断、融资成本上升的局面（IMF，2019）。

- 物理风险，即与气候变化相关的灾害与人类和自然系统的脆弱性相互作用产生的风险，它们代表了由于与气候变化相关的极端天气事件（如风暴、洪水和热浪）日益频繁且严重而造成的经济损失，以及气候模式长期变化（如海洋酸化、海平面上升等）所造成的影响。对于金融机构而言，物理风险通过直接和间接两种方式显现：直接方式是通过遭受气候冲击的企业、家庭和国家的风险敞口，间接方式是通过气候变化对广泛的经济活动的影响和金融系统内部的反馈效应。风险敞口表现为贷款组合违约风险上升或资产贬值。例如，海平面上升和极端天气事件日益频发，可能会为房主带来损失，导致房产贬值，加大抵押贷款组合的风险（IMF，2019）。
- 责任风险，各类企业还可能面临与气候相关的责任风险（Carney，2015），包括责任政策下与气候相关的索赔风险等。英格兰银行行长马克·卡尼2019年曾撰文指出，气候政策、新技术和持续增长的实体风险的变化，将促使人们重新评估几乎所有金融资产的价值。商业模式符合净零排放转型的公司将会获得丰厚的回报，而不能适应的则会被淘汰。

③ 气候相关风险的独特性

气候变化作为诸多影响金融体系结构性变化的根源之一，具有其独特的特点，这意味着需要采取不同的方式来评估和管理。2019年，NGFS（央行和监管机构绿色金融网络）将这些特点归纳为以下四个方面。

- 影响的广度和程度深远：气候变化将影响经济中的所有主体

（家庭、企业、政府），跨越所有部门和地理区域。风险发生后可能以非线性的方式加剧。这意味着，与其他结构性变化相比，影响可能更大、更广泛、更多样化。

- 可预见的性质：虽然气候风险所导致的结果、时间范围和未来路径是不确定的，但在未来，将出现物理风险和转型风险的组合的可能性很高。

- 不可逆性：气候变化的影响取决于大气中温室气体排放的浓度，目前还没有成熟的技术来逆转这一过程。尽管气候变化的严重程度和时间范围仍存在不确定性，但科学家已经非常有信心地表明，超过一定的阈值，气候变化将对我们的星球产生不可逆转的后果。

- 对短期行动的依赖：未来影响的大小和性质将由今天所采取的行动决定，因此需要遵循可信和具有前瞻性的政策路径。这包括政府、央行和监管机构、金融市场参与者、企业和家庭的行动。

正是由于气候风险的这些特征，BIS 在 2020 年 1 月发布了一本名为《绿天鹅》的书，警告气候变化可能导致"绿天鹅"事件发生，从而引起下一次系统性金融危机。所谓"绿天鹅"，又称"气候黑天鹅"，具有许多典型黑天鹅事件的特征，指代气候变化引发的极端事件可能引起的金融风险，但 BIS 还同时指出，"绿天鹅"与"黑天鹅"在三个方面是不同的：一是"绿天鹅"的可预见性；二是气候灾难比大多数系统性金融危机更为严重；三是与"黑天鹅"相比，气候变化的复杂性更高，即与物理风险和转型风险相关的复杂连锁反应和级联效应可能产生根本不可预测的环境、地缘政治、社会和经济动态变化

（BIS，2020）。这意味着"绿天鹅"可能比"黑天鹅"的破坏力更强。

（2）市场失灵和政府失灵论

IMF（2019）指出，可以将气候变化看作碳密集产品生产和消费产生的负外部性。在存在外部性的情况下，资源的私人成本与社会成本不一致，或者私人利润与社会收益不一致。由于市场价格未反映碳的社会成本，而温室气体排放产生了巨大的负外部效应，因此市场不足以缓解气候风险。

当市场失灵时，政府介入市场成为必要。环境监管和碳定价应该是纠正该种市场失灵的首要政策工具，但是只要碳定价和环境监管政策不能有效执行，中央银行就可能需要行使其权力来影响信贷创造和分配（Volz，2017）。事实上，碳定价等气候相关政策的实施受到一系列公共协调或治理问题的阻碍，例如，国家和地方各级政府可能缺乏采取减缓气候变化的激励措施，因为这些措施的收益主要来自其他管辖区或国家的公民。因此，国家缓解行动之间的相互依存会产生关键的全球溢出效应和国际协调问题（IMF，2019）。市场和政府的失灵共同构成了相互作用的网络，使应对气候变化的任务复杂化。

（3）中央银行作为可信的和强有力的行动者的论点

沃尔兹指出，在发展中国家，中央银行在气候与环境方面的作用也可以从中央银行在这些国家的政策框架中所具有的典型的、强有力的体制地位得到证明。尽管将气候变化等可持续性因素纳入其分析框架的情况适用于所有央行和金融监管机构，但在发展中国家和新兴经济体中可能更具说服力，因为公共机构往往在这些地区缺乏影响力，而中央银行和金融监管机构则通常属于最成熟、最强大的公共机构。通过对银行业的控制，它们可以有效地对私人投资决策施加影响。此外，中央银行的金融市场专业知识及其跨国网络可以帮助它们促进金融部门的最佳实践改革。这一论点对发展中国家央行的意义可能大于对发达国家央行的意义,因为市场失灵在发展中国家往往是一个更为普遍的问题。

2. 中央银行和金融监管机构应对气候变化的政策与工具

NGFS（2019）、IMF（2019）、CBI（2019）、BIS（2020）等都对中央银行和金融监管机构应对气候变化风险可以采用的政策工具提出了建议,主要包括审慎监管政策和货币政策,这些政策基本可以分为针对气候风险的政策和促进气候融资的政策两类。

表7.4 中央银行和金融监管机构应对气候变化的政策与工具

政策领域	政策	工具
审慎监管政策	评估气候相关金融风险	情景分析和压力测试等
	将气候风险纳入审慎监管框架	支柱1：绿色差异化资本要求
		支柱2：要求商业银行将气候及环境风险纳入其治理框架。包括设置管理预期、制定气候相关风险管理指引、开展能力建设、设定惩罚性资本要求等
		支柱3：气候相关信息披露
货币政策	绿色量化宽松和储备管理	绿色量化宽松
		央行管理的养老基金、自有资金和支持的主权财富基金购买绿色资产；外汇储备管理纳入气候风险因素
	抵押品框架	将绿色债券等绿色资产纳入合格抵押品范围
	信贷分配政策	绿色信贷指引和框架
		绿色差异化准备金要求，将碳证书作为商业银行法定准备金的一部分等
		最低绿色信贷限额、补贴贷款利率、绿色差异化再贴现利率等

资料来源：兴业研究整理。

（1）将气候风险纳入审慎监管

首先，对金融体系中与气候相关的金融风险进行评估。传统的风险管理方法在管理气候相关风险时不再适用，因为传统风险管理 VaR 方法是基于历史数据来进行模拟的，并且假设风险冲击属于正态分布。而对于气候相关风险，首先，其在历史上几乎尚未出现，其次，与气候相关的风险通常符合厚尾分布并且集中在 VaR 方法所不考虑的 1% 的置信水平；最后，气候相关风险具有较大的不确定性，并且涉及复杂的动态和连锁反应（BIS，2020）。因此，基于历史数据外推的传统风险管理方法不再有效，BIS 将其称为"绿天鹅"事件，而与"黑天鹅"事件一样，传统的风险管理方法无法捕捉到"绿天鹅"事件。在此背景下，具有前瞻性的情景分析法被认为是帮助央行和监管机构评估气候变化将如何影响宏观经济、金融体系和金融机构的安全性和稳健性的重要工具（NGFS，2019），即将气候风险情景整合到定期的压力测试中。

目前，一些央行和金融监管机构已经开始考虑开发用于压力测试的气候风险情景分析，如英格兰银行最近宣布，英国审慎监管局将要求英国保险公司评估其在不同的气候物理风险和转型风险情景中将受到的影响（PRA，2019a）。此外，英格兰银行正在使用气候情景（包括物理风险和转型风险）对保险公司进行压力测试（PRA，2019b）。荷兰中央银行对荷兰进行了初步的转型期风险压力测试（Vermeulen 等，2018）。欧盟可持续金融行动计划中提到欧盟将制定一项专门的气候变化压力测试（EBA，2018）。IMF 总裁 2019 年撰文指出，各国央行和监管机构还应帮助银行、保险公司和非金融机构评估自身所面临的气候风险，并开发与气候相关的压力测试。这类测试有助于识别严重的气候不良冲击对金融机构偿付能力和金融体系稳定性的可能影响（Kristalina Geogeieva，2019）。

但是，BIS 也指出基于情景分析法来衡量气候与环境风险的方法也存在一定的挑战和局限性。一方面，气候变化所引起的物理风险和转型风险多是非线性的，并且呈现出复杂的动态和连锁反应以及高度的不确定性，这些都增加了情景选择的挑战性；另一方面，只要不采取全系统的应对气候变化行动，与气候相关的风险将在很大程度上无法对冲，气候相关的情景分析本身并不能使金融机构或整个金融系统避免或承受"绿天鹅"事件，而在一个相对较弱的气候政策环境下，愿意对冲其自身极端转型风险的金融机构，可能无法找到足够的无气候风险资产（climate-risk-free assets）。

其次，将气候与环境风险纳入审慎监管框架。NGFS 对各国监管框架和实践进行评估后发现，将气候相关因素纳入审慎监管尚处于早期阶段（NGFS，2019），中国已经走在世界前列，中国人民银行已将绿色信贷纳入 MPA 考核。在国际上，关于巴塞尔框架的三大支柱如何整合气候相关风险的讨论已经展开（BIS，2020）。

- 支柱 1：最低资本要求。BIS 指出，如果气候风险被视为金融风险的一个来源，那么在资本金要求中反映此类风险或许是合适的。HLEG（2018）提到欧盟正在考虑引入"绿色支持因素"和"棕色惩罚因素"[①]来推动绿色融资，即降低绿色资产的资本要求而提高棕色资产的资本要求，该提议得到了欧洲银行联盟（2017）和法国银行业协会的支持（CBI，2019）。但是，这一提议也遭到了许多质疑，因为没有证据

[①] "棕色"与"绿色"相对，指能耗高、排放量大或者会对环境造成危害。

表明绿色资产的违约率较低（Martini 等，2018），同时，坎皮格里奥等人（2018）还指出，降低对绿色资产的资本要求可能会破坏宏观审慎的政策目标并加大金融风险。为了避免这些问题，可以考虑采用新的监管手段来促进气候融资，并作为审慎监管的补充（IMF，2019），如，阿列塔和埃斯帕涅（2016）呼吁引入设定银行资产负债表上"绿色"资产的最低数量的国际要求。

- 支柱2：对机构气候风险管理的监管。BIS 提出，如果一家金融机构没有充分监测和管理与气候相关的风险，监管机构可以根据具体情况设定额外资本，当然这首先需要监管机构确定其对金融机构气候风险管理的期望。NGFS（2019）建议，中央银行和监管机构可以通过公开和双边会议、制定应对气候变化风险的战略路线图、开展能力建设等措施提高金融机构的气候风险管理意识和能力，同时还需要设置管理预期，为金融机构提供指导，如发布关于受监管机构对气候相关风险的适当治理、战略和风险管理的指导意见等。在实践方面，英国的银行和保险公司被要求将识别和管理气候相关风险的责任分配给高级管理职能（PRA，2019b）。巴西央行要求商业银行将环境风险纳入其治理框架（Febraban，2014），如果银行不能证明自己有足够的能力管理环境风险，它将提高银行的资本费用。

- 支柱3：气候相关信息披露要求。监管机构通过要求更系统化地披露气候相关风险，将有助于改善对与气候相关风险的定价，以更有效地配置资本（BIS，2020）。TCFD 从治理、战略、风险管理、指标和目标四个方面提出了可以被各个金融机构广泛使用的披露建议，这是一套自愿的、一直的气候相关信息披露体系（TCFD，2017）。NGFS（2019）建议，中央银行和监管机构可以根据 TCFD 的建议，对金融机构的气候相关信息披露做出预期，并考虑将气候相关信息的披露纳入支柱3。此外，BIS 还建议将可持续性纳入公司和国家会计框架。部分监管机构已经对气候风险相关信息做出了强制性披露要求，如法国在 2015 年通过了《绿色增长的能源转型法》，其中第 173 条要求金融和非金融企业披露它们所面临的与气候相关的风险（IMF，2019）；欧盟要求银行从 2022 年起公布与 ESG 相关的金融风险（CBI，2019）。

（2）货币政策

① 绿色量化宽松和储备管理

首先是绿色量化宽松。IMF（2019）指出，有人呼吁重新调整资产购买计划，以彻底清除碳密集型资产并偏爱低碳资产，或实施以低碳资产为重点的并行资产购买计划。CBI（2019）提出量化宽松政策下的资产购买可以直接用于购买绿色金融资产，如绿色债券。欧元系统（欧洲央行和欧元区国家的中央银行）资产购买计划已经购买了 180 亿欧元绿色债券。在英国，自 2009 年开始已经展开对英国央行采取绿色量化宽松政策的讨论，如英国政府的前首席科学顾问要求量化宽松政策应该针对绿色经济：通过设置条件量化宽松政策，优先贷款，促进更多的环保发展（Volz，2017）。量化宽松可能会大力推动英国基础设施的绿化，不仅包括可再生能源和核能，还包括更有效地利用所有资源，从而降低经济对环境的影响。

但是，IMF（2019）提到采用绿色量化宽松政策也存在一些潜在问题，一是一些中央银行，如美国联邦储备委员会，受法律限制只能购买政府债券或政府机构债券（Rudebusch，2019）；二是许多低碳资产不符合中央银行购买资格的金融风险标准，将资产购买限制为低碳资产可能会限制合格的资产范围，从而在货币政策受到零利率下限限制的情况下降低量化宽松政策的有效性；三是货币政策支持环境政策可能会导致寻租行为（Fay等，2015）。此外，CBI（2019）指出，目前绿色债券市场规模仍然相对较小，在绿色量化宽松政策下大量购买绿色债券可能会导致该新兴市场出现错误定价。

其次是中央银行根据可持续投资标准管理其储备资产。CBI（2019）提出中央银行可以对其所管理的养老金计划进行绿色资产购买，中央银行可以管理它们的员工养老金计划，有时也管理更广泛人群的养老基金，各国央行可以长期购买有助于减少碳排放、更好地应对气候相关风险的资产。例如，法国央行的养老基金拥有200亿欧元资产，其负责人的投资章程将煤炭投资排除在外；孟加拉国央行在2015年10月成为首家宣布将部分储备用于绿色债券投资的央行（CBI，2019）；欧洲央行已将股权投资授权给签署了PRI的资产管理公司，要求它们纳入ESG因素；意大利央行最近宣布，打算购买80亿欧元的绿色资产，其中约10亿将是绿色债券。此外，IMF（2019）还提出可以建立一个独立于中央银行，但由中央银行提供支持的公共基金，类似于主权财富基金，该基金可以发行长期安全债务，投资于低碳研发、绿色生产力和绿色基础设施建设等资产。例如，作为挪威央行一个部门的挪威银行投资管理公司实际上是一家主权财富基金，该公司管理着估值约为1.1万亿美元的政府退休基金，是全球最大的资产管理公司之一，该公司的管理纳入了ESG原则，主要通过将生产煤炭、造成严重环境破坏、侵犯人权、生产烟草和武器的公司列入其投资的黑名单。阿列塔和库代尔（2019）提出建立信托基金，将未使用的特别提款权投资于有保障的低碳投资项目。

此外，各国央行也越来越多地将绿色金融工具视为外汇储备管理的额外工具（BIS，2020），例如，管理着一项外汇储备基金的 HKMA（香港金融管理局）在 2019 年宣布了一系列措施以支持和促进香港绿色金融的发展：如果长期收益可以在风险调整的基础可与其他投资相媲美，则可以优先考虑绿色和 ESG 投资原则；增加外汇储备基金的绿色债券投资组合；参与 ESG 主体的公共股权投资（HKMA，2019）。

② 将气候相关因素纳入央行的再融资操作框架

第一，将气候因素纳入央行的抵押品框架。CBI（2019）指出，央行的抵押政策可能会对商业银行（以及其他中央银行交易对手）持有的资产组合产生影响，因为银行可能更愿意持有较多的可以被视为合格抵押品的资产。因此，通过将绿色债券纳入合格抵押品范围可以鼓励更多的银行投资绿色债券。在前文对绿色量化宽松政策的局限性介绍中，IMF（2019）指出，一些中央银行，如美联储，受法律限制只能购买政府债券或政府机构债券，但 IMF 也同时提出美联储的抵押框架所涵盖的资产范围比有资格进行直接购买的资产清单要广泛得多，这可能为将气候风险纳入美联储自身业务的信用风险评估提供了一个案例。目前，中国人民银行已经明确将绿色信贷与绿色债券纳入货币政策操作的合格担保品范围，包括绿色金融债券，AA+、AA 级公司信用类债券（优先接受涉及小微企业、绿色经济的债券），以及优质的绿色贷款。

第二，减计气候风险敞口。IMF（2019）指出，气候变化也会影响货币政策，因为气候变化会让生产率增长速度放缓（如破坏健康和基础设施），加剧不确定性和通货膨胀波动。因此，需要在央行授权的范围内调整货币政策,以应对新的挑战。各国央行应修订再融资操作框架,分析气候风险,大幅减计处于物理风险或转型风险敞口的资产。

③ 信贷分配政策

尽管这一政策在发达经济体已不再流行,但一些发展中经济体仍在使用(CBI,2019)。

- 建立绿色信贷指引和框架,以引导银行提供更多的绿色贷款。目前已有越来越多的发展中经济体开始构建绿色金融体系框架,截至2019年,SBN(可持续银行网络)已拥有38个成员,这是一个由银行业监管机构和银行业协会组成的知识共享网络,成立于2012年,旨在支持金融机构发展环境和社会风险管理,促进绿色贷款,目前38个成员中有22个已经实施了可持续金融指导方针,其中,中国和印度尼西亚已进入绿色金融体系建设的成熟阶段(SBN,2019)。
- 实施绿色差异化准备金要求。存款准备金率对银行创造信贷的能力有重大影响,因此也会影响一个经济体的货币存量。如果央行降低存款准备金率,银行可以增加放贷。允许对享有特权的绿色资产下调存款准备金率,将是一种有利于绿色投资而非传统投资的方式(Rozenberg等,2013;Campiglio,2016)。已有部分央行在这方面有所实践,黎巴嫩中央银行在2010年推出了绿色贷款比例较高的央行遵守较低准备金要求的政策,具体来说,如果商业银行的客户能够提供黎巴嫩节能中心出具的项目节能潜力证明,央行就会将商业银行的存款准备金率降低100%~150%,以支持绿色信贷(Volz,

2017)。此外，罗森贝格等人（2011）还提出通过将碳证书作为商业银行法定准备金的一部分来提高碳证书市场，即通过向低碳项目发放碳证书，并让它们可以用来换取优惠贷款，以降低低碳项目的资本成本。

- 其他信贷分配政策。孟加拉国的商业银行和非银行金融机构被要求将其总贷款组合的5%分配给绿色行业（Dikau和Ryan-Collins，2017）。通过设定再融资额度，孟加拉国央行还允许商业银行以较低的利率偿还优先发展经济领域的贷款，最近宣布了一项2亿美元的绿色转型基金，用于支持出口导向型的纺织和皮革行业建立环境友好型基础设施，银行可以以LIBOR+2.5%的利率从央行借款，然后再以高于借款成本1.0%~2.5%的利率进行再贷款，贷款的期限是5~10年（CBI，2019）。印度储备银行利用优先部门贷款配额，将40%的银行贷款直接用于目标经济部门。目前这些优先部门包括农业（18%）、微型企业（8%）、较弱的社区（10%），还有4%的余额必须用于一系列不同的用途，包括可再生能源和其他几种用途，如住房、社会基础设施和出口。但这一做法被部分银行批评，因为它增加了在印度总体融资成本，迫使商业上可行的客户交叉补贴了优先贷款客户，同时也增加了整体的运营成本（CBI，2019）。

3．政策组合的协调发展
（1）审慎监管、货币政策与财政政策的协同

尽管从前文可以看出金融监管政策和货币政策在应对气候变化风险过程中的必要性和积极作用，但是也有不少人指出了中央银行和金

融监管机构在应对气候变化中的局限性,包括央行可能面临多政策目标的冲突性、对央行过度授权导致其机构独立性遭到削弱的风险等（Volz,2017）。有越来越多的文献强调,以"碳定价"为核心的财政政策对加速低碳转型至关重要,而审慎的货币政策工具大多可以对它们进行支持和补充,因此,财政、货币和审慎监管之间应该更好地协调发展（IMF,2019；BIS,2020）。但是,目前仍然缺乏关于最佳气候政策组合框架的讨论。

BIS（2020）提出央行可以在帮助协调应对气候变化措施方面发挥额外的作用,因为确保成功实现低碳转型的首要责任在于政府的其他部门,如果这些部门采取的行动不足,央行采取行动的效果将十分有限,因此各国央行应发挥更积极的作用,通过扮演社会经济变革倡导者的角色,以呼吁更广泛的变革。为了实现这一目标,BIS（2020）以应对气候变化所需的跨学科方法为基础,提出了碳定价之外的对央行和金融监管机构的四个主张：一是各国央行可以通过支持可持续金融的价值观或理想,帮助积极促进长期主义；二是各国央行可以呼吁加大财政政策在支持生态转型方面的作用,尤其是在零利率下限下；三是各国央行可以加强国际货币和金融当局在生态问题上的合作；四是各国央行可以支持在企业和国家会计框架内更系统地整合气候和可持续性维度。

（2）呼吁国际货币金融合作

应对气候变化是一项全球性的行动,它对处于不同经济发展阶段的国家之间的国际政策协调和责任分担提出了难题。第一,气候变化在各国之间造成了一个搭便车的问题；第二,缺乏国际合作与协调也会激励各国在不平衡的排放控制上搭便车,以获得竞争优势；第三,气候变化提出了关于谁应该从规范或道德的角度为缓解行动的筹资做出贡献，以及每个行为者应做出多少贡献的问题（IMF，2019）。CBI（2019）提出，与政府相比，通过资本市场运作的央行可能更有能力降低全球碳排放问题，因为国家气候变化政策是根据国家地理边界界定的地域排放来实施的，这导致部分企业将其高碳项目转移至未实施气候变化政策的地区。因此，尽管许多发达经济体已在其境内减少了排放，但它们已经将自己的碳排放转移到了世界其他地方。而从理论上讲，中央银行和金融监管机构关注的是受其监管的银行和保险公司的资产负债表，无论它们的资产位于世界何地都将在资产负债表上体现，因此，中央银行和金融监管机构在跨全球资本市场进行国际化思考方面具有优势。但即便如此，仍然需要全球各国央行共同行动。

为了解决气候变化的国际化问题，博尔顿等人于2018年提出了一个具体的实现气候和金融稳定全球联合治理的方法，即建立一个新的国际机构，该机构将在两个层面发挥作用：第一，国家间在发生严重气候事件时的财政支助机制；第二，对正在实施的气候政策进行监督。这样一个机构的设置类似于在二战后面临主要全球性挑战的时期（如战后重建），创建一个国际制度框架，现在需要有一个特设机构来应对新的全球气候变化带来的挑战。与此类似的是，罗格夫于2019年呼吁建立一个世界碳银行，这将成为发达经济体协调对发展中国家援助和技术转让的工具。除了设立新的特设机构外，还有人建议将气候问题纳入IMF等现有的国际机构中，作为它们管理国际货币和金融体系职责的一部分，如建议通过IMF发行绿色特别提款权，为绿色基金提供资金（BIS，2020）。

参考文献

［1］ Aglietta, M. and V. Coudert.. *The Dollar and the Transition to Sustainable Development: From Key Currency to Multilateralism*［R］. Cepii Policy Brief, 2019.

［2］ Aglietta, M., and E. Espagne. *Climate and Finance Systemic Risks, More Than an Analogy? The Climate Fragility Hypothesis*［R］. CEPII Working Paper no, 2016.

［3］ Alexander. K., Greening Banking Policy［R］, 2016.

［4］ Batten S. Climate Change and the Macro-economy: A Critical Review［J］. *Social Science Electronic Publishing*, 2018.

［5］ Bolton, P., H. Huang, and F. Samama. From the One Planet Summits to the "Green Planet Agency."［J］. *Working Paper*, 2018.

［6］ Bolton, P., M. Despres, L.A. Pereira da Silva, F. Samama and R. Svartzman. *The Green Swan: Central Banking and Financial Stability in the Age of Climate Change*［M］. Bank for International Settlements, 2020.

［7］ Brainard. L. Why Climate Change Matters for Monetary Policy and Financial Stability. Speech delivered at "The Economics of Climate Change". Bank of San Francisco. San Francisco. California［EB/OL］. 2019-11-08［2020-04-10］. https://www.federalreserve.gov/newsevents/speech/brainard20191108a.htm.

［8］ Caldecott, B., and J. McDaniels, Financial Dynamics of the Environment: Risks, Impacts, and Barriers to Resilience, UNEP Inquiry, 2014-07.

［9］ Campiglio, E. Beyond Carbon Pricing. The Role of Banking and Monetary Policy in Financing the Transition to a Low-carbon Economy［J］, *Ecological Economics*, 2016: 121, 220–230.

[10] Campiglio, E., A. Godin, E. Kemp-Benedict, and S. Matikainen, The Tightening Links Between Financial Systems and the Low-Carbon Transition, Economic Policies since the Global Financial Crisis, Palmve Macmillan, Cham, 313-356, 2017.

[11] Campiglio, E., Beyond Carbon Pricing: The Role of Banking and Monetary Policy in Financing the Transition to a Low-Carbon Economy, Ecological Economics, Vol.121, 220-230, 2015.

[12] Campiglio, E., Y. Dafermos, P. Monnin, J. Ryan-Collins, G. Schotten, and M. Tanaka. Climate change challenges for central banks and financial regulators [J]. *Nature Climate Change*, 2018:462–468.

[13] Carney, M., Breaking the tragedy of the horizon – climate change and financial Stability. Speech at Lloyd's of London, September 29th, 2015.

[14] Carney, M., Fifty Shades of Green: The world needs a new, sustainable financial system to stop runaway climate change [J]. *Finance and Development*, 2019, 56(4):12-15.

[15] CBI. Record $269.5bn green issuance for 2020: Late surge sees pandemic year pip 2019 total by$3bn [EB/OL].2021-01-24 [2021-08-10].https://www.climatebonds.net/2021/01/record-2695bn-green-issuance-2020-late-surge-sees-pandemic-year-pip-2019-total-3bn.

[16] CISL and UNEP FI. Stability and Sustainability in Banking Reform: Are Environmental Risks Missing in Basel III? [R], 2014.

[17] Debelle. G. Climate Change and the Economy. Speech at the Public Forumhosted by the Centre for Policy Development. Sidney[EB/OL]. 2019-03-13[2020-04-10]. https://www.bis.org/review/r190313d.pdf.

[18] Dikau, S. and J. Ryan-Collins. Green Central Banking in Emerging Market

and Developing Country Economies [J]. *New Economics Foundation*, 2017.

[19] Dombrovskis. V., Greening Finance for Sustainable Business [EB/OL]. 2017-12-12 [2020-04-10]. https://ec.europa.eu/commission/presscorner/detail/en/SPEECH_17_5235.

[20] DWU and UHD. ESG & Corporate Financial Performance: Mapping the Global Landscape [R], 2015.

[21] EU Technical Expert Group on Sustainable Finance, TEG final report on Climate Benchmarks and Benchmarks' ESG Disclosures [R], 2019.

[22] EU. Action Plan: Financing Sustainable Development [Z]. European Commission, 2018.

[23] European Banking Authority, EBA Action Plan on Sustainable Finance [R]. 2019.

[24] European Banking Federation,.Towards A Green Finance Framework [Z]. https://www.ebf.eu, 2017.

[25] European Banking Federation,.Towards A Green Finance Framework [Z]. https://www.ebf.eu, 2017.

[26] European Commission. Action Plan: Financing Sustainable Growth [Z]. https://eur-lex.europa.eu, 2018.

[27] Fay, M., S. Hallegatte, A. Vogt-Schilb, J. Rozenberg, U. Narloch,et al.. Decarbonizing Development: Three Steps to a Zero-Carbon Future. World Bank Group, 2015.

[28] Febraban. The Brazilian Financial System and the Green Economy-Alignment with Sustainable Development. UNEP, 2014.

[29] Forstater. M., M., Halle. and S. Zadek. Green Finance for Developing Countries.

Needs. Concerns and Inovations [R], 2016.

[30] Georgieva, K. The Adaptive Age: No institution or individual can stand on the sidelines in the fight against climate change [J]. *Finance and Development*, 2019, 56(4):20-21.

[31] Giese, G., Lee, LE., Melas, D., Nagy, Z. and Nishikawa, L. FOUNDATIONS OF ESG INVESTING Part1: How ESG Affects Equity Valuation, Risk and Performance. MSCI ESG Research, 2017-11.

[32] GSIA. 2018 global sustainable investment review. 2019.

[33] Gupta, A., D. Melas and R. Suryanarayanan, Global Markets and Return Drivers, MSCI Analysis for the Ministry of Finance, 2016.

[34] Hallegatte, S. Strategies to Adapt to an Uncertain Climate Change [J]. *Global Environmental Change*, 2009, 19(2): 240–47.

[35] HKMA. HKMA introduces key measures on sustainable banking and green finance [EB/OL].2019-05-07 [2020-04-10].https://www.hkma.gov.hk/eng/key-information/press-releases/2019/20190507-4.shtml.

[36] HLEG. Financing a Sustainable European Economy [R]. Final Report, 2018.

[37] HLEG. Financing a Sustainable European Economy [R]. Interim Report, 2017.

[38] ICAP. Emissions Trading Worldwide: Status Report 2021. Berlin: International Carbon Action Partnership, 2021.

[39] IPCC. Climate Change and Land: An IPCC Special Report on Climate Change, Desertification, Land Degradation, Sustainable Land Management, Food Security, and Greenhouse Gas Fluxes in Terrestrial Ecosystems [R]. IPCC, 2019.

[40] IMF, Macroprudential Policy: Protecting the Whole, 2011.

[41] Jácome L. and E. Nier,, Protecting the Whole, Finance & Development, Vol. 49, No. 1, 2012.

[42] Krogstrup, S. and W. Oman Macroeconomic and Financial Policies for Climate Change Mitigation: A Review of the Literature. IMF Working Paper, 2019.

[43] Lerven, V. and J. Ryan-Collins, Briefing Note: Adjusting Banks' Capital Requirements in Line with Sustainable Finance Objectives, New Economics Foundation, 2018.

[44] Liebreich, M. and A. McCrone, Financial Regulation-Biased against Clean Energy and Green Infrastructure?, World Economic Forum, January 2013.

[45] Martini. M., N. Lazic and L. Suttor-Sorel. Bank Capital Requirements and the Case for a Macroprudential Approach to Climate Risks [EB/OL]. 2018-03-19 [2018-08-10]. https://www.finance-watch.org/bank-capital-requirements-and-the-case-for-a-macroprudential-approach-to-climate-risks/.

[46] Matikainen. S.,Green doesn't Mean Risk-free: Why We should be Cautious about a Green Supporting Factor in the EU [EB/OL]. 2017-12-18 [2018-08-10]. https://www.lse.ac.uk/granthaminstitute/news/eu-green-supporting-factor-bank-risk/.

[47] MSCI, MSCI ESG Ratings Methodology [R], 2019.

[48] Nagy.Z., G. Giese. MSCI ESG Indexes during the coronavirus crisis [EB/OL]. 2020-04-22 [2020-06-12]. https://www.msci.com/www/blog-posts/msci-esg-indexes-during-the/01781235361.

[49] Nagy,Z., G. Giese. MSCI ESG Indexes during the coronavirus crisis [EB/

OL]. https://www.msci.com/www/blog-posts/msci-esg-indexes-during-the/01781235361, 2020-04-22 [2020-06-12].

[50] NGFS. Case Studies of Environmental Risk Analysis Methodologies. 2020

[51] NGFS. NGFS First Comprehensive Report. A Call for Action - Climate Change as a Source of Financial Risk [R], 2019.

[52] NGFS. NGFS First Progress Report [R], 2018.

[53] NGFS. Overview of Environmental Risk Analysis by Financial Institutions, 2020

[54] Nordhaus, W. D. and S. M. L. Weitzman. Lethal Model 2: The Limits to Growth Revisited [J]. *Brookings Papers on Economic Activity*, 1992(2):1-59.

[55] Nordhaus, W. D. Resources as a Constraint on Growth [J]. *American Economic Review*, 1974.

[56] Nordhaus, W. D. To slow or not to slow: The economics of the greenhouse effect [J]. *Economic Journal*, 1991, 101(407):920-937.

[57] OECD. Financing Climate Futures: Rethinking Infrastructure, 2018.

[58] PRA. Life Insurance Stress Test 2019 - Scenario Specification, Guidelines and Instructions. Bank of England Prudential Regulation Authority, 2019a.

[59] PRA. Supervisory Statement SS3/19 - Enhancing Banks' and Insurers' Approaches to Managing the Financial Risks from Climate Change. Bank of England Prudential Regulation Authority, 2019b.

[60] Rogoff, K. The Case for a World Carbon Bank. Project Syndicate, July 2019.

[61] Rozenberg, J., S. Hallegatte, B. Perrissin-Fabert, and J. Hourcade, Funding Low-carbon Investments in the Absence of a Carbon Tax, Climate Policy 13, 2013, 134-141.

[62] Rozenberg, J., S. Hallegatte, B. Perrissin-Fabert, and J.C. Hourcade. Funding Low-carbon Investments in the Absence of a Carbon Tax, Climate Policy 2013(1), 134–141.

[63] Rudebusch, G. Climate Change and the Federal Reserve. FRBSF Economic Letter. 2019-09, March 25.

[64] SBN, Global Progress Report of the Sustainable Banking Network [R], 2019.

[65] Schoenmaker, D., and R. Tilburg, What Role for Financial Supervisors in Addressing Environmental Risks?, Comparative Economic Studies, Vol.58(3), 2016.

[66] Stern N. Stern Review: The Economics of Climate Change [J]. *Nature*, 2007, 378(6556):433-433.

[67] TCFD. Task Force on Climate-related Financial Disclosures: Status Report [R], 2019.

[68] TCFD, Guidance on Risk Management Integration and Disclosure, 2020.

[69] TCFD. Implementing the Recommendations of the Task Force on Climate-related Financial Disclosures. Task Force on Climate-related Financial Disclosures, 2017.

[70] Varco, C., The Value of ESG data: Early Evidence for Emerging Markets Equities, Cambridge Associates Research, 2016.

[71] Vaze, P., A. Meng and D. Giuliani. Greening the financial system: Tilting the playing field, The role of central banks. Climate Bonds Initiative, 2019.

[72] Vermeulen, R., E. Schets, M. Lohuis, B. Kölbl, D.-J. Jansen, and W. Heeringa. An energy transition risk stress test for the financial system of the Netherlands. Occasional Studies Volume 16-7, De Nederlandsche Bank,

2018.

[73] Vinke.K.,Coumou.D.,Geiger.T.,et al..A Region at Risk: The Human Dimensions of Climate Change in Asia and the Pacific [R]. ADB, 2017.

[74] Volz. U., On the Role of Central Banks in Enhancing Green Finance. Inquiry Working Paper, 2017.

[75] Wyman, O., Climate Change: Managing a New Financial Risk, 2019.

[76] G20绿色金融研究小组.G20绿色金融综合报告[R],2016.

[77] ICAP.迈向全球碳市场之路：不同碳交易体系的链接[R],2016.

[78] IEA.中国碳排放交易体系：涉及高效的配额分配方案[R],2020.

[79] WEF.全球风险报告2019[R],2019.

[80] 财新智库.2020年中国ESG发展白皮书[R],2021.

[81] 蔡宇.对绿色保险功能作用的探索、实践和思考[J].当代金融家,2018,9.

[82] 陈宁,孙飞.国内外ESG体系发展比较和我国构建ESG体系的建议[J].发展研究,2019,391（03）：61-66.

[83] 陈姝含.ESG风险管控对公司可持续发展愈发重要[N/OL].中国经济时报.2019-09-24［2020-06-12］.https://baijiahao.baidu.com/s?id=1645482533044984426&wfr=spider&for=pc.

[84] 方琦,钱立华,鲁政委.金融机构气候与环境风险应对之策：情景分析和压力测试[J].现代商业银行,2021（19）.

[85] 方琦、钱立华、鲁政委.货币政策,审慎监管与气候变化：文献综述[J].金融发展,2020（1）:12.

[86] 华夏基金国际业务部.ESG投资：A股ESG投资超额回报明显//2017年中国资产管理行业报告[R],2017.

[87] 李干杰.十八大以来.生态文明建设取得5个"前所未有"[EB/OL].

新华网. 2017-10-23 [2018-06-12]. http://www.xinhuanet.com//politics/19cpcnc/ 2017-10/23/c_129725255.htm

[88] 李琼. 中国绿色保险发展历程与展望. // 马骏.《中国绿色金融发展与案例研究》[M]. 北京：中国金融出版社，2016.

[89] 联合国. 可持续发展目标13：采取紧急行动应对气候变化及其影响 [EB/OL]. 2020-04-10 [2020-04-10]. https://www.un.org/sustainabledevelopment/zh/climatechange-2/.

[90] 鲁政委，汤维祺.2017年中国绿色金融市场综览，兴业研究绿色金融研究报告，2018.

[91] 鲁政委，汤维祺. 国内试点碳市场运行综览 [R]. 兴业研究，2016.

[92] 鲁政委，汤维祺. 碳金融衍生品的意义和发展条件 [R]. 兴业研究，2016.

[93] 鲁政委，方琦. 金融监管与绿色金融发展：实践与研究综述 [J]. 金融监管研究，2018（11）:13.

[94] 鲁政委，方琦，钱立华."碳中和"目标下的金融机构气候环境风险管理 [J]. 金融博览，2021（3）:3.

[95] 马骏. 绿色金融的三个新议题 [EB/OL]. 2018-10-10 [2019-04-10]. https://www.huanbao-world.com/a/zixun/2018/1010/48402.html.

[96] 齐绍洲，程思，杨光星. 全球主要碳市场制度研究 [M]. 北京：人民出版社，2019：79-80.

[97] 钱立华，方琦，鲁政委. 中国绿色金融：从银行到资管——中国绿色金融发展趋势展望（下篇）[J]. 金融发展评论，2019（11）.

[98] 钱立华，方琦，鲁政委. 中国绿色金融标准体系的建设与发展 [J]. 金融博览，2020（10）.

[99] 钱立华，鲁政委，方琦. 商业银行气候投融资创新 [J]. 中国金融，2019（22）.

[100] 钱立华，鲁政委，方琦.构建气候投融资机制 助推地方碳排放达峰[J].环境保护，2019（24）.

[101] 钱立华，方琦，鲁政委.碳中和对银行意味着什么[J].中国银行业，2020（12）.

[102] 钱立华，方琦，鲁政委.碳中和下的银行保险业气候信息披露制度研究[J].西南金融，2021（4）.

[103] 钱立华，方琦，鲁政委.碳中和与绿色金融市场发展[J].武汉金融，2021（3）.

[104] 钱立华，鲁政委.制度创新推动绿色金融深化发展[J].中国银行业，2019（1）.

[105] 商道融绿.中国责任投资年度报告2019[R].中国责任投资论坛，2019-12.

[106] 碳市场深度观察.透过发电行业燃煤机组配额分配看全国碳市场第1个履约季的交易[EB/OL].2021-05-29[2021-07-27].https://mp.weixin.qq.com/s/SdeBzcrCnwzXmIS6Eb3Pnw.

[107] 王遥.气候金融[M].北京：中国经济出版社，2013.

[108] 吴渊.一季度ESG基金表现坚韧 疫情中企业责任表现受到更严格审视[EB/OL].2020-04-07[2020-06-12].https://www.sohu.com/a/386121633_114984.

[109] 香港联交所.有关环境、社会及管治报告指引的咨询总结[R].2012.

[110] 徐忠.对碳市场最新进展的思考[EB/OL].2021-07-26[2021-07-30].https://mp.weixin.qq.com/s/5DbvPWqxK1Wqni4CcdDe2gm.

[111] 俞春江，方怡向，武慧斌.保险资金参与绿色投资的分析研究[EB/OL].2018-02-12[2020-07-30].https://www.sohu.com/a/222377163780319.

［112］张佳康. ESG 投资评估体系的启示［J］. 中国金融，2019，4:74-75.

［113］中国人民银行研究局. 中国绿色金融发展报告(2018)［R］, 2019.

［114］中国证券投资基金业协会. 2019 中国上市公司 ESG 评价体系报告［R］, 2019.

［115］中国证券投资基金业协会和国务院发展研究中心金融研究所. 2019 中国上市公司 ESG 评价体系研究报告［R］, 2019.

［116］中国证券报. ESG 投资：A 股 ESG 投资超额回报明显［EB/OL］. 2017-12-25［2018-06-12］. http://finance.eastmoney.com/news/1374.20171225815504244.html.

［117］中央财经大学绿色金融国际研究院. 中国上市公司 ESG 表现与企业绩效相关性研究［J］. 中央财经大学，2018-04.

［118］中英金融机构气候与环境信息披露试点 2018 年度进展报告［R］, 2019.

［119］中英金融机构气候与环境信息披露试点 2019 年度进展报告［R］, 2020.

后 记

本书既是对碳中和大背景下国内外绿色金融政策与市场发展的回顾与梳理，也是对我们兴业研究公司绿色金融团队长期以来专注于绿色金融研究的部分研究成果与观点的呈现。兴业研究公司是兴业银行的"孩子"，兴业银行是中国首家赤道银行，是中国绿色金融的先行者与领军者。

兴业研究公司在设立之初，就不假思索地设立了绿色金融研究团队，不想竟然成为市场机构中最早的专业绿色金融研究团队之一。一路走来，颇为感慨。我们最初就赤道原则、绿色金融、碳市场发布研究报告时，关注者寥寥，可以说是"东风不相识"。在经过了这些年的踽踽独行之后，乘着碳中和的东风，终于走到了"天下谁人不识君"。

我们研究团队的首席分析师钱立华女士既是中国绿色金融从无到有的亲历者、见证者，也是研究者；既亲历了创新产品起步之初的艰难，也体会了与客户经理一起跑客户、谈业务到最终实现绿色金融新业务落地的喜悦；既参与了业内首个绿色金融专营机构——兴业银行可持续金融中心（之后更名为"绿色金融部"）的建设，见证了兴业银行绿色金融从零到超过1万亿元的成长，也经历了从兴业银行到

IFC国际平台的专业再提升。从绿色金融业务营销、产品开发、业务管理，到咨询研究，经历了从实践到理论再到实践的反复淬炼。

在这个全国上下关注碳中和及其金融支持的时点，我们希望从长期专注于绿色金融的研究心得出发，对绿色金融的发展情况进行全面梳理，让更多绿色金融的关注者熟悉绿色金融发展的历史脉络、内在逻辑与市场发展现状，同时及时把握碳中和提出之后的绿色金融市场创新。本书既聚焦了碳中和大趋势下的机遇与挑战，也回顾了全球可持续发展与应对气候变化的历程与协定；既聚焦了国内外绿色金融的政策与标准，也剖析了碳中和与绿色金融相关的概念与内涵；既聚焦了绿色金融市场助力碳中和的实践，也展现了气候投融资、绿色信贷、绿色债券、可持续投资、绿色保险、碳市场与碳金融等各领域的新发展趋势。

我们希望以本书作为一个起点，为关注绿色金融的读者打开一扇大门，共同探讨我国绿色金融发展之路，为实现我国的"双碳"目标贡献一分力量。

本书最终能够出版，笔者首先要感谢所在单位领导和同仁的全力支持和无私帮助，感谢我们绿色金融研究团队同事的热情与坚韧，感谢中国金融四十人论坛编辑部廉薇女士的热心邀约和督促。最后，笔者还要感谢中信出版社的黄静、寇艺明和王元老师，你们的专业素养和敬业精神是本书出版不可或缺的保障。

兴业银行首席经济学家、华福证券首席经济学家
鲁政委
2022年3月1日